東方教会の精髄　人間の神化論攷

東方教会の精髄
人間の神化論攷

聖なるヘシュカストたちのための弁護

G. パラマス著

大森正樹訳

知泉学術叢書 2

凡　例

――――――――――

一　本書はグレゴリオス・パラマスの主著 "Ὑπὲρ τῶν ἱερῶς ἡσυχαζόντων"（『聖なるヘシュカストたちのための弁護』（本書をその構造上『三部作（Triades）』と言う）の全訳である。

二　パラマスのこの書は時間をかけて編まれた関係上，構成上必ずしも整合的ではない。特に第一部は，問いとそれへの回答という形になっているが，第二・三部にはそれはない。そこで訳者としては，全体を三部に分け，その各部をそれぞれ「論攷」とし，一つの論攷は節に分かれるものとした。従ってテキストの参照すべき箇所は，例えば「第一部第一論攷第一節」ならば，「本書 I-1-1」と表記した。
　　底本は，Γρηγορίου Παλαμᾶ, Συγγράμματα t. 1 (361-389), Thessaloniki 1988. であるが（［PSI］と略記），以下に掲げる現代欧米語のテキストと翻訳を参照し，大いに助けられた。

三　また各章の見出しは以下の [1Fr] と [3I] に付されているものを読者の理解を助けるため借用したが，そのいずれを採用するかを適宜考え，また訳者による見出しを付けたところもある。

四　参考にした現代欧米語の翻訳は以下の通りである。

[1Fr] Grégoire Palamas, *Défense des saints hésychastes*, Introduction, texte critique, traduction et notes par J. Meyendorff (Spiciliegium Sacrum Lovaniense, Études et Documents, Fascicule 31), Louvain (1959) , 2nd ed. 1973, pp.L + 767.

[1MGr] Γρηγορίου τοῦ Παλαμᾶ ἅπαντα τὰ ἔργα 2, *Λόγοι ὑπερ τῶν ἱερῶς ἡσυχαζόντων*, Thessaloniki 1982.

vi 凡　例

[1E] Gregory Palamas, *The Triads* (The Classics of Western Spirituality), translated by N. Gendle, New York 1983.

[1I] Gregorio Palamas, *"Difesa dei santi esicasti I, 3, 4-52"*. In Paparozzi, M., La spiritualità oriente Cristiana, L'Esicasmo, Roma 1981.

[2I] Gregorio Palamas, Difesa dei santi esicasti, introduzione, traduzione e note di Renato D'Antiga, Padova 1989.

[3I] Gregorio Palamas, *Atto e luce divina, scritti filosofici e teologici* (Testo Greco a fronte), introduzione, traduzione, note e apparati di Ettore Perrella con la collaborazione di Marco Zambon, Sofia Georgopoulos e Emanuele Greselin, Bompiani (Il pensiero occidentale) Milano 2003.

五　使用した邦訳聖書は基本的に『新共同訳』であるが，それ以外の邦訳聖書も適宜参照し，またパラマスの原文と相応するために訳者によって翻訳された部分もある。

六　註は上記底本，[1Fr]，[3I] に付された註をもとにし，必要に応じそれへの訳者の補いを付け，またそれとは別個に読者に必要と思われるところに訳者が註を施した。註に頻出する「PG」「PL」という略号はそれぞれ『ミーニュ　ギリシア教父全集』，『ミーニュ　ラテン教父全集』を示す。

七　『詩編』の編と節の表記は，パラマスが参照したギリシア語訳（セプトゥアギンタ・七十人訳）の詩編と現行のヘブライ語詩編（マソラ本）では，全体の編数は同じだが，ギリシア語訳では，第九編から第一四七編までで異同がある。ここでは原文に忠実に，先にギリシア語版のそれを，後にヘブライ語版のそれを示すことにしている。

八　本文中の〔　〕は訳者の補いである。

九　また（　）の中のギリシア語は，主として本文中に記された語形のままにしている。

はしがき

　本書はビザンティン後期に幾多の神学的論争を経て，東方キリスト教霊性の精華であるヘシュカスムを理論的に大成したと評される，グレゴリオス・パラマスの主著の全訳である。東方キリスト教にしても，ヘシュカスムという霊性にしても，また当のパラマスにしても，わが国ではあまり知られているとは言えない。しかしわが国におけるキリスト教神学や西洋哲学の研究も従来的な枠にとどまることなく，徐々にではあるが，その裾野を広げつつあると思うのは，認識不足の誹りを受けるであろうか。知的世界や霊的世界の遺産の研究が西欧的精神環境に限定される時代は過ぎ去ったのではないだろうか。われわれは西欧が凋落していきつつあるから，これからは東洋的精神の時代であると短絡的に考える前に，本書で展開されるような欧州の辺境と見なされる地でどれほどの知的，霊的精進の宝がそれと知られぬままに内蔵されているかに思いを致すことは必須のことではないかと考える。

　確かにここには必ずしも論理的に整合しているとは思えないような議論や厳密な知的理解に留保を置いているような態度が散見する。その姿は近代の洗礼を受けた精神には偏頗で，知的努力の欠けたものと映るかもしれない。だがよくよく目を凝らして，この中身を見てみれば，そこにギリシア以来の知の遺産が流れこみ，このギリシアの知的業績をキリスト教という地盤において考察し直した幾人もの教父たちの思想が豊かに波打っているのに気がつくだろう。キリスト教の精神的伝統の生の姿が髣髴とされてくる

に違いない。

　本書はこうした過去の遺産に沈潜することに終始するのではなく，これからの世界のあり方を考える上での重要な示唆をもまた含むものであることを声を大にして言っておきたいと思う。この書は神学領域に属するものであるとはいえ，ここで述べられている内容は，哲学の重大な使命である，「人間とは何か」の考察を，キリスト教という筋道を通して，徹底的に言葉（ロゴス）を用い，かつ言葉の限界を見据えて行った貴重な実例であることを申し添えておきたい。

　もとより何か小さな領域に閉じこもり，それだけに限定して他の可能性を顧みないという態度ではなく，より広く，豊かな洞察の鉱脈を掘り当てるべく本書が読まれることを訳者としては切に願うものである。

　　　2017 年 11 月 14 日　（聖グレゴリオス・パラマスの祝日。
　　　ビザンティン暦）

目　　次

凡　　例 ……………………………………………………………… v
はしがき …………………………………………………………… vii

第 I 部

第 1 論攷 ……………………………………………………………… 5
第 1 問 …………………………………………………………… 5
〔序文〕 ………………………………………………………… 5
第 1 回答 ………………………………………………………… 8
1　言葉では何も証明できない …………………………… 8
2　真の知恵は世俗のそれではない ……………………… 9
3　罪の力 …………………………………………………… 11
4　異郷の教育とキリスト教的生活 ……………………… 13
5　愚かにされた知恵 ……………………………………… 15
6　世俗の学問研究の善用と悪用について ……………… 17
7　真の教育 ………………………………………………… 18
8　聖バシレイオスの後悔 ………………………………… 20
9　ギリシアの知恵と神の恵み …………………………… 22
10　哲学者の「汝自身を知れ」 …………………………… 25
11　蛇毒の有効性 …………………………………………… 27
12　光と闇 …………………………………………………… 29
13　律法と恵み ……………………………………………… 32
14　愚かしさに屈した哲学 ………………………………… 33
15　哲学者は物狂いである ………………………………… 35
16　真の知恵と誤った知恵 ………………………………… 37

x 目　次

17　神の知恵……………………………………… 38
18　哲学者の無分別……………………………… 40
19　存在するものはそれ自体として悪ではない…… 42
20　蛇毒のたとえ ………………………………… 43
21　異郷の知恵の困難さ………………………… 45
22　キリスト，われわれの唯一の哲学…………… 47
23　教父による証言……………………………… 49

第2論攷 …………………………………………… 54

第2問 ……………………………………………… 54

〔序文〕……………………………………………… 54

第2回答 …………………………………………… 56
1　身体はそれ自体としては悪ではない ………… 56
2　土の器の中の宝物…………………………… 59
3　知性は心の中に住まう……………………… 60
4　知性を自ら自身へ再度送ること……………… 62
5　知性の循環運動……………………………… 64
6　身体の中で非物質的なものをいかにして包みこむか

………………………………………………… 66
7　入門者のための霊的方法…………………… 66
8　この方法の目的……………………………… 68
9　肉体は変容されうる………………………… 69
10　祈りの姿 ……………………………………… 71
11　「腹に魂をもつ者」という中傷……………… 73
12　ヘシュカスムの真の伝統…………………… 74

第3論攷 …………………………………………… 78

〔序文〕……………………………………………… 78

第3回答 …………………………………………… 81
1　嘘偽りは真実に近づく……………………… 81
2　告発者らの欺瞞……………………………… 82

目　　次　　xi

3	覚知と霊的な光	84
4	否定を超える見神	86
5	霊的照明	87
6	聖人と聖書による証言	90
7	他の証言	91
8	思惟的な光	94
9	知性の眼	95
10	光と火	96
11	キリスト到来の理由	98
12	この世の命だけに生きる人は霊からのものを受け取らない	99
13	いかなる言葉が生命に反対しうるだろうか	101
14	世俗の認識が救いに導くわけではない	102
15	理性的な像の歪曲	103
16	見えないものをいかにして見るか	105
17	見ずして見る	106
18	肯定と否定。分有について	109
19	否定神学は一つの像にすぎない	110
20	霊的で神的な感覚	112
21	霊によって見る	113
22	聖ベネディクトゥスの見神	115
23	神を超えるもの	116
24	ホレブ山上のエリア	118
25	予　表	119
26	再臨の序奏	121
27	神的な光は感覚的ではない	123
28	造られざる光は存在するものに勝る	124
29	その他の議論	126
30	聖ステファノの見神	127
31	身体もまた恵みを受ける	129
32	霊的な悦び	130

xii 目　　次

33	身体の変容	132
34	神を経験すること	133
35	来たるべき世の光	134
36	霊的な身体	136
37	終末的神化	137
38	キリストの身体の光	138
39	真実の経験	140
40	真の光	141
41	心に刻まれた法	143
42	存在するものについての認識と神秘的見神	144
43	光の終末的性格	146
44	一致への途	148
45	知性に固有の能力	149
46	ヘーシュキアの途	150
47	神の寛大さ	151
48	真の見神と偽りのそれ	152
49	確かな歩み	154
50	修徳の度合い	155
51	芥子種のたとえ	156
52	幸いな者であるためには知ることは十分ではない	157

第II部

第1論攷	163
1　バルラアムと修道士	163
2　バルラアムの著作	165
3　本書第II部の由来	166
4　バルラアムの出発点	167
5　真理の二つの側面	168
6　異郷の学問のもつ問題	170

目　次　　xiii

7　聖霊の知恵……………………………171

8　真の哲学者……………………………172

9　二つの思考方法………………………173

10　方向づけ……………………………174

11　聖書を読みとる方法…………………175

12　自然と恵み…………………………176

13　霊的な知恵と悪霊的な知恵……………177

14　論争の火つけ役，バルラアム …………179

15　エジプト人とカルデア人の知恵の限界 …………180

16　アタナシオス，バシレイオス，ニュッサのグレゴ

　　リオスの例……………………………182

17　バルラアムの誤り……………………183

18　バベルの塔…………………………185

19　知者であることの対立する二つのあり方 …………187

20　悪しき知恵…………………………188

21　ギリシア人の哲学……………………189

22　新しいプラトン主義…………………191

23　哲学の行き着くところ ………………192

24　知恵の愚かしさは比較によるのではない …………193

25　霊的恵みと自然の賜物 ………………194

26　エジプト人たちは恵みを有しているか …………195

27　われわれが非難するのは濫用である …………196

28　霊はすべてを究める…………………196

29　信仰，経験，愛……………………198

30　絶えざる祈り………………………199

31　祈りの賜物…………………………201

32　ナジアンゾスの聖グレゴリオスの証言 …………203

33　修道士と世俗の学問…………………204

34　修道の真の目的………………………205

35　福音と修道生活………………………207

36　バルラアムの誤り……………………209

目　次

37　バルラアムからの引用 …………………………… 210

38　主要な命令 …………………………………………… 211

39　バルラアムはディオニュシオスに反対のことを
　　言っている ………………………………………… 213

40　バルラアムの精神は病んでいる ……………… 214

41　いかにして真理に達するか ……………………… 215

42　解　決 ………………………………………………… 217

43　真の知恵はキリストにあり …………………… 218

44　聖バシレイオスの証言 …………………………… 219

第2論攷 …………………………………………………… 221
祈りについて …………………………………………… 221

1　祈りに対立する肉の知恵 ………………………… 221

2　ニケフォロス，ヘシュカスムの師 ……………… 222

3　バルラアムとヘシュカスムの伝統 …………… 223

4　感覚と祈り ………………………………………… 225

5　すべての感覚が捨てられるわけではない ……… 226

6　身体的苦痛は祈りに導く ………………………… 228

7　身体的感覚は祈りに結びつく …………………… 229

8　神との一致 ………………………………………… 230

9　霊から生まれた者は霊である …………………… 231

10　魂と身体のよろこび ……………………………… 232

11　神の賜物 …………………………………………… 233

12　身体の神化 ………………………………………… 236

13　身体は恵みの伝達に与る ……………………… 237

14　祈りは身体からの離脱ではない ……………… 239

15　バルラアムによる誤ったディオニュシオス解釈 … 241

16　バルラアムは祈りを廃止する ………………… 243

17　涙の洗礼 …………………………………………… 244

18　魂と身体に共通の働き ………………………… 246

19　不受動心とは何か ………………………………… 247

目　　次　　xv

20	救いに資する力	248
21	情念なき情念	250
22	悪しき情念のみが死すべきである	251
23	神の情念	252
24	われわれの決意	253
25	ニケフォロスに対するバルラアムの批判	254
26	バルラアムの浅慮さ	255
27	ニュッサのグレゴリオスとマカリオスの間に対立	
	があるか	256
28	ニュッサのグレゴリオスの人間学	258
29	教父相互間の一致	259
30	どのような点について教父たちに従うべきか	260

第3論攷 …………………………………………………… 262
聖なる光について ………………………………………… 262

1	盲人が盲人を導く	262
2	一連の盲人たち	264
3	バルラアムは教父たちに反対している	265
4	あまねく知られた一神教	267
5	感覚を超えた神	269
6	讒言の最たるもの	270
7	矛盾している非難	272
8	「神以上のもの」	274
9	多くの名で語られる賜物	275
10	光は天使ではない	276
11	光は「霊の本質」ではない	277
12	神の本質でもない	279
13	バルラアムの手法	280
14	バルラアムと修道院霊性	282
15	栄光について	283
16	いかにして栄光を見るのか	285

目　次

17	認識と神化	287
18	ペトロの証言	288
19	二つの太陽	290
20	神の光は象徴ではない	291
21	教父の証言	292
22	聖マクシモスの証言	293
23	ディオニュシオスの証言	294
24	見えないものを見ること	295
25	見えざる仕方で見える光	296
26	神の本質を見ることができるか	297
27	霊において見ること	298
28	天使と神の光	299
29	天使のヒエラルキーは受肉によって覆される	301
30	天使の役割	303
31	見えざるものを見ること	304
32	超越のあり方	306
33	一致に関する名称	307
34	バルラアムとその存在の哲学	307
35	否定神学と神秘的合一	309
36	光。見神の器官と対象	311
37	天使や人間を越える見神	312
38	神の存在証明としての見神	313
39	来たるべき世の善	315
40	信　仰	316
41	信仰の終末的成就	317
42	超自然的能力である信仰	319
43	信仰と認識	320
44	世界の認識は神へと導く	322
45	新しい天と地	323
46	われBAの唯一の師なるキリスト	324
47	あらゆる名を超えるもの	325

目　次　　xvii

48	知性を超えるものは知性作用の一種ではない	327
49	否定神学は一つの言説にすぎない	328
50	バルラアムはディオニュシオスを悪用する	328
51	ディオニュシオスにおける光と闇	330
52	神を通して神を見る	331
53	否定神学では不十分であること	332
54	モーセの見神	334
55	見えないものがいかにして見えるか	337
56	神を見ること	339
57	神は把握しえないということの経験	340
58	見神は知性作用より劣るか	342
59	二つの想像	343
60	天上の能力は想像的なものではない	344
61	天使の見神	345
62	霊の形成	346
63	見神は認識に勝る	348
64	神は存在しているものに基づいては認識されない	
		349
65	否定神学の二つの概念	350
66	造られざる光	352
67	神は被造物についての認識から知られるのか	354
68	神において神を知る	355
69	ディオニュシオスの意図	357
70	象徴から実在へ	358
71	稚拙な神学	359
72	観想される可感的世界	360
73	ディオニュシオスの真の教え	361
74	ディオニュシオスによる「ヒエラルキア」の目的	
		363
75	真の認識と誤った認識	364
76	世俗の知恵でキリストがつかめるか	366

目　次

77　他の者を矯正するのはバルラアムではない………367
78　最終的解明………………………………………368

第Ⅲ部

第1 論攻……………………………………………………375
　1　傲慢さ……………………………………………375
　2　真理を守る義務…………………………………376
　3　バルラアムの考えは「フィリオクエ」に至る……378
　4　バルラアムのイタリアでの使命………………380
　5　バルラアムは正教徒か…………………………381
　6　バルラアムは恵みを拒否する…………………382
　7　『ブラケルノス』の場合………………………383
　8　霊の恵み…………………………………………384
　9　「ヒュポスタシスのうちにある」とはどういうことか
　　　………………………………………………………386
　10　キリストの神としての栄光……………………387
　11　この光は象徴ではない…………………………389
　12　タボル山の光について…………………………390
　13　マクシモスの象徴神学…………………………392
　14　象徴の異なった種類……………………………394
　15　永遠の光…………………………………………395
　16　キリストは今日もまた輝く……………………396
　17　キリストに固有の光……………………………398
　18　「ヒュポスタシスのうちにある」等の意味について
　　　………………………………………………………398
　19　御子の神性の自然的象徴………………………400
　20　自然的象徴………………………………………401
　21　神性と認識………………………………………402
　22　見ることと見ないこと…………………………403
　23　本質について……………………………………404

目　　次　　xix

24　われわれは二神論者ではない ……………………406

25　バルラアムのディオニュシオス理解の問題点……408

26　神化は自然的な働きではない ……………………409

27　自然と超自然 ………………………………………410

28　養子縁組 ……………………………………………411

29　神性の源を超える神 ………………………………413

30　神化は自然的賜物ではない ………………………414

31　神化，神のエネルゲイア …………………………415

32　神化は名を超える …………………………………417

33　霊の働き ……………………………………………418

34　神化は至るところにある …………………………421

35　知覚を超える知覚 …………………………………422

36　知性作用を超える知性作用 ………………………423

37　自然はどれほど霊から遠いことか ………………426

38　光を通して与えられた知恵 ………………………426

39　真実の光の父 ………………………………………428

40　神の火 ………………………………………………428

41　次の論攻に向けて …………………………………430

第2論攻 ………………………………………………431

1　偉大なマカリオスの教え …………………………431

2　再びマカリオス ……………………………………433

3　メッサリア主義という中傷 ………………………434

4　異端の真の源泉 ……………………………………436

5　本質と本質の特質 …………………………………438

6　神の業について ……………………………………439

7　非創造のエネルゲイアと神の諸々の名…………440

8　エネルゲイアは始めと終わりをもつ ……………443

9　教父による証言 ……………………………………444

10　エネルゲイアに由来する名称 ……………………445

11　造られざるエネルゲイア …………………………446

12	「私は在るものである」	447
13	神の輝きに与ること	448
14	霊的な光	450
15	見神は天使にとっても常に恵みである	451
16	悪霊に欠けるもの	452
17	それは認識の問題ではない	453
18	バルラアムの誤りの原因	454
19	バルラアムは多神論者である	456
20	力は永遠であること	457
21	バルラアムによればパラマスは多神論者である	458
22	神とエネルゲイア	458
23	諸存在の存在性とは何か	460
24	神と世界の間。存在性	461
25	与りえざるものにいかに与るか	462
26	超本質的原因は一つではない	464
27	神の像，地上の王	465

第3論攻 …… 467

1	本当の異端	467
2	預言者たちに対する冒瀆	468
3	彼は経験もなく話している	469
4	彼はニュッサのグレゴリオスを他の教父たちに対立させる	471
5	神と人間	472
6	本質と区別されるエネルゲイア	474
7	二つの本性と二つの働き	476
8	神化された人間は本性上の神ではない	477
9	身体の眼は神の栄光を見る	478
10	曲　解	479
11	神は可視的なものに似ているか	481
12	神はただ一つの知性にのみ示されるか	482

目　次　　xxi

13　マクシモスによる神化 …………………………… 483

14　神の絶対的超越性 ………………………………… 485

15　愛も情念の一つである ………………………… 486

16　すべての異端の結論 ……………………………… 487

解　説…………………………………………………… 489

あとがき ………………………………………………… 514

参考文献 ………………………………………………… 517

引用教父索引・事項索引・聖書箇所 ………………… 520

東方教会の精髄　人間の神化論攷

──聖なるヘシュカストたちのための弁護──

（三部作）

第Ⅰ部

第 1 論攷

第 1 問

〔序文〕[1]

修道士の無知が告発されている。何と答えるべきか

　私は，ある人たちが次のように言うのを聞きました，すなわち修道士たちもまた世俗の知恵を研究すべきである，つまりそれなくしては無知や誤った見解から解放されず，たとえ誰かが最高の不受動心（$\dot{\alpha}\pi\acute{\alpha}\theta\epsilon\iota\alpha$）[2]に達したとし

　　1）　この序文はパラマス（1296 頃 -1359 年）の弟子と思われる人物が，彼らを取り巻く風潮の一つとして修道士もキリスト教以外の（異郷の）学問をすべきであると言われることについての疑義を師たるパラマスに質すという形式をとっている（第一部のみ）。そういう問答が事実か，創作かは別として，カラブリアのバルラアム（1290 頃 -1350 年）によって代表される「学問尊重派」と「修道院霊性尊重派」との対立をめぐる問題がこの第一部第一論攷のテーマである。

　　2）　「不受動心（$\dot{\alpha}\pi\acute{\alpha}\theta\epsilon\iota\alpha$）」とはもともとストア哲学の用語であるが，キリスト教に取り入れられ，心を神に委ねきった平静な心的状況，修道士たちが目指すべき魂の静謐な状態とされた。この言葉をキリスト教の文脈で述語として用いたのはアレクサンドリアのクレメンスが始めてであると言われる。Cf. *A Dictionary of Christian Spirituality*, ed. By Gordon S. Wakefield, SCM Press, London, 1984, 18-19.「だからわれわれとしては覚知者と完全な者をあらゆる魂の情念から救い出さねばならない。というのは覚知は鍛錬を，鍛錬は習慣あるいは態度を，そしてそのような〔状態は〕中庸（$\mu\epsilon\tau\rho\iota\pi\acute{\alpha}\theta\epsilon\iota\alpha$）では

6   第Ⅰ部

ても，もしあらゆる方面で知を，それも特に，ギリシア的
な教育からの知を掻き集めることがないなら，完全性も聖
性も修得しないということ，なぜならそれもまた神の賜物
であり[3]，預言者や使徒に啓示により与えられたものと等
しいものだからである。そしてその知恵のおかげで，魂は
存在するものについての認識を獲得し，また魂の一切の能
力のうち，より強力なものである認識能力を美しく整え，
魂から他の一切のよろしくないものを放逐する，というの
も情念はすべて無知から生まれ，強められるからである。
しかし〔異郷の知恵は〕人を神の認識へと導くのである。
そのわけは神の造ったものによらないでは神を知ることは
不可能だからである，とかようなことを人が言っているの
を聞いても，私の修道生活における僅かの経験が，それと

なく，不受動心を生み出すからである。ところで不受動心は情念を完
全に切り落とすことによって果実として収穫されるのである」。（アレ
クサンドリアのクレメンス『ストロマテイス』6, 9（PG 9, 296A）参
照）

3）　バルラアム『第3書簡（パラマス宛第2書簡）』（以下，バル
ラアムの『書簡』に関しては，主としてFyrigosによる校訂版を用い，
Schirò版についてはその当該頁を併記することにする。従って表示は
（Fyrigos版頁数，Schirò版頁数）という順序になる。Fyrigos版320,
Schirò版，290-91参照）。それぞれのテキストは，Antonis Fyrigos,
Dalla controversia palamitica alla polemica esicastica（con un'edizione
critica delle *Epistole greche* di Barlaam），Antonianum, Roma, 2005.;
Barlaam Calabro, *EPISTOLE GRECHE, I primordi episodici e dottrinari
delle lotte esicaste*, studio introduttivo e testi a cura di Giuseppe Schirò
（Istituto siciliano di studi bizantini e neogreci, Tesi e monumenti, Testi 1,
Palermo, 1954.）「というのは彼らには神から知恵が与えられているの
で，彼らがうまくやってのけたことに関しては，彼らに与えられた知
恵がその原因であると私は考える。ところが失敗したことに関しては，
そのものの知恵に責があるなどということではさらさらなく，人間的
弱さあるいは悪霊の欺きのせいだとする。そしてそのため彼らはと
ても照明された状態とは言えないと考える。そしてこのように考える
ことは聖なる言葉に合致すると私には思われるのだ」。

はまったく逆のことを前もって示していたので，私はその説にぜんぜん言いくるめられませんでした。しかし私は彼らに対して弁明をすることはできませんでした。というのも彼らは何か次のように自信に満ちた言葉を語っているからです。すなわち「われわれはたんに自然の神秘のみにかかずらわったり，天の運行を測定したり，星辰の相反する運動や，それらの合〔惑星が太陽と同方向にあること〕，周期，上昇などを研究したり，それらから生じる結果を探究したりして，そのことで自慢に思うのではなく，かえってこうしたことのことわり（λόγοι）は，第一にして創造主たる神の知性（νοῦς）[4]のうちにあり，他方，かのものにおけることわりの似像はわれわれの魂のうちにあるのだから，じっさいかのことわりについての十全の知を自分のものにするように努力し，論理的，推論的，分析的な方法でもってわれわれ自身から無知のしるしを除き去り，かくして生きている時も死んだ後も，われわれは創造主に似ることを強く求めているのである」[5]，と。ところでこれに対して反論する力が十分ではないと私は考えましたので，そ

---

4) 「ヌース νοῦς」は通常「知性」と訳されてよい語であるが，知性という言葉から理解しうる範囲を超えていると訳者は考えている。従って本書が翻訳書である以上，ヌースをきちんとした日本語に置き換えるべきと考えるが，その都度多少とも違った訳語を付さなければならなくなるので，すべてにあてはまるわけではないが，一応「知性」とした。しかし中には文脈上「知性」などとしない方が理解しやすい場合もあるが，一貫して「知性」とした。この語にまつわる問題点については，拙著『観想の文法と言語』第一部第四章『「ヌース」考』（知泉書館，2017 年）参照。

5) バルラアム『第 1 書簡（パラマス宛第 1 書簡）』（Fyrigos 版 238, 260-62, Schirò 版 251, 262），『第 3 書簡』（Fyrigos 版 316-18, Schirò 版 287-88）参照。ここは一応引用の体裁をとっているが，バルラアムからの正確な引用ではない。パラマスがバルラアムの見解を要約したものであろう。しかしパラマスがバルラアムを正しく理解したかどうかはさらに吟味する必要がある。

8 第Ⅰ部

のときは彼らに対して沈黙を守りました。けれども今，師
父よ，あなたから真理についての言葉を教えていただきた
いのです。使徒の言う，「われわれが抱いている希望の所
以を」（1ペトロ3：15参照）説明する用意が私にできます
ように。

　　最も幸いなるテサロニケの大主教
　　　グレゴリオスの聖なるヘシュカストたちのための弁
　護　第1部第1論攷[6]。

　　　学問に身を捧げることは何のために，またどの程
　度まで有用であるか

　　　　　　　　　第1回答

1　言葉では何も証明できない
　兄弟よ，使徒はこう言う，「恵みによって心が強められ

---

　　6)　パラマスのこの一連の著作は，全部で3部に分かれる。そ
してその各部がそれぞれ3つの論攷に分かたれている。今，因みに
これら諸部分の成立年代をメイエンドルフに従って挙げてみれば，次
のようである（Cf., J. Meyendorff, *Introduction à l'étude de Grégoire
Palamas*, Paris, 1959, 347-53.）。

第1部	第1論攷	1338年春	修道士の学問について
	第2論攷	同	ヘシュカストが非難され ていることについて
	第3論攷	同	光について
第2部	第1論攷	1339年夏	救いと認識について
	第2論攷	同	祈りについて
	第3論攷	同	聖なる光について
第3部	第1論攷	1341年の初め	神化について
	第2論攷	同	バルラアム駁論
	第3論攷	同	続き

第 1 論攷　　　　9

るのはよいこと」（ヘブライ 13：9）だ。しかしいったい誰
が言葉によって，言葉を超える善きことを示しうるもので
あろうか。そこでこの点についてもあなたはこのような恵
みを与え給う神に感謝せねばならない。つまりこの恵み
は〔自らの〕知恵が豊かなので一切のことを知っていると
思っている者には考えつかないものである。たとえ彼らが
真理を言い当てていないということをあなたが知っている
とはいえ，彼らに反駁することが出来ないなら，気にする
必要はない。じっさい，あなたは真理の根底を自らの側に
堅持しているので，自分の業を信じ，あらゆる点で，また
どんな場合にも，永久に堅く，不動であろう。しかし理性
的論証によりかかっている者は，たとえ今日あなたによっ
てではなくとも，覆されてしまうことだろう。なぜといっ
て「言葉はすべて言葉と闘う」[7]，つまり明らかに言葉同士
は闘っていて，自分自身が打ち負かされることがありえな
いような，勝利を納める言葉をこれから先ずっと見出すこ
とは不可能だからである。そしてギリシア人の子孫と彼ら
の賢人たちは，言葉による証明がより優れていると思っ
て，互いに反駁したり，反駁されたりし続けて，このこと
を示したのである。

2　真の知恵は世俗のそれではない

　ところで生涯それらのことに身を捧げ，異郷の教育
（ἔξω παιδεία）に基づく認識・覚知（γνῶσις）を探究
し，またそのことをかくも称賛する者たちに対し，「さて
も優れた御仁よ，あなたたち自身がそれらのことによって

　　7）　これは定本註によれば，一種の箴言めいたものかと言う。パ
ラマスが好んで使うもので，他の箇所として，第 I 部第 2 論攷の質
問，第 I 部第 3 論攷 13 を参照。また他にアレクサンドリアのクレメ
ンスの『ストロマテイス』6, 8, 65 に「言葉はすべての言葉と対立す
る παντὶ λόγῳ λόγον ἀντικεῖθαι」とある。

10   第Ⅰ部

無知[8]よりも知を手に入れるということにならないのだ」
と，あなたが答えるなら，私が思うに，十分に，またふさ
わしい仕方で語ることになろう。というのも人間的な栄誉
を欲し，そのためにすべてのことをなす者は，栄誉よりも
むしろ不名誉を手にするように——人それぞれ好みは違う
ものだ——，同じ仕方で，異郷の知者から覚知を探究する
者たちもまた，かの者たち自身の言うところによれば[9]，
むしろ覚知よりも無知（ἀγνωσία）を収穫することにな
るからである。なぜなら意見は互いに異なり，互いに相争
い，それぞれの意見にあってはそれの賛同者よりも反対者
の方が多いからである。そうした知者のうちのあるもの
が創造的知性のうちに（ἐν τῷ δημιουργικῷ νῷ）その理
法（λόγοι）を見出すことが出来たと信ずることは，大変
な間違いではなかろうか[10]。使徒は，「いったい誰が主の知
力（νοῦς）を知っていたか」（ローマ 11：34）と言ってい
るからだ。そのような理法がなければ，異郷の知恵に基づ
いて魂におけるその理法の像（εἰκών）を理解することは
出来ないのである。だからそのような知恵に基づいて神の

　8）　定本ではここが「ἀγωνίαν（苦悩を）」となっているが，メ
イエンドルフ版［1Fr］に従って「ἀγνωσίαν（無知を）」と読む。

　9）　バルラアム，『第3書簡（パラマス宛第2書簡）』（Fyrigos 版
336, Schiro 版 298-99）参照。「というのはギリシア人たちも，本質
を超え，無名の善は知性や知識や他の一切の接触を凌駕すると理解し
ていたということを，それについてピュタゴラスの徒である，パンタ
イネトスやプロティノスやフィロラオスやカルミデスやフィロクセノ
スによって語られていたことを読んでみるがよい。彼らのうちにあな
たは偉大なディオニュシオスが『神秘神学』の最終章で放つその同じ
言葉を見出すだろう。しかも神の卓越性についてかしこで神学的に考
察されたものよりもよりすぐれたものをわれわれはどこにも見つけな
かったのである」。

　10）　定本では句読点もなく直接次の使徒の言葉に続くが，ここ
は［1Fr］に従って，使徒の言葉の前で疑問符をもって区切ることに
する。

像を探究する覚知は偽の覚知ということになる。それゆえ，そういう覚知を有する魂は，そのことによって，真理そのもの（αὐτοαληθεία）に似ていないし，この覚知によって真理に導かれるということはないであろう。またさらにこの覚知に関してそのことで自慢している者たちの自惚れは空しいものだ。「肉の知恵」（2コリント1：12）を外からの知恵と呼び，また「肉の思い（νοῦς）」（コロサイ2：18）は「知識（γνῶσις）を誇りとする」（1コリント8：1）というパウロの言葉を聞くがよい。いったい肉の知恵は，どのようにして魂に「像に即した・かたどったτὰ κατ᾽εἰκόνα」ものを提供するのであろうか。「われわれが召されたときのことを考えてみよ，肉に従って知恵ある者が多かったわけではない，能力のある者が多かったわけではない，家柄のよい者が多かったわけではない」（1コリント1：26）。じっさい肉の家柄の良さや能力が魂を力あるものとはしないし，高貴なものとはしないように，肉の知恵は理性（διάνοια）を知恵あるものとはしないであろう。そして実に知恵の始め（箴言1：7）は，低い，地上的で，無用のものから，大いに役立ち，天上的で霊的であり，神から来，そして神へと向かい，また得たものを神に似たものとなすものを，峻別し，選び出すような知恵を知ることなのである。

3　罪の力

それにもかかわらず[11]，彼らもまた言うように，われわれのうちには創造的知性のうちにある理性（λόγος）の像（εἰκόνες）があるのだが，何が最初に，かの像自身を無用のものにしたのであるか。それは罪，そしてなさねばな

11）　定本では Οὐ μήν, ἀλλ᾽ἐπεί（確かに～ではない）だが，[1Fr] の Οὐ μήν ἀλλ᾽ἐπει，（それにもかかわらず）に従う。

12   第Ⅰ部

らぬことの無知または軽視ではないのか。その像はわれわ
れ自身のうちに刻みこまれているのだから，教えられるこ
とがなくても，どうしてわれわれはそれを認めないのだろ
うか。それは魂の情念的部分が悪しきことをなさんとして
立ち上がり，それらの像をゆがめ，魂の洞察力を破壊し，
原初的な美から遠く離れてしまったからではないのだろう
か。だから健全な神の像と真理の認識を保ちたいと思うな
らば，何にもましてそのことに注意すべきであり，罪から
身を慎むべきであり，諸々の掟・命令（ἐντολή）の法を
実行することにより知るべきであり，すべての徳に固着す
べきであり，祈りと真の観想によって神に戻るべきであ
る。なぜなら清さがないなら，たとえあなたがアダムから
終末に至るまでの自然哲学を学んだとしても，あなたが愚
かさの点でより少ないとか，一層賢いということはないで
あろう。しかしこのような自然哲学なしでも，悪しき習慣
や教説を魂から清め，取り去るならば，世に勝つ神の知恵
を手に入れ，「唯一の知恵ある神」（ローマ 16：27）とと も
に永遠に喜ぶであろう。教説と私が言うのは，天や天体の
大きさや運動についてのことでもなく，またそれらによっ
て生じることどもでもなく，地や地に関すること，そのう
ちに蔵されている輝きを発する金属や石どもについてでも
なく，空気の二重の息吹によって生じる事柄[12]についてで
もない。なぜならそうしたことどもの知識に向けて，あら
ゆる熱心さと探求心を差し向けようとすることがギリシア
的異端だからである。というのもストア学派の学者はすべ
て観想の目的を知識（ἐπιστήμη）であると定義している
からである[13]。

　　　12）　バシレイオス『詩編講話』14（PG 29, 256BC）参照。
　　アリストテレス『気象論』第 4 巻 360a21 に空気には 2 種あり，
一方は湿って冷たい霧であり，他方は熱くて乾いた煙だとしている。
　　　13）　ディオゲネス・ラエルティオス『哲学者列伝』7，165。定

4　異郷の教育とキリスト教的生活

　ところで今，あなたが言うように，ある人々は，キリスト教徒に提示された目的，つまり来たるべき世にわれわれに約束された語りえざる善〔という目的〕をつまらぬものとして軽蔑し，知識（ἐπιστήμη）を覚知（γνῶσις）と思いなして，キリストを範として実践する[14]教会へそれを導入している。というのは学問的知識（μαθηματικὴ ἐπιστήμη）を知らない者は不純で不完全であると彼らは公言し，そこですべての者は，ギリシアの学問にしっかりと熱中し，福音の教えは完全に無視して——なぜならそれらによっては，決して彼らの知識の無知を取り去りえないからである——，また「完全であれ」（1 コリント 14：20 またマタイ 5：48）とか，「もしキリストのうちにあるなら，完全である」（フィリピ 3：14-15，コロサイ 1：28）とか，「わたしたちは完全な者の間で話す」（1 コリント 2：6）とか言う者を嘲笑して〔そういう者から〕遠ざからねばならない，その輩はこの知識に対し無知だから〔というわけである〕。しかし私としては，このギリシアの学問に対する無知を取り去ることを提案するのではなく，救いにかかわる清さをその覚知と呼んだのである——なぜなら非難しえない無知もあり，また責められるべき覚知もあることを私は知っているからだ——，だからギリシアの学問に対する無知をではなく，神と神の教えに関する無知，つまりわ

本註にはすべてのストア学派の哲学者が同じ考えではないと言う。

　14）「キリストを範として実践する」という言葉の原文は κατὰ Χριστὸν φιλοσοφούντων であるが，この φιλοσοφέω という言葉は，字義上「哲学者としてふるまう」，つまり「哲学する」ことであるけれども，教父たちのギリシア語の語感では，「徳を実践する，修徳生活を送る」（Cf., G. W. H. Lampe, *A Patristic Greek Lexicon*, Oxford, 1972, 1481.）ということになる。つまり教父たちにとり，哲学者であるということはたんに思索に耽る人というよりは，むしろ徳高い人，神への道に精進する人であると考えられていたのである。

14 第Ⅰ部

れわれの神学者たちが禁じていることがらをあなたは取り
去るべきであり，そしてすべての習慣を彼らのよりよい忠
告に則らせ，神の知恵であなたが満たされ，真実に神の
像（ἐικών）と似姿（ὁμοίωσις）となって，福音の命令
を守ることによってのみ，あなたは完全なものとなるので
ある。教会の位階についての解説者たるディオニュシオス
は，このことをその教えに即して明言した。すなわち「神
に似，神と一致することは，神的な文言が教えるように，
最も尊崇すべき命令を愛し，崇拝することによってのみ完
成するからである」[15]。もしこの言葉が真実ではなく，異郷
の教育により人が〔神の〕像に即してあることを見出し，
見ることが出来るなら，つまり〔それというのも異郷の教
育も〕性格を良い方に変化させ，無知の闇を魂から取り除
くから，それならばギリシアの賢人は律法以前の太祖や律
法の時代に預言をした人々よりも神に似ており，神を見る
ことができるであろう。もっとも彼らの多くは粗野な生活
から，この名声へと呼び出されたのではあるが。しかし預
言者の最後の頂上に立つヨハネは[16]，若年から砂漠で生活
を送ったのではなかったか。その上彼を，人は世を捨てる
力を持っている人々の原型と見なしてはいないだろうか。
それはまったくのところ明らかである。では砂漠では，
人々が言うように，救いのための哲学の愚かしい学校はど
こにあるのだろうか。万巻の書はどこにある，生涯それら
にしがみつき，他者を説得する者たちはどこにいるか。そ
れらの本のどこに，砂漠や童貞の生活を送るための指針と
か，読む者をしてそれを真似すべく奮起させる戦いが書か

15）　偽ディオニュシオス『教会位階論』2（PG 3, 392A）参照。

16）　これは洗礼者ヨハネのこと。定本註によれば（364 頁），古
来より洗礼者ヨハネは男性的キリスト教徒の元型，聖母マリアは女性
の元型と考えられ，そのためデイシス（執り成し）のイコンでは両者
がイエスの両側に描かれている。

第 1 論攷　　　　　　　　　15

れているだろうか。

5　愚かにされた知恵

　また，かような高みに昇って〔いながら〕，彼らが言う
ように，彼は神へと導く教育には意を用いなかった——そ
れというのも彼は聖書を読んだことがないからだ——，か
の「女達から生まれた者の中で，より崇高なもの〔洗礼
者ヨハネ〕」（マタイ 11：11，ルカ 7：28）を私が脇へ押し
やったとしても，さらにわれわれがそのような者を脇へ
押しやったとしても，「真理を証しし」（ヨハネ 1：8，18：
37 等参照），神にかたどって造られた者を新たにし，元型
へと連れ戻すために，「世々の前から在る者」（ヨハネ 8：
58 等を参照），彼の後に現れた者（ヨハネ 1：1 以下，1 コ
リント 2：7，コロサイ 1：15 等参照），また従って，「世に
やって来た者」（ヨハネ 18：37）は，どうして異郷の方法
によって[17]上昇（ἄνοδος）〔の道〕を与えてはくれなかっ
たのであろうか。どうして彼は「もしあなたが完全になり
たいなら，異郷の教育を手に入れ，学問を身につけるよう
に努力し，存在するものの知を獲得しなさい」[18]と言わず
に，「持ち物を売り払い，貧しい人々に施しなさい（マタ

---

17)　「異郷の方法」（ἔξω μέθοδος）は文字通りには「外からの
方法」であるが，すぐ後にパラマスは ἔξω παιδεία「外からの教え・
教育」という言葉を用いている。教父やパラマスの場合，「外から」
とは「神の国の理念の外，別の国の価値観」（また「外」は「教会の
外」であるので，「世俗」という意味にもなる）という意味で，「異
郷の」という言葉を当てた（キリスト教外ということで異教という
言葉も考えられるが，それはやや狭い概念であろう）。Cf., Lampe, *A
Patristic Greek Lexicon*, 503. その方法や教えは教会の中から来るもの
ではなく，古代ギリシアをはじめキリスト教と関係のない領域から出
たものである。それへの態度が問われている。

18)　パラマスから見て，こういう考え方が「異郷の方法」なの
である。すなわち学問を身につけること，諸存在についての知識を得
ること等である。

イ 19：21），十字架を担って，私に従うよう努めなさい」
（マタイ 19：21，16：24，マルコ 8：34，ルカ 9：23）と
言ったのだろうか。またどうして彼は，われわれの魂から
無知の闇を取り除くために，天体の釣り合い，星位，量，
また見かけの位相や合を教えず，自然学上の難問を解かな
かったのだろうか[19]。なぜ知者ではなく，無学で粗野な漁
師を弟子として呼ばれたのか，それはパウロが言うよう
に，「〔異郷の〕知者を恥じ入らせるため」（1 コリント 1：
27）なのであろうか。ではどうして彼は，彼らが言うよう
に，彼〔キリスト〕へと導く者たちを恥じ入らせるのであ
ろうか。なぜ彼は「彼らの知恵を愚かなものとされる」（1
コリント 1：20）のであろうか。何のために，「〔神は〕信
じる人々を宣教という愚かなことによって救う方がよい
とされた」（1 コリント 1：21）のであろうか。それは「こ
の世は知恵によって神を知るには至らなかった」（同箇所）
からではないのか。あなたが語っている人々はいったい
何を学びとるのか。神のロゴスは身体をとって住まわれ，
「その方はわたしたちにとって神からの知恵となられた」
（1 コリント 1：30）のであり，光を挙げる方，「世に来て，
すべての人を照らす方」（ヨハネ 1：9）であり，使徒の頭
に従えば，「信じる者たるわれわれの心に日を輝かせ，明
けの明星を昇らせる」（2 ペトロ 1：19）方であるのに。彼
らには異郷の哲学者の知から神の知へと導く具えのある灯
心が必要であるのに，〔しかし〕彼らはくすぶった灯火の
側に座って，空しく老い，想念（λογισμός）に支配され
て，ヘーシュキアに即して[20]自らを清めることや，絶えざ

19）　じっさいバルラアムにはこの方面の著作が多い。Cf.,
Barlaam von Seminara, *Logistiké*, Kritische Edition mit Übersetzung und
Kommentar von Pantelis Carelos, Corpus Philosophorum medii Aevi, vol.
8, Paris, Bruxelles, 1996.

20）　「ヘーシュキア」とはヘシュカスムでの重要な概念。語源は

第 1 論攷　　　　　　　　　　　　17

る祈りによって神に身を捧げることをやめてしまうよう他
人に助言しているのだ[21]。

6　世俗の学問研究の善用と悪用について

ところで彼らは，われわれが知恵の木を欲し，味わった
から，あの神の至上の愉悦の国から追放されたということ
に思い至らなかったのであろうか。われわれは命令に従っ
て，「その〔国〕を耕し，守る」（創世記 2：15）ことを望
まなかったので，こっそりと入りこみ，善と悪を知ること
がよいのだと魅惑する悪しき忠告者に身を委ねてしまった
のである。ところが今，教父たちの指導に従って，自らの
心を耕したり，守ったりすることを望まない者たちに対し
て[22]，彼〔悪しき指導者〕は天体や，その多様な運動と平
衡状態の明確な知識（γνῶσις），善・美と悪にかかわる知
識を約束する。それは自らの本性のうちに善を所有してい
るのではなく，それを用いる者の意図のうちで，その意図
に応じて善や悪が変わるようなものだ。それではなおさら
のこと，またそのために同様の仕方で，色々の言語の習熟
や優美さ，弁論の力，歴史の知識，自然の神秘の発見，論
理学研究の種々の方法，計算の学についての種々異なった
考察，多様な形をした非物質的な形状の測定，それらはす
べて善でありまた悪でもあると，私としては言いもしよう
が，それはたんにこれらを用いる者にそう思える方向に変
わるとか，それらを所有している者の眼のつけどころに
よって容易に形を変えてしまうのみならず，そのようなこ

定かではないとされるが，沈黙のうちに身を沈め，神に不断に祈りを
捧げることを言う。

21)　この「彼ら」は反パラマス派であったニケフォロス・グレ
ゴラス（1295-1359 年頃）等を指すらしい。

22)　ニケタス・ステタトス『魂について』51，同『楽園につい
て』11，等（クリストウの指摘による）参照。

とへ向けての論議がよいものであるのは，鋭い魂の眼をもつべく訓練した者〔にとって〕であり，老年に至るまでそのことにかかずらっている者にとっては悪としてとどまるのである。それをよき方に向かわせるには，徐々によりよいもの，またより堅固なものへと議論を変えていくよう訓練することであるが，それは言論をさげすむことが神から多くの報いをその者にもたらしてくれるからである[23]。そのゆえに第二の神学者[24]が，アタナシオスに関して，彼がまさに世俗の学問から得たことは，それをなおざりにしてしかるべきこと[25]を悟ったことであると言っている。彼がさらに言っているように，それらよりもキリストを尊ぶことを選ぶが，それらを保持しながらも，〔それらを〕無視したことを楽しんでいただけのことである[26]。

7　真の教育

だが悪しき者は，われわれをより優れたものから悪しき仕方で引き離そうと常に必死になって，われわれの魂のうちに呪いを産み出し，愚にもつかぬ者にとって好ましい絆によって，ほとんど解き放ちがたい仕方で結びつける。またそれはちょうど他の者たちに富とか不名誉な栄誉とか肉の悦びをほのめかすように，彼はそのような認識の

---

23)　定本註によれば東方教会の世俗の学問への態度はバシレイオスの『青年たちへ』に見られる。またクリマクス『楽園の梯子』26（PG 88, 1017A）参照。教会の態度そのものはヨアンネス・イタロスの弾劾文に現れている（1082 年）。

24)　これはナジアンゾスのグレゴリオスのこと。東方教会では福音書記者ヨハネを第一の神学者，第二の神学者をこのグレゴリオスとし，そして第三の神学者を新神学者シメオン（949 頃 -1022 年）とする。

25)　ナジアンゾスのグレゴリオス『講話』21,6（PG 35, 1088B）参照。

26)　同『ネメシオス宛』（PG 37, 1554）参照。

第 1 論攷　　　　　　　　　　　　19

非常に大きな拡がりや分量を提示するが，われわれ自身そ
れらの探究のために，全生涯を費やしても，その「神へ
の畏れが始め」(箴言 1：7)[27]という魂を清める教育・諭し
(παιδεία) を歯をくいしばっても獲得することができな
いのである。ところがその畏れによって，神への絶えざる
祈願 (δέησις) が悔恨 (κατάνυξις) のうちに生じ，福
音の宣命するところを守ることにもなるのである。そのこ
とを通じて神との和解が生じ，畏れは愛 (ἀγάπη) に転
じ，喜びに変じた祈りの辛さは照明の花 (τοῦ φωτισμοῦ
τὸ ἄνθος) を咲かせるのである[28]。神の秘義の覚知 (ἡ
τῶν Θεοῦ γνῶσις μυστηρίων) は〔この花〕を担う者に
その香りのように広がるのである。それが真の教育と知・
認識であるが，愚かしい哲学に夢中になっている者，その
言葉の巧みさや理論に包みこまれたり，それに結びつけら
れたりしている者は，その始め——つまり神への畏れ——
を入れる余地はないのである。どのようにしてそれは魂の
なかへ全体として入ってくるのであろうか。どのようにし
て，入ってきたものは，すでにあらかじめ他のことで占有
され，喜びを感じ，あらゆる種類の，また多様な推論に締

───────────

27)　『箴言』の言葉は「知恵の始めは神への畏れ」である。

28)　定本註は，ここで『霊的実践に関する百断章』(百断章) を
著したフォティケーの主教ディアドコス (400 頃 -486 年以前) の考
えを参照するよう指示している。すなわちディアドコスは「人は心の
すべてをあげてまず神を畏れないなら，心の感覚のうちで神を愛する
ことはできない」(『百断章』16) と言う。そしてその畏れをもつこ
とを勧めるが，しかしこの畏れはこの世の心配事を取り去らないとも
つことができない。つまり心配事を取り除いて，大いなるヘーシュキ
アのうちに知性があるとき，神の畏れは心の感覚の奥で，知性を苦
しめ，清め，ついには神の善さを大いに愛するところまで導いてい
く，とする。ただし神を畏れている段階では，その愛は中間的なもの
であって，完全な愛の状態になると畏れは放擲される。Cf., Diadoque
de Photicé, *Œuvres spirituelles*, introduction, texte critique, traduction et
notes de Édouard des Places, 1966, (Sources Chrétiennes, № 5 ter.).

めつけられている〔魂〕のうちに踏みとどまることが出来るのであろうか，もしも〔この魂が〕命令に従って全体として神の愛に属するために，すべてのものに別れを告げ，神に従う学舎へ全体として属さないならば（申命記 6：5，マタイ 22：37，マルコ 12：30，ルカ 10：27，参照）。というのはそうしたわけで神への畏れが神の知恵と観想の始まりだが，それは他のものとともにとどまることは出来ないので，魂からすべてのものを除き去り，祈りで磨きあげ，霊のカリスマの刻印を受けるにふさわしい平板に仕立てあげるからである。

8 聖バシレイオスの後悔

ところで偉大なバシレイオスは，ファラオがイスラエルの民に「この暇つぶしめが。お前たちは暇つぶしだ。〔だから〕『われわれの主に犠牲を捧げに行こう』などと言うのだ」（出エジプト 5：17）と言ったことを掲げて，次のように非難している。「時を過ごす〔暇をつぶす〕者にとり（σχολάζοντι）有益な，よき暇というものがある。しかしアテネ人のそれは悪しき暇であって，彼らはより新しいことを言ったり，聞いたりすることだけで時を過ごしており（使徒言行録 17：21），それを今やある人々は生活の時を過ごすのに模倣して，悪しき霊を愛する者となっている」[29]。偉大なバシレイオスがそのように語って，修辞学的な空しいおしゃべりだけに言及していると人が言い出さないために，彼がこのソロモンの訓戒を説明して，さらに語っていることをわれわれは付け加えよう。すなわち「知恵と諭しをわきまえ，思慮ある言葉（λόγοι φρονήσεως）を見分けること」（箴言 1：2）。また言う，「なぜならすでにある人々は，エジプト人の発見した幾何学や，カルデア

---

29) バシレイオス『詩編講話』45（PG 29, 429A）。

人によって尊重された天文学に時間を費やしたり，およそ形や陰や天体論にかまけたりして，神の言葉による教育（παίδευσις）は軽蔑している。つまり多くの人はそれらのことに熱心で，その愚かな探究をして年をとってしまうから，このために有益な教育を選ぶための，また非理性的で有害なものを放棄するための教育についての十分な知識が必要となる」[30]。あなたが言うように，ある人々が観想の目標とか救いにかかわるものと明言する異郷の教育，また学問のそれ，それらから出てくる知識を，彼は，何と愚かしいとか，有害とか，非理性的と呼んでいるのがあなたにはわかるだろうか。彼はまたセバステのエウスタティオス[31]に書簡を出して，自らの生を嘆いている，つまりこうした学問に専心しようと心を向けて過ごしたからと言うのである。彼は言う，「というのは私は長い間愚かしいことに時間を費し，私の青年時代のほとんどすべてを空しい仕事に失ったからだ。つまり神によって愚かしいものとされた知恵（ローマ 1：22）についての学問を受け容れようとつとめたのである。ある時深い眠りから覚めて，私は滅びゆくこの世の君主たちの知恵（1 コリント 2：6）の無用さを悟り，自らのあわれな人生を大いに嘆き悲しんだので，私を導いてくれるものを願い求めたのである」[32]。あなたは今日ある人々が称賛しようと無駄骨を折っている教育や知

---

30) 同上『講話』12（箴言について）1, 6（PG 31, 397BC）。

31) セバステのエウスタティオス（300 頃 -377 / 80 年）。主教。アルメニアのセバステ出身。小アジアに修道生活を導入。バシレイオスの修道制に影響を受けたが，極端な禁欲主義のため非難を受ける。子と父なる神のホモウシオス（同一本質）説ではなく，ホモイウシオス（相似本質）説を説き，後に聖霊被造説（プネウマトマキ派）に与したため，バシレイオスと決別した。

32) バシレイオス『書簡』223（PG 32, 824AB）。

識について，次のような名前を聞いたであろうか。つまり
それらは「虚栄」，「無駄な労働」，「愚かしいものとされた
知恵」，「亡ぶべき知恵」，「この世とこの世の君主らの知
恵」，「神にかなった生命と生活習慣を破壊する知恵」と名
づけられている。だから真の知恵の愛好者〔バシレイオス
のこと〕は，あのような類の知恵に時間を費やし，しかも
真の知恵への導き手をひとりも見出さないということで大
いに嘆いたのである。

9　ギリシアの知恵と神の恵み

　さて私はどのような仕方によってか知らないが，次のよ
うに臆面もなく語る者たちがいるのだ。あなた自身が言う
ように，彼らは，生涯にわたってギリシアの教育を十分身
に着けることは完全な生活にとって妨げにならないと言
い，彼らに反対して「偽善者よ！　あなたがたは空模様を
見分けることを知っていながら，どうして王国の時を見分
けることが出来ないのか」（マタイ 16：3）と言われる主
の言葉を聞かないのである。なぜなら永遠の王国の時が近
づき，そしてそれを与え給う神は人々の間におられるので
あるから，少なくとももし本当に知性（ヌース・精神）の
刷新を望むのであれば，祈りを通して，自由の古い尊厳さ
を受けとるであろう者がキリストのもとにやって来ない
で，自らを解放することの出来ない者のもとへと，どうし
て走るのであろうか。しかもそれは，神の兄弟が「知恵の
欠けている人があれば，与えられる神に求めなさい。そう
すれば受けとるであろう」（ヤコブ 1：5）とはっきり告げ
知らせているのに。異郷の知恵による認識・覚知は，無知
からもたらされた〔と言う〕すべての悪しきものを，どの
ようにして魂から追い払うのであろうか，福音の教えによ
る覚知だけがそのことを可能にするのに。というのもパ
ウロは「律法を聞く者が救われるのではなく，それを実

行する者が〔そうである〕。」（ローマ 2：13）と言っており，神の意志を知っていて実行しない者は，それを知らない者以上に「数多くむち打たれるであろう」（ルカ 12：47-48）と主は言われるからである。認識のみでは何の益もないことがあなたには分からないか。そして，なすべきことの認識，あるいは眼に見える世界の認識，あるいは目に見えない世界の認識について私は何を語るのか。それらを造られた神についての認識そのものは，それだけでは何かを益することは出来ないのである。主が地上に植えるためにこられた「神を愛する生活が欠けているなら，いったい教義はどんな役に立つのか」と神学者金口ヨアンネスは言っている[33]。むしろ，そうしたことに利益はないのみならず，いっそう大きな害があるのであり，あなたが私に知らせてくれているその話をあなたがそこから聞いているその当の者たちこそが被害を蒙るのである。なぜならいったい何を，つまり「十字架の秘義が空しくなってしまわないために（1 コリント 1：17，2：1），優れた言葉を伴ってやって来ない者，人間的な知恵の言葉に信を置いて語らない者（1 コリント 2：4），主イエス，しかも十字架に付けられた方以外は知らない者（1 コリント 2：2）」，その人はコリント人たちにあてて何と書いているのか。「知識は人を思いあがらせる」（1 コリント 8：1），だ。あなたは悪の頂点，悪魔に固有の裁き，認識から生じる虚栄を知っているだろうか。いったいどのようにしてすべての情念は無知から生じるのであろうか。どのようにして認識は魂を清めるのであろうか。「知識は人を思い上がらせ，愛（ἀγάπη）は造り上げる」（1 コリント 8：1）と言う。あなたは，決して清める（καθαίρουσα）のではなく，魂を滅

---

33) ヨアンネス・クリュソストモス『ヨハネ福音書講話』4, 4（PG 59, 50）。

ぼす（καθαιροῦσα）[34]愛のない知識があることを知って
いるか，その愛とはすべての徳の頭であり，根であり，そ
の両方の間なのである。さてどうして善を造り上げない知
が——造り上げるのは愛にかかわることだが——，どうし
てこの知が善なるものの像とするのであろうか。しかも使
徒の「思いあがらせる」という言葉によれば，認識のこの
形（εἶδος）は自然本性にかかわるのではなく，信仰にか
かわるのである。しかしもしこれ〔この知〕が「人を思い
あがらせる」のであれば，それについてわれわれが語って
いるものはさらにそれ以上である。なぜといってそれは自
然本性に関することであり，それは「古い人間」（エフェ
ソ4：22，コロサイ3：9）にかかわることだからである。
なぜなら異郷の教育はこの自然的な認識においては助けと
なるが，信仰をもって，神の愛と一つにならなければ，決
して霊的なものとはならず，むしろ愛から，また愛より生
じた恵みによって再生されないなら，また最初とは違った
状態，つまり新しく，神に似（θεοειδής），純潔で，平和
で，理にかない，従順で，聴く者を養成する言葉とよき果
実を十分に持つものにならないなら，〔霊的なものにはな
らないのである〕。そうしたものは「上からの知恵」（ヤコ
ブ3：17）とか「神の知恵」（1コリント1：21，24，2：7
等）と呼ばれる。そして聖霊の知恵に従うので，何か霊的
なものであって，聖霊の賜物を知り，受けとるのである。
そうではないものは，神の兄弟なる使徒が言っているよう
に，「下からの（知恵），この世の命のもの（φυχική），悪
魔的」（ヤコブ3：15）である。そのため次のように書か
れてあるのによれば，それは聖霊の賜物を受けとらない。
「この世の命にだけ生きる人は霊に関することを受け入れ

34）ここは字形のよく似た καθαίρω（清める）と καθαιρέω
（破壊する・滅ぼす）の一種の言葉遊び。

ず」（1 コリント 2：14），それを愚かしいこと，誤り，偽
りの考えと見なす，そしてそれらの多くを完全に覆そうと
試みる。またそれをひっくりかえすために論争し，出来う
るかぎり変えてしまったりする。そしてそれは毒を盛る者
たちが食物を甘いものとするように，それらを利用して，
抜け目なく近づくこともあるのである[35]。

10　哲学者の「汝自身を知れ」

かくして異郷の教育に由来する認識（γνῶσις）はたん
に別物であるのみならず，真の，聖霊による認識と正反対
のものなのである。にもかかわらずある人々は，〔異郷の

35）[1Gr-1Fr.] の註によればここで「二つの知」についてはマクシモスを参照するよう指示がある。マクシモス『神学と神の子の受肉の摂理とについて』第一の百の断章 22（PG 90, 1092B）。「感覚には 2 種ある。一つは習性（ἕξις）という仕方においてのもので，われわれが眠っているときも備わっているが，何の対象も把握していない。その際，感覚は現実の働きに向かっておらず，何をも目指していない。他方は現に働いている感覚で，それによってわれわれは諸々の感覚物を捉える。同様に，知（γνῶσις）にも 2 種ある。一つは学的な知であって，それは，習性のみに基づいて諸存在物のロゴス（内的原理）を捉えようとするような知である。そうした知は何かの益のためではなく，またさまざまな掟を実践することに向けられてはいない。他の一つは，働き（行為）における実践的な知であって，それは，さまざまな経験を通して諸存在物の真の把握をもたらしてくれるような知である」（訳は谷隆一郎『フィロカリア』第 3 巻（新世社，2006 年），120 頁による）。以上のマクシモスによれば，感覚には習性（所有態）と現に働いているもの（現実態）の区別があり，前者は睡眠中の諸感覚であって，これは人間的行為の役には立たない。そのように知にも 2 通りあり，一つは習性的な知で，学的な知（エピステーメー）と言われ，ただ諸存在物の根拠を集め，整理するようなものであって，人に命ぜられた掟を果たすのには何の役にも立たない。他方，働き（行為）にかかわるものは，生の経験の中から，諸存在物が何であるかを把握するものである。このように知あるいは認識をたんなる思弁に終わるものと掟（神に対し人が果たすべきこと）の実行に有益なものとを区別する立場はパラマスもまた受け継ぐものなのである。

26   第Ⅰ部

教育に由来する認識が〕同一のことを論じているとか，その認識が観想の目的であると宣明して，その人自身その認識によって誤り導かれ，またその人たちに従う者をも誤り導こうとしているようにみえる[36]。私は異郷の哲学者の恐ろしく，底知れない邪悪さのいくつかをあなた〔パラマスの弟子〕に明らかにしてみたい。つまりこの悪しき者と彼によって悪しき仕方で知恵をつけられた者たちは，われわれの最も有益なある教示を盗んで，「自らに注意せよ」（申命記 15：9）と「汝自身を知れ」という文言を，言葉が一致しているために[37]，よこしまな餌として投げかけるのである。しかしもしあなたが彼らにかの教示の目的が何であるかを尋ねてみるなら，誤った考えが渦巻いているのを発見するだろう。というのは彼らは輪廻をその教えとしていて，以前に結びついていた身体，以前住んでいた所，行ったこと，聞いたことを知る場合は，自らのことを知っており，その教示に十分到達していると考えているからである。そしてそうした事柄をずるがしこく囁く悪しき霊に自らを従わせると，人はこれらのことを学びとるのである。ところでそれに加え，彼らは「汝自身を知れ」という文言を使って，罠を十全に理解出来ない者たちを唆し，われわれの教父たちに一致して語っていると考えているのだ。だからパウロとバルナバは悪しき者の考えやそうした者より奥義を授けられた者たちをよく感知して，彼らのことを「この人たちは，いと高き神の僕である」（使徒言行録 16：

------

36)　この世の知・知恵と神のそれについては本書第Ⅱ部第１論攷を参照。

37)　「汝自身を知れ」はデルフォイの神殿の銘であって，この言葉を軸としてソクラテスが哲学的思索を進めたことは周知の事実である。しかしキリスト教でいう「自らに注意せよ」というのは哲学でいう自己認識の問題ではないことに注意すべきである。バシレイオス『汝自身に注意せよ，についての講話』（PG 31, 197-217）参照。

第 1 論攷　　　　　　　　　　　27

17）と言った女を決して認めなかった。いったい誰がこれ
らの言葉以上により敬虔なことを言えようか。しかし彼ら
は「姿を偽って光の天使のように見せかける者」（2 コリ
ント 11：14）を知っていたし，その召使いらが「（神との）
正しい関係のために仕える者」（2 コリント 11：15）のよ
うに振る舞うことも知っていた。だから彼らは，真理を語
る声は，偽りを語る口にはふさわしくないとして拒絶する
のである。

11　蛇毒の有効性

　そういうわけでわれわれもまたギリシア人から敬虔な言
葉を聞いたからといって，彼らが敬虔であると考えたり，
彼らを教師の部類に入れたりはしない。というのは彼らは
その言葉をわれわれのもとから取っていったということを
われわれは知っているからである。だから彼らのなかのあ
る者もプラトンについて次のように言うのである。「プラ
トンは，アッティカ語を話すモーセでないとすると，いっ
たい誰なのか」[38]。ところでわれわれは知っている。すなわ
ちもし彼らのもとに何か有用なものがあるとしても，かの
ところ〔われわれのもと〕で小耳にはさんだことから得た
のである。しかしわれわれはよく調べてみて，彼らが〔わ
れわれと〕同じ考えを受け容れていないことがわかった。
たとえもし教父たちの誰かが異郷の者と同じことを言った
としても，それは言葉の上だけのことであって，考えの上
では大いに隔たりがある[39]。というのは教父たちは，パウ

38）　アパメアのヌメニオス『断片一三』（in F. Thédinga, *De
Numenio philosopho*, Bonn 1875.），およびアレクサンドリアのフィロ
ン『モーセの生涯』2，アレクサンドリアのクレメンス『教育者』2,
11 参照。

39）　しかしユスティノス（100 頃 -165 年頃）は先人のギリシア
の哲学者の発言の中にキリストの言葉がすでに蒔かれていて，これを

ロに倣うなら，「キリストの知力（voῦς）を持っている」
（1コリント2：16）が，かの者たちはしかしせいぜい人間
的な考えから語っているからである。「天が地よりも離れ
ているごとく，それほど私の考えも汝らの考えとは離れて
いる」（イザヤ55：9）と主は言われる。それにもかかわ
らずもし彼らがモーセやソロモンや彼らに従う者と共通の
考えをもっているとしたら，彼らにはそれからどんな利益
があるというのか。またもし人がキリストの後に来た悪し
き考えを述べる者も神の教えを述べるのだと言うのでない
なら，健全な精神を持ち，われわれに同意する人ならいっ
たい誰が，彼らは神からそのことを教えられたのだと言う
であろうか。というのは教会を受け入れた者たちは決して
すべての真理をひっくりかえすようなことはないからであ
る。「完全な賜物はすべて上から，光の父から来る」（ヤコ
ブ1：17）と光の弟子は宣言している。もしかの者〔異端
者〕が不具になったものを生ける賜物として受けないな
ら，いったいどうして〔人に〕与えるのであろうか。しか
も不具であっても生きているものは生きている程度が低い
ということは決してない。しかし非存在から創造しないよ
うな神，われわれの魂より前に，また彼らの言う形のない
質料より前に，いやむしろ無秩序ではあるが，自らのもと
では均衡を保った形相を作り出したものより前に存在しな
いような神はいったい神なのであろうか[40)]。わずかばかり
預言者の言葉を付け加えて言うなら，非存在から「天地を
つくらない神々は，滅び」（エレミア10：11），またそれが
神々であると言う者もこれと同じである。これらの神学者
がわれわれの神学者や教師と同意していると言う者につい

「種子的ロゴス」という言葉で表したことは考慮に入れておくべきで
あろう。

40）［1Fr］によれば，これはイタロス（11世紀）への反論であ
ろうと言う。

て，またこの者たちは彼らから神学的な言葉を受け取った
と思っている者たちについて，いったい何と言うべきだろ
うか。それとも「世に来られた，すべての人を照らす光」
（ヨハネ 1：9）を取り除いて，蛇からでさえ何かわれわれ
に有用なものが得られるので，かの恐ろしい無知の闇が照
らすのを見てとるべきなのだろうか。もっとも蛇の咬み傷
に関しては，蛇を殺し，切り裂き，よく準備し，理にか
なって用いるなら[41]，その場合われわれに役立つものとな
る。実に，神的なことがらを漁師や無学な者から教育され
た，「生ける神の戦列」に対し立ちあがり，迎え打ち，「歯
向かう者」（1 サムエル 17：36）である別のゴリアテを，
あたかもその剣の力を借りて，倒す役には立つわけであ
る。

12　光と闇
　だから修道生活を身に引き受けないで，異郷の教育・学
問を望む者には，われわれは邪魔だてなどしないであろ
う。しかしわれわれはこれまでずっとどんな人にもそれに
専念するように勧めはしていない。またその学問によって
神的なことがらについて正確に知ることを期待するのを堅
く禁じている。というのはそのことから神について何か確
固としたことを教えられることはないからである[42]。なぜ
なら「神はそれ〔世の知恵〕を愚かにされた」[43]が，しか
し神はそれをそうしたものとして造られたのではない――
というのはどうして光はものごとを暗くさせるであろうか
――そうではなく，神自らの〔知恵〕と比べないで，愚か
であるものを退けたのである。注意せよ，人がもしそのよ

---

41)　これについては本書 I-1-20, 21 および II-1-15 などを参照。

42)　クリュソストモス『コリント人への第一の書簡講話』10, 1
（PG 61, 82）参照。

43)　『1 コリント』1: 20 参照。

30   第Ｉ部

うに言うなら，恵みの律法が現れたあと，モーセによって
与えられた律法は無用のものになり，愚かしいものになっ
たと言うだろう。しかしもしそうではないなら，というの
も〔律法は〕神から来たものであるから，ギリシア人の知
恵は神に由来しないという点において，ともかく愚かなも
のとなったのである。神に由来しないものは存在しない。
それゆえギリシア人の知恵とは偽って名づけられているも
のである。なぜならそれを見出す知性（νοῦς）[44]は，知性
であるかぎりにおいて，神から来る。しかし神認識にふさ
わしい目標からはずれてしまった知恵は，知恵の頽落であ
り，理性にかなわぬ知恵であって，〔それは〕知恵よりも
もっと正しい言い方をすれば，愚かにされたものである。
それゆえ使徒も比較の意味で愚かにされた〔知恵〕と言っ
ているのではなく，この世のものを探し求めていて，永遠
の神を知らず，また知ろうとはしない知恵という意味で言
うのである。それというのも「どこにこの世の論客がいる
か」と言って，直ちに「神はこの世の知恵を愚かなものと
された」（1コリント1：20）と付け加えたからである。つ
まりそれが明らかにしたことは，それは真実の覚知・認識
から逸れており，知恵ではなく，ただそう呼ばれているに
すぎない，と示していることである。もしそれが知恵で
あったら，どうして愚かしいものとなったのであるか，ま
たこれは神によって，そして地上に現れた知恵によること
なのであろうか。というのは偉大なディオニュシオスに

───────────────
　　44）　すでに触れたように，「νοῦς」は「知性・叡知・理性」な
どと訳されるが，東方キリスト教の霊的な文脈において使用されると，
いつもこのような訳語が当てはまるとは限らない。そのような齟齬は，
ヌースが「知性」という何か高度な精神機能を果たすもののみを指す
と考えられるときに生じる。つまり霊的な領域にあってヌースはいわ
ゆる「知性」的な働きと「魂・生魂」的な働きをともにもつことが多
い。

よると、「美に美は対立せず、より劣った〔美〕に優れた〔美〕は〔対立しない〕」[45]からであるが、私としては可知的なもの（νοητά）は互いに鈍くならないと言い、また美なるもの・善きものはそれぞれ、より美しいもの・より善いものが現れるとその美・善が増大すると付け加えてもおこう。かの同じ美しくする力が現れるとき、いったい人は何と言うのであろうか。というのは「第二の光」[46]のことではない。それは世界を超える本性（τὰς ὑπερκοσμίους φύσεις）のことであり、それは言わばそれらを照らす第一の光によって無用のものとされるからだ、しかしまたこれらの光より大いに劣るものでもなく、にもかかわらずそれは光である。つまり言いたいことはわれわれの言葉や思惟的な能力のことだが、それは神の光が現れると闇となるのであって、この神の光は「すべての人を照らすためにこの世に来たもの」（ヨハネ1：9）なのである。天使であろうと、人間であろうと、それに対立する者は、自ら進んで

45）　定本註によれば、『神名論』4, 19（PG 3, 717A）参照。パラマスの文章は、「...καλῷ καλὸν οὐκ ἐναντιοῦται, τῷ ἥττοι τὸ κρεῖττον,...」であるが、ディオニュシオスでは、「Οὐ γὰρ ἑαυτῷ τἀγαθὸν ἐναντίον, ἀλλ' ὡς ἀπὸ μιᾶς ἀρχῆς καὶ ἑνὸς ἔκγονον αἰτίου κοινωνίᾳ καὶ ἑνότητι καὶ φιλίᾳ χαίρει. Καὶ οὐδὲ τὸ ἔλαττον ἀγαθὸν τῷ μείζονι ἐναντίον,...」（なぜなら善いものが自分自身に反対することはないからだ。そうではなく善いものは唯一の原理、唯一の原因から産まれているので、交流や一致や友愛を喜ぶのである。そしてより少なく善いものは、より多く善いものに対立するものではない。）となっている。

46）　「第二の光」についてはダマスコスのヨアンネス『正統信仰論』17（PG 94, 868B）参照。「第二の思惟的な（νοερὰ）光〔天使のこと〕は第一の始めなき光から照らしを受け、舌も耳も必要とせず、発語することもなく、互いに固有の思惟したことと意志したことを分かち合う」。その他、ナジアンゾスのグレゴリオス『講話』38, 9（PG 36, 320C）、40, 5（PG 36, 364B）参照。

32   第 I 部

光が奪われ，〔光より〕見捨てられたので，闇であること
がわかったのである。

13 律法と恵み

　従ってこのように神の知恵に対立する，かの知恵〔ギリ
シア人の知恵〕は愚かしいものとなった。しかしもしその
知恵が被造物のうちにある神の知恵をはっきりと見てと
り，告げ知らせ，見えぬものを明らかにし，無知を破壊す
る真理の道具，つまり分有（μέθεξις）という仕方によっ
て，原因であるかぎりのものを告げ知らせるものであるな
ら，しかもこの知恵を被造物に渡された御者によって，ど
うして愚かしいものとされたのであろうか。またどうして
その〔知恵の受けた〕打撃は，全世界に現れた神のあの知
恵にまでもたらされないのであろうか。またどうして全世
界とそれぞれのものの平和を定める御者は，明白に自らと
戦わないのであろうか，というのもその方はこの世界に投
げこまれた知恵を通して知恵を与える方であり，またその
知恵が現れることによって，それらを受けとった者たち
とかの与えられた知恵を愚かしいものとするのであるか
ら。しかしその知恵は，旧法〔律法のこと〕もまたそうで
あったように，愚かしいものとなるためではなく，完成し
たものとならねばならなかった。それについてはパウロ
が声を大にして言っている，「それではわれわれは律法を
破棄することになるのだろうか。いやけっしてそうではな
い，むしろ律法を確立するのだ」（ローマ 3：31）。この律
法を主もまた「探し求める」ことを勧められるが，それ
はそのうちに永遠の生命を蔵しているからである（ヨハネ
5：39）[47]。しかし主はまた「もしあなたがモーセを信じた

　　47）　ヨハネ 5：39 は「あなたたちは聖書の中に永遠の命がある
と考えて，聖書を研究している。ところが聖書はわたしについて証し

のであれば，私をも信じたはずだ」（ヨハネ5：46）と言われる。あなたは律法と恵みが目を見張るばかりに一致しているのを見るだろうか。このゆえに，真理にかなう光が輝き出ると，律法は自らよりもよいものとなる。それはそこに隠された美が明らかとなるからだが，ギリシア人の知恵はそうではない。〔そこには〕愚かしさが雄弁で美しくまた説得力のある言葉のもとに潜んでいて，その恥ずべきことが明るみに出されると，より一層恥ずべきものとなり，正しくも「愚昧」という名をもらうことになる（1コリント3：19参照）。しかしそれ〔ギリシア人の知恵〕は概念を超えるという意味で，過剰さという点においてではなく——それが神の知恵の言い表しえぬことの呼称であるが（1コリント2：14参照）——，真理の認識が欠けているという意味においてである。というのもそれは人間の知恵にふさわしい目的を捨て去ったからである。しかしそれは捨て去っただけではなく，全く反対の方向へと迷いこみ，真理として偽りにしがみついている。そして真理を偽りとして中傷しようと試みている。また被造物を創造者に反して立て（ローマ1：25），今日，霊の書物を霊に対し，また霊と人間の業に立ち向かわせるということをやってのけた。

14 愚かしさに屈した哲学

ところで異郷の知者の愚かしい哲学は，神の知恵を見分け，告げ知らせたりはしない。というのは「この世はそれ〔世の知恵である哲学〕によって神を知るにはいたらなかった」（1コリント1：21参照）のだから，いったいどうしてそんなことができるものであろうか。もしパウロが他

———
するものだ」となっており，そのかぎりパラマスの言いたいことと聖書本文の内容は同じとは言えない。そこでパラマスはすぐ後のヨハネ5：46を引用して，律法に隠された真理の美を述べようとしたのであろう。

のところで，「彼らは神を知っていながら，神として讃え
なかった」（ローマ1：21）と言っているなら，平和の弟子
であり，キリストだけによってわれわれ自身のうちに与え
られた，超世界的な平和の相続人である彼〔パウロ〕は，
自分自身と戦っていないのだろうか。しかし彼は言う，彼
らは神を知るようになったが，神にふさわしいやり方では
なかった。なぜなら彼らは神を，一切を成就し，全能で，
一切を見通せ，始めなく，造られざる唯一のものとして讃
えなかったからである。それゆえパウロも明らかに示した
ように，これら知者は彼らのいた時代から神に見捨てられ
て，「無価値な思いに渡され」（ローマ1：28），「造り主の
かわりに造られたものに仕え」（ローマ1：25），そして恥
ずべき，よこしまな情念の泥の中でころげまわっているの
だ。しかしそれだけではなく，彼らは法律を定め，論文を
書いて——情欲や，姦計に災いあれ——，悪霊に同意し，
情欲の肩をもつ。この世の哲学者の哲学はその始めから，
またもともと愚かしいものであるが，その愚かしさは他と
比較してそうなったものではないということがあなたには
わかっているだろうか。だからかつて，その哲学が真理か
ら転落したので，天からそれを斥けた者は，今や，地上に
やって来て，それが福音の宣命の単純性に反するがゆえ
に，正しくもそれを愚かしいものとしたのである。そのた
めにもし人がさらに，その哲学によって神の認識に導かれ
るとか，魂が浄化されるだろうということで，それに注意
を向けるのなら，同じことを蒙り，知者でありながら，愚
かしい者となるのである。こうした状態にあることの明ら
かな，一にして第一の証左は，われわれが聖なる教父から
誠実に受け継いだ伝統を，人間的な吟味や思惟よりもいっ
そうよく，また知恵に満ちていること，また業によっては
明らかだが，言葉によっては示されないものであることを
知っていながら，信仰によっては受け容れないということ

である。また，〔伝統を〕受け容れるのみならず，経験に
よってそれらから利益を得，彼ら自身の業のもとで，「神
の愚かさは人間よりも賢い」（1 コリント 1 : 25）というこ
とを知っているすべての者は，それを知り，その証人とな
るのである。

15　哲学者は物狂いである

しかし以上のことは，知者が愚かしい者であるというこ
との一にして，第一の十分な証左である。だが第二の，そ
してもっと重要な証左はこうである。つまりこうした教え
を心の単純さで受け継ぐ者たちに対して，愚かしいものと
され，さげすまれた理性の力が戦いを挑むことである。ま
た〔かの知者たちは〕そうした人たちを軽視する者たちや
被造物を創造主に対して反抗させる者たちに従って，霊の
言葉を軽視し，また霊に倣って生きている者のうちに働い
ている，理性よりももっと優れた，霊の神秘的な働きを自
分たちで攻撃するのだ。第三の，そしてもっと明らかな証
左は，以下の通りである。すなわち預言者のように，これ
らの知恵のない知者も，神から知恵を授けられたと言って
いるということであって，しかもプラトンははっきりと彼
らのうちの優れた人々を讃えて，その賛辞の大部分で，彼
らが狂気に陥ったということを示して，次のように確言し
ている。すなわち「けれどもダイモーン（霊）の霊威なし
に詩作に至るならば，その人は不完全な詩人におわるばか
りではなく，正気のなせる彼の詩も，狂気の人々の詩の前
には，光をうしなって消え去ってしまうのだ」[48]。またプラ
トン自身がティマイオスを通じて[49]，宇宙の本性について

---

48)　プラトン『パイドロス』245A 参照（『プラトン全集　5』岩
波書店，1974 年，藤沢令夫訳を一部変更）。

49)　プラトン『ティマイオス』27CD 参照。

哲学的議論をなそうとするとき，神々の気に入らないこと
を言わないように祈り求めている。しかしダイモーンの気
に入る哲学は，いったいどうして神のものであり，また神
に由来するのであろうか。しかしソクラテスにはダイモー
ンが憑いており，思うに，教え導いているのであり，そし
て恐らくダイモーンによって〔彼が〕最も高貴な知恵であ
ることを証されたのである[50]。またホメーロスは女神にア
キレウスの殺人に至る怒りを，自らを介して歌うよう懇願
し，その際，道具としてダイモーンを利用することを自ら
に許し，その知恵と優美な言葉の原因を女神に帰せしめ
る[51]。ヘシオドスの場合は，一つのダイモーンから働きを
受けるだけでは十分ではない，彼が『神統記』の作者であ
るからには。そのためある時はピエリアから，またある時
はヘリコーンから，確かに九人の〔ミューズ〕を自分のと
ころに引き寄せているからであって[52]，実に山腹で豚ども
にヘリコーンの月桂樹を食べさせるとき，ヘシオドスに彼
らから与えられた，あらゆる知恵で満たされるようになっ
たからである[53]。また別の神はまた別の知者に，「その力
によって実を結ばせる」[54]。また他のものは自ら証言して，
「私はすべてを予言するムーサによって学んだ」と言って
いる。何とまあ，他のものは自らの心には，ムーサの合唱
隊が踊っていると自慢している。それはピエロスのヘプタ

---

50)　プラトン『ソクラテスの弁明』20E 参照。

51)　ホメーロス『イーリアス』第 1 歌 1 節参照。

52)　ヘシオドスの語る九人のムーサは，クレイオー，エウテル
ペー，タレイア，メルポメネー，テルピュシコレー，エラトー，ポ
リュムニア，ウーラニエー，カリオペーである。「ヘリコーン」はボ
イオティア第一の高峰。「ピエリア」はムーサ誕生の地。

53)　ヘシオドス『神統記』序文参照。

54)　キレネのシネシオス（370 頃 -413 年）『不眠について』（PG
66, 1289A）参照。

　　　　　　　　　　　第 1 論攷　　　　　　　　　37

ポレス[55]が，天の七つの帯，惑星である七つの星やまたこ
うした類のものを直ちに教えてくれるためであり，またゼ
ウスの娘，ウラニアから天文学の残りのことを教えてもら
い，別の神々，つまりこの人々により地上のものの守護者
とみなされている神々から，地上のことがらを教えてもら
うためなのである。

16　真の知恵と誤った知恵

　いったいあなたは何を言っているのか。自ら自身に関
することがらを明白に語る者たちは，神の知恵（σοφία
Θεοῦ）を有していると，われわれが言うのだと。われわ
れがわれわれ自身と真実の知恵に配慮する者であるかぎり
はそうではない，そしてその知恵というものは，狡猾で，
ダイモーン（霊・悪霊）を好む魂の中へ入ってこないので
ある。万が一〔真の知恵〕がやってきたとしても，魂が悪
へ向きを変えると，それは去ってしまうのである。という
のは，神の知恵に富み，それについて書き記したソロモン
によれば，「人を教える霊は愚かな考え（λογισμός）から
遠ざかる」（知恵 1：5）からである。ところで悪霊に秘義
伝授を受けたと自慢し，彼自身の知恵の豊かさを悪霊によ
るのだと公言する者以上に，愚かしい者がいったいいるで
あろうか。というのはわれわれが今語っているのは端的な
意味での哲学についてではなく，彼らの哲学についてなの
であるから[56]。なぜならもしパウロに従って，人は「主の

―――――――――
　　55）　「ヘプタポレス Heptapores」はプレアデス星団のことで，肉
眼には七つの星のように見えることによる。
　　56）　パラマスの〔ギリシア〕哲学への態度の一端を表す言葉。
パラマスにとり哲学は何よりも正しく真理なる神へ導くものでなけれ
ばならず，パラマスの考える邪なダイモーン（悪霊）に吹き込まれた
知恵は，それだけでも神の知恵から逸脱するものであった。バルラア
ムらとの論争の基点である。

38　　　　　　　　　　　　第Ⅰ部

杯を飲み，また悪霊の杯を飲む」（1 コリント 10：21）こ
とができないのなら，いったいどうして悪霊から霊感を吹
きこまれながら，神の知恵を持つことができるのであろう
か。それはできない，できないのだ。というのはじっさい
たとえパウロもまた「この世は神の知恵のうちにあって，
神を知るに至らなかった」（1 コリント 1：21 参照）と言っ
ているとしても，彼が「神の知恵」と呼んでいるのは，か
の知恵のない知者のうちに生じたもののことではないから
である――よく注意せよ――，それは創造主から被造物の
うちに蒔かれたもので，それを神の告示であると知る者
は，それによって告げ知らされた神を知るに至り，また存
在するものについての真の知を有し，また別様に言えば，
神の知恵をもつのであり，神の知恵に精通した者となるの
である。偉大なるディオニュシオスは言っている，「真の
哲学者は存在するものの知によって，存在するものの原因
へと導かれねばならないからだ」[57]。

17　神の知恵

　さてもし真の哲学者というものが原因へと昇りゆくの
であれば，〔そこへ〕導かれない者は，真の哲学者ではな
く，知恵を有する者でもなく，真の知恵の狡猾な幻影，つ
まり欠如した知恵を有するのであって，何ら知恵をもつ
のではないのである。じっさい欠如した知恵を，どうし
て「神の知恵」と呼べるだろうか。だがしかし，悪霊の知
性（νοῦς）は，知性であるかぎりはよいものであるが[58]，

　57）　偽ディオニュシオス『書簡』8（PG 3, 1080B）参照。
　58）　偽ディオニュシオス『神名論』4, 23（PG 3, 725B）参照。
これによれば悪霊は「善の分け前に完全に与らないというわけではな
く，その善に即して存在し，生き，知的に考え，じっさいに自分のな
かに何らかの欲求の動きがあるのだ。悪霊が悪いと言われるのは，そ
の自然本性的活動（ἐνέργεια）が衰弱していることによるのだ」。

第 1 論攷　　　　　　　　　　39

しかしそれを悪用するかぎりにおいては，悪しきものである。そして彼らはわれわれ以上に，天体の運行，合，定義といった世界の尺度をよく知っているが，神の喜ばれるような仕方で知識を用いるのではなく，それは知性なき知性，闇に満ちた知性なのである。さて同じような意味で，ギリシア人の知恵というものは，被造物のうちにある神の知恵を通して――それによって〔神は〕一つのものを滅ぼして他のものを生み出すのだが――，神がすべてのものの主ではなく，一切のものの創造主ではない，ということを示そうと試みるのである。そしてこれはいかなるものも決して何ものでもないもの〔無〕から生成されないということを見てとらないことによるのであり，こうして真に神を敬うことをないがしろにし，偉大なディオニュシオス自身によれば，「神に関することを不敬虔にも神に対して用い」[59]，それに加えて愚かで，非理性的になってしまった。いったいこれが神の知恵であろうか。それゆえパウロもまたわれわれに知恵の形には二通りあることをここで示して，「〔この世は〕神の知恵に囲まれているのに，知恵によって神を知るには至らなかった」（1 コリント 1：21）と言っているのである。あなたは，彼がある時は神の知恵のことを言い，またある時は粗野な知恵，つまり神を知らないことの原因のことを言っていると思わないか。後者はギリシア人によって見出されたものであり，神の知恵とは別物である。そしてこれは「知恵」という名を二つの〔意味で〕考えることによって明らかにされる。というのもこの先でこの神の知者は何と言っているか。「われわれは神の知恵について話している」（1 コリント 2：7）と。さてギリシア人らはパウロに賛成か，あるいはパウロはギリシア人らに賛成か。決してそうではない。それゆえ，パウロも

---

59)　同『書簡』7（Ibid., 1080A）参照。

そのことを思いとどまらせて，「われわれは，信仰に成熟した人たちの間では神の『知恵』について話すが，しかしそれは，この世の知恵ではなく，また滅んでしまうこの世の支配者の知恵でもない」（1コリント2：6），そして「この世の支配者はだれひとり，この知恵を知らなかった」（1コリント2：8）と言っている。この知恵はわれわれにあってはイエス・キリストのうちにあるものであって，このイエス・キリストは「われわれにとって神の側からの知恵となられたのである」（1コリント1：30）。他方，かの知恵は彼らのうちにではなく，彼らによって探究された被造物のうちにある。つまり〔ある者は〕生涯にわたって〔被造物の〕ことわり（λόγος）を探求して，いくらか神の概念（ἔννοια）に達したが，それは自然と被造物が少なからぬ機会を提供してくれたからであり，しかし悪霊は悪霊のやり方でそれを妨げなかったからである。もし神の概念が人間の理性に入ってこなかったとしたら，いったいどうして彼らはそれを神々であると考えたのであろうか。

18　哲学者の無分別

　それゆえこうした人々は可感的事物の本性を調べあげて探求して，神についての概念に到達するのだが，その幸いな本性にふさわしいことは聴こうとしなかった。というのは，邪悪な悪霊によって悪意に満ちた仕方で教えを受けて，「彼らの愚かしい心は暗くなった」（ローマ1：21）からである。なぜといって理性に正当な神の概念が示されるなら，どうして彼らは神々を認められるのか，また〔神の概念を〕教えなから，どうして多くの神々を信じたのであろうか。そのゆえにかの非理性的で愚かな知恵と，粗野な教育に取り憑かれた者は，神や自然について中傷する。つまり自然を主権をもつまでに高めるが，神については，少なくとも彼らに関するかぎり，主権を制限してしまい，悪

霊に神の名を帰せしめ，存在するものについての知を見出すこと——それが彼らにあっては熱心に追求するところの目的であるのだが——，それを欠いている。例えば生命をもたないものに生命があると言ったり，それがわれわれよりもすぐれた魂に与っているとか，非理性的なものが理性をもつと言ったりするが，それはこうしたものが人間の魂を受けとることが出来，悪霊がわれわれよりも，またわれわれの創造主よりも優れているからであると言う[60]。何と不敬虔なことよ！　彼らが言うには，悪霊が神とともに永遠であるとか，創られざるものとか，始めがないとか，たんに質料ではなく，全宇宙の魂であるとか，体の厚さに結びつけられていない思惟的なもの（νοεϱῶν）であるが，われわれの魂と同じものであるなどである。何ということだ。そういう仕方で哲学する者が神の知恵を有していると言うだろうか。あるいは端的にそれは人間的な知恵なのか。いったいわれわれのうちの誰もこれほど愚かしくはなかろう。主の言葉によれば，「良い木は悪い実を結ぶことができないからである」（マタイ7：18）。というのは私自身に関しては，思うに，この知恵が人間的と呼ばれるに値するものだとは考えない，つまりそれには整合性が欠けているという理由でだ。すなわち同じものが生きている（魂がある）と言われ，また生きていないと言われ，また理性的でもあり，非理性的であるとか言われる。またどのような仕方であれ本性上感覚をもたないものや，一般的にそうした能力のための器官をもたないものが，われわれの魂を把持することが出来ると言われているからである[61]。たとえもしパウロがその〔知恵〕を「人間的な知恵」である

---

60)　これは「世界霊魂」のことを指している。

61)　〔1Fr〕によれば，これは「霊魂先在説」を指す。ニュッサのグレゴリオス『人間創造論』28（PG 44, 232A）参照。ニュッサのグレゴリオスはここでプラトン以来の霊魂先在説を批判している。

と語っているとしても——彼が言うには，「というのは私の宣教は，説得力のある人間的な知恵によるのではなく」（1コリント2：4），また，「人間的な知恵の言葉の教えるところによってわれわれは話しているのではない」（1コリント2：13）——，しかし彼はまたそうした知恵を得たものを「肉による知者」（1コリント1：26），「愚かなものとされた知者」（ローマ1：22），「この世の論客」（1コリント1：20），そして彼らの知恵をそれに近いような用語で呼んでいるのである。つまりこの知恵は，「愚かにされたもの」（1コリント1：20）であり，「無にひとしいもの」（1コリント1：28参照）であり，「空しいだましごと」（コロサイ2：8）であって，「この世の知恵」であり，「この世の滅びゆく支配者の知恵」（1コリント2：6）なのである。

19　存在するものはそれ自体として悪ではない

　私はまた教父がこうも言っているのを聞く，「災いなるかな身体よ，外からの栄養を摂取しない場合は，そしてまた災いなるかな魂よ，上からの恵みを受け取らない場合は」[62]。確かにその通りである。身体は，生気のないものに移ると滅びてしまうし，魂はそれ固有のものから逸らされると，悪霊の生命や思念に引きずり込まれるであろうから。もし人が，その哲学はそれが自然的なものであるかぎりにおいて，神から与えられたものであると言うなら[63]，それは正しいし，またわれわれと反対のことを言っているのではない。〔だからといって〕また哲学を悪用したり，本性に反する目的へと引き降ろしたりする者を非難しないですませるということではない。彼らが神から与えられたものを神のよろこばれる仕方では使わなかったために，彼

---

62)　引用箇所は同定できない。

63)　バルラアムの言葉を指す。本論攷の第1問〔序文〕参照。

らへの断罪はむしろ増大するということを知るべきである。他方，神に造られた悪霊の知性は自然本性的に考えるという能力を有するが，たとえそう振る舞うことが出来るということが神に由来するとしても，われわれはその行為（ἐνέργεια）を神から来るものであるとは言わない。だから正しく言えば，そのものは思慮（φρόνησις）よりはむしろ思慮を逸脱したもの（παραφροσύνη）である[64]。さてこのように異郷の哲学者の知性は，それが生来の健全な知恵を持つかぎりでは，神の賜物であるが，かような教えを擁護するために，愚かしさ，悪，非理性へと悪の示唆によって捻じ曲げられ，知恵を別なものに変えてしまっている。もし誰かがさらに，悪魔は存在し，生き，考えることを望んでいるから，彼らの欲望や知は必ずしもまったく悪いものではないと言うならば，今度はまずわれわれから正しい返答を聞くことだろう。つまり神の兄弟〔使徒ヤコブのこと〕とともに（ヤコブ3：15参照），ギリシア人の知恵は争いに満ち，ほとんどいまわしい教えを含んでおり，また〔この知恵は〕自らの目的，つまり神の知も奪われているゆえ，「悪魔的なもの」であるとわれわれが言っているからといって，怒るのは正しくないということを。確かにそれは最も遠くの，ぼんやりしたこだまのように善には与っているからだが。そこで以上のことを考えると悪しきものは，それが存在するかぎりは悪ではないと[65]，われわれは考えたい。それが悪であるのは，それに固有の働きや働きの目的から離れるかぎりにおいてである，と。

20　蛇毒のたとえ
ところで被造物のうちに神の知恵を探究する者の仕事と

---

64)　偽ディオニュシオス『神名論』7，2（PG 3，868C）参照。
65)　同，4，33（PG 3，733A）を参照。

目的はいったい何であろうか。それは真理を獲得すること
と，創造主への賛美ではないのか。これは誰にとっても明
らかである。だが異郷の哲学者の認識はその両方とも逸し
てしまった。しかしそのうちにもわれわれに役立つような
ものが何かあるだろうか。確かに〔ある〕。というのは蛇
の身体からとり出したもののうちには治療に顕著な効果を
表すものがたくさんあり，医師たちはそこから作り出した
ものが解毒剤のうちでも最高で，もっとも役立つものと考
えているからである[66]。また騙すために害になるものを用
意する場合，手を加えて準備したものを隠すことができる
最も甘美な食物をとりあげるのである。ところでこうした
異郷の哲学者のうちにも役に立つものはあるが，それは多
くの場合，恐らく，毒人参の中に蜜が混じっているごとく
である[67]。しかしそこから不注意にも〔蜜と毒〕を区別し
ないで，死をもたらす残り滓を受けとりかねないという恐
れは大いにある。よく調べてみるなら，恐ろしい異端の全
部あるいは大部分がそこに端を発していることにあなたは
気づくだろう。そして人は認識に基づいて〔神の〕像を
受け，またこの認識を通して魂は神にかたどられたと言
う「エイコノグノステス」たちをそれと知るだろう[68]。な
ぜなら，カインに向かって言われたこと，すなわち「正し
く捧げないなら，正しく分けることがないだろう」（創
世記4：7，七十人訳）[69]というのに従えば。しかし正しく
分けるということは恐らくわずかの者にかかわることで

---

66) これについては先の11節，続く21節，およびII-1-15,16
にも同じ考えが示されている。

67) 異端を区別することの重要性を指している。

68) 〔1E〕の註（p.120）によれば，「エイコノグノステス」はバ
ルラアム一派を指すのであって，彼らは霊的認識よりも自然的認識を
通して神に至ることを説いている。

69) 七十人訳では「もしもお前が正しく捧げても，正しく分け
ずにいるならば，お前は罪を犯したのではないか」とある。

あって，善悪を識別するために訓練を受けた魂の器官（τὰ αἰσθητήρια τῆς ψυχῆς）を有する者にのみかかわることである[70]。いったい神の知恵を被造物のうちに見てとることが，危険を伴わないのみならず，有益である場合に，あえて空しく危険を犯すということにどんな必要があるのだろうか。なぜなら神への希望によって悩みを取り除かれた生活は，当然のことながら，神の被造物の考察へと魂を動かし，そのことによって，身を捧げ，考察を深めて，呆然とし，造物主を讃えるものとしてとどまり，この素晴しいことによって，さらに大いなるものへと導かれるのである。というのは聖なるイサーク〔ニネヴェのイサークのこと〕によれば，「（魂は）舌では言い表すことの出来ない宝庫に出会う」[71]のであり，何か錠前のように祈りを使って，「目が見たこともなく，耳が聞いたこともなく，人の心に思い浮かんだこともなかった」（1コリント2：9）あの秘義へと祈りを通して〔魂は〕入っていく。それはパウロが言っているように，霊によってのみ，これにふさわしい者に明らかにされるのである。

21　異郷の知恵の困難さ

あなたは，この超自然的で天上的な宝庫自体へと導く，最も短く，かつきわめて有用で，そして危険のない道を見るであろうか。外からの（θύραθεν）知恵については，あなたはこの知恵からあなたのもとに来る傲慢さを懲らし

---

70)　ディアドコス『百断章』77 参照 Diadoque de Photicé, *Œuvres spirituelles*, introduction, texte critique, traduction et notes de Édouard des Places, s. j. (Sources Chrétiennes 5ter), 1966（135）。ここでは本文のように「魂の器官」という言葉ではなく，「知性の感覚」という言葉が使われている。邦訳『フィロカリア』第 2 巻，240-41 頁参照。

71)　ニネヴェのイサーク『講話』72。

46   第Ⅰ部

めて，まず蛇を殺さねばならないが，それはいかばかり難
しいことか。というのは，「哲学の横柄さは謙虚さには無
縁だ」と言われているからである。しかし懲らしめた後に
も，頭と尾を分けて，投げ捨てねばならない。それという
のもこれはきわめて，いや最高に悪いものだからである。
つまりそれは思惟的なこと（νοερῶν）や神的なことや始
源的なことがらに関する明らかに誤った意見であり，被造
物についての神話なのである。ところで〔頭と尾の〕中
間，つまり自然についての論議に関しては，調剤師が火と
水で蛇の肉を煮沸して清潔にするように，あなたが魂の吟
味力と観察力とで，有害な考えを識別せねばならない。そ
れにもかかわらずたとえあなたがこれらすべてのことをな
し，うまく分けられたものを上手に用いるとしても，どれ
程の苦労とどれ程の識別をせねばならないことか。それで
もしかし，もし異郷の（ἔξωθεν）知恵からうまく取り出
した部分を上手に用いるなら，それは悪くはないであろ
う。というのももともとそれは何かよきものへの道具とな
るものだからである。しかしこのような仕方ではそれはま
さしく神の賜物であるとか，霊的な賜物であるとか呼ばれ
ることはない，すなわちそれは自然的なものであり，上か
ら送られたものではない[72]。それゆえ，神的なものにおい
て知者なるパウロは，それを「人間的な（σαρκός 肉的な）
もの」[73]（2 コリント 1：12）と呼び，「あなたがたが召され

────────────

　72) 定本註によれば，ここで二重の賜物が問題とされている。
つまり一つは「自然的賜物」で，これは人間に普遍的に授けられてお
り，他は「霊的賜物」であって，これは「上から」，つまり神から，
心の清い者に授けられるものである。

　73) 新共同訳では，「わたしたちは世の中で，とりわけあなた
がたに対して，人間の知恵によって（ἐν σοφίᾳ σαρκικῇ）ではなく，
神から受けた純真と誠実によって，神の恵みの下に行動してきました」
となっている。「σαρκικός」は文字通りには「肉的な」であるが，パ
ウロの言う「肉」は多様な意味を含み，文語訳などでは「肉的」と訳

たときのことを，思い起こしてみなさい。人間的に見て，知恵あるものは多くないということを」（1 コリント 1：26）と言っている。しかも，パウロによって「教会の外の（異郷の）」[74]（1 コリント 1：20 以下参照）知者と呼ばれている者以上に誰がこの知恵をよりよく使えるであろうか。しかしながらそうした知恵に関することで，パウロは彼らを「人間的な（肉による）」知者と名づけているが，むべなるかなである。

22　キリスト，われわれの唯一の哲学

　合法的な結婚の場合に子をもうけることによる快感（ἡδονή）は，神からの神的な賜物とはどうあっても呼ばれない。つまりそれは肉的であって，自然的なものであり，恵み豊かな賜物ではないからだ[75]。しかし神は自然・本性（φύσις）を造られたのだ。そのように異郷の教育に由来する知識（γνῶσις）は，もし人がそれをうまく用いたとしても，自然的なものであり，恵みによる賜物ではない。そうしたものは神からすべてのものに共通に自然本性を通して与えられたのであり，鍛錬により成長するものである。このことは，それが霊的な賜物ではなく，自然的な

している。この文脈では「自然のままの」すなわち「人間なみの」という意味であろう。

　　74）　定本は聖書の参照箇所を『1 コリント 1：20』としているが，[1Fr] では，『1 テモテ 3：7』，すなわち「さらに，監督は，教会以外の人々からも良い評判を得ている人でなければなりません。そうでなければ，中傷され，悪魔の罠に陥りかねないからです」を参照するように指示している〔他の現代語訳でも〕が，定本のように「知恵ある人はどこにいる。学者はどこにいる。この世の論者はどこにいる。神は世の知恵を愚かなものにされたではないか」の方が，本文の趣旨に合致するように思える。

　　75）　現代的視点からすれば，多分に修道士の側から見た結婚観によるものである。

48　　　　　　　　　　　　　第Ⅰ部

ものであるということの明確な証拠である。またこれは，熱心さと鍛練なしには，どんな人も手にしえない。というのは，われわれにとって神智（θεοσοφία）[76]とは，まさしく神の賜物であって，自然の賜物ではない。そしてこの神智が漁師たちにさえ天上から飛来したとき，神学者グレゴリオスによれば[77]，それは彼らを世界の果てまでその言葉を響きわたらせる雷の子らとなし，またそれが税吏なら，彼らを魂の商人となした。熱情の熱き追跡者なら，〔それを〕変化せしめ，サウロのかわりにパウロとなした（使徒言行録 13：9）。パウロは地から離れて「第三天にまで」至り，「言い表しえないことがらを聞いた」（2 コリント 12：2-4）のである。さてその神智によりわれわれは神の像に成り，死の後もそうあることができるのである。自然的な知恵に関しては，アダムは〔神の〕像たることを守らなかった万人の最初の者であるにもかかわらず，その後に来る者よりも多くを所有していると言われる。他方この

76）　神智（θεοσοφία）とは（1）神に関する知であり，（2）神の知恵でもある。この（1）の神智は上から，つまり神から啓示その他で教えられるもので，人間の生得的能力によって捉えられるものではない。（2）の神の智恵はキリストを指すようになり，キリストが神の「ソフィア」と言われるようになった。

77）　ナジアンゾスのグレゴリオス『講話』41, 14（PG 36, 448C）参照。「彼〔聖霊〕が漁師を見出したときには，〔彼らを〕全世界を言葉の網でとらえるキリストのための引き網とした。ペトロとアンドレアのことと解してほしい。彼らは霊的なものを雷のように響き渡らせた。税吏の場合には，弟子として得，魂の商人に仕立てた。昨日は税吏で，今日は福音を伝える者〔とした〕。マタイが〔それを〕語っている。熱心な迫害者の場合には，その熱心さを変え，サウロのかわりにパウロとなし，悪に傾いたと同じくらいに敬虔さに傾かせた」。

ここで「雷の子」とはゼベダイの子，ヤコブとヨハネを指す。『マルコ』3：17 を参照。

第 1 論攷　　　　　　　　　　49

　自然的知恵を応援する異郷の哲学は，それ自身によって魂
を古の美へと呼び戻す御者が来られる前にすでにあったので
ある。ところでどうしてわれわれはキリスト以前にこの
哲学によって新しいものとされなかったのか。そうではな
く彼らやまたすべての人たち（そしてまた）われわれは哲
学の教師や，この世とともに滅びる技術（その故に「この
世の」（1 コリント 2：6）と言われている）ではなく，「世
の罪を除き給う」（イザヤ 53：7，ヨハネ 1：29）御方，真
実で永遠の知恵を与えてくる方を必要とするのではない
か，たとえもしその知恵が，うつろいやすい，滅びに至る
知者にとって愚かしく（1 コリント 1：18）見えるだけで
はなく，その知恵がないということによって，知性をそ
こに結びつけないものを愚かしいものとなすのであって
も。異郷の教育の習得は救いをもたらしたり，魂の認識的
部分を清めたり，神的な元型に似せたりさせるものではな
いことをあなたは明瞭に見てとるであろうか。だからじっ
さい私は，そのことについて語ったことがらにふさわしい
結論を出そう。もし人がそれ〔世の罪〕から清められるた
めに，律法の遵守の方へ向きを変えるとしても，キリスト
自身は決して何の助けにもならないだろう。じっさい明ら
かに律法は神から法として与えられたものであって，異郷
の知識から得られたものではないのである。さらにそれ以
上に，もし人がそれから魂が清められるために，〔われわ
れによって〕拒絶された異郷の哲学に向きを変えるとして
も，キリスト自身は決して何の助けにもならないだろう。
そこで〔そう〕語り，証言する者は，キリストの口である
パウロなのである。

23　教父による証言

　兄弟よ，異郷の知恵を，必要以上に称賛する者らに，こ
う言いなさい。またそれに加えて，以下に書き記す要約に

50   第 I 部

よって，〔異郷の知恵が〕われわれの聖なる師父にとって，
また特にその経験のある者にとって，いかに愚かで，軽蔑
に値するものと考えられているかを，彼らに示しなさい。

　ニュッサの主教の，『身体の形成についての考察』から，

　　　これが，霊の羊の律法である。それは教会の外の声を
　　　決して必要としない，つまり主の言葉によれば，〔霊
　　　の羊は〕他の者の声に聞き従わない（ヨハネ 10：5）
　　　のである」[78]。

　同じく，『エウパトリオス宛書簡』から，

　　　「君の異郷の文芸への熱心さは，君が神の知識にちっ
　　　とも注意をはらっていない証拠とわれわれには映って
　　　いる」[79]。

　偉大なバシレイオスの，『第七詩編講話』から，

　　　「われわれは真理の二つの意味を見出した。一つは，
　　　幸いな生を送る人々が把握するもので，もう一つは世
　　　界のうちのかくかくしかじかのものについての健全な
　　　知である。前者は救いにかかわる真理に寄与し，完全
　　　な人間の心の中にあって，隣人にそれを混じり気なく
　　　伝える。地と海，星々や，それらの運動や速さについ
　　　ては，たとえそれらのもののうちにある真理をわれわ
　　　れが知らなくとも，われわれにとって約束された至福

　　──────────

　　78）　ニュッサのグレゴリオス『人間創造論』30（PG 44, 240D）。
　　〔1Fr〕によれば，引用文中の「教会」はパラマスの付加である。
　　79）　『書簡』11（PG 46, 1041C）。

に達するのに何の妨げにもならない」[80]。

偉大なディオニュシオスの，『教会位階論』第 1 章から，

「神の書が教えるように，神に似，神と一致すること
は，最も尊崇すべき掟を愛し，礼拝することにおいて
のみ成就される」[81]。

クリュソストモスの，『マタイ聖福音書註解』から，

「かつて異郷の知者たちが決して夢にも想像さえしな
かったものを，漁師や無学な者が強く確信してわれわ
れに告げ知らせてくれる。そして彼らは地上〔この
世〕を捨て，天のうちにあることすべてについて論
じ，われわれを別の生命や生活に導く，つまり自由や
奉仕，そして別の世界，端的に言ってまったく変化し
たもの〔に導く〕。それはプラトンやゼノンや，法則
を立てた他の者とは違うやり方である。なぜなら彼ら
すべてはただちに，われわれの本性と戦う邪悪な霊や
荒々しい悪霊が彼らの魂をしっかりと抑えこんでいる
ことを示したからである。そして漁師たちは，彼ら
〔哲学者〕のうちの誰も理解しえないことがらを神に
関して探求する（φιλοσοφεῖν）よう説得する。従っ
てかの哲学者の考えるところは去りゆき，滅ぶのであ
るが，まことにもっともなことである。というのはそ
れは悪霊が教えることだからである。さらにそれは消
え去り，蔑まれたが，蜘蛛の糸よりも価値なく，むし

---

80) バシレイオス『詩編講話』14（7 ではない）（PG 29,
256BC）。

81) 偽ディオニュシオス『教会位階論』2（第 1 章ではない）
（PG 3, 392A）。

ろ滑稽でさえあり，放縦で，大いに暗闇と無益さを有
している。しかしわれわれの教えはこうした類のもの
ではないのだ」[82]。

神学者聖グレゴリオスの，〔『講話』から，〕

「第一の知恵，それは讃えられるべき生命であり，神
に清められた生命である。またそれは最も清い者や最
も明るい者，われわれに犠牲と清めを命ずる者のみに
よって清められるものである。第一の知恵，それは言
葉や飛び交う語り口のうちにあり，偽りで奇異な対立
する議論のうちにある知恵を軽蔑する。そうした〔第
一の〕知恵を私は讃え，また歓迎する。その知恵を
もって漁師たちは，完成した，簡潔な言葉で，滅びの
知恵に打ち勝ち，福音の網で，全世界を漁ったのであ
る」[83]。

聖キュリロスの，『詩篇第九註解』から，

「この地上的，悪魔的，そして自然の知恵を行使する
者は，このために空しく自慢し，精神の乏しい者を火
に投ずる。すなわち彼らはそうした者をゲヘンナの子
らとなし，虚偽を語り，その雄弁で策を美化し，それ
によって多くの人を誤って導くことになる。この多く
の人々は，罠の中へあたかも落ち込むかのように，欺
く者の考えに捉えられる。というのはこのような者た
ちが忠告することは，無学な者にとって罠とも策略と

---

82) クリュソストモス『マタイ福音書講話』1, 4-5（PG 57, 18-
19)。

83) ナジアンゾスのグレゴリオス『講話』16, 2（PG 35,
936BC)。

第 1 論攷　　　53

もなるからである」[84]。

〔ニュッサのグレゴリオスの，『伝道の書註解』より，

　『伝道の書』の三段論法的論証を見なさい。それはどう言っているか。「知恵の量に」「知識の量」が従う。そして続いて知識の増加に苦痛の増加がつき従う（伝道1：18），と。従って世俗から多くのありあまる知識を得，目覚め，苦労して，高度な人間的な知恵や知識を付加することによって，このようなことどもにひどく熱心になる者には，必要なこと，有益なこと，また永遠の生命の守護となるものは従い来ず，その反対にもっと強力な労苦がやってくるのである。そうしたことすべてに別れを告げ，目覚め，われわれ自身の創り主，神である主に向かって，歌い，祈り，嘆願し，こうしたことに堅くとどまり，それらに時間を捧げ，このようなことによって心と知性を神の大いに把握されえぬ高みへと持ち上げ，栄光の太陽の美を凝視し，そこから交わりと分有によって，われわれの内からも外からも，人間が照らしを受け，また言い表しえないかつ栄光を観想し想像することが出来るかぎりで，これを心底喜び，またじっさい言語を絶する，神の喜びでわれわれは満たされねばならないが，それはつまらぬことにかまけて，われわれが無益な論議をして，そのわずか後で咎められないためである〕[85]。

　84）　キュリロス『詩篇註解』（PG 69, 780A）。
　85）　〔1Fr〕によれば，この文章はパラマスのオリジナルなテキストにはなかったと思われる。これはニュッサのグレゴリオスのものではなく，アグリジェントのグレゴリオスのものである。『伝道の書註解』1, 18（PG 98, 796CD）。

第2論攷

第2問

〔序文〕

　ヘシュカストの霊性が非難されている。それは非難されるべきものであるか。

　師父よ，あなたは私が問うたことがらについて，聖人たちの言葉を見事に提示して下さいました。というのは，私では答えが出ないことをあなたが解き明かされるのを聞いて，私は真理の明らかさに驚いたからです。しかしそのことは私に次のような考えをそれとなく抱かせました。つまり，あなた御自身が語られたように，「言葉はすべて言葉と闘う」[1]のですから，あなたの言われたことがらに直ちに何らかの異議が生じないでしょうか。しかしなしたことによる証拠だけを疑うべからざるものとして私は考え，聖人方があなたと同じことを言っておられると聴き取りましたので，そのようなことで私は何も恐れてはおりません。というのも聖人の語ることに納得しない者は，いったいどうしてふさわしい信仰をもつことができるでしょうか。どうして聖人たちの神を脇へ追いやらないでしょうか。なぜといって神の言葉は使徒に向け，また使徒たちを通し

---

1)　本書 I-1-1 参照。

第 2 論駁　　　　　　　　　　　　　55

て彼らの後に来る聖人たちに向けて，「あなたたちを拒む
者は私を拒む者である」（ルカ 10：16）と言われたからで
す。それは同じ真理だからです。真理に反対する者がどう
して真理を探究する者から受け容れられるでしょうか。だ
から師父よ，お願いします。生涯ギリシアの教育を求めた
かの人々から私が聞いた，他の〔議論〕のそれぞれについ
ての私の詳しい説明を聞いて下さい。またこのことについ
てあなた自身考えられることを私に言って下さい。そし
てそれらのことについての聖人の考えを付け加えて下さ
い。なぜなら彼らはわれわれが，身体のうちにわれわれの
知性（νοῦς）を閉じこめようと力を尽くして，悪しきこ
とをなしていると言うからです。彼らはむしろどんなこと
をしても身体の外に知性を投げ出さねばならないと言うか
らです[2]。だから彼らはわれわれのうちのある人々をひど
くこきおろしてもいますが，それは，〔われわれのうちの
ある人々は〕初心者に対して，自己自身に注視し，息を
吸って，自らの知性を内へ送りこむよう勧めている，と彼
らに反対して書き，〔また〕魂は知性と決して分離しては
いないなどと言うのです[3]。分離してはいないで，そのう
ちにあるものを，いったいどうしてさらに内へ送りこめる
のでしょうか。彼らは，われわれが神の恵みもまた鼻孔を

　　2）　バルラアム『第 4 書簡（ヘシュカスト・イグナティオス宛書
簡）』（Fyrigos 版 370, 10-15，Schirò 版 315, 11-15）。「なぜならその場
合〔バルラアムたちにとり肯定できるイグナティオスの態度は〕，身
体のある部分に，身体の愚かさや厚さと混ぜ合わされた知性を閉じこ
めるのではなく，可能な仕方で，〔知性を〕あらゆる物体的なものか
ら離し，あなた自身とまた神に一致させているとわれわれには思える
からである」。

　　3）　バルラアム『第 5 書簡（ヘシュカスト・イグナティオス宛書
簡）』（Fyrigos 版 386, 117-18，Schirò 版 323, 117-18）。「そこにおいて
彼らは魂に対する知性の何か怪物のような分離と次いで結合を伝えた
のである」。

通して招き入れると言っていると言います[4]。しかし私は彼らが中傷してそう言っていることを知っていますし，そのことはわれわれのうちの誰からも聞いたことがないからです。そして他の点でもそのことが有害な結果になるのだと私は考えています。というのも彼らは，人々に逆らって存在しないものを作り出して，存在しているものを損なっているからです。師父よ，教えて下さい，どのようにしてまったき力をこめて内へと知性を送るよう心がけ，またどうしてわれわれが身体に知性を閉じ込めることを悪いと考えないかを。

同じ著者の聖なるヘシュカストたちのための弁護
第1部第2論攷

　ヘーシュキア（静寂）のうちに自己自身に集中することを選んだ者にとり，身体のうちで，その知性を見張ろうと試みることは役に立たないのではないか，ということ。

第2回答

1　身体はそれ自体としては悪ではない

　兄弟よ，あなたは，使徒が，「われわれの身体はわれわれのうちなる聖霊の神殿である」（1コリント6：19）とか，さらに，「われわれは神の家である」（ヘブライ3：6参照）と言っていること，そして神もまた，「わたしは彼らの間

---

4)　前掲書（Fyrigos 版 386,119-21，Schirò 版 323, 120-21）。「呼吸と同時に鼻孔を通して生じる何か霊的な吸気と呼気」。

に住み，また巡り歩く。わたしは彼らの神となる」（2 コ
リント 6：16）と言われるのを聞いてはいないか。だから
知性をもつ人が，当然神の家になったものに自らの知性が
住まうからといって，どうして憤るのだろうか。どのよう
にして神もまた始めに知性を身体に住まわせられたのだろ
うか。いったい神は間違ったことをしたのであろうか。兄
弟よ，身体は悪であり，また悪の形をとったものである
と言う者は，そういって異端に与するのである[5]。ところ
でわれわれは身体的思考のうちに（ἐν τοῖς σωματικοῖς
φρονήμασιν）悪しき知性が存すると考えるが，身体は悪
ではないから，身体のうちには悪しきものはないと考え
る[6]。だからダビデとともに，生涯神に信頼を置く者は皆，
神に向かって叫ぶ。「わが魂はあなたをせつに渇き求め，
わが身体（σάρξ）[7]は何回となくあなたを〔切望する〕」

---

5)　［1Fr］のメイエンドルフによれば，これはメッサリア派の考
え。「メッサリア派」はエウキタイ派とも呼ばれ，4 世紀頃に起こっ
た。ブルガリアで強力な異端であったボゴミル派としばしば混同され
る。メッサリア派は，人間の心には悪魔が住みついているので，絶
えざる祈りを唱えて悪魔を追い払わなければならないと説くが，教会
の秘跡を拒否した（以上，森安達也『キリスト教史 III』山川出版社，
1978 年，361 頁参照）。パラマスの論敵バルラアムはヘシュカストた
ちをメッサリア派と呼んだ。パラマスはそれを意識して，ここで反論
している。

6)　［1Fr］，定本いずれも「身体は悪ではない」を正統教義であ
ると説明。［1Fr］によると，偽ディオニュシオス『神名論』（4, 27,
PG 3, 728CD）を参照するよう指示がある。ディオニュシオスは，
「身体の中にも悪はない」と言っている。ただし問題になる言葉は
「σωματικὸν φρόνημα」で，σωματικός とは直訳すれば「身体的」
であるが，「身体」は悪ではないのに，「身体的思考」のうちにどうし
て悪しき知性が宿るのか，このことについては少し先で理由づけされ
る。

7)　ここでは身体は σῶμα ではなく σάρξ となっている。現行
のヘブライ語詩編の翻訳（『新共同訳』）では「からだ・身体」，七十
人訳ギリシア語聖書（Septuaginta）からの翻訳である正教会訳では

（詩編 62（63）：2）また，「わが心とわが身体[8]は生ける神に向かって喜び叫ぶ」（詩編 83（84）：2）と。またイザヤとともに，「わがはらわたは六弦琴のように鳴り，わが臓腑は，あなたが新しく作り直した青銅の壁のように鳴る」（イザヤ 16：11 参照[9]）。また，「あなたへの恐れのために，主よ，われわれはあなたの救いの息・霊を孕んだ[10]」（イザヤ 26：18），そしてこの霊に信頼を置くわれわれは堕ちないであろうが，この世からの言葉を語る者は堕ちるであろう，そして彼らは天の言葉と生活が地上のもののようであると偽りを言うのである。なぜならたとえ使徒もまた，身体は「死」であると言っているとしても——彼は「死に定められたこの身体から，誰が私を救い出してくれるだろうか」（ローマ 7：24）と言っているのだが——，物質的で身体的なものが混じった思惟は実に身体的な形を有しているからという意味だけである。だから彼はそれを，霊的で神的な思惟と比較して，正しくも「身体」と呼んだのであり，端的な意味での「身体」ではなく，「身体の死」なのであって，彼らはその少し前で，肉（σάρξ）を非難するのではなく，堕落により後からやってきた罪に傾いた強い欲求を非難しているのだとはっきりと説明している。つまり，「私は罪に売り渡されたものである」（ローマ 7：14）。そして売り渡されたものは，本性上の奴隷ではない。さらに，「私は自分のうちに，すなわち，わたしの『肉』のうちに，善が住んでいないことを知っています」（ローマ 7：

「身」。

   8)　上註に同じ。

   9)　七十人訳による。ヘブライ語マソラ本からの訳では，「それゆえ，わがはらわたはモアブのために，わが胸はキル・ヘレスのために竪琴のように嘆く」となっている。

   10)　『新共同訳』では「わたしたちははらみ，産みの苦しみをしました。しかしそれは風を産むようなものでした」。

第2論攷 59

18)。肉ではなく，そこに住んでいるものが悪いと言っているのがわからないのであろうか。つまりわれわれの肢体のうちにあって，理性（νοῦς）の法則と戦っている法則（ローマ7：23参照）が身体に住んでいて，それが悪いのであって，理性がではないのだ[11]。

2　土の器の中の宝物

　そういうわけでわれわれは「罪の法則」（ローマ8：2）に反して立ち，それを身体から遠ざけ，知性の監督をそのうちに住まわせ，またこの監督によって魂の能力それぞれに法則を，また身体の肢体それぞれに，なすべきことを定める。ところで感覚には，それがかかわるものと，それの向かうところを課さねばならないが，その法則の働き（業）は「節制（ἐγκράτεια）」と呼ばれる。他方，魂の情念的部分には，最良の状態，つまりまさしく「愛（ἀγάπη）」という名をもつものを導入するのである。しかしわれわれは，神へ上昇していくことを妨げるすべてのものを理性から遠ざけて，理性的部分を改善するのだが，この法則の部分を「素面（νῆψις）」と呼ぶ。節制によってその身体を清め，神の愛によってその気力（θυμός）と欲求（ἐπιθυμία）を徳の手段とし，祈りによって清められた知性を神へ差し出す者は，それ自身のうちに，心（καρδία）が清められることによって約束された恵みを獲得し，また見るのである。そしてそこでパウロとともに次のように言うことが出来る。すなわち「闇の中から光が輝き出るよ

　11）　先の註6で問題にした「身体的思考」は，霊的で神的なものに対置されるもので，死すべき身体の法則に従う思考という意味である。身体そのものに何ら悪しき点はないが，死は罪と関連づけられて考えられるので，この死のくびきの下にある身体の法則のみに支配されるとき，滅びの思考が生じ，それは結局は肉的（σάρξ）なものだということになる。

うにと言われた神は，われわれの心のうちに輝いて，イエス・キリストの顔（πρόσωπον）に神の栄光の認識を照らし出す」（2コリント4：6），また言う，「われわれはこの宝を土の器の中にもっている」（2コリント4：7）と。ところでわれわれは聖霊の栄光を知るために，イエス・キリストの顔のうちにある御父の光を，土の器の中にあるように，つまり身体のうちにもつが，われわれ自身の知性を身体の内部に保持するならば，われわれは知性の高貴さにふさわしくない仕方で振る舞うのだろうか。霊的とは〔言わないにしても〕，神の恵みを剥ぎとられた，とはいえそれでも人間的知性をもつ者が，どうしてこういうことが言えるのであろうか。

3 知性は心の中に住まう

　われわれの魂は〔一つのものであって，かつ〕[12]多くの能力をそのうちに有しているから，本来魂に即して生きている身体を道具として使うのであるが，われわれが知性と呼ぶ，魂の能力そのものは働くときに道具として何を使うのであろうか。しかしじっさい誰も理性（διάνοια）が爪や，瞼や，ましてや鼻や口唇の中に宿っているとは思わず，すべての人はそれがわれわれのうちにあることを認めている。ところがある人々は身体内の器官で，何を第一の道具として使うかということで異なった考えを抱いている。というのもある人々は理性をアクロポリスの上にあるように，脳のなかに置く人もあるし[13]，またある人々

　12）〔　〕内は［1Fr］の読みである。
　13）　ニュッサのグレゴリオス『人間創造論』12（PG 44, 156CDss）参照。またこの考えはポセイドニオスによるもので，ポセイドニオス自身はプラトンの『ティマイオス』70に示唆を受けているとされる。Cf. Grégoire de Nysse, *La creation de l'homme*, Introduction par J.-Y. Guillaumin et A.-G. Hamman, Traduction par J.-Y.

は[14]，心の中心，つまり動物的魂の息から清められたもの
を理性の乗り物として充てている[15]。しかしわれわれ自身
は，われわれの理性的部分（τὸ λογιστικόν）は非身体的
なものであるから，容器のうちにあるようにわれわれの
うちにあるのでもなく，またわれわれに結びついている
ものであるから，われわれの外にあるのでもないとして
も，道具のうちにあるように，心の中にあるということ
を正確に知っている。このことは人間によって教えられ
るのではなく，「口に入るものではなく，口から出るもの
が人を汚す」（マタイ 15：11 参照）ということを示して，
「考え（λογισμοί）は心から出てくるからだ」[16]と言われ
る，人を造られた御者から教えられる。偉大なマカリオ
スはこう言っている，「心は器官の全体を導いており，恵
みが心を分け前として受けとるなら，考えと肢体のすべ
てを支配する。というのはそこには知性と，また魂の思
考力全体があるのだから」[17]。だからわれわれの心は理性の
（λογιστικός）小部屋であり，第一番目の肉をまとった理
性的な器官（πρῶτον σαρκικὸν ὄργανον λογιστικόν）
である。さてわれわれは完全に酔いから覚めて，われわれ
の理性的部分を監視し，正すよう努めるとき，もし感覚に

Guillaumin, Desclée de Brouwer, Paris, 1982, 69.『ティマイオス』では，
「魂のこの部分が，理性の言葉のよく聴ける位置にいてくれて，［もう
一つの］欲望の種族の方が，城砦（アクロポリス）から指令されたこ
とや言われたことに，どうしても自発的に従おうとしない時，……」
岩波版『プラトン全集 12』種山恭子訳，1975 年，128 頁。また本書
II-2-27 参照。

　　14）　すぐ後に出てくるマカリオスのことを指す。

　　15）　「動物的魂の息 ψυκικόν πνεῦμα」は［1E］(p.125) によ
れば，動物と共通する非理性的で，本能的な力のこと。これは魂の高
次の能力によって清められなければならないとされる。

　　16）　『マタイ』15：19 参照。ここでは「διαλογισμοί πονηροί,」
（悪意）となっている。

　　17）　偽マカリオス『講話』15，20（PG 34, 589B）参照。

62　　　　　　　　　　　第Ⅰ部

よって外へまき散らされたわれわれの知性を内へと導き，
理性の小部屋である心そのものへと高めないなら，何を
もってわれわれは監視するのであろうか[18]。そのゆえに「幸
いなる者」という名を持つマカリオスは，少し前に言った
ことに続いて次のように言っている，「そこでは恵みが霊
の法を刻みこんでいるかどうか調べねばならない。」[19]。そ
ことはどこか。それは先導する器官，知性と魂の思考力す
べての存する恩恵の玉座，つまり明らかに心においてであ
る。静寂さ（ヘーシュキア）のうちで，自己自身に沈潜す
ることを企てた者にとって，身体のうちに，そして特に，
われわれが「心（臓）」と呼ぶ，身体のうちでも最も内奥
にある身体にその知性を導き，閉じこめることが，どれほ
ど必然的であるかがあなたにはわかるであろうか。

4　知性を自ら自身へ再度送ること

　いやしくも詩編に，「王の娘の栄光はすべて内側にあ
る」[20]（詩編 44（45）：14）とあるのによれば，どうしてわ

---

18)　フォティケーのディアドコス『百断章』59，「われわれが神
の想起によって知性の〔働きの〕出口をふさぐとき，知性はその働き
の必要を満たす仕事をわれわれに断固として求める。だから知性の目
的を完全に満たす唯一の仕事として，主イエスの御名の祈りを与えな
ければならない。実に『聖霊によらなければ，誰も〈イエスは主であ
る〉と言わない』と語られている。その際，知性がその内的神殿・心
（臓）の中で絶えずこれら〔祈り〕の言葉を観想して，何らかの想像
に陥らないようにしなければならない。なぜなら，その聖なる栄光に
みちた御名を心の内奥で絶えず黙想する人は，いつか自分たちの知性
の光を見ることができるからである」（邦訳『フィロカリア』第 2 巻，
227 頁）。

19)　偽マカリオス『講話』15,20（PG 24, 589A）

20)　七十人訳による。現行のヘブライ語聖書では「王妃は栄光
に輝き，進み入る。晴れ着は金糸の織り……」となっている。[1Fr]
によれば，この聖書テキストを霊的生活に適用しようとする傾向は
オリゲネスに始まる。オリゲネス『詩編註解選』44（PG 12, 1432C）

れわれはそれをどこか外に求めるのであろうか。いやしく
も使徒の、「神はわれわれの心のうちに、『アッバ，父よ』
と叫ぶ御子の霊を与えて下さった」（ガラテア4：6）とあ
るのによれば，どうしてわれわれは心のうちで霊とともに
祈らないのであろうか。いやしくも預言者と使徒の主の，
「天の国はわれわれのうちにある」（ルカ17：21）〔という
言葉〕によれば，どうして知性をそれ自身のなかから導き
出そうと努める者は天の国の外側にいないのであろうか。
ソロモンは「正しい心は感覚を求める」[21]（箴言27：21）と
言うが，この感覚を彼は他のところでは（箴言2：5）「霊
的・思惟的（νοεϱός）な」とか「神的な」[22]とか言ってい
る。これに対して，すべての教父は「霊的な知性は完全に
思惟的・霊的な感覚をも所有しており，この感覚が，わ
れわれのうちにあっても，なくても，求めることをやめ
ないでおこう」[23]と熱心に勧めている。もし人が罪に対抗
することを，もし徳を得ることを，もし徳をめぐる競技

参照。その他，バシレイオス『詩編講話』44（PG 29, 412AB），また
フォティケーのディアドコス『百断章』79参照。

21）　パラマスの文は，「Καϱδία ὀϱθή ζητεῖ αἴσθησιν.」である。
七十人訳（27：21a）は「καϱδία ἀνόμου ἐκζητεῖ κακά, καϱδία δὲ
εὐθὴς ἐκζητεῖ γνῶσιν.」であって，パラマスの文と同じではない。
パラマスの文はオリゲネスとニュッサのグレゴリオスの訳によるとさ
れる。ここはいわゆる「霊的感覚」が出てくる重要な箇所の一つであ
るが，その詳細については拙著『エネルゲイアと光の神学――グレゴ
リオス・パラマス研究』創文社，2000年，250-67頁参照。

22）　この聖書の箇所の七十人訳は「τότε συνήσεις φόβον
κυϱίου καὶ ἐπίγνωσιν θεοῦ εὑϱήσεις」（そのときあなたは主への畏
れを理解し，神の知識を見出すだろう）であるが，例えばニュッサの
グレゴリオスの『雅歌講話』（Leiden版34頁）では，「ὅτι αἴσθησιν
θείαν εὑϱήσεις（あなたは神的な感覚を見出すだろう）」となってい
るので，［1Fr］で言うように，霊的文芸の領域では『箴言』のこの箇
所は以上のように訳され，理解されたものと思われる。

23）　ヨアンネス・クリマクス『楽園の梯子』26（PG 88,
1020A）。

の褒賞を，いやむしろ思惟的・霊的な感覚が徳をめぐる
褒賞の抵当を見出すことを熱烈に望むならば（2コリント
1：22，5：5，エフェソ1，14），知性を身体と自分自身の
内部へ戻さねばならないということがあなたにはわかるで
あろうか。知性を身体的思考からではなく，身体そのもの
の外に出すこと，なぜならそこで思惟的な直観（νοερόν
θεάμα）に出会うのだからという理由で，〔身体の外に〕
出すことは，それは最も大きなギリシアの誤りであり，一
切の悪しき考えの根と泉であり，悪魔の発明であり，愚か
しさを生み出す教えであり，狂気の子である。従って悪魔
の示唆によって話す者は自らの外に出てしまっているので
あり，自らの言っていることがわかっていないのである。
しかしわれわれは知性を身体と心のなかのみならず，さら
に自ら自身のなかへ送りこむのである。

5　知性の循環運動

　確かに「魂と分かたれず，そのなかにある知性をいっ
たい誰がもう一度内部へ送りこめるだろうか」と言って，
非難する者たちがいる。というのは，彼らは知性の本質
（ουσία νου）と，その働き（ενέργεια）は別ものである
ということを知らないように見えるが[24]，いやむしろそれ
を知っていながら，曖昧な言葉で策を弄し，進んで詐欺師
の列に加わっているように思えるからである。偉大なバシ
レイオスによると，「なぜなら問答法によって甲論乙駁に
向かって駆り立てられた者は，霊的な教えの単純さを受
け容れないで，詭弁的な講論を用いて，不当にも知識と
呼ばれる反対論で（1テモテ6：20）真理の力をひっくり

　24）　定本ではここにパラマスの「本質」と「働き」の区別とい
う考えが現れているとする。

第 2 論攷　　　　　　　　65

かえしているからである」[25]。というのもそういう人間は霊的ではないのに，霊的なことがらを判断し（1 コリント 2：14-15 を参照），教えるのに適わしいと考える者たちに違いないからである。なぜなら眼は視覚の対象を見ても，それ自身を見ないが，それとはちがって知性は眺める必要のある他のものたちにも働きかけ（これを偉大なディオニュシオスは知性の直線運動と言っている[26]），しかし他方で，知性が自らを見るときは，自らへと帰り，また自らに働きかける[27]，ということは彼らには分からないはずはなかったからである。かの同じ人〔ディオニュシオス〕はこれをさらに知性の「円環」運動と呼ぶ[28]。これは知性の最もすぐれた，また最も固有の活動であって，これによって自らを超越し，また時として神に出会うのである。〔バシレイオスは〕言う，「というのも知性は外へ分散するものではないからである」――「それが外へ出ていく」というのがわかるだろうか。出ていくものは，帰らねばならない。それゆえ彼は言うのだ，「自分自身へと帰り，そして自分自身を通して神へと昇る」[29]と。それはあたかも堅固な道を通って昇るようである。かの霊的なものの堅固な守護者であるディオニュシオスは，この知性の運動は誤りには陥らないと言っている[30]。

　25）　バシレイオス『講話』12（箴言）7，（PG 31, 401A）。

　26）　偽ディオニュシオス『神名論』4, 9（PG 3, 705B）。

　27）　フォティケーのディアドコス『百断章』40 参照。それによれば，「知性は神の光から密接な働きを受け始めると，何か全体として透明になり，こうして自らの光そのものを豊かに見る」。

　28）　偽ディオニュシオス『神名論』4, 9（PG 3, 704D）。

　29）　バシレイオス『書簡』2（ナジアンゾスのグレゴリオス宛）（PG 32, 228A）参照。

　30）　偽ディオニュシオス前掲書同箇所（705A）参照。

66   第Ⅰ部

6　身体の中で非物質的なものをいかにして包みこむか

　ところで誤りの父は，常に人間をこの知性の運動から逸
らせ，その誤りが広まっていくことを望むが，今日でも，
われわれが知るかぎりでは，美辞麗句で，それへと人を集
める労をとるような協力者を見出してはいないのである。
しかし今，あなた自身が言うように，もし，そこへ導くよ
うな文章を作成し，また祈りのとき身体の外に知性をもつ
方が一層よいことであると，多くの人々や，また高尚で，
静寂な生活を歓迎する者を説得しようと試みるような人た
ちがいるのであれば，彼らは協力者たちを見出したように
見える。彼らは，天に導く「梯子・クリマクス」をわれわ
れに文書を通して作成したヨアンネス[31]が，次のように明
晰で，はっきりと語っていることを尊重しないのだ。すな
わち「ヘシュカストとは身体のなかに非身体的なものを包
みこもうと強く望む者である」[32]。われわれの霊的な教父た
ちはわれわれにこのことを一致して教えたのである。それ
は正しいことである。なぜならヘシュカストが〔知性を〕
身体のうちに包みこまないなら，身体を纏い，また自然的
な姿として，形をもった物質すべてに行きわたる御者を，
どのようにしてそれ自身のなかに入れることができるであ
ろうか。その物質の外面性と個々に分けられたものは知性
の本質には一致しないのだが，物質が〔キリストとの〕一
致にふさわしい生の形をとると，物質自体が生きてくるの
である。

7　入門者のための霊的方法

　兄弟よ，あなたは，いかに彼ら〔教父たち〕が〔そのこ

　31）　この意味でヨアンネスのことを，（天に導く梯子として）ヨ
アンネス・クリマクスと称する。
　32）　クリマクス『楽園の梯子』27（PG 88, 1097B）参照。

第 2 論攷　　　　　　67

とを〕霊的な仕方はもちろんのこと，人間的な仕方で仔細
に調べ，また彼〔ヨアンネス・クリマクス〕が，真に自分
自身のものとなり，内なる人間に従って，修道士の名に値
する者になろうと決めた者が，知性を身体のうちに送り，
そこで把持することが絶対に必要である，と明示している
のを見るであろうか。特に入門者（εισαγόμενοι）が自分
自身を見つめ，呼吸によって自らの知性を中へ送るよう教
えることは理に合わぬことではない[33]。なぜならよく熟慮
する者は，まだ自己自身を観想しない者が，何らかの手段
によって，知性を自らに向け集中させることを妨げはしな
いからである。ところで，まさにこの競技に向けて衣服を
脱いで準備している者にとって，〔知性が〕集められても
また絶えず飛び去っていくものであるから，彼らはそれを
再び絶えず〔自らに〕連れ戻さねばならない。訓練を積ま
ないと，〔知性が〕すべてのもののうちで最も観想しがた
く，動きやすいものであることに気がつかないのである。
このために，ある人々は，神とともに，よりよいものへ向
けて前進し，またそれ自身のまわりにあるものへと出てい
かず，それ自身の知性を純粋なものとし，そして正確に
「一つの形にまとめあげる」[34]よう導くことができるまで，
頻繁に呼吸を緩めたり，引き締めたりして，注意し，知性
を呼吸のうちに留め，見張るようにそれを少し止めるよう
忠告しているのである[35]。人はこれが知性に自然に注目す
る結果だということに気がつくのだ。なぜなら力強く内省
を行う際には，特に身体や思考（διάνοια）を静める者に
あっては，呼吸の出入は静かになるからである。というの

33）　ヘシュカストの呼吸を用いる祈りのことを示唆している。

34）　偽ディオニュシオス『神名論』4, 9（PG 3, 705A）参照。

35）　偽新神学者シメオン『聖なる祈りと注意の方法』（Cf.,
Irénée Hausherr s.j., *La méthode d'oraison hésychaste*, Orientalia
Chrisitiana Vol.IX-2, 1927, Roma, 164.）参照。

68   第Ⅰ部

は，霊的に安息日を守り，一切の自分自身の仕事を止める者は，可能なかぎり，認識に関しては，魂の能力から，一切の可変的で，可動的で，多種多様な働きを取り去り，また一切の感覚的把握，要するにわれわれの力のうちにある一切の身体の働きを取り去るのである。ただし呼吸のように完全にはわれわれの自由にならない働きは，それがわれわれに可能なかぎりにおいて取り去るのである。

  8 この方法の目的

  そうしたことすべては，ヘーシュキアに即して進む者に，労せず，また気にかけることなく従い来る。というのはそうしたことすべては，魂が自己自身へ向けて完全な仕方で入っていく場合には，自ずと，また必然的に生ずるからである。しかし初心者にあっては，語られたことどものどれ一つとして労なくしては結果として生じないことはわかるであろう。忍耐は愛より来る――つまり「愛はすべてを耐え忍ぶ」（1コリント13：7）から，われわれは忍耐を通じて愛に到達するよう，生涯にわたり忍耐を達成するよう教えられたのであり――，この場合もそうなのである。どうしてこれについてより多くのことを語らねばならないのであろうか。なぜなら経験を積んだ者は皆，経験のなさから対抗して法を立てる者を嘲笑するからである。というのは，言葉ではなく，苦痛と苦痛によって生じた経験が彼らの教師なのであって，こうしたことが有益な実をもたらし，論争や見栄を張るのが好きな輩の無益な言葉を追い払うものだからである。ちょうど偉大な人々の一人がそれらについて，違反行為（堕罪）の後，内なる人間は外的な形に似るのがならいとなった[36]，と言っているように，直線

―――――――――
  36）偽マカリオス『講話』16, 7（PG 34, 617D），「衣服を用意し，小さな像を織りこもうと思う者は，まず蝋で鋳型を作り，それに似せ

的ではなく，円環的で迷いのない運動をして[37]，知性を自らへと集中させようと熱心に求める者，つまり眼をあちらこちらと回さず，知性を何らかの支えとして自分の胸や臍に固定する者において[38]，何か大きなことがどうして成し遂げられないであろうか。なぜならそれに加え，自らのうちで熱心に探究している知性の運動と同じようになって，あたかも外面的には円形になるよう，出来るだけ身体を丸くし，また視覚を通して外へと流れていく知性の力を，身体をそのような形にすることによって，心のなかへ送りこむのである。もし知をもった獣の力が臍の部分にあるのなら，それは罪の法がそこで力をもち，それに餌を与えているからだが，「再生の洗い」（テトス3：5）によって追い払われた悪しき霊が他の七つのより悪しき霊をともなってとって返し，さらに「その人の状態は初めよりも一層悪くなる」（ルカ11：26）ことがないよう，どうして「そこで戦いを交える心（ここでは voῦς）の法」（ローマ7：23 参照）を，祈りで武装して，立てないのであろうか。

9 肉体は変容されうる

「自分自身に注意せよ」とモーセは言う（申命記15：

て流し込む，するとその業はかの形に従って完成する。このように罪もまた，それは霊であり，像をもち，多くの形に変化する。同様に内的な人間も一種の小さな像であり，像と姿形をもつ。というのは内的な人間は外的な人間の似姿だからである」。クリマクス『楽園の梯子』25（PG 88, 1000-D-1001A）および28（PG 88, 1133B），「もし私たちが〔神の〕かたわらにいるときにひとりでいないような場合には，心の中で祈願の態度をとろう。また，もし讃美する僕たちがいない場合には，外からも祈りへの形を作ろう。不完全な人々にあっては，しばしば理性（ヌース）は身体のありように倣うからである」（『中世思想原典集成 3』平凡社，1994 年，523-4 頁，手塚奈々子訳）等参照。

37) 偽ディオニュシオス『神名論』4, 8（PG 3, 704D）参照。

38) 偽新神学者シメオン，前掲書，164 頁。またパラマスの『バルラアム宛第2書簡』50 参照。

70   第 I 部

9[39])。すなわち，あなたの全体にであって，あなたのある
部分にではない，決してそうではない。どのようにして
か。明らかに，知性によってである。というのは知性以外
のものはどれもあなた自身を全体的に注意できないからで
ある。だから魂と身体に見張りを立てなさい。なぜならこ
の見張りによって身体と魂の悪しき情念を容易に取り払う
ことができるからだ。だから自分自身を守り，自分自身に
注意し，自分自身をよく吟味し，いやむしろ監督を立て，
よく調べなさい。なぜならそうすると反抗する肉を霊に従
わせるであろうし，また「汝の心の中に隠された言葉は
もはやなくなってしまうであろう」（申命記 15：9）から。
『伝道の書（コヘレトの言葉）』は，「もし支配する者の霊
が」，すなわち悪しき霊と情念のことだが，「あなたに対
して高ぶっても」，「あなたの場所を離れるな」（伝道 10：
4[40])，すなわち魂の部分や，身体の肢体に監督者なしで
ませるなと言っている。というのはこのようにしてあなた
は下から攻めてくる霊よりもいっそう高い立場を取り続け
るであろうし，「心とはらわたを調べる者〔すなわち神〕
に」（詩編 7：10，黙示録 2：23）――あなた自身がそれら
を吟味したので――，〔あなた自身は〕吟味されることな
く，腹蔵なく振る舞うことだろうから。「もしわれわれが
自分がふさわしいかどうか調べるならば，裁かれることは
ない」（1 コリント 11：31）とパウロは言っている。そし
てダビデのかの幸いな苦悩を経験して，神に向かってあな
た自身，「闇はあなたゆえに暗くならず，夜は昼のように

---

　　39)　新共同訳では「よこしまな考えを持って，……。注意しな
さい」だが，七十人訳では「あなたの心の中に隠されたことがないよ
う自分自身に注意しなさい」となっている。
　　40)　「主人の気持ちがあなたに対してたかぶってもその場を離れ
るな。落ち着けば，大きな過ちも見逃してもらえる」，この「気持ち」
は七十人訳では「πνεῦμα」となっている。

第 2 論攷　　　　　　　　　　71

私には輝くであろう，というのもあなたは私のはらわたを
手に入れておられるから」（詩編 138（139）：12-13）と語
る。彼は「あなたは私の魂の欲求能力全体をあなたのもの
としたのみならず，もし身体のなかに，この欲求の火種の
何ほどかがあるなら，それはそうした欲求を生ぜしめたと
ころへと向きを変え，それによってあなたへと上昇し，あ
なたにしがみつき，あなたと一致する」と言う。なぜなら
感覚的で，朽ちるべき快楽にしがみついている者にとって
は，魂の欲求能力全体は肉体（σάρξ）に対しては空しく
なり，それによって全体に「肉体」となり，聖書によれ
ば，神の霊はその者のうちにとどまりえないように[41]，知
性を神へと高く上げ，神の欲求に魂が結びつけられている
者にとって，彼の肉体は変容してともに高められ，神との
交わりを享受し，その肉体は神の所有物とも宮居ともな
る。それは，肉体がもはや神への憎しみの家ではなく，霊
の望みに反することはないからである。

10　祈りの姿

それでは肉体と知性のうちいったいどれが，われわれの
方へと下から昇ってくる霊にとってよりふさわしい場所で
あろうか。ところで肉体は，使徒もまた，そのうちに「生
命」の法を住まわせる前は何らよいものではないと言って
はいないだろうか（ローマ 8：11 を参照）[42]。だからむしろ
決してそれから注意を逸らしてはいけないのである。では
どのようにしてそれ（肉体）はわれわれのものとなるのだ
ろうか。どうすればわれわれはそれを失わないであろう

41）　七十人訳の『創世記』6：4 参照（新共同訳では 6：3）。
42）　ただしこの箇所ではパウロは「あなたがたの死ぬはずの体」
と言っていて，この「体」は σῶμα であって，ここで述べられてい
る σάρξ ではない。

72   第Ⅰ部

か。たとえもしわれわれが外面的な形をとっても[43]，われ
われ自身に注意を向けるようわれわれ自身を教育しないな
ら，特に悪しき霊的なものに対して霊的な仕方で立ち向か
うことをまだ知らないわれわれが，どのようにして肉体に
対して昇ってくる悪を打ち負かしえようか。そして私は今
やっと手をつけ始めた者について何を言おうか，すなわち
キリストの後のみならず，われわれのもとにキリストが来
られるよりも先にいたより完全な人々のうちで，祈りのと
きにあのような姿勢をとり，神に従順であった人々がいる
のだから。神を見た者のうちで最も完全な人であるエリア
自身は，頭を膝に押しつけて，かようにして知性を自らと
神のうちに，労を厭わず集中させ，長年月の間の旱魃を終
らせた[44]（1列王記18：42-45を参照）。兄弟よ，あなたが
それらのことをその人たちから聞いたと言っている当の
人々は私にはファリザイ人の病気を患っているように見え
る。だから彼らは，器の中，つまり彼らの心をも監視し，
清めたいとは望んでいないし，（マタイ23：25，ルカ11：
39を参照），また新しい律法学士のように，教父の伝統に
列せず，すべてのものの上位にあろうと切望している。ま
た彼らは正しいとされたかの取税人の祈りの姿を価値ある
ものとみなさず，他の人々に対し祈りの際に受け入れない
ようにと勧めている。じっさい主は福音書の中で，「彼は
目を天に上げようともしなかった」（ルカ18：13）と言っ
ておられる。祈りをするときにその視線を自己に差し向け
る人々は，彼のようにならんものと努力しているのだ。

───────
43）　祈りのときの外面的な姿についての記述はオリゲネスが初
めであるとされる。オリゲネス『祈りについて・殉教の勧め』小高毅
訳（創文社，1975年）150-51頁参照。
44）　「私は今やっと……」以下とほとんど同じ文章がパラマスの
『バルラアム宛書簡第2』49に見られる（定本，288頁参照）。

第 2 論攻　　　　　　　　　　　73

11　「腹に魂をもつ者」という中傷

ところで彼らが非難する者たちを明らかにこき
おろすつもりで，この人たちを「臍に魂をもつ者
(ὀμφαλόψυχος)」と名づける者たちは，――いったいそ
ういう人たちの誰が臍に魂をもっていると言うのか[45]――
とにかく〔彼らは〕明らかに中傷して人を攻撃する者であ
ることに加えて，讃えられる者を侮辱してやまないものだ
ということを自ら明らかにしているが，間違いを犯した者
たちを矯正する者ではない。〔彼ら〕はヘーシュキアや真
理のゆえではなく，虚栄のために書くのであって，それは
彼らが「覚醒」へ導かんがためではなく，「覚醒」から連
れ去らんがためだからである[46]。というのは彼らはその業
と，それに適切な仕方でとりかかった者を，それに相応
する行為に基づいて，あらゆる仕方で軽蔑しようと努め
るからである。かような人々は，「神の法は私のはらわた
(κοιλία) のうちにある」[47](詩編 39（40）：9) と言い，「わ

---

　　45)　［1Fr］ではここまでが前節に含まれているが，定本の読み
に従った。ところで「臍に魂をもつ者 (ὀμφαλόψυχος)」について
は，バルラアムのヘシュカストに対する非難の過程で使われた蔑称と
して有名だが，パラマスの『バルラアム宛書簡第 2』50 に，バルラア
ムが主教会議においてこのような名称でヘシュカストを論難したと記
している。

　　46)　バルラアム『第 4 書簡（ヘシュカスト・イグナティオス宛）』
9（Fyrigos 版 376，Schirò 版 318）参照。そこでは（覚醒が魂の情念
的部分を殺す等々と言っているが，）「もし喧伝された覚醒がそうした
ことの何ものもなさないとしたら，つまり魂から思慮を失くし，思い
上がりで満たすなら，それを手放して，ヘシュカストにふさわしい目
的にあなたを向かわせうるようなまた別の覚醒を探し求めることにな
る」という言葉がある。

　　47)　新共同訳では，「わたしの神よ，御旨を行うことをわたしは
望み，あなたの教えを胸に刻み」となっているが，七十人訳は本文の
通り。ただし七十人訳には別訳として，「はらわた」の代わりに「心」
となっているものがある。

がはらわたは琴のように鳴りひびき，わがはらはあなたが新しくされた青銅の壁のようである」（イザヤ 16：11 を参照）と神に呼ばわる者を，容易に「腹（はらわた）に魂をもつ者（κοιλιόψυχος）」と呼ぶのだ。そして身体的な象徴を通して思惟的なこと（νοερά），神的なこと，そして霊的なことを刻印し，名づけ，あとづける者すべてを等し並みに中傷するのである。しかしかの人々はそのようなことで傷つくことはないであろう，むしろ祝福された賓客となり，天の冠という偉大なものを与えられることになるのだが，彼らはしかしこの聖なる覆いの外にとどまり，真理の影を見つめることができないであろう[48]。そして永遠の裁きの償いをもしないという恐れが大いにある，というのも彼らは聖なる者から分け隔てられているのみならず，その言葉によっても彼らに反しているからである。

12　ヘシュカスムの真の伝統

というのもあなたは，新神学者シメオンの『生涯』[49]

---

48)　バルラアム『第 1 書簡（パラマス宛第 1 書簡）』1（Fyrigos 版 194, Schirò 版 229），「おお素晴らしい方よ，あなた［こそ］は『最も上なる哲学を渇望し，いやむしろ最も上なる人間愛から引き寄せられているがために，この世のあらゆることがらや，あらゆる種類の概念やそうしたことにかかわる研究を放棄し，忘れてしまっており』〔これ自身はパラマスの言葉〕，そしてすでにいくつかの例に出会って，この世の像と影を中断したままだが，たとえもしわれわれがラテン人たちに対して書いた物にあなたが出くわして，正しく捉えられなかったとしも，おそらくはわれわれから非難されることはなかっただろう。いやむしろ少なくともその同じものを通して，正しくも称讃に値するものとされよう。つまりかの輝きわたる光線がそれほどのものになるので，われわれのもとでの輝かしいものがあなたには暗いものと映るくらいなのである。つまり一方はそれらに対して眼を閉じる者にとって，他方はわれわれを超える光に対して知性の視力をつねに伸長させる者にとってという具合である」。

49)　おそらくステタトスの作品を指すのであろう。これにつ

第 2 論攷　　　　　　　　　　75

——それはまったくのところほとんど奇跡的なものであり，神により超自然的な奇跡をもって栄光あるものとされた——や，また彼の書[50]——人はそれを生命の書と呼ぶが，そう名づけても適切さに欠けてはいまい——を，また聖ニケフォロス[51]を知っているからである。彼〔ニケフォロス〕は長い年月，砂漠や静寂のうちに過ごし，その後聖山〔アトス〕の最も荒れたところに好んで住み，弛むことなく，すべての教父の言葉を集め[52]，彼らの覚醒の行をわれわれに伝えてくれた。さらにこの二人は——あなたが言うように——，ある人々が反論しているやり方〔の方〕を選ぶ人をはっきりと指導してくれるのである。いったい私は何のために過去の聖人のことを言うのであろうか。それはわれわれより少し前に証し，聖霊の力のもとにあると証せられた人は自らの口でわれわれにこうしたことを伝えてくれたからである。たとえばある神学者は，真実の神学者であり，神の奥義の真理の観想に最も確実な者で，われわれの間で称賛される者だからである。あなたはテオレープトス（神に鼓吹された）[53]という名の，フィラデルフィアの府主教のことを聞いている。彼はフィラデルフィアから，あたかも燈台からのように世界を照らしたのである。そしてアタナシオス[54]は少からぬ年月にわたって総主教の座

いては，『シメオンの生涯』（I. Hausherr, *Orient. Christ.*, t, XII, № 45, 1928.）参照。

　　50）　偽新神学者シメオン『聖なる祈りと注意の方法』を指す。

　　51）　13 世紀の人。南イタリアの出身とされる。アトス山で修行した。

　　52）　ニケフォロス『心の監視について』（PG 147. 945-966）参照。

　　53）　14 世紀の人。著作は，邦訳『フィロカリア』（新世社，2009 年）第 7 巻所収（11-26 頁）参照。

　　54）　コンスタンティノポリス総主教（1230-1310 年）。総主教在位は 1289-93 年および 1304-10 年。教会を厳格に規律化しようとした。

76   第Ⅰ部

を占め，神はその棺に栄誉を与えられた。またネイロス[55]
は，イタリア出身で，大ネイロス[56]の熱心な信奉者であっ
て，セリオーテスとエリアは彼に劣るところがなく，ガブ
リエルやアナタナシオス[57]は預言のカリスマをもつにふさ
わしかったのである。まことにこのような人々すべてや，
彼らの前，同時代，そして以後に生きた他の多くの人々の
ことをあなたは聞いている。彼らはそうした伝統を守ろう
とする者に忠告を与え，勧める。〔だが〕若いヘーシュキ
アの師らは，ヘーシュキアの足跡も知らず，また経験から
も〔知らず〕，無駄話で警告を与え，彼らの聴聞者にとっ
ては何ら益することなく，この伝統を無視し，違った風に
教え，また無みしようとしているのだ。しかしわれわれ
は，間近でかの聖人たちのある者と語らい，彼らを師とし
たのである[58]。では経験と恵みによって教えを受けた者た
ちを価値なきこととみなして，虚栄と論争から出発して教
示へと向かう者に，どうしてわれわれは屈するであろう
か。いやいや決してそうではない。さてところであなたは
こうした人々から離れて，ダビデとともに思慮深く自らに
こう語りかけるがよい，「わが魂よ，主を讃めあげよ，わ
がうちにある一切のものはその聖なる御名を讃めあげよ」
（詩編 102（103）：1）。あなた自身を教父たちに従わせ，常
に知性をあなたのうちに，どのようにして送りこむことが

　　55）　判然としないが，おそらくシチリア出身でギリシアに移住
したと見られる。
　　56）　5世紀頃のアンキュラの聖人。クリュソストモスの弟子。
　　57）　アタナシオス（・レベントリノス）とエリアはコンスタン
ティノポリス近くの，ボスフォロス湾のアジア側の聖アウクセンティ
オス修道院の修道士。他の二人については詳細不明（〔31〕の註によ
る。同書 357 頁参照）。
　　58）　テオレープトスはパラマスの師であったとされる。シナイ
のグレゴリオスについては面識がなかったようである。

第 2 論攷　　　　　　　　　　　77

勧められるのかを聞きなさい[59]。

---

59)　この後，教父たちの文章が続いていたようだが，伝わって
いない。

第 3 論攷

〔序文〕

　さて師父よ，ヘシュカスト[1]に反対して書く者たちは，業や，またそれだけが唯一の，確実で否定しえないものなる人生の経験に由来する知識をもたないのみならず，まったくもって教父たちの言葉にも耳を貸さないために，無知であるということが，今やいっそう正確にわかりました。使徒によれば，彼らは「根拠もなく思い上がっていて，また肉の思いによって見たことのないものを頼りとしている」（コロサイ 2：18 参照）のであり，明らかに聖人たちを中傷し，正しい道から大きく逸れ，けっして自分たち自身とでさえ一致していないほどです。そのため彼らは照明・光明（φωτισμός）について語ろうとして，感覚に把握される照明はすべて虚偽のものであると言明しながら，同じ人間が神的な照明はすべて感覚が把握しうるなどと語ります。またキリストが現れる以前の旧法の下にあって，ユダヤ人やその預言者たちに生じた照明は象徴的なものであると言いますが，タボル山での救世主の変容（マタイ 17：1-8, マルコ 9：2-8, ルカ 9：28-36）や聖霊降臨（使徒言行録 2：1-4）やこの種の事柄に際しての照明は明らかに

---

　1) ヘーシュキア（精神の静謐さ，静寂，落ち着き）なる状態に達することを望み，その実現の果てで神と一致することを願う修行者を指す。

第 3 論攷　　　　　　　　　　79

感覚的なものであると言います。彼らは感覚を超える照明
を唯一の覚知（γνῶσις）であると言います。だからこの
覚知は光よりも強く，一切の観想の終極であることは明ら
かであるとします。ところで今，彼らがある者たちから聞
いたという内容をあなたに手短に話してみましょう[2]。ど
うか私の言うことを我慢して，考えてみてください。私は
これまでこのようなことをヘシュカストの誰からも聞かな
かったので，彼らがわれわれの仲間の誰かからこうしたこ
とを聞いたとはとても思えないからです。にもかかわらず
彼らは弟子のようなふりをしていますが，とてもよく学ん
だとは言えません。〔彼らを教えた〕教師が強いて信じる
ように言ったなどと書いているのです。さらに彼らは，こ
うした教師が聖書すべてはよくないものであるから捨て去
るように言ったと書いています。すなわち，〔彼らは〕祈
りにのみ身を捧げ，この祈りによって人間と交わる悪霊
を追い払い，また感覚的に燃え上がり，魂は変化すること
なく，飛び上がったり歓喜したりする。他方，彼らは感覚

---

2)　パラマスの論敵であるバルラアムがアトス山の修道士からヘ
シュカストの修行方法を聞き，その愚かしさを嘲笑したことを指す。
バルラアム『第5書簡（ヘシュカスト・イグナティオス宛）』（Fyrigos
版 386-88，Schirò 版 323-24）参照。それによれば，「しかしながらあ
なたたちと同じ名（ヘシュカスト）をもつ幾人かに出会って——私
はそうすべきではなかった——，私は，怪物のような，理に合わない
教え，つまり知性にも理性にも値しないというべき，欺きに満ち，無
分別な想像の産物といった教えをこれらの者によって秘義伝授を受
けたのである。そこで伝えられたことは，魂に対する知性の何か奇
怪な分離や，それに続く接合，〔魂〕と悪霊の本質的な結合と赤や白
の様々な光，そして鼻腔を通して霊（νοεραί）が出入りして，呼吸
（πνεῦμα）とともになり，臍の周りに何か振動が起こり，最後に心の
感覚と確信のうちに，魂に対してわれわれの主が臍の中で一致すると
か，私には留意してしかるべきと思われるこうした類のことが〔伝え
られて〕いるが，それはまた明白な狂気に落ちこみ，思慮分別を満た
すために，思慮分別を失っているのである」。

的な光を見，神的なもののしるしは白色で，悪しきものの
しるしは燃えるような黄色だと考えているなどのことで
す。確かに彼らは自分たちの教師がそのように言っている
と書いており，こうしたものはすべて悪魔的なものだとい
うことを示しています[3]。そしてもし誰かが彼らの言った
あることについて彼らに異議を唱えるなら，彼らはそれが
情念のしるしであると決めつけてしまうし，その上，この
情念こそが誤りの証拠だと断定するのです[4]。そして人は
多くの事を通じて，彼らは告発している者を攻撃し，とり
わけその書物の中では彼らが蛇のくねくねと曲がって偽り
多いさまを真似ているのを，吟味できましょう。つまりそ
れは多くの堂々巡りをし，策略を弄し，別のところでは彼
らが教えたことと違ったこと，あるいは反対のことを語っ
たりしているというありさまです。というのも，彼らは堅
固で単純な真理を有しておらず，容易に反対の考えに変わ
り，彼らの良心を責められると，恥じて，違った意味の言
葉を用いて，複雑で訳のわからない，どちらとも取れる言
い方のうちに，アダムのように身を隠そうとするからで
す。師父よ，彼らの語ったことについてわれわれが見識を
もてるよう，どうか説明してくださるようお願いします。

同じ著者の聖なるヘシュカストたちのための弁護
第Ⅰ部第3論攷

　　光，神の照明，聖なる幸福，キリストにおける完全性
　　について

---

　　3)　バルラアム，前掲箇所参照。
　　4)　バルラアム『第3書簡（パラマス宛第2書簡）』（Fyrigos 版
302, Schirò 版 281）参照。

第3論攷   81

第3回答

1 嘘偽りは真実に近づく

　いったい悪しき事柄は徳のそばに植えつけられているだけではなく，不敬虔な言葉もまた敬虔な言葉のそばにあるように思われるので，それらはほんのわずかの付加あるいは削除によって容易に一方を他方へ変え，また言葉の意味をまったく逆にしてしまうほどである。だから誤った意見のほとんどすべては，わずかの欠陥や付加を見て取ることのできない者には真理の仮面をつけていることになる。これは悪霊の錯誤に導く奸智に長けたやり口である。偽りを真理から遠くに離さないで，悪霊は二倍の策略を用意したからである。というのも，違いがわずかなので多くの人はそれを見逃して，偽りを真理と，真理が偽りに近いので，真理を偽りと見なしている。この両方の場合とも，完全に真理から離れている。このようなやり口を伝授されて，アレイオス[5]の徒は，ニケ[6]という都市で，〔新たに〕信条〔を起草して，それ〕をニカイアでのそれと対立させ，「真理の言葉を正しく教える者」（2テモテ2：15）を不当に扱っている。アレイオス自身はこのような策略を用い，彼をして教会を公に捨てさせた者たちと仲間同然となり，と

―――――――――――

　5)　アレイオス（256頃-326年）。彼は，御子は優れた御者ではあるが，神が無から創造した被造物で，御子がいないときがあり，知識は不完全で，神の本質に関与しえないし，受難したから「アパテイア（不受苦）」ではありえないとした。「アレイオスの徒」はアレイオスの考えを受け継ぐが，多くの派があった。

　6)　トラキア地方の都市。351年10月アレイオスの徒はここでリミニ主教会議の参加者である主教たちからニカイアの信条を否認する署名を受けとった（[1Fr]による）。

もに祭儀を執り行うが，偉大なアレクサンドロス[7]はその策略を見つけることはできたものの，明瞭にこれを非難しえず，祈りによって神に依り頼み，また祈りを通して，このおぞましき者と，その名の通りの狂気を運ぶ者をおぞましき死へと当然にも送ったのである。

2　告発者らの欺瞞

さて兄弟よ，あなたが詳しく語ってくれたようなことを言う人々は，どの点から見ても，そうした策略を用いているように思われる。というのも，初心者のヘシュカストは長い読書はやめて，単一の言葉による祈り[8]に専心し，たとえ身体が他のことをしていても，ついには思考（διάνοια）がこうした祈りの状況をたえず所有できるまでになるよう，聖ディアドコス，偉大なフィレモン[9]，神的なことがらに富むネイロス[10]，そして『〔楽園の〕梯子』の著者，ヨアンネス[11]や多くの存命中の教父たちが忠告しているのである。しかしこれは〔読書が〕無用で，悪いと

---

7)　アレクサンドロス（250頃-328年，在位313-没年）。アレイオスと対立し，アタナシオスとともにアレイオス主義と戦ったアレクサンドリアの主教。

8)　ヘシュカストたちは，「主イエス・キリスト，〔罪びととなる〕我を憐れみたまえ」という「イエスの祈り」を唱えるが，そのなかでもイエスの名だけを唱えるような単一の語による祈りのことを言っているのであろう。

9)　生没年不詳の，『フィロカリア』に登場するアッバ・フィレモンのことか。邦訳『フィロカリア』第4巻，107-29頁，三嶋輝夫訳（新世社，2010年）参照。「イエスの祈り」に言及した。

10)　ネイロス（430年頃没）。『書簡』3（238PG 79, 493D）。アンキュラの修道士。修徳的生活を勧める書を著す。断罪されたエヴァグリオスの著作が彼の名を冠して流布した。

11)　ヨアンネス・クリマクス（579以前-649年頃）。シナイの修道院長。段階的に聖化の道を辿っていく修行者の姿を示した『楽園の梯子』は修道士によく読まれた。

第 3 論攷　　　　　　　83

いうことではない。彼らは「悪しき」という言葉を付け加えて，〔教父たちの〕善き導きを悪しきものとしたのである。しかし，ほとんどすべての聖人が業や言葉によって，祈りは悪しき霊や悪しき情念を追い払うということを明らかにしたこと，またすべての良識ある人はこのように考え，教えることをわれわれは知っている。また誰も悪霊はわれわれの本質と同じだとは言っていない。しかしあなたの言う人々は自分たちで付加して，この探究を避けるべきものにしたのである。あたかも善への愛の熱のうちに飛び跳ねるように心は躍ると，偉大なバシレイオスも言っており，また偉大なアタナシオスはそれを恵みのしるしと考えている[12]。人が汚れのない知性で神に見えるとき，あたかも火をつけられたかのように祈りから出てくることを経験も教え，また『梯子』の著者もはっきりと次のように教えている。すなわちこれがなければ，また祈りの間に光がとどまることがなければ，そして祈りによって魂の内に穏やかさが生じなければ，それは身体的な（σωματικήν）あるいはユダヤの祈りと考えられる[13]。他の多くの人たち，また聖イサーク[14]ははっきりと次のように教示している，すなわち喜ばしい表情は祈る者の口に生じるが，それは祈りからそうなるのみではなく，『詩編』を意識して朗誦することからも生じる。しかしこうしたことすべては，理性的な魂をより善いものにするという原理を有している。ところで，あなたの言っている聖人を中傷する者たちは，そうしたことを取り去って，称賛に値するものを咎あるもの

---

12)　アレクサンドリアのアタナシオス，『アントニオス伝』36（PG 26, 896C.）参照。

13)　クリマクス『楽園の梯子』28（PG 88, 1137AC.）参照。

14)　ニネヴェ〔シリア〕のイサーク（680 年頃活躍）。シリアの神秘神学者。引用は，*Sermones ascetici et epistulae*, ed. N. Theotokes, Leipzig, 1770, p.498（『講話』85）. 参照。

とし，聖にして神的な照明から確実なしるしである他のものを切り捨てて，彼らの中傷を何か小さなことのようにして提示し，悲しいかな，神的なものは悪魔のようなものであると，経験を積まない者たちに教えこもうとしている。大事なことは，「永遠の闇に守られた者〔悪魔〕」（2ペトロ2：4，17，ユダ6：13を参照）は，たとえ欺瞞的なやり方ではあっても，光を生み出すと彼らが信じていることである。そして神が輝きを超える輝き，光の源であり，また思惟的な（νοεϱός）光で満たされた一切の理性的な本性をそれにふさわしい仕方で光を受容するものとし，可知的な（νοητός）仕方で照らすものであることを，彼らが認めないことである。

3　覚知と霊的な光

　さて彼らが唯一の可知的な照明（φωτισμὸν μόνον νοητὸν）であると言っているとあなたが言う，覚知・認識（γνῶσις）[15]は，かの光によって与えられるがゆえに，私はそれを光と考える。それは偉大なパウロもまた，「闇から光が輝き出ると言われた神は，われわれの心のうちに輝いて，神の栄光を悟る〔覚知する〕光を与えて下さった」（2コリント4：6）と言っているからである。それに続いて偉大なディオニュシオスも次のように言っている。「可知的な光の現存は光照らされた者を一つにし，唯一の真の覚知へと導くものである」[16]。覚知の光は恵みの光の現存によって与えられ，分割された無知を取り除くことがあなたにはわかるだろうか。彼はこれを「可知的 νοητός」

---

15)　「覚知」と訳した γνῶσις は，東方霊性の立場からは霊的な知識・認識を指すもので，理性（διάνοια）による認識とは異なる。

16)　偽ディオニュシオス『神名論』4，6（PG 3，701B.）。以下のディオニュシオスのテキストは，Patristische Texte und Studien 版の校訂テキストと異なるところがある。

第 3 論攷   85

と呼び，他方，偉大なマカリオスは覚知を恵みの光と考える者をはっきりと恥じ入らせ，それを「思惟的・霊的 νοερός」と言った。というのも，彼は「そうした働きの結果から，神からであれ悪魔からであれ，そこから生じた霊的な光がお前の魂の中で輝いているのを見るか」[17]と言っているからである。しかし他の箇所で，モーセの顔の上に現れた栄光を「不死」と語り——たとえそのときそれは死すべき顔に輝いたとしても——，そしてまた神を真に愛した者の魂にまさしくどのように現れるかを示して，次のように言っている。「感覚的な視覚をもつ眼が感覚的な太陽を見るように，かの者たちは魂の眼を通して霊的な光を見る。この光は復活のとき身体に現れ，注がれ，この身体が永遠の光によって美しく輝いているのを示すであろう」[18]。確かに，覚知の光は「思惟的・霊的」であるとはけっして言えないが，かの光はそれが働くときには，霊的なものであり，知性は可知的なものとして，思惟的・霊的な感覚により見るのであり，理性的魂（λογική ψυχή）に生じると，状態としての無知からこの魂を解放し，多くの臆見から単一の覚知へと向け変えるのである。従って，かの『神名』の歌い手〔偽ディオニュシオス〕は，善の光にちなんだ名を讃詠するとき，次のように語るべきだと言う。すなわち「善は可知的な光と言われる。つまり，それは可知的な光の一切の天上を超える知性を満たすからであり，それが生み出す一切の無知と誤りをあらゆる魂から追放する」[19]。だから無知が追放されたあとに来る覚知と，こ

---

17)　偽マカリオス『忍耐について』13（PG 34, 876D）。エジプトのマカリオス（300年頃-390年）に帰される本書は，現在は380-430年に活躍したメソポタミアのシメオンによるものと考えられている。

18)　同『講話』5（PG 34, 516）参照。

19)　偽ディオニュシオス『神名論』4, 5（PG 3, 700D）。

86　　　　　　　　　　　第 I 部

れを生み出す可知的光とは別のものである。こうしたわけ
で，可知的光は天上を超える知性——すなわちそれ自らを
超えるもの——のうちに明白に見える仕方で生じる。そ
れでは隠喩的（μεταφορικῶς）に言わないとしたら，天
上を超え，知性を超えるかの光をいかにして「覚知」と
呼びうるのであろうか。しかも，この偉大な師が「無知
ἄγνοια」とか「誤り πλάνη」と名づける状態としての無
知の浄化は，ただ本性上理性的魂においてのみ完遂される
のである[20]。

4　否定を超える見神

　天使の知性のみならず，人間のそれも自らを超えて不
受動心（ἀπάθεια）[21]によって天使の姿をとるようになっ
た[22]。それゆえ〔人間の知性は〕かの光に出会い，超自然
的な神現（θεοφάνεια）に値する者となるであろう。し
かしこれは神の本質（οὐσία）を見るのではなく，神にふ
さわしい啓示を通し，また見る者にかなった仕方で神を見
るのである[23]。それは否定（ἀπόφασις）によって見るの

---

　20)　本章で「可知的」（νοητός），「思惟的・霊的」（νοερός）と
言っているのは，東方の霊的師父にあっては，ヌース（νοῦς・知性）
の能力に関わるものがノエートスであり，プネウマ（πνεῦμα・霊）
に関わるものがノエロスと区別されて考えられていたことによる。そ
のため互いに似かよった言葉で一応の訳し分けを行っておいたが，そ
の区別はかならずしもいつも師父にあって厳密であったわけではな
い。

　21)　「不受動心・アパテイア」とはもともとストア哲学で用いら
れた言葉であるが，東方霊性の流れの中では，さまざまな情念に煩わ
されない境地を超えて，さらに情念の力を神に向かうまでに変容させ
ることを言う。エヴァグリオス・ポンティコス『祈りについて』113
（PG 79, 1192D）参照。

　22)　偽ディオニュシオス『神名論』1, 5（PG 3, 593B）。

　23)　ここにパラマスによる神認識に際しての神の「本質」と「働
き」の区別が示されている。

第 3 論攷　　　　　　　　87

ではない——というのは，何かを見るからである——，そ
れは否定によるよりもいっそう優れた仕方で見るのであ
る。つまり神はたんに覚知を超えるのみならず，無知な状
態（ἄγνωστος）をも超えるのであり，神の現れは神秘で
あって，最も神的で，また最も常ならぬものである。神的
な姿の視（αἱ θεοειδεῖς ὄψεις）は，たとえ象徴的なもの
であっても，過剰という意味で知りえないものなのであ
る。なぜなら，このような視は神的な本性（φύσις）とも
人間的な本性とも違う法則の下に生じるからである。いわ
ばそれは，われわれにとってわれわれを超える仕方で〔生
じる〕が，しかしこれを正しく言い表す言葉は何もないか
らである。そしてマノアによって「あなたの名は何です
か」と尋ねられた者〔天使〕は，「それは驚くべきもので
ある」と答えて明らかにした（士師記 13：17-18）が，〔神
を〕見ること（ὅρασις）は，解しえないということに加
え，無名でもあることから，まさしく驚くべきことなの
だ。見るということが否定によるよりも優れているとして
も，それを表す言葉は否定による道に劣るのである。それ
は範型という仕方（παραδειγματικῶς），あるいは類比
という仕方（κατὰ ἀναλογίαν）で導かれる。だから，見
るということは語られず，名前を超えるものであるから，
大抵の場合，言葉としては，似たような意味として「……
のように」（ὡς）を付加しているのである。

5　霊的照明

　聖人たちが自らのうちにこの神にふさわしい光（τὸ
θεοπρεπὲς ἐκεινο φῶς）を観想するとき，つまり完全
なものとする照明の神秘的な介入によって聖霊の神化を
ほどこす交わりを達成するときに，彼らは自らの神化

（θέωσις）の上衣を見[24]，御言葉のおかげで知性が光栄あるものとされ，美を超える輝きによって満たされるのを見るのであるが，それはあたかも山の上で御言葉の神性により，神にふさわしい光に結びついた身体が栄光あるものとされたごとくである[25]。福音書にある言葉によれば，「なぜなら父が彼に与えた栄光を」（ヨハネ 17：22），彼は彼に聴き従う者に与えたからであり，彼は「彼らが彼とともにあり，そして彼の栄光を見ることを望んだ」（ヨハネ 17：24）からである。しかし彼が天に昇ったあと，今ではもう身体を有していない状態にあるのに，どのようにしてこれは身体的に生じるのだろうか。それはまったく必然的に思惟的に（νοερῶς）完成されるのである。つまり知性が〔あたかも〕われわれのために天を超えて運ばれた方〔キリスト〕の従者のように天を超えるものとなり，そこではっきりと，また言い表しえない仕方で神と一つになり，超自然的で言い表しえない見神に巡り合い，あらゆる非物質的な覚知，崇高な光で満たされるが，これは聖なる，感覚的な象徴を見る人のようでもなく，聖書の種々の

24）　定本註によれば，ディアドコス『百断章』40 を参照。すなわち「知性は，しばしば神の光の作用のもとにありはじめるとき，全体として透明になり，そうすると自らの光を己が豊かに見るが，それは議論の余地がない」。さらに註して，『トマス行伝』108。ここでは「わたしがいとけない子供であった時，……それから父母はわたしを，ダイアモンドで鎧わせ，わたしを愛して造らせられた，宝石をちりばめ，金を織り込んだ〈光輝く〉衣服と，わたしの背たけに合わせた，金色の上衣（トーガ）をお脱がせになった。……お前がエジプトにくだり，もしそこから一箇の真珠を持ち帰るなら……。……もしそうしたなら，〈ふたたび〉宝石をちりばめた〈光輝く〉衣服と〈その上に〉重ねる上衣とを着ることができよう……」（『聖書外典偽典　7』新約外典　Ⅱ』（教文館，1976 年）319-21 頁，荒井献，柴田善家訳）とある。光り輝く衣服は神からの徳を積んだ人間への褒章である。以下の本書 I-3-7, I-3-8, II-3-11 も参照。

25）　（シナイの）ネイロス『書簡　2』（PG 79, 233A）を参照。

第 3 論攷　　　　　　　　　　　　　89

言葉の違いを知ることでもなく，美を作り出し，その源で
ある美により美しくされ，また神の輝きによって輝かしい
ものとなるときである[26]。というのは，同じ仕方で天上の
ことを明らかにし，その『位階』の解説をした者〔偽ディ
オニュシオス〕によれば，宇宙を超える知性の最上の秩
序〔天使〕は，それらの状況に類比して，最初に与えら
れた覚知や知識のみならず，最高の三位一体を秘義伝授する
最初の光によって位階に定められるという仕方で満たされ
る。そして彼ら〔天使〕は三位一体の栄光のみならず，タ
ボル山で弟子たちに明らかにされたイエスの光輝く姿をも
分有し，観想するのである[27]。なぜなら，彼らがかの観想
に値するとき，奥義に参入するが，それはこの光が神化の
光（θεουργὸν φῶς）でもあるからである。真実，彼らは
それに近づき，そしてこの神化の光に最初に与るようにな
る。それゆえ「幸い」という名をもつマカリオスは，この
光を「天上の食物」と呼ぶのである[28]。しかし別の神学者
〔クレタのアンドレアス〕はこう言っている。「宇宙を超
えるもの一切の可知的な秩序（νοητὴ διακόσμησις）は，
非物質的な仕方でこの光を寿ぎ，御言葉がわれわれを愛し
てくださるという最も輝かしいしるしを与えてくれる」[29]。
偉大なパウロは彼のうちで眼に見えぬ天上の見神に遭遇し
たとき，「強奪され」（2 コリント 12：2），天をも超えるほ

26）　偽ディオニュシオス『教会位階論』1, 4（PG 3, 376BC.）参
照。

27）　同『天上位階論』7, 2（PG 3, 208BC.），『神名論』1, 4（PG
3, 592BC.）参照。

28）　偽マカリオス『講話』12（PG 34, 565B）参照。

29）　クレタのアンドレアス『変容についての講話　7』（PG 97,
933C.）参照。彼（660 頃 -740 年）は，エルサレムの聖墳墓修道院の
修道士，詩人，のちクレタ府主教（在位 692-713 年）。有名な『大カ
ノン』（Ὁ μέγας κανών; Canones, Triodia ac Troparia）ほか多数の聖
歌を作曲，早課で歌われる「カノン」形式の創始者ともされる。

90   第Ⅰ部

どの者となったが，たとえもしこの「強奪」がそれを経験
した者にのみ知られた別種の秘義（μυστήριον）である
としても，じっさい空間的に知性が天を超える必要はない
のである。しかし，これを経験した教父からわれわれが聞
いたことを悪行にさらさないために，今それについて言う
必要はない。心を浄化された者にとり，思惟的な照明は
眼に見えるものであり，覚知（照明はこれを惹き起こすが）
とはまったく別のものであることを，これまで語られたこ
とから，納得しないものに示すことは容易である。

    6 聖人と聖書による証言

  なぜなら，あなた自身言ったように，彼らは旧法におけ
る照明は象徴的なものであると言っているからである。そ
れならそれら〔照明〕の象徴となった聖なる照明があると
いうまさにそのことを彼らは示しているのだ。次のように
語る聖ネイロスから，われわれはそれらの大部分は聖なる
照明の象徴であるということを教えられた。すなわち「古
い人間を脱ぎすてた知性が恵みから生じたものを纏うと
き，彼はサファイアやあるいは天の色に似たおのれの静謐
な状態を祈りのときに見るであろう。聖書はこれを神の場
所と呼び（出エジプト 24：2），それを古の人々はシナイ山
の麓で見たのである」[30]。同様にわれわれは聖イサークも次
のように言っているのを聞く。すなわち「祈りの時に，恵
みの働きを受けた知性は，天の色に似た自らの清さを見る
が，それはイスラエルの長老会議によって神の場所と名づ
けられたものであり，それは山で彼らに現れたものであ

──────────
    30） エヴァグリオス『悪しき考えについて』18（PG 79,
1221B）。これはネイロスに帰されているが，じっさいはエヴァグ
リオスの著作。その他，エヴァグリオス『実践論』1, 70（PG 40,
1244A）を参照。

る」[31]。それがまさに清い心のなかで完成されるものの象徴
であることが、あなたにわかるだろうか。舌も理性も金で
あるヨアンネス〔・クリュソストモス〕は、かの使徒の
言葉、すなわち「〈闇から光が輝くように〉と言われた神
は、われわれの心のうちに輝いた」（2コリント4：6）を
吟味して、次のように言っている。「〔使徒は〕モーセの栄
光がわれわれのうちにいや増して輝くということを示すの
であって、ちょうどモーセの顔に輝いたように、われわれ
の心に輝くように、という意味である」[32]。そしてさらに次
のように言っている。「創造の始めに神は語られ、そして
光があった。今はしかし神は語られないが、神がわれわれ
の光になられた」[33]。ところでもし創造の始めの光、あるい
はモーセの顔の光が中庸の覚知であったなら、われわれの
心のうちにある照明は覚知であるが、それは「増加」した
ので、より高い覚知である。しかしこの照明は覚知ではな
く、顔の上に現れた輝きであるから、われわれのうちにあ
る照明は覚知ではなく、清められた知性のうちに現れた、
魂の輝きである。かの照明は感覚的な眼に従う感覚的なもの
ので、これは可知的な眼に従い、われわれのうちで働く可
知的なものであると言わなければならない。

7　他の証言

　しかしながら、この〔照明が〕たとえ預言者の顔に現
れたとしても、それは端的に感覚的なものとして存在し
なかった。聖マカリオスによれば[34]、聖人たちは今、魂の

---

31)　ニネヴェのイサーク『講話』32（ed. N. Theotokes, p.206)。

32)　クリュソストモス『コリント人への第二の書簡講話』8, 3（
PG 61, 457.）参照。

33)　同上。

34)　偽マカリオス『講話』5, 11（PG 34, 516C)、その他『忍耐
について』4（868CD)、『知性の上昇について』2（892A)『知性の自

92   第Ⅰ部

うちにモーセの顔の光の栄光を受けるからである。彼〔マ
カリオス〕自身はこれを「キリストの栄光」と呼び，た
とえそれが感覚に即して示されたとしても，感覚を超え
ると考えている。彼は若干付加して使徒の言葉（2コリン
ト3：18）を提示している。すなわち「私たちは皆，顔の
覆いが取り除かれて，主の栄光，つまり主の思惟的な光
（νοεϱὸν φῶς）を鏡のように映しながら，栄光から栄光
へと同じ像をもったものに変えられる。すなわち，われわ
れのうちにある輝きの過剰さによって，神的な光のゆえ
に，常により明瞭なものへと送り出される」[35]。では聖ディ
アドコスはどう言っているであろうか。「知性がしばしば
神の光によって働きを受け始めると，それは全体として透
明なものとなり，それ自身の光を豊かに見るということは
疑いがない。というのは魂の力が情念を支配するとき，知
性は全体としてこの光になるからである」[36]。さらに聖マ
クシモスはどう言っているであろうか。「もし神自身が人間
的知性（ἀνθϱώπινος νοῦς）を引き上げ，神の輝きで照
らさないなら，人間的知性は神の光を受け取るまでに高く
上がることはできないであろう」[37]。さらに有名な真理の柱
であるネイロスは偉大なバシレイオスとともにどう言って
いるであろうか。「カッパドキアのバシレイオスは，訓練
や鍛錬は人間的覚知（ἀνθϱςπίνη γνῶσις）を堅固にする
が，正義と憐れみは神の恵みから生じた覚知を〔堅固にす
る〕，と言っている。つまり最初のものは情念に動かされ

───────────────
由について』21（956BC），等参照。
　35）　同上，また『講話』5，10（PG 34, 516AC），『知性の上昇
について』1（889C），『知性の自由について』21（966BC），等参照。
　36）　フォティケーのディアドコス『百断章』40参照。
　37）　マクシモス『神学と神の子の受肉の摂理について』第一の
百の断章3（PG 90, 1096A.）。邦訳『フィロカリア』第3巻，谷隆一
郎訳（新世社，2006年）122-23頁参照。

第 3 論攷　　　　　　　　　　93

る者も受け取りうるが，第二のものは情念に打ち勝ったもの（οἱ ἀπαθεῖς）だけが受け取ることができる。彼らは祈りのときに，知性固有の輝きが己を輝かすのを見るのである」[38]。兄弟よ，あなたは，情念から解放された知性は祈りの時に自分自身が光であることを見，神的な光によって輝いていることをはっきりと理解できるであろうか。さて，従順な耳を傾けて，幸いという名をもつマカリオスの言うことを聞きなさい。彼のことをきわめて神的なネイロスは「択びの器」[39]と呼んでおり，〔マカリオスは〕メタフラステス[40]が別の言葉で言い換えた『摘要』（Κεφαλαίοι）のなかでこう言っている。「霊の完全な照明は思惟されたことの（νοημάτων）啓示であるのみならず，魂のうちにある確かで絶えることのない位格的（ヒュポスタシス的）な光の照明である（ὑποστατικοῦ φωτὸς ἔλλαμψις）。なぜなら『闇から光が輝くように，と言われる方はわれわれの心のうちに輝く』（2 コリント 4：6），『私が眠って死んでしまわないように，私の目を照らしてください』（詩編 12（13）：3），『あなたの光と真理を送ってください。そうするとそれが私をあなたの聖なる山へ導いてくれるでしょう』（詩編 42（43）：3），『あなたの顔の光がしるしのように私たちのところに来た』（詩編 4：7），そしてこれ

38）　ここもネイロスと言っているが，じっさいはエヴァグリオス。エヴァグリオス『覚知者』147。ソクラテス『教会史』4, 23（PG 67, 520B）に引用。定本註では引用の跡付けはできないと言っている。

39）　エヴァグリオス『実践論』1, 93（PG 40, 1249B）。

40）　シメオン・メタフラステス（1000 年頃没）。生涯については不詳。聖人についての古い伝承を新たに作成し，浩瀚な聖人伝『メノロギオン』（Menologion）を編集したことから「メタフラステス」（「言い換える者」の意）と呼ばれた。同書は 11 世紀以降東方修道院で読まれる基本書となった。『摘要』（Κεφαλαίοι）は，バシレイオス（330 頃 -379 年），ヨアンネス・クリュソストモス（340/50-407 年），偽マカリオスの抜粋から成る。

94　　　　　　　　　　　　　第 I 部

と似たようなことはすべて同じことを言っているからである」[41]。彼〔マカリオス〕が「位格的・ヒュポスタシス的」（ὑποστατικόν）と言っているのは，覚知のみが照明であると考えて，多くの人の思考を，そしてなによりもまず自分自身の思考を混乱に陥れる者の口を閉ざすためである。彼らはこの光について言いうることすべてを覚知であると誤って解釈しているのだ。しかし覚知もまたかの光から派生するため光と呼ばれることを私は知っている。つまり，覚知は光によって提供されたものだからである。このことはすでに述べた[42]。

8　思惟的な光

だから感覚から生じた知識（εἴδησις）を——これが最も確実な覚知であるとしても——誰も今まで光とは呼ばなかった。ただ知性に由来するものだけを理性的（λογικός）なものと呼んだのである。じっさい，われわれは思惟的・霊的な光（νοερὸν φῶς）でない理性的能力（λόγου δύναμις）をもっているものを見ることはないからである。天使たちは非物質的で，身体をもたない火のようなものである。これが思惟的光でなくて何であろうか。自らを見る知性は〔自らを〕光として見る。もしもそれ自身を思惟的光と見ないなら，いったいこれは何であろうか。そして一切の思惟的な光を超え，一切の本質（ウーシア）を本質を超える仕方（ὑπερουσίως）で超出する神は，聖なる神学者たちによって「火」と名づけられた[43]。また

---

41)　偽マカリオス『知性の自由について』22, 2（PG 34, 956D-957A）。

42)　本書 I-3-3, 5 参照。

43)　ナジアンゾスのグレゴリオス『講話』21, 2（PG 35, 1084D）。グレゴリオスはここで地上的なものに眼が暗み，神へと向かわない者のことを論じ，最後に，「〔そのような輩は〕悪しき考えに

第 3 論攷　　　　95

神は感覚的な像のうちにある火の暗い像に応じるかのように，それ自身神秘的で観想しえないものを有している。というのも，神の顕現を受けるに足る質料は存しないからである。しかし覆いが取り除かれるという仕方で（2コリント3：16），ふさわしい質料をもつようになると——すべての清められた思惟的本性とはそういうものだが——，それは悪の覆いを身に負わないので，そのときそのものも思惟的な光として見られるが，それは神の輝きを感じ，またそれを見た聖人たちに基づいて，われわれが示した通りであり，またこれから示そうとすることである。

9　知性の眼

　火は不透明な質料によって覆われていると，質料を温めることはできても，照明することはできないように，知性は悪しき情念の暗い面紗に覆われていると，覚知は生み出しえても，光は生み出しえない。知性はたとえこのような仕方で見られるものの最低のものではあっても，知性によって観想される知性は光であるのみならず，魂の眼のように，観想する力（θεωρητικόν）をもつものとしてある。というのは，「魂と本性を同じくする知性は魂にとり眼（ὄψις）である」[44] と言われるからである。感覚的な眼は，光が外から眼を照らさなければ働かないように，知性も神の光が知性を照らさなければ，思惟的・霊的感覚をもつものとしては見なされないし，それ自身活動もしないのである。眼は，働くときには，それ自身光となり，光といっしょになる。そして第一に，すべての見られるものに注がれたこの光そのものを見るが，同様に，知性は思惟

由来する悪しき実を摘み取られ，闇を判決として受け，光としては知ることのない火のようなものを見るに至るのである」と締めくくっている。

　44）　偽バシレイオス『修道規則』2, 1（PG 31, 1340A）。

的・霊的感覚を完全に働かせると（ἐις ἐντελέχειαν），それ自身全体として光のようになり，光とともにあり，光の助けによってはっきりと光を見るが，それは身体の感覚を超えるのみならず，われわれに知られうることがらすべてを超え，端的に一切の存在するものを超える仕方で見るのである。というのも，心の清められた者は，誤りなき主による祝福によって神を見るのだが（マタイ5：8），雷の子，ヨハネのよりいっそう神学的な言葉によれば，「神は光である」（1ヨハネ1：5）からである。神は，神を愛し，神から愛された者のうちに，彼らに対する約束によって（ヨハネ14：21）住まわれ，自らを現されるのである。しかし神は清められた知性に，それ自身は見えぬものとしてありながら，鏡の中にあるように現れる。というのも，鏡の中の形とはそういうものだからである。すなわち神は現れるが（φαινομένη），見られない。つまり鏡の中に映っているものと鏡に映っている姿そのものを同時に見ることはほとんど不可能だからである。

10　光と火

　さて，神は愛のうちで清められた者たちに現れるが，そのとき「顔と顔を合わせて」（1コリント13：12）と言う。神的な事柄を経験もせず，見ることもしないので，光を超える光として神を見るということを信じず，ただ理性的にのみ観想することを信じている者は，眼の見えない人のようである。彼らは太陽の熱だけは受けても，見ている者にとっては太陽が明るく輝くものでもあるということを信じないのである。もし眼の見えない人たちが，感覚的なもののなかでも一番明るい太陽が光ではないと，見る者に教えようとするならば，感覚的に見ている者たちにとって笑うべき者となろう。彼らは一切を超えて据えられた「正義の太陽」（マラキ3：20）に関して似たような状況にあり，真

第3論攷   97

実に思惟的・霊的に見ている者のみならず，見ている者を
信じる者たちも彼らを嘆くであろう。また神は，われわれ
にかかわる善性の過剰さによって，一切のものから離れ，
把握しえず，語られえず，知性によって分有され，見えな
い仕方で観想する者へと，その超本質的で分離しえない力
によって，ともに降って来られる。しかし彼らは，それ自
体として見，かつ可知的である愛（エロース）に対し，そ
れを愛し求めない状態にとどまり，その人を愛する言葉を
通してかの光へ導く聖人たちに従おうとはせず，崖の下に
身を運び，聖人に従う者たちを，おそらく仲間にするため
なのだろう，ともに引きずりおろそうと試みる。神学者グ
レゴリオスによれば，「彼らは光として認めず」，信じな
かったものを「火として見た」[45]ときにそうしたのである。
しかしかの火は闇，むしろ脅かす火と同じである。主の言
葉によれば，それは「悪魔とその使いにあらかじめ用意さ
れたもの」（マタイ25：41）なのである。ところで，それ
は単に感覚的なものなのではない。なぜなら，感覚に与る
ことのない悪しき天使にあらかじめ用意されているからで
あるし，また闇はたんに無知でもないからである。という
のも，かの闇の後継者に従う者は，現在よりもこれからの
ほうが神を知らないということはないであろうからであ
る。彼らはむしろいっそうこれからよく知るであろう。と
いうのは，「すべての肉は，イエス・キリストは主である
と認めて，父なる神の栄光を讃える」（フィリピ2：11参
照）と言われているからである。アーメン。かの光は第一
義的に感覚的なものではなく，覚知でもない。それと対立
させられる闇は無知ではないからである。もしその光が覚
知ではなく，むしろ神の奥義の神秘的で言い表しえない覚
知を生じさせるとしても，今，心の清い者に見える手付金

――――――――――
　45）　ナジアンゾスのグレゴリオス，前掲箇所参照。

98 第Ⅰ部

は（2コリント1：22, 5：5, エフェソ1：14参照）たんに
覚知ではなく，それに相応した覚知を与えるのであって，
それは可知的で思惟的，いやむしろ霊的な光である。それ
は霊的に生じ，また見られるのである。つまりその手付金
は一切の覚知と徳を過剰な仕方で超越し，そこでキリスト
者に完全さを与える唯一のものであるが，模倣と慎重さに
よって付け加えるものではなく，霊の恵みと啓示によるの
である。

11　キリスト到来の理由

だから偉大なマカリオスは，聞くに最も快い仕方で解説
するシメオン[46]と同じように証言し，声を合わせて，こう
語っている。すなわち「神のような使徒パウロは最も正確
にまた最も明らかな仕方でキリスト教の完全な神秘をおの
おのの魂に明示しているが，それは天上の光であって，霊
の啓示と力のうちに輝いている。それは人が覚知を通して
考えられたもののみが霊の照明であると考えたり，無知と
不注意によって完全な恵みの神秘の的を外す危険を冒した
りしないためである。そのためモーセの顔を取り囲んだ霊
の栄光の例をも，すべての人から信仰上認められるものと
して，証示したのである。というのは，『もし過ぎゆくも
のが栄光によっていたのなら，ましてとどまるものはいっ
そう栄光のなかにある』（2コリント3：11）と言われてい
るからである。過ぎゆくものと言っているが，それはモー
セの死すべき身体を栄光が取り囲んだからである。啓示の
うちにあるこの霊の不死の栄光は，破壊されないという仕
方で，それにふさわしい者には，今，内なる人間の不死の
顔において輝くということを示したのである。じっさいこ
のように言っている。『われわれすべて，つまり完全な信

46）　シメオン・メタフラステスのこと。

第 3 論攻　　　　　　　　99

仰によって霊から生まれた者は，顔の覆いを取り除かれ
て，主の栄光を映し，主の霊によって栄光から栄光へと，
その同じ姿にわれわれが変容させられる』（2 コリント 3 :
18）。覆いを取られた顔とは，魂のそれのことである。と
いうのは，人が主の方に向きを変えるとき，『覆いが取り
除かれる』（2 コリント 3 : 16）と言われているからである。
『主は霊である』（2 コリント 3 : 17）。そのことによって明
らかに示されるのは，闇の覆いが魂に投げかけられ，それ
はアダムの違反によって人間性のなかへこっそりと忍び込
んだが，しかし今や，霊の照明によって，信仰をもつ者
や，ふさわしい魂からは取り除けられ，それがキリストの
到来の理由となるということである」[47]。

12　この世の命だけに生きる人は霊からのものを受け取らない

　兄弟よ，古い法〔旧約〕におけるかの感覚的な照明
が，業と真理においてキリストを信じている者の魂にお
ける聖霊の照明をいかに予徴しているかを見てとるだろ
うか。それら〔照明〕を感覚的で象徴的であると言う者
は，それらによってキリストへの信仰と探究へ導かれな
ければならない。しかし彼らは，信じている者や，いや
むしろ可能なら，明らかに恵みを豊かに与えられ，その
恵みによって忘れることのできない覚知を有している者
を，不信仰へ呼びこもうとあらゆる手段を用いて努力して
いる。また神から，そして神の神秘的な顕現と働きから秘
義（ἀπόρρητα）を教えられた者に，大胆にも，また愚か
にも新しい考えを教えこもうと企てている。そして「神の
霊に導かれて生きている人（πνευματικός）は，すべて

---

　47)　偽マカリオス『知性の自由について』21（PG 34, 956）参
照。

のことに判断を下すが，その人自身は誰からも判断を下されない。キリストの知力（νοῦς）をもっているからである。彼らは，誰が主の知力を知り，主に教えることができようか」（1コリント2：15-16）と言う偉大なパウロの言葉を聞こうともしない。ここで言っていることは聖霊に関することを推論（λογισμός）が判断して，信じさせることであろうか。自分自身の理性の働きや自分たちが立てた議論に信を置いている人，一切の真理を分別や推論や分析（διαίρεσις, συλλογισμός, ἀνάλυσις）のうちに見出すと考えている人は，霊により導かれている人のことを絶対に認識したり，信じたりできない。そのような人はこの世の命だけに生きている人（ψυχικός）である。「この世の命だけに生きる人は霊に関することを受け入れない」（1コリント2：14）し，それができない。ともかく認識せず，信じない人は，どのようにして他の人に知るべきことや，信ずべきことを教えられるであろうか。それゆえ，もし知性のヘーシュキア（静寂）や覚醒，そしてそこで霊的にまた言い表しえない仕方で成就するものごとの経験をもっていない者が，自分自身の論理に一致し，そして論理によって論理を超える善を示そうとして，覚醒について教えるなら，明らかに最低の狂気に落ち込むむし，実にその知恵は愚かしいものとされるのである（ローマ1：21，1コリント1：20参照）。すなわち彼は自然的認識で自然を超えるものを観察し，「聖霊においてのみ知られる神の深さ」（1コリント2：20）や霊的で，キリストの知力をもっている人にのみ知られる聖霊の賜物（1コリント2：13-16）を，自然的理性や肉の哲学で（φυσικὴ διανοία καὶ σαρκικὴ φιλοσοφία）探究し，示そうと無思慮にも考えたのである。愚かにも彼は神に逆らう者になるであろう（使徒言行録5：39）——不幸なことよ——善き聖霊の働きと恵みを

ベリアル[48]のそれと勘違いし、「霊を通して、神から私たちが恵みを受けていることを知るために、神の霊を受ける」（1コリント 2：12）者たちに反対する。しかし彼は、彼に聴き従う者たちの傷によって「災い」を受け継ぐであろう。というのも、預言者は「自分の兄弟に泥水を飲ませる者に災いあれ」（ハバクク 2：15、七十人訳参照）と言っているからである。

13　いかなる言葉が生命に反対しうるだろうか

　さてすべてのことをよく判断しうる者、すなわち霊の人に──使徒によれば「霊の人は一切を判断する」（1コリント 2：15）ので──、そうした判断ができない人々は、それらの判断の際に、自分自身に関することを確実に知るように、彼ら自身を委ねるべきである。〔ところが〕あの輩は、誰からも判断を下されない者に──使徒によれば「霊の人は誰からも判断を下されない」（同上）──彼ら〔すべてを判断しうる人〕自身と彼らに従う者を転覆させるために、判断を下し、矯正しようと試みている。なぜなら彼らは、存在するものについての真の見解を得ていない者は、完全なものや神聖なものに誰も与ることはできないし、それを分別や推論や分析なしに得ることは不可能だと言っているからである[49]。したがって、完全さや聖性を獲

---

48)　ベリアルはパウロ書簡に見られる悪魔の名。

49)　[1Fr.] の註では、バルラアム『第1書簡（パラマス宛第1書簡）』（Fyrigos版 262, Schirò版 261）参照の指示がある。そこではバルラアムは次のように言う。「あなたが弁証法的な推論について、『ただ説得力のあること、認められうること、そして曖昧なことにのみかかわり、他の場合では別なふうにし、またものごとの原因を決して明らかにせず、まして結論を明確にしないで』、と言っていることは、あなたが書いた言葉の最後で言っていること、すなわち『理性に関わる知識をまったく忘れ』、そして『真実の知恵全体を獲得せよ』ということを最も明白に確証したことになろう」。

得したい者は分別や推論や分析の方法を必然的に異郷の教育から教えられ，それを探究することがその完成に向かうことだと考え，そしてそのような論によって，廃絶された知恵が再び活動することを示そうとしているのだ。しかしもし「すべてを判断」しうる者に謙虚に近づく者が真理を学ぼうと望むなら，そうした教条はギリシアの考え，つまりストア学派やピュタゴラス学派の異端のものであることを聞いたことであろうが，彼らは学問の受容によって生じる知識が観想の目的であると言っている。しかしわれわれは言葉や推論によって得た覚知を真の見解とは考えず，業や生活によって示されたものがそうだと考える。それは真であるのみならず，確実で不動でもある。なぜなら，「言葉はすべて言葉と闘う」と言われているからだが，生命と闘うものは何だろうか。それからまた労多い回心や激しい修徳によって自らの知性を慢心なく，悪しきものならざるものとしなければ，分別や推論や分析を用いる方法によって自分自身を知ることはできないとわれわれは考えている。というのも，そのような仕方で自分自身の知性を形成しなかった者は覚知に関しての己の乏しさを知らないであろうからである。それこそ多少なりとも己を知りはじめるために有益なのである。

14　世俗の認識が救いに導くわけではない

しかし思慮深い人は無知だからといって何がなんでも非難するはずはなく，他方われわれは覚知を何がなんでも最も幸運なこととは考えない。それでは，われわれはどうして覚知をあたかも目的に向かうかのように見なして，一切の行為をなすのであろうか。大バシレイオスは言っている。「真理に二種類ある。その一つはそれをもつこと，また提供することが必然的なものであって，それは救いに資するものである。大地や海，空や空にあるものについて，

そこにある真理をたとえわれわれが見て取らなくとも，約束された最も幸いなことに向かうのに何の妨げともならない」[50]。そしてわれわれの前にある目的は，神によって来るべき世の善が約束されていること，子となること，神化，天の宝の啓示と所有と喜びである。異郷の教えの覚知は，この世と命運をともにすることをわれわれは知っている。というのは，もし感覚的な言葉が来るべき世にある事柄を提供してくれるのなら，この世の知者は天の国を受け継ぐ者となろうから。真の哲学者であるマクシモスによると，「もし見ることが清い魂に関わることであるなら，知者は神の覚知から遠いものとなろう」[51]。では，われわれのうちの誰が神に近くない覚知を必要とするであろうか。どうしてそれがなければ最も完全で最も聖なるものに与れないのであろうか。

15 理性的な像の歪曲

ところで今，〔自らを〕何者かであると考え，また霊的な業や霊的な人に反して，霊の書〔聖書〕を用いて誤り導く者たちの他の〔考え〕は打ち捨てておいて，私は，目下の議論の的を提示しよう。というのも，彼らは，「いまだかつて神を見た者はいない。父の懐にいる神の独り子こそ，神を示した」（ヨハネ 1：18）のであるから，神は見えないもの（ἀόρατος）であり，把握できない（ἀπερινόητος）ものであると言う。すなわち「だから神を光として霊的・思惟的（νοερῶς）に自らのうちに見る

50）　バシレイオス『詩編講話』14（PG 29, 256BC），『青年たちへ』2（PG 31, 565.）参照。また本書，I-1-23 および II-1-44 参照。

51）　マクシモスの文章と言っているが，じつはエヴァグリオスの言葉。エヴァグリオス・ポンティコス『認識の提要』6, 22（Evagrius, *Kephalaia gnostica* 6, 22, ed. W. Frankenberg, Berlin 1912, p. 277.）参照。

104   第Ⅰ部

と堅く主張する人々が誤っていることが，どうして明らか
ではないのか」と彼らは言う[52]。〔このように非難された者〕
のある者がただちに，「心の清い者は神を見るであろう」
（マタイ 5：8）とか，「父とともに彼らのうちに私の住まい
を用意し」（ヨハネ 14：23 参照），「そういう者に私は自分
自身を現そう」（ヨハネ 14：21）と言われる神の独り子の
言葉を反論として提示したとしても，彼らはすぐにこの観
想が覚知であると言うし，また神的なものは見えないもの
であり，従って把握しえないものであるというふうに，自
分たちが矛盾しているということに気づいていない。とも
かく，光のうちに神を思惟的に見ること（νοερὰ ὅρασις）
は，神は見えないものであるから想像によるまやかしであ
り，悪霊の働きであると宣言する者は，神が把握しえない
ものであるがゆえに，覚知をも同じような馬鹿げたことに
引き落としてしまうであろう。しかしわれわれは覚知に関
して彼らに反対しようとは思わない。というのも，彼らは
自分たちの言うことがわかっていないとしても，われわれ
と一致して語っているからである[53]。なぜなら，〔一方に〕
われわれが神学と呼ぶ神に関する，そしてまたその教えに
ついての覚知や観想というものがあり，〔他方に〕魂の能
力や肢体を自然的に用いることや運動というものがあり，
それは理性的な像を変形させる。しかし，これは上からわ
れわれに来た高貴さのもつ完全な美（εὐπρέπεια）では
なく，また輝きを超えて輝く光に超自然的に一致すること

───────────
52）これが，バルラアムがパラマスたちを論難した論争の始め
の方の根拠である。
53）定本註によれば，両者は神認識の原理に関して意見が異なっ
ているのではなく，一方は神を人間の理性的能力を通して認識しよう
とし（バルラアム），他方は，直接的な啓示による認識によって神を
知る（パラマス）のだとする。問題は神の啓示をどう認識するかに関
わることである。

第 3 論攷　　　　　105

でもない。この一致によってのみ確固として神学すること
も，またわれわれのうちの魂と身体の能力がその本性に即
して地歩を占め，また発動するということも生じるのであ
る。こうしたものを破壊する者は一切の徳と真理をも破壊
するのである。

　16　見えないものをいかにして見るか
　ところで，真の観想を経験した者から，より神秘的で
より崇高な観想は彼らの言う覚知に属するものではない
ということ，また神は見えないものであるがゆえに，そ
うした神の観想はまったく存在しないということについ
て，霊的な導きを得て，われわれは彼らに尋ねよう。あな
たたちは，聖霊は神に関する事柄を見ていない，という
ことをどう思うか。しかし聖霊は「神の深みさえも究め
る」（1 コリント 2：10）のだ。だが，もし人が聖霊によら
ずして純粋な光を見ていると言ったのなら，彼らに反対し
てこう言ってよいであろう。「見えないものがどうして見
えたのか」と。もしも人がこの世の霊を捨てるなら——
教父たちはこれを「清められていない心を覆う可知的な
闇（σκότος νοητός）」と呼ぶが——，またもし人がこれ
を捨て，そして一切の自分の意志を清め，しかるべき熱心
さの行使をわずかに遅れさせる人間的伝統を，偉大なバ
シレイオスによれば[54]，たとえその外見がよしと見えよう
とも，遠ざけるならば，またできうる限り魂の能力を集
め，思考（διάνοια）の監督をして素面のものとさせ，ま
ず第一に本性に適い，そして神に嘉され，知性による観想
のうちで生きるなら，またそれから自分自身を超え，自ら
のうちに「神から来る霊」，つまり「神のものを，人間の

────────
　54）　バシレイオス『書簡』2, 2（ナジアンゾスのグレゴリオス宛）
（PG 32, 228）参照。

霊が自らのうちにあるものを知るように知っているもの」
（1 コリント 2：11）を受け，しかもそれが，偉大なパウロ
が説いているように，「神から彼に神秘的な仕方で恵みを
与えられたもの――つまり〈人の眼が見たことも，耳が聞
いたこともなく，人の心にも思い浮かんだことのないも
の〉（1 コリント 2：9）――を知る」（1 コリント 2：12）た
めに，それによって聖霊を受け取るなら，どうしてこの人
は霊によって，見えない光を見ないのであろうか。しか
し，さらにこの光は見られたのであるなら，どうして見ら
れず，聞かれず，知解できないものなのであろうか。とい
うのは，それ〔この光〕を見る者は，「人の眼が見たこと
も，耳が聞いたこともなく，人の心にも思い浮かんだこと
のないもの」を見るからである。なぜなら，彼らは霊の眼
と「キリストの知力（νοῦς）」（1 コリント 2：16）を受け
取り，それらによって見えないものを見，知解できないも
のを思考するからである。なぜなら，それはそれ自体とし
ては見えないものではなく，造られた自然の眼や思考作用
（λογισμός）によって思考し，見る者には，見えないので
あるから。神が自らを指導的な肢体として適合させる人々
には，どうして神を通して，その恵みの観想が明らかな仕
方で与えられないのであろうか。

17　見ずして見る

　彼らの眼に生じた聖霊の力を誉め讃える，『雅歌』の神
学的な言葉はどうしてふさわしくないであろうか。彼〔雅
歌の著者〕はそれら〔眼〕に言っている。「見よ，あ
なたは美しい，わが近しき者よ。あなたの眼は鳩だ」（雅
歌 1：15）。その眼によって彼らは可知的な花婿の（τοῦ
νοητοῦ νυμφίου）美しさを見て取って，讃美に満ちた言
葉を返している。神の秘義を受けた者にとって，花嫁がそ
の眼の中に有している鳩が何であるかは明らかでないこと

第 3 論攷　　　　　　　　　　107

はない。つまりそれは彼女が花婿である神の美をはじめて
しっかりと見，そして信をもってそこにいる者が傾聴する
よう，美を生みだすかの麗しい姿を詳細に語っている場合
である。というのも，眼の中にある輝きは太陽の輝きと一
致して，現実に働く光（φῶς ἐντελεχεια）となり，こう
して感覚的なものを見るからである。同様に知性は「主と
ともに一つの霊」（1コリント 6：17）となり，こうして霊
的なものをはっきりと見るからである。しかしながら，主
はそこでもまた別の仕方で，霊的な人に反対しようとす
る者の地上的な論理（λογισμός）よりはるかに高い仕方
で，見えないままにとどまる。というのは，誰もかつて
かの美全体を見たことはないからであり，これはニュッ
サのグレゴリオスによると，「たとえそれをいつも見てい
ても，どんな眼もそれを見なかった」[55]からである。しか
し，その全体をあるがままに見るのではなく，神の霊の力
を受け容れるかぎりにおいてのみである。この把持不可能
性（ἀκαταληψία）に加えて，最も神的で常ならぬこと
は，彼らが把持していることは，それを把持しえぬ仕方で
有していることである。というのも，見る者は何によって
見，聞き，また奥義に入るかを知らないし，またいまだ生
じていないことについての覚知や，常に存在するものにつ
いての知識も知らないからである。なんとなれば，それ
によって彼らが見る霊は把持しえないものであるからだ。
「一切の思惟的な働き（πάσης νοερᾶς ἐνεργείας）を止
めると，上からの光と神化された者との一致が生じる」[56]
と偉大なディオニュシオスが言っているように，それ〔こ
の一致〕は原因によるものでも，類比によって（κατὰ

---

55)　ニュッサのグレゴリオス『雅歌講話』4 および 7（PG 44,
833CD; 920BC）。邦訳『雅歌講話』大森正樹・宮本久雄・谷隆一郎・
篠﨑榮・秋山学訳（新世社，1991 年），92; 175-76。

56)　偽ディオニュシオス『神名論』1, 5（PG 3, 593C）。

108　　　　　　　　　　　第 I 部

ἀναλογίαν）あるものでもない。というのも，そうした
ものは知性の働きにより，捨象・除去（ἀφαίρεσις）によ
るが，そのような一致が生じるのは捨象されることなくそ
うなるからである。というのも，もしそれがたんに捨象で
あるなら，それはわれわれに依存することであって——
しかしこれはメッサリア派[57]の教えである——，それは聖
イサークが彼らメッサリア派について語っているように，
「人が神の言い表しえない秘義へ登っていこうと欲すると
き」[58]である。さて，観想は捨象と否定（ἀπόφασις）で
あるだけではなく，一致（ἕνωσις）と神化（ἐκθέωσις）
であって，これは知性を下から刻印する一切のものを除き
去ったあとに，神秘的にそして言い表しえない仕方で神の
恵みから生じるもので，いやむしろ捨象よりも大きな停止
（ἀπόπαυσις）の後に生じるものである。というのも，捨
象はかの停止の写しだからである。従って，一切の被造物
から神を分け離すことはすべての信ずる者に関わることで
ある。つまり，一切の思惟的・霊的な活動を停止し，それ
のおかげで，上からの光と一致することは，心が清めら
れ，恵みを与えられた者だけが味わうこと（πάθος）で
あり，神化の終局（τέλος θεουργόν）だからである。と
ころで，選ばれた弟子たちの束の間の見神さえも欠けてい
るときに，一致について私は何を語るのだろうか。彼らは
と言えば，その一切の感覚と思惟的・霊的な把握で奪魂状
態となり，まったく見てはいないのでほんとうに見ること
が許され，知られざる仕方で受容するので超自然的感覚を
与えられているというのに。しかしわれわれは続く章で神
の援けによって，彼らは見たのであり，しかも感覚による

　　57）　メッサリア派については I-2-1 の註 5 参照。
　　58）　ニネヴェのイサーク『書簡』4（op. cit., ed. N. Theotokes,
p.576）参照。

のでもなく，知性によるのでもなく，まさしく見たのであることを示そう。

18 肯定と否定。分有について

ところで，彼ら〔神と一致した聖人たち〕は知性や眼や耳のかわりに把持しえぬ霊を受け，それによって見，聞き，知覚しているのをあなたは見て取っているであろうか。というのも，もし聖霊の力によるのではなかったら，彼らの一切の知性的な働きが停止したら，天使や天使に等しい人間（ルカ 20：36 参照）は何によって神を見るのであろうか。だから，彼らのこの見神（ὅρασις）は感覚ではない。なぜなら，感覚器官によっては，それは捉えられないからである。しかしまた知性作用（νόησις）でもない。というのも，推論（λογισμός）やそれによる認識によってではなく，一切の知性的働きを停止することによってそれ〔見神〕を見出したからである。従ってそれは想像でもなく，理性（διάνοια）でもなく，見解（δόξα）でもなく，推論（συλλογισμός）の帰結でもない。しかし，知性は否定（ἀπόφασις）を通し上昇することによってのみそれ〔見神〕を得るのではない。というのは，諸教父の言葉によれば，一切の神的な掟と一切の聖なる法は心の清さに至るように定めているからであり，また祈りのすべての方法と形は清い祈りに至って終わるのであり，また一切のものを超えて据えられ（ὑπερανιδρυμένον），一切のものから離れた（ἀπολελυμένον）ものへ下から昇るあらゆる論理（λόγος）は，一切の存在するものの除去に至って止むのであるから。このために確かに神の命令の後には清い心しかないと言うのではなく，何かがあり，それには多くのことがある。つまり，今の世の約束された保証，またこの清さによって見ることができ，楽しみうる，来るべき世の善がある。このように，祈りの後には言

語に絶する見神，見神における奪魂状態，そして言い表しえない秘義（μυστήρια）がある。同様に，存在するものの捨象・除去の後には，いやむしろ言葉においてのみならず，業においてもわれわれのうちで成就される停止の後には，そしてこの停止の後に，たとえもし無知であるとしても，それは無知を超えるものであり，もしたとえそれが闇（γνόφος）であるとしても，輝きを超えるもの（ὑπερφαής）がある。そして偉大なディオニュシオスによれば[59]，かの輝きを超える闇において，神的な賜物が聖人には与えられるのである。かくて神と神的なことについての最も完全な観想はたんに捨象・除去であるだけではなく，除去の後で神的なことを分有すること（μέθεξις τῶν θείων）であり，捨象よりはむしろ贈与（δόσις）であり，把持（λῆψις）である。このような獲得物や贈与は言い表しえないものである。従って，それについて語るなら，範型としてまた類比としてであるが，それは範型や類比という仕方で見られるのではなく，他の仕方では見たものを示すことがもともとできないからである。かように範型という仕方で語られたものを言い表しえないものとして敬虔に讃えようとしない者は，知恵を超える覚知を愚かしいと考え，また可知的な真珠を粉々にして踏みにじり（マタイ7:6），言葉の論争で，彼らにあらかじめ示されたものをできるかぎり破壊するのである。

19 否定神学は一つの像にすぎない

　私が言ってきたように，それにもかかわらず彼ら〔聖人たち〕はできうるかぎり人間愛（φιλανθρωπία）ゆえに言い表しえないもの（τὰ ἄρρητα）について語るので

　59）　偽ディオニュシオス『書簡』5（PG 3, 1073A），『神秘神学』1, 3（PG 3, 1000CD）参照。

第3論攷　　　　　　　　　　　　111

ある。つまり存在するものの捨象・除去の後には，働きを
超えた無為（$\dot{\alpha}\varrho\gamma\acute{\iota}\alpha$）ではなく，完全な無為があると，奥
義を受けていないがゆえに，考える人々の誤りを取り除く
ためである。しかし，こうしたことはそのものの本性上語
られずにとどまるのである。それゆえ，偉大なディオニュ
シオスは存在するものの捨象・除去の後には言葉がなく，
「無言」（$\dot{\alpha}\lambda o\gamma\acute{\iota}\alpha$）があり[60]，そしてまた，「一切の上昇の
後にわれわれは語りえないもの（$\dot{\alpha}\varphi\theta\acute{\epsilon}\gamma\tau o\varsigma$）に一致する
だろう」[61]と言っているのだ。しかしそれが語りえないの
で，否定のみによっては，知性は知性を超えるものには達
しないであろう。そしてこのような〔否定による〕上昇
は神とは異なって見えるものを何らか知解する（$\nu\acute{o}\eta\sigma\iota\varsigma$）
に〔過ぎず〕，かの形のない観想と知性の観想する能力の
完成という像を帯びるが，それはこの完成そのものではな
いからだ。天使に似た仕方で光に一致した者は，一切の捨
象・除去という形を通してかの光を讃え歌う。そしてその
の光との神秘的な一致から，その光は本質を超える仕方
で（$\acute{v}\pi\epsilon\varrho o v\sigma\acute{\iota}\omega\varsigma$）一切のものを超えることを秘義伝授さ
れる。信仰と良識をもって聞くことを通して，そのような
人々から神秘を受け取るのがふさわしいとされるほどの人
は，一切のものの捨象・除去によって，神的で，把持でき
ないかの光を讃えることができる。しかし，たとえ掟を守
ることにより自らが清められ，また純粋で，非物質的な祈
りに知性を従事させても，観想の超自然的な能力を受けな
いなら，そのものと一致したり，見たりすることはできな
いのである。

---

60)　偽ディオニュシオス『神秘神学』3（PG 3, 1033B）。
61)　同箇所（1033C）。

112　　　　　　　　　　　　第Ｉ部

20　霊的で神的な感覚

　ところで感覚でもなく，まったく知性作用（νόησις）でもないこれをわれわれはどう呼ぶのであろうか。それは彼以前のすべての人々に優って知恵を授けられたソロモンの表現，つまり「思惟的で神的な感覚」（αἴσθησις νοερὰ καὶ θεία）[62]以外のものではない。というのは，この二つの言葉を一つにして，彼は聞く者にそれが感覚であるとか知性作用であるというふうに考えないように説得しているからであって，知性作用は感覚ではなく，感覚は知性作用ではないし，また「霊的・思惟的感覚」（ἡ νοερὰ αἴσθησις）はその両方のいずれと比べても違うからである。それゆえ偉大なディオニュシオスのように，覚知ではなく，「一致」（ἕνωσις）と呼ぶべきである。というのも，彼は次のように言っているからである。「われわれにあって知性は，それによって可知的なもの（τὰ νοητὰ）を見ることのできる知解する能力（δύναμις εἰς τὸ νοεῖν）をもっており，他方それによって自らを超えたものに近づく知性の本性を超える一致のあることを知るべきである」[63]。さらにまた，「近づきえない光線に不識の一致を遂げて，神と似たものとなった魂（ἡ ψυχὴ θεοειδὴς γενομένη δι'ἑνώσεως ἀγνώστου）が，目が見ることのできない把握に専念するとき，感覚とともに思惟的能力（αἱ νοεραὶ

　62）　この「神的な感覚」という言葉は，オリゲネス（185頃-254年頃）の『ケルソス駁論』Ｉ（PG 11, 749AB．〔出村みや子訳（教文館，1987年）〕にある『箴言』2, 5 よりの引用である（ただし七十人訳もマソラ本文もこの通りでない。オリゲネスがどんな聖書を用いたかは問題のところである）。この言葉はまた，ニュッサのグレゴリオスの『雅歌講話』（PG 44, 780C）にも引用されている。拙著『エネルゲイアと光の神学――グレゴリオス・パラマス研究』（創文社，2000年），250-67頁参照。

　63）　偽ディオニュシオス『神名論』7, 1（PG 3, 865C）参照。

δυνάμεις）も不要なものとなる」[64]。この一致において，神的なものに溢れたマクシモスによれば，「見えず，語られないことを超える栄光の光を聖人たちは眺めて，上からの力とともに彼らもまた幸いなる清さを受け容れるようになったのである」[65]。

21 霊によって見る

また誰もこうした偉大な人々がそこで否定（ἀπόφασις）による上昇を語っていると考えないように。というのは，この上昇は望むすべての人々のものであるが，魂を天使にふさわしいものに変えるわけではなく，思考（διάνοια）を他のものから分けはしても，彼岸のものとの一致はそれだけではなされえないからである。だが，魂の情念的部分の浄化は一切のものから知性を，不受動心（ἀπάθεια）によってじっさいに分け，祈りによって霊の恵みに一致させる。そして，その恵みによって神の輝きを享受するが，その輝きから〔知性は〕天使や神に似たものとなる。それゆえ，偉大なディオニュシオス以降の教父たちは[66]これを，「霊的感覚（αἴσθησις πνευματική）」と呼んだのである。これはかの神秘的で言い表しえない観想（θεωρία）にある意味でふさわしく，またそれをよく言い表すものである。というのも，そのとき人は本当に知性によってでも，身体によってでもなく，霊によって見るからである。そして彼は，自分が自然を超える仕方で光を超える光を見ていることを正確に知っているのである。しか

---

64) 同上，『神名論』4, 11（PG 3, 708D）参照。

65) マクシモス『神学と神の子の受肉の摂理について』2, 70; 76（PG 90, 1156; 1160）参照。

66) 定本註ではすでにディオニュシオス以前のオリゲネスは勿論のこと，ディアドコス『百断章』15 に「霊の感覚（αἴσθησις τοῦ πνεύματος）」とあることにも注意とある。

114 第Ⅰ部

し，そのとき彼がそれを通して見ている霊は〔何かで〕跡
づけられるようなものではないので，彼が何によって見
ているかは知りもしないし，またその本性を詳しく調べるこ
ともできない。そしてそれが，聖パウロが，言い表しえな
いものを聞き，見えないものを見たとき，言ったことであ
る。すなわち「私は見た。……身体を離れてのことであっ
たか，身体ごとであったかは知らない」（2 コリント 12：2
参照）。つまり，見たのは知性であったのか，身体であっ
たのか，知らないということである。というのも，彼は見
るが，感覚によってではないからである。つまり，感覚は
感覚的なものをはっきりと見るわけだが，しかしそれより
もいっそうはっきりと見るからである。すなわち，見た事
柄の（ὁρωμενού）言い表しえない甘美さによって彼は恍
惚となり，一切のものや，可知的なもののみならず，自分
自身からも奪い去られているのに気がつくのである。しか
も彼は奪魂状態のために神への執り成しさえ忘れている。
そしてこれは，聖イサークが偉大で神のようなグレゴリオ
スの証言に基づいて，「祈りは知性の清さであって，それ
は畏るべきことに，聖三位一体の光によってのみ中断され
るものである」[67]と言っていることである。そしてさらに，
「知性の清さとは，祈りの時に，聖三位一体の光を輝かす
ものであり，そのとき知性は祈りを超えるものとなり，そ
れを祈りと呼んではならず，むしろ霊によって送られた，
清い祈りの誕生と言うべきである。そのとき知性は祈りに
よって祈らず，把持できぬものごとの中で奪魂状態にあ
る。そしてそれこそ覚知に優る無識（ἄγνοια）である」[68]
と。さて，知性を奪い去り，一切のものからそれを奪魂状
態にし，それ自体の全体へと向け変えさせたこの喜ばしい

---

67) ニネヴェのイサーク，前掲書 206 頁参照。
68) 同上，32 参照。

第 3 論攷　　　　　　　　　　　115

ものを，彼は覆いを取り除く〔啓示的〕光として見るが，
それは感覚的な身体にかかわるものでも，上下左右に向け
て制限されるものでもない。彼は見られるものや彼を照ら
す光の限界を見ないが，あたかも宇宙よりも無限に光り，
かつより大きい太陽のようにである。その中にあって彼は
まるで全体として眼のようであった。かの〔見神〕とはこ
のようなものである。

22　聖ベネディクトゥスの見神

　それゆえ，偉大なマカリオスはその光が無限で天上を超
えるものであると言っている[69]。きわめて完全な聖人のう
ちのある別の人は[70]，存在するもののすべてをこの可知的
な太陽の光線によって包まれたものと見なした。ただ彼
は，この光をそのあるがままに見たのではなく，彼がそれ
を受け容れるようになったかぎりにおいて見たのである，
そしてこの観想から，そしてまた知性を超えるこの光との
一致から，その本性（φύσις）そのものではなく，真実に
それがあり[71]，超自然的にあり，また本質を超える仕方で
あることを学んだ。またそれは，すべての存在するものと
は違うものであり，真実に存在するものであり，唯一の存

─────────

　69）　偽マカリオス『知性の自由について』21（PG 34, 956A）参
照。

　70）　定本，その他［1Fr］の註によれば，この人は西方修道制の
父，ヌルシアのベネディクトゥス（480頃 -547/60年頃）のこと。大
教皇グレゴリウス（540-604［在位 590-604］年）による伝記（『対話』
第 2巻）が，ローマ教皇ザカリアスによってギリシア語に翻訳され，
ビザンティンの修道院ではよく知られていた。（PL 66, 197B）参照。

　71）　定本註によれば，これは 4世紀の教父たちの「アノモイオ
ス派」に反対する見解である。「アノモイオス派」は「非類似」とい
う意味の言葉に由来するが，アレイオス派の急進派。父と子の本質に
は類似するところがないとするもの。ホモウーシオス（同一本質），
ホモイウーシオス（類似本質），ホモイオス（相似）をも否定。381
年の第 1回コンスタンティノポリス公会議で異端とされた。

在であり，すべてのものをそれ自身のうちに言い表しえない仕方でまとめ上げるものであることを学んだ。だがこの無限のものは一人の人やあらゆる人によっていつも見られるわけではない。見えない者は，それが完全な清さという点で霊に適合していないので見えないのだ，ということを理解しているが，見られるものは限りがないのである。ところで，観想にかかわることが下方にまで〔観想者の位置まで〕低くなったとき，見る者に湧き上がってくる不受動心に似た喜びや思惟的な平静さや点火された神への愛の火によって，その者は，たとえ彼が不分明な仕方で見ているとしても，それがかの光であることをはっきりと知る。そして神に嘉される行為をなし，他のすべてのものから離れ，祈りに注意を向け，神に向かって魂全体を挙げることに相応して，常に前へと進み，またいっそう輝いた観想を経験する。そしてそこから見られたものの無限性は無限であり，また彼はその輝きの限界を見るのではなく，むしろ自らの光を受ける能力が欠けているのを見ているのだということを悟るのだ。

23　神を超えるもの

しかしながら，彼は自分が見るに値したもの〔光〕が端的に神の本性であるとは考えず，生命は生気ある身体において，あたかも魂から生ずるかのようであるため，魂を生命そのものとわれわれは呼ぶが[72]，われわれのうちにあって生命を与える魂はそれとは別であるということを知っている。そのように光は神を担う魂において，魂に住まわれる神によって生じるのである。しかしながら，すべてのものの原因である神とそれにふさわしいものが一致すること

72）　定本註によれば，この二通りの魂は「生物的なもの」と「霊的なもの」を指している。『マルコ』8・35 参照。

第 3 論攷　　　　　　　　　　117

は，この光を超えている。それは，神は本質を超える能
力をもって自らのうちに完全にとどまりながら，われわ
れのうちに遍く住みたまい，神自身の本性ではなく，神
自身の光栄と輝きをわれわれに分かち与えるからである。
ところで，この光は神的なものであり，聖人たちによっ
て「神性」（θεότης）と言われたのは，正しいことであ
る。それは神化する（θεοποιεῖ）ものであるからだ。従っ
て，それはたんに神性であるのみならず，「神化そのもの」
（αὐτοθέωσις）[73] であり，神性の根源（θεαρχία）[74] であ
る，そしてそれは一なる神の区別であるとか多数化のよ
うに見える。ところが，それはまさに根源神（ἀρχίθεος）
であり，神を超えるもの（ὑπέρθεος）であり，根源を超
えるもの（ὑπεράρχιος）[75] であり，一なる神性における一
であり，そのゆえにこれは根源神であり，神を超えるもの
であり，根源を超えるものなのである。なぜなら，それは
この神性の根底（ὑποστάτης）だからであって，これは
教会の教師たちが偉大なディオニュシオス・アレオパギ
テースに従って言っているように，神性は神から出てきた
神化する賜物なのである。そして，この同じディオニュシ
オスが，神はどうして神性の源を超えるものであるのかと
問うガイオスに次のように書いて言っていることである。
すなわち，「神性ということで，それによってわれわれが

　　73）　偽ディオニュシオス『神名論』11, 6（PG 3, 956A）参照。

　　74）　「テアルキア」なる語はディオニュシオスに特徴的である
（訳語として「神性原理」「神性の根源」「根源の神」などがある）。
ディオニュシオスにあって，「テアルキア」は三位一体の神に関して
叙述する際に使われる場合と特に「神化」の根源として使われる場合
がある。これについては，拙著『観想の文法と言語』第二部第一章
『ディオニュシオス『神名論』における「テアルキア」について』（知
泉書館，2017 年）を参照。

　　75）　偽ディオニュシオス『神名論』2, 11；5, 8（PG 3, 649B，
824A）参照。

神化されるところの神化する賜物であるとあなたが考え，またこれが神化の源となるなら，一切の根源の超根源的なものは，このように語られた神性の彼方にある」[76]。従って，教父たちによって感覚を超える光の神的な恵みは神学的に考察されるが，しかしこれは端的に本性上の神ではない。つまり，神は知性を照らしたり，神化したりできるのみならず，非存在から一切の思惟的本質（νοερά οὐσία）をも引き出しうるからである。

24　ホレブ山上のエリヤ

それ〔光〕を見る者は異郷の知恵を豊かにもつ者よりも，より優れた仕方でそれが見えないものであると考えるということがあなたはわかるだろうか。観想のこの段階にまで昇った者は，光を思惟的・霊的感覚で見，神は光であること，そして一致のうちで恵みによって，それに与る者を言い表しえない仕方で輝かせるということを知っている。もしあなたが彼らに，見えないものはどのようにして見えるのかと尋ねるなら，次のように答えるだろう。「人間の知恵が教える言葉によらず，聖霊が教える〔言葉〕によって」（1コリント2：13）。というのは，彼らには何も欠けておらず，人間の知恵を必要とはせず，霊の教えをもち，使徒とともに次のような誇りをもっているからである。すなわち，「彼らは神の単純さと純粋さと恵みにおいて，しかも肉〔つまり，人間〕の知恵においてではなく，この世で生きてきたのである」（2コリント1：12参照）。そこで次のように彼らはあなたに慎重に答えるであろう。「御仁よ，神的なことはわれわれの知識によって決定されるのではなく，われわれの知らない多くのことは神にふさわしい原因をもつ。使徒自身によれば，『霊的なものに

---

76)　偽ディオニュシオス『書簡』2（PG 3, 1068-69A）参照。

第 3 論攷　　　　　　　　　　　　119

よって霊的なことが説明される（συγκϱίνοντες）』」（1 コ
リント 2：13）ので，旧約から新約の恵みをわれわれは確
かなものとするであろう」と。そのため使徒は古からの証
明を「説明・比較」（σύγκϱισις）[77]と呼ぶ。というのは，
そこから〔生じるもの〕が確立された後に，恵みの賜物は
律法のそれよりも偉大なことを示すからである。ところ
で，霊によって生き，見る者は，どうして見えない光が見
えるのかと尋ねる者に対して，次のように言うであろう。
「かの神を見た者，エリヤも見たようにである。つまり，
その顔を覆っていた羊の衣が，彼が感覚的に見たのではな
いことを示したのである（1 列王記 19：13）。すべての人
からそのことに因んで付けられた名のしるしが，彼の感覚
的な眼はその衣に覆われた状態で，神を見たと証言し，そ
れを告げ知らせているのである[78]。というのも，彼は「神
を見た人」であるが，むしろ「過剰な仕方で神を見た最高
の人」とすべての人に言われているからである[79]。

25　予　表

　さて，もし誰かが彼らに「祈りがあなたたちの腹の中で
神秘的に鳴るとあなたが言っているのは何か，また心を動

　77）　ここでは σύγκϱισις という名詞形で示されているが，パ
ウロではその前の行の συγκϱίνοντες という分詞形である。動詞
συγκϱίνω は聖書では，「結合する」「比較する」「説明する」という
意味であるが，『1 コリント』のこの箇所は「比較する」とも「説明
する」とも考えられるという。従って一応併記しておいた。

　78）　この『列王記』の箇所は 8 月 6 日（変容の主日）において，
旧約からの朗読の際に読まれる。

　79）　エリヤという名は「主こそ私の神である」という意味で，
エリヤが火の戦車に乗って天へ挙げられたことはキリストの昇天の前
表であると考えられた。また砂漠で修行する修道士の模範とも考えら
れ，祈りが天に昇っていくよう，ヘシュカストが倣うべき人とされた。
東方では特にエリヤは「神を見た人」と言われている。

かすものは何か」と問うなら，再びかのエリヤの地震（1
列王記 19：11）を持ち出してくるであろう。すなわち，こ
の地震は明らかにして思惟的な神の顕現の序奏であり，ま
たイザヤの「はらわたは鳴った」（イザヤ 16：11）もそう
なのである，と。また「どうして祈りによって熱が生じ
るのか」とさらに尋ねる者に対して，彼らはエリヤ自身
がその後で語った火，つまり今にも現れそうな神のしる
し（1 列王記 19：12）を示すであろう。ところでそのしる
しは，自らのうちに受け取った神の光線を，見えないも
のを見る者に示そうとしても，なおまだ微風（「静かにさ
さやく声」1 列王記 19：12）へと変わっていかなければな
らないものである[80]。またエリヤ自身は火のようなもので
あり，また火のように見え，身体ごと火の車で昇っていく
が（2 列王記 2：11），しかしまた火によって内臓が燃え上
がった別の預言者〔エレミヤ〕のことも語るであろう。そ
れは神の言葉が火として彼の内に生じたのである（エレミ
ヤ 20：8-9 参照）[81]。もしあなたが彼らのうちに神秘的な仕
方で働きが生じたことについて何か別のことを尋ねるな
ら，すでにわれわれが語ったように，彼らは同様の霊的な
ことに極めて近いことを結び合わせてあなたに示し，すべ
ての人に対し一般的に次のように言うであろう。「御仁よ，
あなたは人が天使のパンを食べたということを聞いていな
いのか」（詩編 77（78）：25），と。「主は聖霊を昼も夜も求
める人に与える」（ルカ 11：13，18：7 参照）という主の
言葉を聞いていないのか。天使のパンとは何であるか。そ

80）　ここでエリヤと神の出会いは，地震→火→ささやく声とい
うふうに変化していくが，そこに祈りの深化を見，神による内面の声
を聞き取るよう修行者を促している。

81）　この箇所では，エレミアが「主の名によって語るまいと思っ
ても，主のことばがエレミアの心の中，骨の中に閉じ込められて火の
ように燃え上がる」と記されている。

れは偉大なディオニュシオスによれば，放射（ἐπιβολή）であれ受容（παραδοχή）であれ，知性を超えて知性体（νόες）が結びつく神的で天を超える光ではないのか[82]。さて，神は人間に対してこの光の照らし（ἔλλαμψις）を予め示し，40 年間天からマナを降らし（出エジプト 16：35），一方キリストはこれを完成する。つまり，彼を堅く信じ，業によって信を示す者に霊の照明（φωτισμός）を送り，彼の〔人々を〕照らす身体〔聖体のこと〕を糧として提供するのである。というのは，これが来るべきイエスとの言い表しえない交わりの手付金だからである。しかしもしそれらがわれわれにキリストから与えられた別の何かを予め示したとしても，驚くにはあたらない。だから，かの象徴的な照明から覚知とは別の何か思惟的（νοερός）で神秘的な照明が輝くのをあなたは見るであろうか。

26　再臨の序奏

あなたの言ったように，神的な光を恵みから遠ざけた者たちは，タボル山に現れた光は感覚的なものであると言っているので，まず彼らに，選ばれた弟子たちをその時タボル山で照らした光は神的なものであると認める（θεολογέω）かどうかとわれわれは尋ねるであろう。というのは，もし彼らが神的なものであると認めないなら，ペトロは彼らを拒否するであろうから。つまりマルコによると（マルコ 9：2-8），ペトロは山でずっと目覚めてキリストの栄光を見，また彼はその第 2 の手紙で，「キリストの威光を見，彼〔キリスト〕とともに聖なる山にいた」（2 ペトロ 1：16, 18）と書いているからである。また，輝かしくも金の口でよき知らせ〔福音〕をはっきりと布告した者〔クリュソストモス〕が，次のように語って彼らの口

82）　偽ディオニュシオス『神名論』1, 5（PG 3, 593BC）参照。

を強く制するであろう。すなわち「主はご自身よりもより明るく輝いて現れた。〔主の〕身体はその形をとどめているが、神性はその光線を指し示しているからだ」[83]。これを「神の顕現 θεοφάνεια」とか「見神 θεοπτία」とはっきりと呼ぶ偉大なディオニュシオスは[84]、彼らの口を完全に封じてしまうであろう。さらに神学者と言われるグレゴリオスは、「弟子たちに山で示された神性は光である」[85]と言っている。他の多くの人々とともに、その美しい言葉によってほとんどすべての聖人の生涯を編んだシメオンは、キリストに特に愛された神学者〔使徒ヨハネ〕は山で「覆いを解かれた御言葉の神性を見た」[86]と書いている。もしも彼らが真理と真理の注釈者に一致して、かの見られた光を「神的」で「神の光」と呼ぶのなら、最も完全な見神は光のようだということに必然的に同意するであろう。それゆえモーセもまたこのようにそれを見たが、ほとんどすべての預言者はおのおの夢幻状態でではなく、むしろ覚醒時に見たのである。にもかかわらず、われわれに反対する者は、それらのすべての聖なる見神（θεάματα）は、せめて象徴であったらよいと望んでいる。しかしタボル山で使徒たちに明かされて〔彼らが〕見たものは、現れては消えていくような象徴的な光ではなかった。というのも、それはキリストの来るべき再臨ともいうべき価値をもっており、またこの光は、神のようなディオニュシオスが言うよ

---

83) クリュソストモス『テオドロスの誤り』1, 11（PG 47, 292）参照。

84) 偽ディオニュシオス『神名論』1, 4（PG 3, 592C）、『書簡』8, 1（PG 3, 1084）参照。

85) ナジアンゾスのグレゴリオス、前掲書、40, 6（PG 36, 365A）参照。

86) シメオン・メタフラステス『福音書記者聖ヨハネの生涯』1（PG 116, 685D）参照。

うに[87]，それにふさわしい者を，終わることのない世で隅から隅まで照らすであろう。従って偉大なバシレイオスはそれを，臨在の序奏とも[88]，また主は福音書の中でそれを「神の王国」と呼んだのである（マタイ 16：28，マルコ 9：1，ルカ 9：27）[89]。

27　神的な光は感覚的ではない

ところで，神を見ることは，今も来るべき世においても光のようであるなら，聖人たちは神を言い表しえない仕方で光として見ると語る者を，なぜ彼らは非難するのであろうか。ソロモンも聖霊と呼んでいるように（知恵 7：22），聖人たちがそれを感覚的ではなく，「思惟的・霊的」（νοερόν）と言っているからであろうか。そして実際彼らは，そういう人々が祈りの時に感覚的な光を見ると言って中傷し，また神の賜物（カリスマ）のいかほどかを感覚的であるという人すべてを非難している。ところが〔その一方で〕，彼らは自らのことは忘れて，神的な光は感覚的なものではないという人が非難されて当然であると，どうして考えるのであろうか。あなたは彼らの根拠薄弱さと論拠の弱さがわかるであろうか。というのも，彼らは悪しざまに言う場合には勇ましいが，何らか善きことを見通す場合ではそうではないように思えるからである。それにもかかわらず旧約と新約の光の現れを正確に解釈する者たちは，こんなことを言っている。もし仮に非理性的な動物が〔主の変容したタボル〕山へ現れたら，太陽よりも輝くかの光をそれは感知するであろうか，と。私はそうは考えない。なぜなら，キリストの誕生の時に，主の栄光の輝きが

---

87)　偽ディオニュシオス『神名論』1, 4（PG 3, 592C）参照。

88)　バシレイオス『詩編講話』44（PG 29, 400D）参照。

89)　定本註によれば，この聖書の箇所は教父たちによって「主の変容」に直結する話であると考えられていた。

羊飼いたちを照らした際、羊の群が感じたとは書かれていないからである。いったいその光は感覚的なものなのだろうか。それが輝いたとき、現にその場で開いていた、感覚的なもの〔だけ〕を見る非理性的動物の眼が見ないような光は。もしこれが人間の感覚的な眼によって見られるのなら、この眼は非理性的なものの眼とは違った仕方でそれを見たのである。ではいったいそれは何か。人間の眼を通して見るのは知性以外の何であろうか。もしも感覚的な能力においてでないなら、（というのも、おそらく非理性的なものも〔光を〕見るからであるが）、感覚的なものを介して把握する可知的能力においてである。しかし、そのようでもない。というのも、どんな眼も、特にその近くにある者の眼は、〔その光が〕太陽よりも輝いているのを見たからである。従って、もし彼らがまさしくこの能力によってかの光を見たのでないとすれば、この光はまさしく感覚的なものではない。しかも感覚的なものは永遠ではないし、色々なところで神の栄光と呼ばれる神性の光は時間に先立つものであり、終わりもない。だから感覚的ではない。

28　造られざる光は存在するものに勝る

　しかし、もしそれが感覚的なものでないなら、またもし使徒たちがその眼でもこの光を捉えることがふさわしいとされたのなら、それは別の能力によるのであって、感覚的な能力によるのではないのである。従って、神学者たちが皆イエスの顔の輝きを言い表しえず、近づきえず、非時間的なものと言っているのは、それが何か言い表しえないもの（ἀπόρρητόν τι）であるからだが、確かにそれは感覚的なものではなく、あたかも聖人がこの世から旅立った後に天での分け前として与えられる聖人の場所である光の

第 3 論攷　　　　　　125

ようである⁹⁰⁾。そこには光があって，輝きはその前兆であり，かしこでは聖人たちに手付金の分与として〔光が〕与えられる。というのは，もしこれらすべてを「光」と呼び（φωτωνυμικῶς），ときどき普通では考えられないような仕方でそれが感覚に従うように見えても，しかし知性よりいっそう高く，それらに因んだ名は真理からは遠いのであるが，どうしてそれが固有の意味で感覚的なものなのであろうか。ところで，われわれが死者のために聖なる祈りを唱えるとき，われわれは神性の源である善に向けて，熱心に「光輝くところに彼らの魂を据えて下さい」と懇願する。感覚的な光を必要とする魂とはいったい何なのだろうか。同様に，この魂にとりその〔光の〕反対，つまり感覚的な闇はどんな苦しみとなろうか。こうしたもののいかなるものも，まさしく感覚的ではないことが，あなたはわかるだろうか。悪霊の群によって用意された闇の火を思い出したとき，たんに無知や覚知（ἄγνοια ἢ γνῶσις）を問題にしないということをわれわれは先に示したのである⁹¹⁾。ところで，タボル山での言い表しえない光に満ちたイエスの顕現については，哀れむべき推論（λογισμός），すなわち人間的な，不安定な思惟（ἐπίνοια）によって証明されるべきではなく，教父の言葉に従い，清い心で，経験による正確な知識（εἴδησις）に俟つべきである。というのも，この知識はかの光との一致を聖なる仕方で成し遂げ，かの光は，一切の存在するものを超える限りにおいて，存在するものに属するものではないということを，幸いに与った者（εὐμοιρηκότας）に神秘的な仕方で教えるからである。じっさい，一切の存在するものを超えるものがどうして感

---

90)　ニケタス・ステタトス（1005 頃 -90 年頃）『魂について』79, 参照。

91)　本書 I-3-10. 参照。

覚的であろうか。感覚的なものの何が造られたものではないのか。どうして神の輝きが造られたものであるのか。それゆえ、これはまさしく感覚的なものではない。

29　その他の議論

そしてまた偉大なマカリオスはこう言っている。「魂が、放蕩息子のように、畏れと愛と恥を感じて、その主であり父である神に立ち返るとき、神は魂の罪を考慮せず、魂を受け容れ、そしてキリストの光という栄光の衣（シラ 45：7：51：11）を与える」[92]。眼を覚ましていたペトロが「聖なる山で彼といっしょにいたとき」（2 ペトロ 1：16-18）に見たものは、キリストの栄光と光以外のどんなものなのだろうか。もしそれが感覚的なものであるなら、どうして魂の衣になるのであろうか。他の箇所で同じ神学者〔偽マカリオス〕はこう言っている。「その光は天上のものである」[93]。感覚的なもののうち何が天上のものなのだろうか。さらに他の箇所で言う。「主が引き受けられた人間本性の生地を、〔神は〕天の威光ある右の座に座らせ（ヘブライ 1：3 参照）、モーセのように、顔だけではなく（出エジプト 34：29-30）、身体全体に栄光を満たしていた」[94]。もしその光を誰も受けなかったなら、そこでは空しく輝いただけではなかったか。つまりその光が感覚的なものなら、空しいということである。それは実のところ、聖霊の食物、つまり天使や義人の食物であるのか。それゆえ死者のためにキリストに向かい、「彼らの魂を主の顔の光が見守るところに据えて下さい」とわれわれは祈るのである。ではどの

---

92)　偽マカリオス『霊的講話』4, 21（PG 34,488D-489A）参照。

93)　偽マカリオス『知性の自由について』21（PG 34, 956A）参照。

94)　出典箇所不明だが、定本では、偽マカリオスの『忍耐について』4 であろうと推量する。

第3論攷 127

ようにして魂は楽しみ，どのようにして感覚的な仕方で輝く光に全体として住まうのだろうか。しかし偉大なバシレイオスは，心の清い者は，肉をとって主が現れたとき，崇められた身体から輝くその力をたえず見る，と言っている[95]。心の最も清い者によって見られたこの光が，どうして感覚的であるのだろうか。すなわち聖歌作者コスマスによれば，「キリストは山頂で無限に輝く姿を投げかけた」[96]とある。いったい感覚的なものがどうして無限なのであろうか。

30　聖ステファノの見神
　そしてキリストの後で，最初にキリストを証ししたステファノは，「天を凝視すると天が開け，そこに神の栄光と神の右に立つキリストを見た」（使徒7：55-56）。いったい感覚的な力は天を超えるものにまで達しうるだろうか。しかし彼は下から，つまり地上からその方を見たのであり，よりすばらしいことにキリストのみならず，その父をも見たのである。彼が父を見たのでないなら，どうして父の右に子を見たなどということがあろうか。眼に見えないものは心の清い者によって見られる（マタイ5：8）が，それは感覚的にでも，可知的に（νοητῶς）でも，否定的に（ἀφαιρεματικῶς）でもなく，何か言い表しえない力によってであることをあなたは知っているか。限りなく高いものと父の栄光は，けっして感覚を受け容れないからである。〔右という〕場所は象徴的ではあるが，しかし見ると

　95）　出典箇所不明。

　96）　マイウマのコスマス（675頃-752年頃）の作った「主の変容の主日（8月6日）の第一カノンのアクロスティヒス（akrostichis. 各章節の始めの文字で構成された句））。マイウマのコスマスはダマスコスのヨアンネス（650-750年頃）とともに教育を受けた詩人，修道士，のちマイウマ司教。ヨアンネスとともに聖像画崇敬を擁護。

いうことは象徴的なことではない。確かにこの右という場所は，神の本性の基（もとい）が堅固で，不変で，とどまることの象徴であるが，しかし彼はその本性がどうであったかを言い表しえない仕方で見たのだ。というのも，独り子は右の場所〔座〕というものを，それによって別のことを示すために，装って見せたのではない。独り子は常に父の右にあって，彼自身の栄光を，いまだ肉のうちにあるが，しかし己の魂を彼の栄光のために捨てる者〔ステファノ〕に，明らかに示そうとしたからである。彼〔ステファノ〕は否定という仕方では見ることも，知ることもできない。だが彼は神の栄光を見たのである。もしこの見神（ὅρασις）が可知的なものであるとか，なんらかの原因によるとか，類比によるとかであるならば，われわれも彼と同じように見る。というのも，われわれは類比的に，天上の偉大なものの右の座とか，人となった神の座というふうに言うからである。どうして福音の弟子〔ステファノ〕はそのことを以前から，また常に考えていないで，そのときになって考えたのであろうか。というのも，彼は「私は天が開け，人の子が神の右に立っているのを見た」と言っているからである。もしこの見神が覚知にほかならず，可知的な仕方で生じるのなら，彼が「天を見つめ」，そして天が「開く」のを見るのは，いったい何のために必要なのであろうか。もし可知的にでもなく，感覚的にでもなく，否定によって見るのでもなく，原因や類比によって神的なことを考察するのでもないとしたら，どのようにしてかの最初の殉教者〔ステファノ〕はそれを見たのであろうか。私はあなたにはばかることなく言おう。霊的な仕方で（πνευματικῶς）〔見たのである〕と。それは私が言ったように，純粋な光を啓示によって見た者のように，である。それは以前から多くの教父が言っていることだ。ともかく神のようなルカはこう言って教えている。「ステファノは信仰と聖霊に満

たされて，天を眺め，神の栄光を見た」。ところで，あな
たも信仰と聖霊とに満たされるなら，知性によって見えな
い事柄を霊的な仕方で観想するであろう。もしまったく信
仰がないのなら，見た事柄を証しする者が信じられないで
あろう。というのは，もし中庸の信仰でももっているな
ら，経験から，可能なかぎり，言い表しえないことを語る
人々の言うことを敬虔に聴くであろう。しかし，たとえそ
れが曖昧な仕方で語られたとしても，それを感覚的なこと
とか可知的なこととかに引き下げてはならない，そしてこ
のようにして，あたかもそれが誤りであるかのように，真
理に反して闘い，またわれわれに与えられた神の表現不可
能な恵みを無用のものとしてもならない。

31　身体もまた恵みを受ける

　というのも，このようなたぐいのものは，教父によっ
て「選りすぐりの真なるもの」と名づけられた観想のこと
であり，心の中の祈りの働きであり，そこから来る霊的な
熱や愉楽であり，恵みによる喜ばしい涙だからである[97]。
なぜといって，こういうものの原因は思惟的・霊的感覚
（νοερὰ αἰσθήσις）によって正当にも捉えられるからであ
る。私が感覚によってと言うのは，その〔知覚するところ
が〕明らかで，明瞭で，すべてにおいて誤りがなく，想像
とかけ離れているからであり，その上身体は何らかの方法
で知性に即して働く恵みを分有し，またその恵みに向けて
形を変え，魂のうちにある言い表しえない秘義について何

　97）　祈りの高まりにおける暖かさ（熱），愉楽（快さ）や涙につ
いては，ディアドコス『百断章』73 等を参照。東方の霊的師父たち
の述べるところでは，熱心な祈りは一種の熱を身体に生じさせるとい
う。また罪びととなる己に対する神の無限の恵みは，自己のあり方を振
り返って見たとき，喜ばしい涙を流させる。

らかの共通した感覚を感じ取り[98]，そして，この時，外か
らこうしたものを獲得した人々を感覚的に見る者に，彼
ら〔観想する者〕のうちに働いているある感覚を与えるか
らである。このようにしてモーセの顔は輝いた（出エジプ
ト34：29-30）が，それは彼の知性の内なる輝きが身体に
まで注がれたからである。またそれが非常に強く輝いたの
で，彼を感覚的に見る者はかの光の過剰のために注視しえ
なかったのである（出エジプト34：34-35）。これと同じよ
うに，ステファノの，感覚的〔に捉えられる〕顔は天使の
顔のように見えた（使徒6：15）。というのも，彼の内面
において知性は，一切のものを超えて住まう光と，放射で
あれ受容であれ，言い表しえない分有によって一致して，
天使を模倣した仕方で，また天使にふさわしい仕方で天使
のようになったからである。このようにエジプトの，いや
むしろ天のマリアは祈っているとき，場所的にも，感覚的
にも身体が空中に挙げられたのである。なぜなら彼女の知
性が挙げられると，身体も挙げられて，地を離れ，空中に
いるように見えたからである[99]。

32 霊的な悦び

かくて魂は忘我の状態になり，また唯一の望ましいもの
の抗いがたい愛（ἔρως）によって，あたかもそれといっ
しょに動くようになり，そして心は霊の跳躍によって恵み
と交わっていることを教えられて，ともに動き，ちょうど

98）　神化はたんに魂や精神の領域における出来事ではなく，身
体をも含めた全人的な領域の出来事である。拙書『エネルゲイアと光
の神学』，268-88頁「身体もまた祈る」を参照。
99）　エジプトのマリアは伝説的聖女。初めは放埒な生活を送っ
ていたが，後，回心したとされる。一籠の野菜を携えて砂漠に退
き，17年間過ごしたという。その伝記は東方の師父がよく引用する。
Cf., *La vie de S. Marie l'Égyptienne*, §15,（Acta Sanctorum, Aprilis II,
appendix, p.XVI.）.

第3論攷　　　　　　　　　　131

そこで主の約束に従って身体をもったまま雲のなかで〔主
と〕出会うべく進んでいくかのようである（マタイ 24：
30，マルコ 13：26，ルカ 21：27，使徒 1：11）。このよう
にして深い祈りにおいて可知的な火が現れ，可知的な灯火
に火をつけ，霊の観想を通して空中の炎で知性の望みが目
覚めると，身体は不思議な仕方で軽くなり，温かくなる。
霊的な上昇を描写する人々によると，それは見る者には感
覚的な炉の火から出て来るように見える。キリストの汗
は，祈りの時，神への熱心な懇願によってのみ身体に感覚
的な熱が生じることを教えるのである（ルカ 22：44），と
私は思う。祈りから〔生じた〕熱は悪魔から来たものだと
宣明する者は，これに対してどのように言うのであろう
か。あるいは魂の戦いの程度に応じて，彼らによって禁じ
られている熱が身体にも許されることがないように，彼ら
は祈ることは激しいものでも，熱心なものでもないと教え
るのであろうか。しかし彼らは神や神のまねびに導くので
はなく，人間をより善きものへ変えていくのでもない祈
りの教師であるがよい。ところがわれわれは，掟を拒否
して，ああ何と，そこを目指して逃げこんだ快（ήδονή）
を，自らの意志による苦しみによって，自制して退ける
と，祈りの時に霊的感覚によって神的で苦しみの混じらな
い快を得ることを知っている。経験によってそれを得た者
は不思議なことに，身体を苦しみなく，神的な愛によって
変化させ，神に向かって次のように叫ぶ。「あなたの言葉
は私の喉に甘く，私の口に蜜よりも甘い」（詩編 118（119）：
103），そして「私の魂は脂肪と豊かさで満たされ，私の口
は口唇の上にある喜びを讃える」（詩編 62（63）：6）。そう
した快とともに，またそれによって心のうちで上昇してい
く者は，偉大なディオニュシオスが言うように，「神的な

輝きが神化するために到来することによって」[100]，神的な安楽と天使の喜びに与るのだ。

33　身体の変容

　しかしながらもし神のおかげで清められた悲しみ（πένθος）[101]が，祈りに精進する人々の魂を完成するのみならず，魂から身体へ，そして身体の感覚へと移っていくのならば——罪に悲しむ者の悲しみの涙はこの明らかな証拠である——，どうして霊による神的な喜び・愉楽（ήδονή）の証拠，つまり身体の感覚に含まれた刻印をわれわれは恭しく受け取らないのであろうか。しかし主が「悲しむ者は幸いである」，なぜなら「その人は慰められるであろう」（マタイ5：4）から，つまり彼らは自分たちの内に霊の喜び（χαρά），すなわち果実を受け取るであろうと言われたのはそのためではないのか。他方，身体もいろいろの仕方でこの励まし・慰め（παράκλησις）に与っている。その経験をした者はそれを知っている。しかしそれは外から見る者にも明らかであって，優しい性格，甘い涙，近づいてくる者に対する好意に満ちた振る舞いなどがそれである。『雅歌』で言われていることによれば，「許婚者よ，蜜はお前の口から落ちる」（雅歌4：11）。なぜなら，魂は来たるべき善きものの手付金を受け取るのみならず，福音の競走（1コリント9：24参照）をこのためにともにし遂げる身体もまた，この手付金を受け取るからである。このように言わない者は来世での身体を伴った生活を拒否するのである。しかしもし身体がかの言い表しえな

　　100）　偽ディオニュシオス『天上位階論』15, 9（PG 3, 340A）参照。

　　101）　「πένθος悲しみ」とは，ヘシュカストにあって，失った神の恵みを心底悲しむことであり，おのが罪業を悔やむこと，またそれに涙して罪から清められることをも意味する。

い善きものをいつか分かちもつなら，神が知性に与えられ
る恵みを，自らの力に応じて，おそらく今，分かちもつで
あろう。従って「思惟的」ということを付け加えて，われ
われは感覚によってこれらの善きものは捉えられると言っ
たのだ。というのも，それは自然的感覚を超えるからであ
り，知性がそれらを第一に受け取りうるからであり，われ
われの知性は第一の知性に向け上昇し，神的な仕方ででき
うるかぎりそれを分かちもつことができるからである。知
性と，そしてまた〔それに〕結びついた身体も，知性を通
してより神的なものへと変容される。このことはだから，
来たるべき世に霊によって肉が飲み込まれるということを
その前兆として示している。というのも，身体の眼ではな
く魂の眼は，それら〔この善きもの〕を見るという霊の力
を受けるからである。それゆえに思惟を超えるものであっ
ても，われわれはそれを「思惟的なもの（νοεϱὰν）」と呼
ぶのである。

34 神を経験すること

　加えて，こうした霊的で言い表しえない働き
（ἐνέϱγεια）は物質的で身体的なものだと考えないように，
その考えを聴聞者から追い払うことにしよう。こういう
人々こそまさしく害をこうむっているのであって，彼らは
世俗的で不敬虔な耳と考えで，諸教父の言葉を信じること
も，それに従うこともできず，敬虔な者の言うことを不敬
虔に受け取っている。彼らはそういう言葉を踏みつけ，ま
た彼らに前もって示されたことをばらばらにしてしまい，
偉大なマカリオスを信頼せず，おそらく彼の言ったことを
学びもしない。「霊的なことは経験のない者は触れること
ができない。聖霊との交わりは聖にして信ある魂によって
理解するに至り，霊の天の宝は経験によって受け取る者
にのみ明らかにされる。奥義を与えられていない者には

（ἀμυήτῳ）まったく気づくことさえできない」[102]。さて，彼はそれらについて敬虔に語っている。聞くがよい。そうしたものを受けるにふさわしいほど信仰の篤い者になるように。というのは，そのとき，魂の眼の経験によってキリスト教徒の善良で神秘的な魂が，いかにこの世と交わるかを知るであろうから。天の宝を経験によって知っている魂の眼が語るのを聞けば，〔誰も〕理性的働き（διάνοια）なるものを信じないであろう。なぜなら，理性的働きは感覚的なものも思惟的なものも等しくそれら自らによって考え出されたものとするからである。たとえば，もしいまだ見たことのない町のことを考えるとすると，それを考えても，その町の経験を獲得するわけではないが，そのように神と神的なことについても，それらを考えたり，また神について語ったりしても，その経験を獲得しないであろう。また金の場合でも，もしそれが感覚的に得られず，手で感覚的にもたず，感覚的に見ないなら，たとえ1万回その金について考えようとも，その金を所有したり，見たり，手にしたりしたことにはならないように，神の宝について1万回考えても，神的なことを味わわず，思惟的で，理性を超える眼で見ないなら，ほんとうに神的なものを見ず，もたず，手にしないということである。思惟的な眼で（νοεροῖς ὀφθαλμοῖς），と言ったのは，それによってこうしたものを見る聖霊の力がそれらに生じるからである。だが，最も神的で輝きを超える光のかのきわめて神聖な見神（θέαμα）は思惟的な眼をも超えるのである。

35　来たるべき世の光

それゆえ，主はすべての者ではなく，選ばれた者たちを

102）　偽マカリオス『霊的講話』18, 1-3（PG 34, 633-636），同『愛について』24-26（PG 34, 928-929），参照。

第 3 論攷　　　　　　　　　135

こそ，感覚的な能力では言い表しえず，見ることもできない，タボル山で生じたこの霊的な見神（ὄψις）へと招いたのである。というのは，たとえ偉大なディオニュシオス・アレオパギテースが，来たるべき世に「キリストの目に見える顕現で」われわれは照らされ，「変容のときの弟子のように，この可知的な光の賜物に，不受動心の状態で非物質的な知性をもって与り，天を超える知性のよりいっそう神的なまねびによって知性を超える一致に与るのである」[103]と言っても，しかしこのように，かの崇むべき方の身体から閃き出る光線は，理性的魂の能力に与らない感覚器官によって把握しうるような感覚的なものであるという〔考えを〕われわれは採らない。かの能力だけが霊の力を受け容れ，それによって恵みの光を見るのである[104]。そのような感覚器官を通して感知されないものは，まったく感覚的ではない。そしてこの聖人自身はそこでは知性をもっている者にそれを示した。というのも彼は言う，来たるべき世では，この光によってわれわれは光照らされるので，そこでは光も空気も現世のその他のものも必要がないからである。それは神の息吹を受けた書がわれわれに教える通りである。すなわち使徒によれば，「そのとき神はすべてにおいてすべてとなるであろう」（1 コリント 15：28）からである。実際われわれは感覚的な光を必要としないであろう。というのは，もしそのとき神がわれわれにとってすべてであるなら，かの光は神的なものであろうからである。どうしてそれが第一義的に感覚的なものであろうか。しかし「天使に似たよりいっそう神的なまねび」と付け加えられたり，これを三様の仕方で語りうる[105]ということ

103）　偽ディオニュシオス『神名論』1, 4（PG 3, 592C）参照。

104）　本書 I-1-33 参照。

105）　ディオニュシオスの『神名論』1, 4（PG 3, 592BC）に，神の知り方を三つに分けて説明しているものによると思われる。すなわ

は，天使がかの光を受けるということを示しているのである。では，それが感覚的であるのなら，いったいどのようにしてか。もしそれが感覚的なものなら，空気を通して見られる。そうすると，各人の徳やその徳の清さの度合いによってではなく，空気の清さの度合いに従って，輝いたり，暗かったりする光を見ることになる。「義人は太陽のように輝くであろう」（マタイ 13：43）ということも，義人のおのおのは，善き行いによってではなくて，彼らの周りにある空気の清さに応じて明るくも，暗くも見えるのである。そのうえ，今でも，また来たるべき世でも，「眼が見，耳が聞いたこともないもの」であるのみならず，理性的な方法で把握しえないものに踏み入る「人の心に上らなかったこと」（1 コリント 2：9）は，感覚的な眼に捉えられるであろう。もしそれが感覚的なものであるなら，どうして罪びとには見えないのであろうか。それとも彼らに従うなら，そのとき障壁，つまり影とか〔光〕円錐とか，蝕による合やいろいろの形の光の球があるのであろうか。言ってみるなら，絶えることなく永遠の生にわたって観察するという天文学者の空しい働きが必要なのであろうか。

36 霊的な身体

しかし，どうして身体的な感覚がまったく感覚的ではない光を捉えるのであろうか。それは使徒のなかの選ばれた者も，それに即してタボル山でその光を見た，全能の霊の力によるのだが，その光は自らのうちに子を担っている肉から輝くのみならず，自らのうちにキリストの父を担っている雲からも輝くのである。使徒によれば，特に身体も

ち，(1) 今のわれわれの状態では象徴によって神的なことを知り，(2) われわれが不滅不死の状態になれば，最も輝かしい閃光で満たされて神を知り，(3) 情欲と物質から清められると神の知の光の賜物に与る，とある。

その時「自然的なもの」（ψυχικός）ではなく，霊的なもの（πνευματικός）となろう。「自然の命の身体として蒔かれて，霊的な身体として復活する」（1コリント15：44）と言われているからである。霊的な人であって，かつ霊的に見る者は，神の光線を正しく受け取るのである。さて今やわれわれが見るべきことは，われわれは霊的・思惟的な魂（νοερά ψυχή）をもち，それは自存する能力をもつが，あの死すべき，頑固な肉の厚さゆえに，魂を覆い，下落させ，身体に似たものとし，いやむしろ幻想を抱かせ，それゆえ知性によって霊的・思惟的感覚を無視してしまうということであるように，まさにそのように来るべき世の幸いなる生において，「復活の子ら」（ルカ20：36）にあっては，キリストの福音によれば（マタイ22：30，マルコ12：25，ルカ20：36），あたかも身体は隠されてしまうかのように，天使にふさわしく変わるであろう。というのは，知性が勝利して，もはや身体は質料であるとは全く考えられず，霊的・思惟的な働きに対立するものではなくなるほどに，希薄になるからである。従って身体的な感覚によって神の光を楽しむであろう。

37　終末的神化

　なぜ私はその場合，身体と思惟的本性の類縁関係を語るのであろうか。それは聖マクシモスが次のように言っているからである。「魂は，知性と感覚のすべての働きを止め，また身体の自然な働きをともに止めてしまった後に，神の恵みに与ることによって神となるのだ。すなわち身体において神化を類比的に分有することによって，身体は魂とともに神化される。このようにただ神のみが魂と身体を通してその時現れるが，それらの自然本性的な諸特質は栄光の

過剰さによって打ち負かされる」[106]。ところで私が初めに言ったように，神は被造物には見えないものであるが，神自身にとっては見えないものではないから，その時われわれのうちにある魂を通してのみならず，なんと不思議なことよ，身体を通しても，見ているのは神ということになろう。それゆえ身体的器官によって，神的で近づきえない光をその時はっきりとわれわれは見るであろう。そしてキリストはタボル山で使徒たちに，将来われわれに与えられる神のあの偉大な賜物の手付金と序奏を，語りえぬ仕方で示したのである。実に一切の論理を超え，一切の視覚を超える神性の光線が，どうして感覚的なものであろうか。あなたはタボル山で使徒たちを照らした光はほんとうに感覚的なものではなかったということがわかるであろうか。

38　キリストの身体の光

しかしながら，感覚的な眼によって神的で一切の感覚を超えて存在する光が見られたなら——かの霊的な人々に反対する者が，その点については霊的な人々とわれわれに同意して言っているごとく，実際そのように見られたのであるが——，すなわち神的な光が身体的な眼によって見られるなら，思惟的な眼にはどうして見られないのであろうか。魂は何か悪しきもので，善と結びつかず，それを感知しないものであるのか。それは大胆な異端さえ言わなかったことだ。あるいは魂は善きもので，身体はそれよりもいっそう善きものであるのか。というのも，魂ではなく，身体が神の光を受け取り，摑むことができるなら，どうして魂は身体よりも劣っていないわけがあろうか。しかし魂

---

106)　マクシモス『神学と神の子の受肉の摂理について』（愛についての 4 百の断章——第 2 断章）88（PG 90, 1168A）（邦訳『フィロカリア』第 3 巻，谷隆一郎訳，新世社，2006 年，179 頁参照）。

が神を光のうちに見るのは，身体の仲介によってであって，その逆ではないなら，どうして物質的で死すべき身体のほうが魂よりも神にいっそう類縁的であり，いっそう近接し，またむしろより近くないのであろうか。もしタボル山における主の変容が栄光のうちに来るべき，目に見える神の顕現の序奏であるなら，そして使徒たちが身体の眼でそれを受け取るにふさわしいと判断されたのなら，心を清められた者は，魂の眼で，知性に即して，神の顕現の序奏と手付金をなぜ受けないのであろうか。しかし，神の子は，ああ，比べるものなき人間への愛よ，その神的な位格（ὑπόστασις）をわれわれの本性に一致させ，魂をもった身体と理性的な魂をとって「地上に現れ，そして人間とともに住んだ」（バルク 3：38）だけではなく――おお，比べるものなき不思議の過剰さよ――，人間のヒュポスタシス〔人性〕にも一致し，その聖なる身体に与ることによって，信じる者のおのおのに自らを交わらせ，またわれわれと一つの身体となって，われわれを神性全体の神殿とするので――というのも，キリストの身体自体のうちに，「神性の溢れすべては身体の形をとって住んでいる」（コロサイ 2：9）からである――，われわれのうちにあって周りを照らす，キリストの身体の神的な光線を通して，それにふさわしく与って照らされた魂を，タボル山で弟子の身体を照らしたように，どうして照らさないのであろうか。それは，恵みの光の源をもつこの身体はけっしてわれわれの身体と混合せず，外から近づくにふさわしい者を照らすのであり，感覚的な眼を通して魂に照明を送り込むからである。しかし今，それはわれわれと結びつき，われわれのうちにあるので，内側から魂を照らすのは理に適っているのである。

39 真実の経験

それでは何か。書かれてあることによると（1コリント13：12），来たるべき世では見えないものを「顔と顔を合わせるように」見るのではないのか。だから心の清い者は今その手付金と序奏を受け取り，彼らのうちに生じるその思惟的で感覚には見えない姿を見るのである。というのも，知性（νοῦς）は非質料的な本性であり，またこう言うべきなら，第一で，最高の，また一切のものが分有し，かつ一切の光から分離しているということと類を同じくする光である。そして〔知性〕は真実の光に向けて全体として伸張して，非物質的で絶えざる，かつ清められた祈りをもって，後ろを振り返らず神に向けて昇りゆき，そしてこのようにしてすでに天使にふさわしい品位をもつべく変容し，天使のように第一の光そのものから照らされるのだ[107]。また原因としての原型たる光が分有によって現れる[108]。そしてそれ自身を通して，この隠された美の輝かしさと，明るく近づきえない光を現す。神のような聖歌作者，ダビデは自らのうちに霊的・思惟的な仕方でこれを感じて，楽しみ，また信じる者にこの偉大で言い表しえない財産を次のように語って教えている。「われわれの神の輝きはわれわれの上にある」（詩編89（90）：17）。もし人が自らのうちに神の輝きを体験せず，見ないなら，そして分別（διαίρεσις）や推論（συλλογισμός）や分析（ἀνάλυσις）でそれを探求し，教父たちを素直な心で信じないなら，ある人が神の輝きをもつことが認められたと聞いて耐えられるであろうか。ところで，ヨハネはその『黙示録』でわれわれにみごとに啓示してくれている。す

---

107) ナジアンゾスのグレゴリオス『講話』40, 5（PG 36, 364B）参照。

108) 偽ディオニュシオス『神名論』2, 6（PG 3, 644BC），マクシモス『書簡6』5（PG 91, 429AB）を参照。

なわち，「勝利を得る者が神から受ける小石のうちに，それを受けた者以外の誰も知らないものがある」（黙示2：17），と。その意味は，この小石をもたなかった者はそれを知りえないということではなく，幸いな目に遭った者に忠実に耳を貸さないのなら，そういうものが存するとは考えないということである。真の観想を盲目であると考える者は，それが何か聖なる闇として，感覚と認識を超えるものだとするのではなく，どのようにしてもそれが存在しないと考えるのである。さて，もし彼が無経験と不信心に加え，間違った弁を弄するほどに悪しきことをなし，表面的な考えに満ち，恥ずべき人で，しかも最も尊敬すべきものを軽蔑する者であるなら，そうした観想が存しないと反対するのみならず，悪魔のような想像に従って，神の輝きを曲解しているのである。兄弟よ，あなたが言うように，今，ある人々はそういう状態になっているのだ。

40　真の光

さて，彼らにとって最後の口実はこうである。神は見えないものであるので，悪魔は「光の天使」のふりをしている（2コリント11：14）と。しかし彼らは真理はすべての見せかけよりも先行するということを理解していないのだ。さて，もし悪魔がほんとうの真理のように見せかけて，光の天使のふりをしているとすれば，それならほんとうに光の天使，すなわち善天使がいるのである。しかし天使は，神の使いであるのだから，もしそれが神の光でないなら，光の天使はどのような光を告げ知らせるのであろうか。じっさい，神は光であり，神の天使はその光の使いなのであるから。すなわち，「彼は光である天使のふりをしている」と言っているのではなく，「光の天使」と言っているからである。もし悪しき天使が覚知と徳だけを装っているのなら，神から生じた照明も，われわれに覚知と

142　　　　　　　　　　第Ⅰ部

徳だけを与えるということをそのことから理解もできよ
う。しかし〔悪しき天使〕は徳や覚知とは違う見せかけの
光（φαντασιῶδες φῶς）をもまた与えるから，徳や覚知
とは別の，真であり神的な霊的・思惟的光が存在する。か
の想像的な光は悪そのものであって，闇であり，光のふり
をしている。しかし天使と天使に似た人間の光は，真理に
従って照らすが，それは神そのものであり，ほんとうに言
い表しえない光であって，光として見られ，清い心を光と
なし，そのため光と呼ばれるが，無知（ἄγνοια）の闇の
追跡者であるのみならず，聖マクシモス[109]や神学者グレ
ゴリオス[110]によれば，魂を輝かすものでもある。だがこ
の輝きはたんに覚知や徳であるだけではなく，一切の人間
的な徳や覚知の彼方にあるものであることを，聖ネイロス
からはっきりとあなたは学ぶであろう。彼は言う，「それ
自身のうちに集められる知性は，感覚によるものや，思念
（λογισμός）によるものについて観想するのではなく，露
な知性と神的な光によるものを観想するのであって，平和
と喜びが溢れている」[111]。あなたは一切の業，慣習，そし
て思念を超える観想を知っているか。あなたは先に挙げた
者が，「彼は自分の知性が天上の色にいくらか似た状態で
観想している」[112]と言っているのを聞いたか。そして彼は
今また，それが神の光線によって輝きをえていることをあ

───────────────

　　109)　マクシモス『ミュスタゴギア（秘義教話）』23（PG 91,
701C.）参照。
　　110)　ナジアンゾスのグレゴリオス『講話』40, 5（PG 36,
364B.）参照。
　　111)　これはネイロスのものではなく，エクディコスのエリア
（年代不詳）のもの。『知についての断章』4（PG 127, 1149），また
『フィロカリア』所収（邦訳『フィロカリア』第4巻，215頁）参照。
　　112)　ネイロスではなく，エヴァグリオスのもの。『八つの想念
について』18（PG 79, 1221B），および『アナトリオス宛，実践の章』
70（PG 40, 1244A）参照。

第3論攷　　　　　　　　143

なたにはっきりと示したのか。〔だから〕彼がこの幸いな
情念と見神に至る道を教えるとき，あなたはそれを確信す
るがよい。彼は言っている。「注意（προσοχή）を求めて
いる祈り（προσευχή）は，それへ向かって熱心に素面で
（νηφόντως）求める祈りを見出すであろう」[113]。というの
は，神的な祈りで知性に結び付いて本当に祈る者は，神の
輝きで照らされるからである。あなたはもう一度神のよう
なマクシモスに尋ねてみたいか。彼は言う，「心を清くさ
せる人は，神から下ってきたことや，神の後なる理（ことわり）を知る
だけではなく，神そのものをも見るのである」[114]と。

41　心に刻まれた法

　異郷的で愚かしいものとされた知恵によって，存在する
ものについての覚知と神へと昇る覚知を教えとして宣明す
る人はどこにいるのであろうか。「じっさい神はこの心の
なかに来られ，モーセの板〔神から与えられた掟の書かれ
た板〕に対するように，霊によって，その固有の文字を刻
みつけるにふさわしいものとされる」[115]と〔聖マクシモス
は〕言う。パウロが恵みの法は何にもまして「木の枝にで
はなく，肉でできた心の板に」（2コリント3：3）受ける
と言っているのに，心の中で神を受け取ることができない
と考える人はどこにいるのだろうか。偉大なマカリオスが
言っているように，「心が器官の全体を支配すると，恵み
が心の牧場を占領するので，恵みは思念（λογισμός）と
肢体の全体を支配する。というのも，そこには知性と魂の

　113）　エヴァグリオス『祈りについて』149（PG 79, 1200A）参
照。この言葉はクリマクスの『楽園の梯子』28のネイロスによるス
コリアとして納められている（PG 88, 1148A）。
　114）　証聖者マクシモス『神学と神の子の受肉の摂理について』
2, 80（PG 90, 1161D）（邦訳『フィロカリア』第3巻，175頁）参照。
　115）　同上。

144　　　　　　　　　　　第Ⅰ部

一切の思念があるからである。従ってそこでは恵みが霊の
法を刻み込んでいるかどうか考えねばならない」[116]。しか
し覚知の点で，そして覚知を超えて，その清さのゆえに照
らされたマクシモスの言うことをもう一度聞かねばならな
い。彼は言う，「清い心とは，全く形をもたない知性を神
に捧げ，自ずと〔神が〕顕現してくるような，神のさまざ
まな鋳型によってのみ刻印される用意ができているものの
ことである」[117]。存在するものについての覚知のみで神は
知られると主張して，一致に基づく顕現を知ることも，受
け容れることもしない人は，どこにいるのだろうか。しか
し神はこのことを，神を担う人の一人を通して，次のよ
うに言う，「人や書かれたものからではなく，あなたたち
のうちにある私の照明や太陽のような光線から学ぶがよ
い」[118]。いったいどうして形をもたない知性，つまり神の
鋳型で刻印されたものも，存在するものについての覚知を
超えていないのであろうか。

42　存在するものについての認識と神秘的見神

しかしながら，否定（ἀποφάσις）を通して神に向かっ
て理性（διάνοια）が上昇することと，霊の神的で言い表
しえない鋳型によって知性を刻印することは多くの点で異
なっていた。ところで神学というものは，知ることが獲得
することと大いに隔たっているように，光のうちにあるこ
の見神（θεοπτία）と大いに離れており，神との語らいと

---

116)　偽マカリオス『講話』15, 20（PG 34, 589B）参照。
117)　証聖者マクシモス『神学と神の子の受肉の摂理について』
（PG 90, 1164A）2, 82（邦訳『フィロカリア』第 3 巻，谷隆一郎訳，
新世社，2006 年，122 頁参照）。このテキストは隠修士マルコスの
『節制について』24（PG 65, 1064B）に引用されている。
118)　クリマクス『楽園の梯子』25（PG 88, 989A）。

第 3 論攷　　　　　　　　　　　　　145

も大いに隔てられている[119]。というのも，神について語る
ことは神と出会うことと同じことではないからである。な
ぜなら，何かを語るためには，もちろん発せられる言葉が
必要である。そして，もしたんに知識を所有しているとい
うだけではなく，それを使い，かつ広めようとするなら
ば，同様に言葉の技術も必要である。さらに推論の種々の
材料，論証の法則，この世界に即した実例が必要であり，
それらについての全部ないし大部分は，見たり聞いたりす
ることから集められる。そうしたものはほとんどこの世界
の中で変転することがらである。そして，たとえばこの世
の知者の生活と魂が清められていなくとも，彼らにはおそ
らくそれが得られるであろう。ところが人間の本性をもっ
て可能なかぎり，神を自らのうちに所有し，神と清められ
た仕方で交わり，最も純粋な光と混じることは，もし徳に
よって清められて，われわれ自身から，いやむしろわれわ
れを超え出る状態にならないなら，また感覚とともに，感
覚的なものすべてを捨て，思念や理性そしてそれらによっ
て得られる覚知を超えて，われわれを引き上げ，しかし祈
りによって非物質的で思惟的なあらゆる働きを得て，覚知
を超えた無知を得，目に見えない仕方で不死の世界の本性
の賜物を観想するように，輝きを超えた霊の輝きの中で満
たされるのでないならば，そういうことは不可能である。
じっさい哲学は感覚からその原理を得，その目的はこの感
覚の種々相の覚知であり，またそれは清さによらない覚
知，情念から清められていないものであってみれば，理性
による饒舌の哲学にかかわることは下方に捨て置かれると
いうことをあなたは見て取っているであろうか。しかし霊
的な観想の源は清い生活から与えられる善である。これは
存在するものについての真実で，また所有するものについ

---

119)　本書 I-3-34 参照。

146　　　　　　　　　　第Ⅰ部

ての真正の覚知であって，学習からではなく，清めによって示されたものであり[120]，それだけが真実に美しいものと役立つもの，およびそうではないものを区別することができる。その終局は来るべき世の手付金であり，覚知を超える無知，思考（ἔννοια）を超える覚知，秘密の秘密に与ること，語りえない見神，永遠の光の神秘的で言い表しえない観想と味わいなのである。

43　光の終末的性格

　それは来たるべき世の光であり，またキリストの変容時に弟子たちを照らした光のようであり，徳と祈りによって清められた知性をまさに照らしたものであるということを，あなたは理解して聞くならわかるであろう。というのは，ディオニュシオス・アレオパギテースによって，タボル山に現れたキリストの光によって聖人たちの身体は来たるべき世で，飾られ，照らされると[121]，はっきり語られているからである。一方，偉大なマカリオスは言う，「天上の像の光と一致した魂は，いまや神秘的な覚知へと位格において秘義伝授され，また復活の偉大な日に，その同じ栄光の天上の像によって，かの身体は照らされるであろう」[122]。彼は「位格において」（ἐν ὑποστάσει）と言っているが，それはこの照明が覚知や概念（νόημα）によって生じるものと考えないためである。別様に言えば，霊的な人間は，三つのもの〔ὑπόστασις〕から成り立っている。すなわち天の霊の恵み，理性的魂，そして地上の身体

---

　120)　アレクサンドリアのクレメンス『ストロマテイス』6, 14（PG9, 329A-40A）参照。
　121)　偽ディオニュシオス『神名論』1, 4（PG 3, 592BC）参照。
　122)　偽マカリオス『知性の自由について』24（PG 34, 957B）参照。

である[123]。再び彼の言うことを聞くがよい。「霊の神の形
をした像は今〔われわれの〕なかに刻印されて，身体は
外的には神に似た形をとり，天に属するものとなってい
る」[124]。さらに，「神は人性と和解し，真実において信仰を
もつ魂を，それがいまだ肉のうちにあっても，天上の光
の喜びへと復帰させ，さらに恵みの神の光によって思惟
的・霊的感覚に視力を与える。そしてその後身体そのもの
を栄光で包むのである」[125]。またさらに，「キリスト教徒の
魂はどのような善きことと神秘にこの世で交わることがで
きるだろうか。それは魂の眼によって体験から受け取った
者にのみ明らかである。復活に際し，身体もまた霊になっ
たとき，身体がそれらを得，また見，あたかもそれらを把
持することができるかのようである」[126]。ところで，タボ
ル山で弟子たちに見られ，今，魂の清められた者によって
見られる神の光と来たるべき世の善きことを支えるもの
（ὑπόστασις）が同一であるのは，明らかではないのか。
だから偉大なバシレイオスは，タボル山において主の変容
のときに輝いた光は，再臨における主の栄光の序奏である
と言ったのであり，彼はまた別のところで次のように言っ
ている。「心の清められた眼をもっている人々を輝かす神
の力は，ガラスの膜を通して，つまり主がわれわれから借
りた身体を通して輝く神の光のようである」。ところで，
タボル山において，彼の望むままに，身体の眼に感知でき
るような，明るく輝いたものはそのことではなかったか。

---

123) 伊語訳［31］註（453頁）によれば，「ὑπόστασις」はも
ちろん神学用語であるが，それだけにとどまらず，あらゆる概念構成
にかかわるものである。これはカッパドキアの教父たちの考えを継承
するものである。バシレイオス『書簡』38 を参照。

124) 偽マカリオス，25（PG 34, 957CD）。

125) 同上，26（PG 34, 960A）。

126) 同上『講話』5, 10（PG 34, 516AB），および『知性の崇高
さについて』（PG 34, 889）等参照。

148   第Ⅰ部

それはまた，心清められた者すべてにそれを通して見え，
崇められた者の身体から太陽のように畏れ多くも輝き，そ
の心を光で包むのだ。「われわれも彼らとともにいて，『わ
れわれも顔の覆いが取り除かれて主の栄光を鏡のように映
し出す』（2コリント3：18参照）」。というのも，ここで偉
大な〔博士〕によって祈り求められたことに，それを信じ
るわれわれもともに加わって祈ることはよいことだからで
ある。

44　一致への途

　しかしながら，この偉大な光は肉をとってわれわれのも
とに来られ，かくてこの肉から輝き示し，心の清い者に
よって観想されたが，今やいかにして彼らに示され，また
いかにしてそれを見ることが可能かを，あなたが望むな
ら，行って，それを見た者から学ぶがよい。私自身彼らに
問い尋ねたが，それはダビデの言う，「信じたから，語っ
た」（詩編115（116）：1七十人訳）ということだ。しかし
また，使徒が「そしてわれわれは信じているので語りもす
るのである」（2コリント4：13）と言っていることも付け
加えなければならない。財貨を手にすることや人間の栄
光，そして身体の愉楽などを，福音にもとづいた生活に
よって捨てる人，そしてキリストに従って成熟した人（エ
フェソ4：13参照）に身を委ね，この捨離を確かなものと
する人は，自らのうちに情念に動かされない，聖なる，そ
して神的な愛（ἔρως）がより強烈に点火するのを見[127]，
自然を超えた仕方で，神と神へ向けての世界を超えた一致
を望むのである。完全にこの愛に捉えられると，神との交
わりが遂げられるかどうか，身体の働きと魂の能力を詳し
く調べ，考察すべきだという気になる。すなわち，自分で

───────────
　127）　偽ディオニュシオス『神名論』4, 13（PG 3, 712B）参照。

見出すか，あるいは経験ある人々に尋ねて，秘義伝授されるかである，つまりそうした働きや能力のあるものはまったく非理性的（$\alpha\lambda o\gamma o\varsigma$）であり，また，別の働きは理性（$\lambda\acute o\gamma o\varsigma$）が具わっているにしても，感覚からはわずかしか離れていないということ，臆見と推論はそれが論理的能力であっても，感覚の宝庫，つまり想像力からは解き放たれてはおらず，さらにそれは道具としての自然的な霊（$\psi\nu\chi\iota\kappa o\tilde\nu\ \pi\nu\epsilon\acute\nu\mu\alpha\tau o\varsigma$）によって遂行されているということである。これは，使徒が「自然的な人間は霊的なものを受け容れない」（1コリント2：14）と言っていることを，その人は考え深くも理解しているということだ。そして彼はこれを超えた真に霊的で，下位のものと混じっていない生命を探し求めており，神のことを語るネイロスの言うことに聴き従うのである。すなわち「身体的な観想を知性が超えていっても，神の場所を完全には見なかった。というのも，知性は可知的な認識のうちにあって，それに向けて幾つにも分かれうるからである」[128]。またさらに，「知性はむき出しの思惟（$\nu o\acute\eta\mu\alpha$）のうちにあるとき，神から遠く離れている」[129]。

45　知性に固有の能力

「われわれの知性は，それを通して可知的なもの（$\nu o\eta\tau\grave\alpha$）を見るために認識する（$\nu o\epsilon\tilde\iota\nu$）能力を有しており，他方，それを通して自らを超えるものに達する，知性の本性を超える一致を有している」[130]ことを，偉大なディオニュシオスと高名なマクシモスから彼〔前節のような探究者〕は学んでいる。そこで彼は，われわれのうちにある

128）　エヴァグリオス『祈りについて』57（PG 79, 1180A）参照。
129）　同上，56（1177D-1180A）参照。
130）　偽ディオニュシオス『神名論』7, 1（PG 3, 865C），マクシモスによる『スコリア』（PG 4, 344A），参照。

最高のもの，つまりわれわれの唯一の，完全で，単一で，まったく不可分の本質にかかわることを探し求める。この能力は，そのうちに学問に関わることがその確実さをもっている理性の展開を，まるで蛇のように推論し，分別して歩みつつ，諸々の形相の形相のように，制限し，一つにする。というのは，もし知性がこの理性の展開にまで，そしてそれらを通して生の種々相へと，諸々の活動をすべてのものにまで広げて下降するなら，しかしまたそれ自身としてとどまりうる限りにおいて，それ自体で作用を及ぼしうるまた別のいっそうよい働きをおそらく受けるならば，それならその多様な仕方の，多様な形をした，這いずるような生から引き離されよう。譬えて言えば，このことは，騎手が手綱を取る際に非常に優れた能力をもっていて，馬から降りたときだけでなく，馬や馬車に乗ったときも，1人で操ることができ，たとえ手綱を取ろうと意図的に注意していなくとも，そうであるのと同じである。ところで，知性は全体として，また常に，下方へと向きを変えないなら，よりよく，そしてより高い働きをなすであろう，たとえ馬を扱う場合よりいっそうむずかしいとしても。その場合，知性は本性上，身体に結びついていて，身体の影響を受けた覚知や地上の生活から生じるいろいろなむずかしい状態の中で縺れ合っている。〔だからこそ〕知性は自らへと向きを変え，監視し，それによって自らを超えて上昇し，神と結びつくという働きを自らになすのである。

46　ヘーシュキアの途

　さてそれゆえ，神と交わることを熱望する者は，人から謗られる生活を送ることになり，また修道士の独身生活を選び，そしてあらゆるしがらみから離れて，煩いや心配がなく，ヘーシュキアの至聖所に住みたいと望む。そこで可能なかぎり，物質と結びついた一切の紐帯から魂を解き放

ち，知性を神への絶えざる祈りに結びつける。そしてそれによって全体として自分を制御するものとなり，新しく，言い表しえない天への道を見出すのだ。つまりそれは沈黙の隠された秘義の，触れえない，いわば闇なのであるが，神秘的な愉楽とともに，入念にそれに知性を差し出し，絶対的な単純さ，完全で甘美な静謐さと真実のヘーシュキアと静寂のうちに，一切の被造物を超えていくのである[131]。このようにして全体として自分自身から出て，完全に神のものとなると，神の栄光を見，神的な光を許されて見る。この光は感覚である限りの感覚には捉えられないが，汚れのない魂と知性にとっては喜ばしい，聖なる見神（θέαμα）なのである。この光がなければ，知性は，それ自身を超えたもろもろのものに一致するとき，思惟的・霊的感覚をもっていたとしても，見ることはない。それは身体の眼が感覚的な光なくしては見えないのと同様である。

47　神の寛大さ

われわれの知性は自己自身の外へ出て，このようにして神と一つになるが，それは自らを超えることによる。他方，神は神で，自らの外へ出て，このようにしてわれわれの知性と一つになるが，それは「身を低くして」という仕方によってである[132]。というのは，それは情愛（エロース）と愛（アガペー）に魅せられ，善性の過剰を通して，一切を超え，一切のものの上にある神御自身から分かたれることなく外へ出る[133]ごとくであり，そして知性を超え

---

131)　偽ディオニュシオス『神秘神学』1, 1（PG 3, 997）参照。また『神名論』4, 13（PG 3, 776AB）も参照。

132)　クリュソストモス『把握不可能性について』3, 3（PG 48, 722），証聖者マクシモス『神学と神の子の受肉の摂理について』1, 31（PG 90, 1093D）等，参照。

133)　偽ディオニュシオス『神名論』4, 13（PG 3, 712AB），お

る一致によってわれわれと一つになるからである。われわればかりにではなく、天にある使いたちにも神は身を低くして一致するということを、聖マカリオスは再びわれわれに教えて言う、「偉大で本質を超える者は無限の慈愛（χρηστότης）によって自らを小さくして、その思惟的被造物、つまり聖なる魂と天使に混じって一つとなることができる。それはその神性によって、彼らが不死の命に与ることができるためである」[134]。身体、それも死すべき身体（ローマ7：24参照）という点に至るまで、そして十字架の死に至るまで身を低くした方（フィリピ2：8）は、同じ聖人が先に述べた章の始めで教えているように[135]、過失（παράβασις）によって、魂にかかった闇の覆い（2コリント3：13-16）を取り除き、自らの光を与えるために、どうしてそこまで身を低くしないことがあろうか。

48　真の見神と偽りのそれ

さても、慄くがよい。不信仰な者や他人を不信仰に導く者よ、盲人を導こうとしている盲人よ（マタイ15：14）、神から遠ざかって他人を誤らせようとする者よ、見ていないので神は光ではないという教えを宣る者よ、眼を光から背け、闇へと駆け寄るだけではなく、光を闇と言い、あなたたちに関することでは、神の下降を台無しにしてしまう者よ、もし諸教父の言葉をあなたたちが信じるなら、そのような状態にならないであろう。というのも、これらのことを確信する者は、超自然的な賜物（χάρισμα）のみならず、疑問に思うことに対しても多大の尊敬を示すものだからである。〔隠修士〕聖マルコスは、「子供〔未熟な者〕

よび証聖者マクシモス『難問集』（PG 91, 1413AB）参照。

　134）　偽マカリオス『知性の上昇について』6（PG 34, 893C）参照。

　135）　本書、I-3-3参照。

の知らない恵みがある。それを断罪してはならない。それが真理かもしれないからである。また受け容れてはならない。誤っているかもしれないからである」[136]と言っているからである。あなたはそれがほんとうの恵みで，教説の真理とは別のものであると見ているのであろうか。というのは，教説の真理のどれが疑義の対象なのであろうか。ところで，覚知を超えて働く明らかな恵みがあり，そのためにいまだ吟味されていないものを誤りと語ることは敬虔な態度ではない。従って，神のようなネイロスはそれらのことについての説明を神に求めるように教えて，こう言う。「そのとき力強く祈りなさい。それは，もしこの見神（ὅραμα）が神からのものであるなら，神があなたを照らして下さるためであり，またもしそうでないなら，あなたからすばやくその偽りを追い払ってもらうためである」[137]。そして教父たちはどれが偽りの，またどれが真理のしるしであるかをわれわれに知らせずにすませはしない。「というのも，偽りは，善の仮面をかぶっていても，また輝く姿を身にまとっていても，善き働きを与えることはできないからである。なぜなら，それは世を憎まず，人間の栄光を蔑まず，天の望みを欲せず，もろもろの思いを宥めず，霊的な休息をとらず，喜ばず，平和にせず，謙虚にならず，快楽と情念を鎮めず，魂を最上の状態に置かないからである。というのも，それらは恵みのなすものであり，その反対が偽りの作り出したものだからである」[138]。すでに若干の者は多くの経験から，思惟的見神の特殊な性

---

136) 隠修士マルコス『業によって義化されると考える人々について』26（PG 65, 933D，邦訳『フィロカリア』第1巻，250頁，参照。ここでは「26」ではなく「28」となっている）。

137) これは偽マカリオス（シメオン・メタフラステスによる）のものである。『忍耐について』13（PG 34, 876D）参照。

138) 偽マカリオス『忍耐について』13（PG 34, 876BC）参照。

格を語った。それはさまざまになされた働きから証明しうるからである。彼は言う。「さて，あなたはさまざまになされた働きから，あなたの魂のうちに輝く思惟的な光がもともと神によるものか，それともサタンによるものか，見分けがつくだろう。それはあなたが偽りを取り去るものを偽りと，また偽りを真理と考えないためである」[139]。

49　確かな歩み

しかし偽りのない光は，この世では不動性を恵み与えない。教父たちの一人が言っているように，「それを語る者は狼の群れのなかにいる」[140]。何らかの人間的欠陥から，受け取った恵みを偽りであるとはっきり言う者は，どれほど真理から逸れているかを彼らはよく見るがいいし，また「罪に惑わされないということは人間にではなく，天使に属することである」[141]というクリマクスの言葉を聞いていないのである。さらにまた，「ある者はその欠陥から自らを貶し，また躓きから賜物〔カリスマ〕の母を自分のものとしていた」[142]。人間にあって探究すべきは天使的な不受動心ではなく，人間的なそれである。じっさい同じ聖人によれば，「あなたは言い表しえない光と説明しえない愛による祈りの豊かさにおいて，その不受動心があなた自身のうちにあることを知り，誤ることがないであろう」[143]。さらに，「先入観から解放された魂は完全に神の光を見る。しかし神の教えの知識については，どれくらいの人が先入観をもっていることであろうか」[144]。またさらに，「魂の弱

---

139)　同上，（PG 34, 876D）参照。
140)　出典不明。
141)　クリマクス『楽園の梯子』4（PG 88, 696D）参照。
142)　同上 1（PG 88, 640A）参照。
143)　同上 26（PG 88, 1148C）参照。
144)　同上 26（PG 88, 1033B）参照。

い者は，自分に向けられた主の監視を他のこと〔しるし〕から知り，完全な者は霊の現存から知る」[145]。加えてさらに，「入門段階にある者では，謙虚が付け加わると，彼らの歩みは神に従っているということの確信になる。中間段階にある者においては，戦いからの退却がそうである。完全な者においては，神の光の付加と豊かさがそれである」[146]。

50　修徳の度合い

それゆえ，教父たちが言っているように，もしこの光が思惟的でもなく，覚知を生じさせるものでもなく，覚知〔そのもの〕であるなら，この光の豊かさが神を喜ばせる完全さのしるしであるので，ソロモンの一生は代々の聖人よりもいっそう完全で，神に嘉されるものであろう。私は，知恵の豊かさのために人が驚くギリシア人のことを言っているのではない。この光は入門者のある者には時にはよりぼんやりと，完全な者には謙虚が増し加わると，入門者とは違ったかたちで輝くが，それゆえ同じ聖人は付け加えてこう言っている。「完全な者の場合の小さなことは，小さなことではないし，小さな者の場合の大きなことは，全く完全というわけではない」[147]。あなたが讃嘆すべきディアドコスの言うことを信じるなら，神の恵みは彼ら〔小さな者〕にも人を愛するがゆえに示されることをはっきりと知っているであろう。彼は言う，「というのも，恵みは初め非常に感覚的な仕方で魂を固有の光で照らすものであって，〔霊的〕戦いのただなかにある者については，多くの場合，それと知られないで作用するからである」[148]。

---

145)　同上 26（PG 88, 1033D-1036A）参照。
146)　同上 26（PG 88, 1033AB）参照。
147)　クリマクス『楽園の梯子』26（PG 88, 1033B）参照。
148)　ディアドコス『百断章』69。

聖霊において語ったネイロスによれば，「聖霊はわれわれ
の弱さに同情して，われわれが不純であっても，しばしば
われわれを訪れ，知性が，自ら〔聖霊〕に真理を愛する一
念だけで祈っていることを見出すと知性に入り，それを取
り囲んでいる理性的思念や思考の方陣を完全に打ち破っ
てしまう」[149]。聖なるマカリオスは言う，「神は善であるか
ら，拠り頼む者にその頼みごとを，人への愛によって与え
る。祈りを一心に行う者に，たとえ彼が別種の徳には同じ
仕方で熱心さを示さないとしても，神の恵みはその者をし
ばしば訪れるのである。そして祈りは，彼の神への求めに
即して，恵みに応じて，喜びのうちに彼に与えられる。し
かし彼は他のすべての善き事柄を欠いたままである。彼は
この他の善きことどもを軽々しく扱ってはならない。そう
ではなく，すべての徳を求め，得るために，習練し，鍛錬
して，心を神に属し，従うべく戦いをなさねばならない。
というのは，このようにして霊から与えられた祈りの賜物
は，真の謙虚や，偽りのない愛や，初めから努力して得よ
うとした一連の徳をともに引き連れて，増加していくであ
ろうから」[150]。

51 芥子種のたとえ

　あなたは，この教父の警告の意味がわかるであろうか。
というのも，彼は家の残された部分を建てようとするのだ
が，壁がまだ立っていないので基礎を掘らず，壁の上に屋
根がまだ載っていないので壁を取り外さないからである。
なぜなら，彼は経験によって，天の国は芥子種のようにわ
れわれのうちに蒔かれるということを知っているからであ

---

　　149)　エヴァグリオス『祈りについて』62（PG 79, 1180C）参照。
　　150)　偽マカリオス『知性の自由について』19（PG 34, 952C-953A）参照。

第 3 論攷　　　157

る。それはすべての種のうちで最も小さいものであるが，後には非常に大きくなり，魂一切の能力を超えて，空の鳥にも喜ばれる（マタイ 13：31-32）幕屋となる。ところが，あなたが話している彼らは，兄弟たちにとって役に立ちうることがあったとしても，無経験のため判断は混乱しており，恥知らずにも神の判断を奪い取って，自分に望ましい者には，恵みに値し，そうでない者には，値しないなどと判断を下したりしている。神だけが自分の恵みに値するものを判断しうるにもかかわらず，である。さて，もし彼がある者の側に立つなら，使徒が「あなたは他人の奴隷を裁いているのか」（ローマ 14：4）ということだ。しかし，われわれは自分たちの出発したところに戻り，いま少し言葉を述べて，大変長くなったこの論攷を終えることにしよう。

52　幸いな者であるためには知ることは十分ではない

この新しい恵みの偉大な秘義を信じない者，神化の希望を熱望しない者は，肉の歓び，金銭，財宝そして人間の栄光を軽蔑することができない。たとえ短い時間それができるとしても，高慢がすでに手に入れたものの最後のものであるかのように彼を引き受け，これによって再び彼は一連の不浄なものの中へ引きずりおろされるのである。しかしそのことを熱望する者は，たとえ非常に善き業を獲得しても，さらに完全で，無限の完全性を〔自分の〕前に置いて，何かを捕らえた（フィリピ 3：13 参照）[151]とは考えず，謙虚をさらに加えるのだ。一方では，先に進んだ聖人たちの優れたことを，他方では，神のあり余る人間への愛を心にめぐらせ，涙して，イザヤのように叫ぶ，「災いだ。私は汚れており，汚れた唇をもっているのに，この私の眼で

───────────────
151）　クリマクス『楽園の梯子』29（PG 88, 1148C）参照。

主なるサバオト〔万軍の主〕を見たのだから」（イザヤ 6：5 参照）。この悲嘆（πένθος）は清めをさらに加え，恵みの主はそれに励ましと照明を惜しみなく与えられる。さてそこで，経験に基づいてヨアンネスは次のように教えて言う。「悲嘆の深淵は励ましを見た。心の清さは照明を得た」[152)]。ところで清められた心はこの照明を受けるが，神について語られ，また知られていることを，清められていない心も受けるのである。そして，この照明が言葉や覚知を超えることは明らかである。たとえ，それを覚知であるとか知性作用（νόησις）であると言おうとも，それは霊によって知性に与えられるものとして，別種の知性作用だと言い，信じる者の心には，業によって清められていなくても霊的なものであり，解しえないものである。従って，見たり見られたりすることを許すもの，すなわち清い心の光である神も，「心の清い者は幸いである。彼らは神を見るであろう」（マタイ 5：8）と言われるのである。では，見るということ（ὄρασις）が，不浄なわれわれも有している覚知であるなら，どうして彼らは幸いな者なのであろうか。照明を受けた者や照明を定義する者は，次のように正しく言っている。すなわち照明は覚知ではなく，「見ずして見るという，言い表しえない働き（エネルゲイア）」である。なんとなれば，それは感覚によるのではなく，「知ることなくして知る」[153)]のであり，それは理性的に解するのではないからである。また別の証言を加えてもよい。しかし付け加えても無駄ではないかと恐れている。というのは，この同じ聖人によれば，「神の照明の感覚と働きを味わったことのない者に言葉を通して語ろうと望む者は，蜜を味わったことのない者に言葉によってその甘さ

---

152)　クリマクス『楽園の梯子』7（PG 88, 813B）参照。
153)　同上。

を教えようとしている者と同じである」[154]からだ。しかし
ながら，この言葉があなたに向けられるのは，あなたが真
理を正確に，またわれわれが教父の言葉に賛同しているこ
とを知るためである。残るところがどのように記述されて
いるか調べてみるがよい[155]。

---

154)　同上。

155)　この後に第1論攷の最後のように教父からの引用があった
ようだが，それは伝わっていない。

第Ⅱ部

第 1 論攷

同じ著者による聖なるヘシュカストたちのための弁護
第 2 部第 1 論攷

聖なるヘシュカストたちに向けて哲学者バルラアムの
記したことがらの陳述と反論。
　　すなわち，真の救いをもたらす認識とは何か，そし
　　て真の修道士が求めるべきものとは何か，
あるいは異郷の教育に由来する認識は真の救いをもた
らすという者に対して

1　バルラアムと修道士

嘘よりも恐ろしいものはないし，また誹謗ほど，それを
蒙った者ではなく，それを行った者にとって，その重荷の
甚だしいものはない。というのは，前者はしばしば信頼
を寄せられ，耐えることによって天の報いを受ける，つ
まり「主は嘘を語る者をことごとく滅ぼされるであろう」
（詩編 5：7）からである。もし泥棒がいて，盗まれたと大
声で叫び，また誹謗する者が，決して害を与えたことのな
い，自分が告発した者から誹謗されたと嘆くなら，この
悪しきことを凌ぐどんなものがあるだろうか。また彼は
どんな非難に値しないのであろうか。しかしもし今その
ような非難に遭わないとしても，「彼は自分のために，神

164   第Ⅱ部

の正しい裁きと啓示の日に，怒りを蓄えている」[1]（ローマ
2：5）。だから私は，シチリアからやって来て[2]，異郷の教
育で哲学すると公言する者のことを考えると，嘆かずには
おれないのだ。というのは，彼が修道士の姿をしているの
を見て，私は喜び，そしてこう考えた。彼は神に関して進
んだ知をもった人だから，他のことすべてに別れを告げ
て，生涯，静寂（ヘーシュキア）のうちに神に身を捧げて
いる，われわれのうちで選ばれた修道士たちと出会うであ
ろう，と。私は次のように言った，「彼はわれわれにとっ
て，主の言葉によれば，古いものと新しいものを明らかに
示す倉に似た学者に（マタイ 13：52 参照）もなろう」。し
かし今，全く反対のことが生じている。そして，善き希望
を抱いて，喜んだ相手ゆえに，彼の魂のために私の魂はま
さしく嘆いているのだ。というのは，彼はわれわれの仲間
の一人のところへ，その中でも最も単純な者のところへ
やって来て，その門に入りたいという風を装ったが[3]，そ
のようなことから離れ，彼らを非難した。つまり小さくも
なく，穏やかでもない，彼らに対する攻撃文書をしかけ，
その文書とともに彼らに対する反論を公然と語った。それ
も，かの者たちの面前ではなく，彼のもとに通う，騒々し

　　1）　正確には「あなたは，かたくなな心を改めようとせず，神の
怒りを自分のために蓄えています。この怒りは，神が正しい裁きを行
われる怒りの日に現れるでしょう」。
　　2）　バルラアムのことだが，当時カラブリアはシチリア王国に
属していたからこうパラマスは述べたのだろうとメイエンドルフは言
う。勿論不正確な既述ではある（Cf.,〔1Fr〕p.224.）。
　　3）　クリストドゥーロス（＝ヨアンネス・カンタクゼノス）『バ
ルラアムに対して』「序文」（PG 154, 696），バルラアム『第5書
簡（ヘシュカスト・イグナティオス宛第2書簡）』（Fyrigos 版 388,
Schirò 版 324）等参照。ここでバルラアムはヘシュカストたちが「エ
ウキタイ」の異端者に似ていると言っている。「エウキタイ」は「メッ
サリア派」の別称である。

い若者らの前でそれをなし，古い考えを表明しない者や，ヘーシュキアの生活の経験のない修道士らを説得しようとしたのである。そこですべての人に，ヘシュカストはよろしからぬ考えを大事にしているというような話が伝わり始めたのである。というのも，彼は，彼らを「オムファロプシュコイ（臍に魂をもつ人々）」という，最も浅慮な名を付け，彼の言ったところの異端を，「オムファロプシュキア（ὀμφαλοψυχία）」と呼んだからである。しかし彼は，自分が非難している者に〔その〕名前を付けたのではなく，彼はわれわれのうちの優れた者と会ったと言っており，かくて明らかにすべての者がこの非難にさらされているわけである。

2　バルラアムの著作

そこで私自身は彼からその書いたものを得ようと努めたのであった。ところが彼は大変な努力をしてそれをわれわれの誰の眼にも触れないようにしたのだ。つまり彼はわずかでもわれわれと関わりをもった者や，一度でもわれわれと会った者には気を許さず，ヘーシュキアを歓迎する者には誰にも見せないと前もって誓ったのである。このように闇に迷い込み，率直に語る光を逃したもの〔彼の書いたもの〕は，にもかかわらず，私の手から逃げおおせられなかった[4]。私はそれを入手したが，それを読んでみると，その内容は健全なものではなく，まったくの嘘であり，恐ろしい中傷であることがわかった。というのは，彼は次のように言っているからである。すなわち，彼は，彼が非難しているかの者たちからこう教えられた，と。つまり，神

4）これはパラマスの友人で後に総主教になったイシドロスを仲介して得たらしい。イシドロス（在位 1347-50 年）。テサロニケ生まれ，ヘシュカストのサークルに属する，のちパラマスをテサロニケの府主教に叙階（叙聖）する。

166　　　　　　　　　　第Ⅱ部

の書のすべてはまったくのところ無益なものであり，存在
するものについての認識は悪しきものであり，神の本質
（οὐσία）は感覚的に観想されえ，そしてこの観想に何か
別の感覚的観察や行為や習慣が導く，ということである。
私はなぜか知らないが，彼はそれらすべてを「オムファロ
プシュキア」と呼んで，悪霊的だと拒絶し，また彼の信じ
るところでは，彼だけが唯一の確かな師であるとなし，続
いて思惟的な祈り（προσεθχή νοερά）と聖なる光を調べ
あげ，観想と認識の上昇の程度と尺度を曝し出し，それら
のうちにある完全さの大部分は，彼の証言では，異郷の教
育やそれへの熱心さから生じるものとする。というのもこ
れは，預言者や使徒にも同じように与えられた，神の賜物
だから〔というわけ〕である[5]。

3　本書第Ⅱ部の由来

彼の書いたものはこのようなものであったし，また彼は
少なからず悪しきことを目論見，準備したのだが，彼に対
するわれわれの反論[6]を聞き知るにおよんで，非常に恐れ
てしまって，彼の書いたものを闇に封じこめ，躓きの源で
あるとして捨て，全く消し去ると，教会の前で認めたので
ある。この文書ゆえに，彼は正当な非難を身に受け，ま
た，その文書に対してわれわれが反論した書物に出会い，
反駁が避けられないと知って，その恥辱に耐えることがで
きなくなり，直ちに〔机の前に〕座って，彼の書いたもの
をいくらか消して，それを変え，「オムファロプシュキィ
ア」の名を完全に取り除いた。この名は，「トラゲラフォ
ス」[7]とか「馬人」とかたんなる思いつきのような，ただ

---

　　5)　以下のⅡ-1-4 を参照。
　　6)　本書の最初の三つの書のこと。
　　7)　トラゲラフォス（τραγέλαφος）は「ヤギ」と「鹿」という
言葉を合成したもの。架空の動物。

第 1 論攷　　　　　　　　　　　　167

すでに反駁された，中身のない，どんなものについても語られえない名にすぎない。ところで始めは「悪魔のような」と宣言していたものを，今は「自然的なもの」と呼んでいるが，それがなぜだか私は知らない[8]。彼が目にしたわれわれの書物のあるものを，見たこともないかのように無視し，またあえてそれを注視しようともしない。また中傷に値するものとして変えてしまったことを，次にはそれらに反対してしまう。そしてそのようにしておいて，彼は自分が中傷されたかのように嘆く。さて彼はその書いたものを自分の友人仲間すべてにではなく，ただごく僅かの身近な者にだけ委託するが，そのうちの一人は[9]，その策略をかぎつけ，私にそれを手渡すことが正しいと判断し，私に，私自身，言葉をもって，嘘でかためられた要砦の各部分を攻めるよう懇願し，私にできうるかぎり，真理の輝きを偽の教えによって暗まされないように頼んだのである。そこでこの適切な頼みに従い，私ができるかぎりもう一度真理の弁護人になるべきだと判断し，以前やったように，今，『諸々の言葉について』の話から始めることにしよう。

4　バルラアムの出発点

　さて次が彼の序文である。すなわち，「健康について〔当てはまること〕は，哲学についても同様である。というのは，それはもともと神から与えられたものであり，また注意を凝らせば見出されるからである。神から与えられる健康の種類と，医術を通して生じるものは別のものでは

---

　8)　経緯については定本の 323, 342 頁参照。またバルラアム『第 1 書簡（パラマス宛第 1 書簡）』(Fyrigos 版 270-71，Schirò 版 266)，『第 3 書簡（パラマス宛第 2 書簡）』(Fyrigos 版 304，Schirò 版 282) 参照。
　9)　イシドロスのこと。フィロテオス『パラマス頌辞』(PG 151, 586A) 参照。

なく，同じものであるように，知恵についてもそうである。神はそれを預言者にも使徒にも与えられるが，われわれには神の働きを受けた言葉や哲学的諸学問（τὰ κατὰ φιλοσοφίαν μαθήματα）を通して与えられるからである。そしてそのおかげで，探究すると，今度は，われわれは知恵を見出すのである」[10]。その言はまだ恐ろしい類のものではない。但し，彼はひどくかけ離れて，説明できないくらい異なっているものを等しいとしたのではあるが。しかし神は癒しえないものを癒され，墓から死者を起こさせる。預言者や使徒にとっての知恵は御父の言葉そのものであり，世々に先だつ知恵であり，それはパウロがそれについて言っているように，「わたしたちにとって神からの知恵となった方」（1コリント1：30）である。異郷の諸学問よりの知恵や，医師の与える健康は，かのものとほとんど同じではないが，それはギリシア人が預言者と異なり，キリストの弟子がガレノスやヒッポクラテスと異なるごとくであり，もしお望みなら，われわれによりイエスと呼ばれることを受け容れた，キリストそのものが彼らと異なるからである。さて私には，こういうことを言うのは，太陽と地螢が，二つとも空気を介して光を示すから近いものであるとするのと同じことのように思えるのだ。

5 真理の二つの側面

彼〔バルラアム〕は言う，「しかし神の働きを受けた者の言葉やそれらのうちにある知恵は，異郷の諸学からの哲学に一つの目標を見，また同じ目的，つまり真理の発見を手にした。というのは，あらゆることにわたって真理は一つであり，はじめは使徒たちに直接神から与えられ，われ

---

10) この引用はバルラアムの文書に関係しているが，その文書そのものは伝わっていない。

第 1 論攷　　　　　　　　169

われの場合は注意を凝らしてそれを見出したのである。哲学的諸学問は神によって使徒たちに与えられたあの真理にもともとそれ自身の力で導くものであり，また非物質的な元型に向かって聖なる象徴のうちの大なるものを誤りなく導くのに役立っている」。それらのことを聴いて，正しく解している者で，またそれら〔知恵〕の違いを知っている者なら，誰が怒らないであろうか。つまり神的な仕方で霊が働いたことによる知恵は異郷の諸学問に基づく哲学と同列にあるということ，その上〔この見解は〕われわれと同じことを考えていると思い，そしてまたこの反論は同じ意見をもっている者に対して〔われわれがしかけている〕と責める者から〔出てくる〕のであるから。神のことを語ったニュッサのグレゴリオスによれば[11]，〔異郷の知恵は〕「不毛で，実のないもの」ではなかったか。つまり〔それは〕その長い生みの苦しみの果実をもたらさず，神認識の光へと導かないが，しかし霊の〔知恵〕はもともと生産的で子供の多いものである。それは生き物が子供をたくさん生むように，二人とか三人とか生むのではなく，一度に何千人もの者を新たに生み出し，恐ろしい暗闇から神の驚くべき光へと移し変えるものなのだ。これは『使徒言行録』（4：4）からわれわれが教えられる通りである。預言者は予見して，驚きのあまり言った。「地は生みの苦しみに突然会い，一つの民が一瞬で生まれるのか」（イザヤ66：8）と。その〔異郷の知恵〕の中に見出される真実は疑わしく，虚偽と混じったものではないであろうか。というのは，彼女〔異郷の知恵〕の師らも証言しうるであろうように，それはいつも本性上異議を唱えるものだが，しかし福音の神的な声によれば，「誰もそれ〔神の知恵〕には抗しえない」（ルカ 21：15）のであって，それは明らかで，

11）　『モーセの生涯』2（PG 44, 329B）参照。

反対〔意見など〕が全く混じらない真理を提供するからである。神の言葉（聖書）の知恵の真理はわれわれにとり必然的で，役立ち，救いに資するものではないだろうか。しかし，外から加えられたかの知恵は必然的でも，救いに資するものでもないのではないか。そこから，真理の種類は二つあることが示される，すなわち，一つは神の息吹を受けた教えの目的であり，もう一つは異郷の哲学が探究するが，めったに見つかるものではなく，必然的でも，救いに資するものでもない。ではその二つのものを通してわれわれはどのようにして一つの真理を見出すのであろうか。

6 異郷の学問のもつ問題

しかし，われわれもまた必要なことがらの探究に際して，異郷の諸学問に基づく哲学の探究の成果を移し変え，また聖書を明らかにするために，そこ〔異郷の知恵〕から受けた学習内容を使用するが，もしわれわれが聖書の唯一の鍵である，霊の恵みをもたないで，神の息吹を受けた言葉そのものに導かれることがないならば，容易に正しい道からはずれてしまいかねない。従って，そこ〔異郷の諸学問に基づく探究〕では役に立つものへ再編成され，変えられねばならないことは明らかである。というのは，霊の知恵は欠けるところがなく，本当に善なるものにおいて，真に善ならざるものが善なるものになるのであり，それは火と光の本性に即して——これは分明ならざる像におけるように——，〔それに〕接近するものが火のような，また光のような姿を示すからである。いったいどのようにして聖なる教えとギリシアの諸学問からわれわれに一種類の知恵が到来するのだろうか，またどうして使徒の知恵と〔異郷の知恵は〕同じものなのだろうか。使徒の知恵は，あるときわずかの間光輝き，世界の果てを包み，異郷の知者を愚かしいと退け，愚かしい者をその愚かしさから遠ざけず，

知者と愚者を無神の迷妄から敬虔さへと変えていくのである。それほど異なる真理がどうして一つなのであろうか。もし人が，教父たちがそれら諸学問をそう呼んだのに倣い，さらにまたそれを霊の教えに結びつけようと試みて，「神はわれわれに神の息吹を受けた教えと安らうことのない虚栄を与えられたが，それはそのことによって預言者と使徒の知恵を獲得するためである」と言って，その教えに即して，それを一連の神の賜物に組み込もうとするならば，このように語られていることがらの不可解さにはっきりと気がつくであろう。神の息吹を受けた教えと，その虚栄にどんな共通性があるのだろうか。神の働きを受けた知恵に，星々のうちにあるすべての真理のどんなものが意図されているのだろうか。しかもこの哲学者は霊的で神的な賜物に本当に結びつけるためにその真理を選ばず，いわば悪しき教えの過剰の包皮に覆われた哲学的諸学問を選んでいるのである。

7 聖霊の知恵

しかし存在するものの認識に異郷の哲学を導入することは，恐らく全くの誤りではなく，ある意味では真であろう。だが神が預言者や使徒に直接与えられたのは，存在するものについての認識や知恵ではないのである。その知恵は聖霊である。しかし，今日まで，エジプト人やカルデア人やギリシア人が聖霊に与ったとは聞いていない。そして，「訓育する聖霊は」非難されるべき言動から大いに離れており（知恵1：5参照），聖書によれば，「それは悪を行う魂には入らず，罪の虜になっている身体には住まわないであろう」（知恵1：4参照）。アリストテレスの魂はすべてのものに優って哲学的諸学問による認識に達しているが，彼は悪しき技巧を弄する人間であると，神のことを語

172   第Ⅱ部

る人が言っている[12]。彼の身体の清さについてどんな証拠
を語りえようか。しかし，諸学問の認識はプロティノスの
身体にも住んでおり，彼は〔ある〕母とその二人の娘とと
もに住んでいる[13]。そして人がもし勤勉に励んで，預言者
や使徒の言葉についての認識を得たとしても，眼は太陽や
月の光線に与りながらも，太陽や月から〔ほど遠い〕程度
に，かの知恵をもつことから遠ざかるのである。それゆ
え，われわれは預言者の言葉を知っているが，決して預言
者ではありえない。そして，使徒の知恵は，〔それを〕得
た僅かの人が短時間に福音の枷を投げかけて，世界全体を
天にまで高くあげた。しかし今日の賢者であるほどの者が
すべて一つになって，今，熱心に最後までもちこたえよう
としても，不敬虔の深みから世界の僅かの部分をも引き上
げることはできないであろう。

8 真の哲学者

　しかし，〔聖なる〕諸々の言葉からわれわれのもとに加
わった認識は，それを書いた人々の知恵と比べて大いに欠
けるところがあるが，異郷の諸学問が提供する認識と同じ
ではない。従って，存在するもの，そして他のほとんどす
べてのものの各々にとっての生成，構造，解体，変化や価
値や相応しさについては，われわれは異教の知恵とは違う
考えなのである。神の知恵は大部分次のことに向かってい
る，すなわち，何が神の意志であり，何が善いことで，ま
た完全であり，何が神に嘉されることであるか，を知るこ

---

　12)　ニュッサのグレゴリオス『エウノミオス駁論』1（PG 45,
265B.）参照。
　13)　ポルピュリオス『プロティノス伝』9 によると，プロティ
ノスはゲミナという哲学に熱心な女性の家に住み，またその娘（母と
同名）と，他にイアムブリコスの息子の妻になったアムピクレイアと
いう女性も哲学に傾倒して，彼のまわりにいたとある。

とである（ローマ 12：2 参照）。異郷の哲学に基づく諸学
問はそうしたことの探究からは隔たっているのであり，そ
れはいつも地にかがむ習性をもつ子豚が，星々の秩序ある
配置を知ることから隔たっているごとくである。神の意志
を探究し，存在するものの各々について，それが世界の創
造主によって何のために〔存在へ〕もたらされたかを知
り，この神の意志に即してこの存在するものを用いる者
は，存在するものの原因を知る者であり，存在するものに
ついての認識を有する者であり，真の哲学者，完全な人間
である。すなわちソロモンの言葉によれば，「神を畏れ，
その戒めを守れ。これこそ，全き人間」（伝道 12：13）で
ある。そういう人は議論の余地のない知恵をもっている
──なぜなら彼の生涯がその考え方を証ししているからで
ある──，彼は反論を受け取らないし，自分のうちに「良
心の証し」（2 コリント 1：12）をもっており，それに加え
て，霊の神秘的滞在と顕現によって，上からの判定をも
もっている。

9　二つの思考方法

　さて異郷の知恵から考える材料をかき集めた人は，たと
え何か真なることに与ったとしても，言葉はいつも闘う手
段のようなもの[14]だから，ただ言葉に対して言葉だけで信
用させる。その人は不確かな知恵の審判者の状態になり，
自分自身と一致することもなく，むしろ同じことがらにつ
いて，反対のことを言葉で信じさせることができようもの
なら，尊大になり，虚栄心をもつのである。従って，彼は
不安定で，容易に変化しうる考えをもち，又，それを他人
に伝える。それは，考える魂の可動的で分割しうる能力を
無用のものとする。だからそういう人は，厳密な意味で，

　14）　本書 I-1-1，I-2（序文），I-3-13 を参照。

理性的な人ではなく，ましてや思惟的（νοερός）な人でもない。それゆえギリシアの学問の高邁な守護者が導くように，このような考えから出発する者は，キリストの教会のなかにある神的な象徴の非物質的元型を，どんな仕方で心に観じることができるであろうか。ところが神の意志を探究し，それを果たそうとするような哲学者は，実践的な理性をもち理性にかなう実践を行い，そうした実践を介してそれ自身の知性作用の可変的能力に誤りのないことを示している。つまりすでに完全に理にかなっているので，個々別々の聖なる象徴から元型の一なる姿へ向かって上昇することができ，自らによって知性的に問題となっているものを完成させ，それらによって自らは神秘的な方法で完全なものとなる。そして時々は，霊的な祈りによって，完全性を超える見神と上昇に出会うのである。

10 方向づけ

ところで，神は預言者や使徒たちには諸存在の認識を直接与えたが，われわれはそれを異郷・世俗の学問を介して獲得するなどと言いえようか。にもかかわらず〔バルラアムの言では〕，諸存在についての認識はわれわれのうちの高貴なものにかかわり，哲学的諸学問はそれ自身によってその認識へ導き，他方，この哲学者が言うように，聖書はそのような認識の象徴を示すが，哲学的諸学問は非物質的な元型にまで上昇するから，そうしたものはわれわれにとり学問のうちでもより高貴なものである。またそうした学問は，元型の真理が象徴よりも優れているごとく，神の書よりも優れたものである。もしそれが優れていないとしても，必然的に劣っているというわけではない，というのは認識はわれわれのうちにある高貴なものだからである。なぜならそこへ導いたり，引き上げたりする以上，他に何がより偉大なことをするであろうか。〔このようにバルラア

第 1 論攷　　　175

ムは言うが，〕だがしかし神の息吹を受けた書からわれわれに到来するもののうちで諸存在についての認識よりも比べようのないくらい優れたものがあるのだ。このおかげで神の働きを受けた言葉はその哲学よりも比べようのないくらい優れている。そうした哲学的諸学問によってはそれ自身認識よりも優れたものへ導かないし，引き上げもしないからである。医術と神は，もし人が，一方が他方の何分の一かのものであると言うのでないなら，同じ健康をどのようにして与えるのか[15]。なぜなら，この哲学者は，神からの癒しと知恵は魂にいっそう留意するということを見てとる力がなく，他方で人間によるこの発見物は，身体にだけわずかの癒しをもたらしはするが，死がそのものを解き放つときには，何の役にも立たないのであるから。

11　聖書を読みとる方法

　しかしながら，彼はその認識によって真理を有していることを示して，こう言っている。「そのことに関してわれわれと異なる考えをもつ者がいる。というのは，ある者は聖書を読むことは混乱を招くことだと考え，ある者は哲学的な学問や文芸にかかわるあらゆる研究が神の賜物であるとは，決して考えていないからである」。〔われわれに〕投げつけられた中傷が明らかになったのがわかるであろう。というのは，彼はそのうちの一つをヘシュカストに反対して語り，もう一つをわれわれの言っていることに反対して語っているからである[16]。しかし，われわれのうちのヘシュカストのなかで，読むことができるなら，聖書に身を捧げないような者をわれわれは知らなかったし，また読めない

---

15)　先の II-1-4 参照。

16)　これは本書 I-1-9 を指すものと思われる。他にパラマスの『バルラアム宛第 1・2 書簡』参照。

者は，聖なる書物の大部分を立派に空で言えるので[17]，まるで別種の生きた本を見るようである。彼らはたしかにそのようであるから，彼の言葉は教父たちに向けられているのである。というのは，彼ら〔教父〕のある者はこう言っているからである，「労苦せよ，だが読んではならない」[18]，またある者は，「無駄に沢山読む者の心は空になる」，また別の者は，「悔悟（κατάνυξις）によってではなく，認識（γνῶσις）によって知ろうとする修道士は思いあがった考えを得る」[19]。これらのヘシュカストに対しても，また教父たちに対しても，その言葉が中傷であることは明らかである。というのは，彼ら〔教父〕によって語られたことは，聖書を中傷するためではない。彼らは，救いをもたらすのは認識ではなく，行為（πρᾶξις）であることを知っていたからである。そして「救われるのは，律法の徒ではなく，それを実行するものである」（ローマ 2：13 を参照）と言う使徒に尋ねてみるがよい，彼らはそうした言葉によって，問い尋ねる者を激励しているのである。

12 自然と恵み

私がよく憶えているなら，外から来た知恵のうち何か作り話的で誤ったものはすべて「区別し，投げ捨てた」後で，続けて言ったのは，異郷の教育から来る認識は，「このように霊的な賜物とは呼ばれず，自然的な賜物であり，自然本性によって神からわれわれに与えられたもので，訓練によって増大するものである。またこのことは，これが自然的なもので，霊的な賜物ではないことの明らかなしるしであり，それは訓練なしには誰の身にもつか

---

17) アトスの修道士は典礼の詩編等を暗誦していたと言われる。
18) クリマクス『楽園の梯子』27 参照。
19) これら引用は不詳。

第 1 論攷　　　　　　　　　　177

ないものである。というのは，われわれにとっての神智
（θεοσοφία）こそは，聖霊において与えられたまさしく
神の賜物であって，自然的なものではなく，それが漁師た
ちに上から飛来したとき，彼らを雷の子らにしたからだ」[20]
ということである。なぜなら，「地とそこにすむすべての
ものは神のもの」（詩編 23（24）：1-2）だからである。し
かしたとえ神がすべてを作られても，神に属するものはわ
ずかしかない。恐らく同様に，神もまた人に認識・覚知を
与えるが，たとえすべてのものも霊により本性的に理性的
で，知識を受けうるものとなったとしても，霊の知恵を得
るものはわずかである。つまり〔これは〕神の賜物である
ことを決して語らない者が，自然的な賜物について語る者
を明らかに中傷していることではないのか。というのは，
いったい自然は誰からの賜物なのか。神からのものではな
いのか。自然を通して神から与えられたものが，どうして
神から来たものではないと言うのであろうか。

13　霊的な知恵と悪霊的な知恵

しかし彼〔バルラアム〕は，自らは偉大なディオニュシ
オスと一致しているが，われわれはそうではないというこ
とを示そうと努めている，いやむしろ証明することなく宣
言している。しかもその中傷〔の材料〕はすぐそこにあっ
て，彼が決して与えることのできなかったものを彼に与え
たのである。彼は言う，「それだからあなたは神的なディ
オニュシオスに一致していないのである，つまり哲学は悪
霊から示されたものであり，悪霊に導くものであるとあな
たは断言するからである」。この後さらに，彼は自分のこ
とを忘れたかのように言う，「われわれ自身の尊敬するこ
の哲学に関しては，あなたはわれわれと同じ言葉を浴びせ

20）　本書 I-1-21~22 による。

かけている」。いったいどうしたら彼に自己矛盾を起こしているということを示せるだろうか。しかし彼はどこから，私が，哲学は悪霊から示され，悪霊に導くものであると断言していると受けとったのであろうか。彼は言う，「あなたは，認識を悪霊から吹きこまれたとはっきり言っているギリシアのすぐれた人々を引用しているからだ」[21]。ではここでどんな結論をわれわれは引き出すだろうか。われわれがその同じ言葉を公にすることを彼は望んでいるのだろうか。さて「それ自身についてそうしたことを語る者たちは，神の知恵を有しているとわれわれは言うのであろうか。そうではない。われわれが自分自身や真実の知恵の世話をする者であるかぎりは，それは狡猾さや悪霊を好む魂の中へ入ってこない。そしてもしそれが先にやって来ていたら，悪へ向きを変えると，逃げ去ってしまうのである。というのは，『訓育の聖霊は愚かな思いから遠ざかる』（知恵1：5）からであって，これは神の知恵に富み，それについて書物を書いたソロモンの言なのである。ところで悪霊に秘儀伝授を受けたと自慢したり，彼自身の知恵の豊かさを悪霊によるのだと公言したりする者以上に愚かしい者がいるであろうか。というのはわれわれが今語っているのは端的な意味での哲学についてではなく，彼らの哲学についてなのであるから。なぜなら，もしパウロに従って，人は『主の杯を飲み，また悪霊の杯を飲む』（1コリント10：21）ことができないのなら，いったいどうして，悪霊から霊感を吹きこまれながら，神の知恵を持つことができるのであろうか」[22]。われわれの言っていることは何であるのか。われわれは，自らの知恵は悪霊からであると言う者を，そのために「悪霊的な」知者であると公言するのであ

---

21) 本書 I-1-15 参照。
22) 本書 I-1-16 からの引用。

る。あなたは，われわれが〔彼らの〕言ったことを非難し
たがために，それをわれわれに差し向けるのである。私
は，ある悪霊があなたの口に悪しき中傷を発せしめないか
と恐れたのだ。しかしわれわれは不信仰者の知恵を，その
うちにある悪しき考えゆえに「悪霊的」と言うのだが，神
学者という名をもつグレゴリオスは，悪しき信をもつ者を
「悪の被造物」と名づけた[23]。では彼らは悪から生まれたと
グレゴリオスは考えたのであろうか。いや決して。そうで
はなく，この言葉をただその誤った考えを粉砕するために
使うのである。われわれもまた知恵の悪しき使用は認めな
いが，しかしことがらそのものは非難しないということ，
それ以上でも以下でもないことは明らかである。

14　論争の火つけ役，バルラアム

　彼〔バルラアム〕はそれらに続いてよく似た第二の中傷
を付け加えている。つまり私が天文学の方法も悪霊からの
ものであると言っている，ということで，それは私が同じ
ような観点から，かの哲学者も天文学者の言をも非難して
いるからというのである。ところで彼はそれ〔天文学〕を
大いに誉めていて，「エイコノグノステース」[24]という言い
方を聞いたとき，耐えるのに精いっぱいだったが，それは
あたかも彼が，教会の最も厳しい人たちに対して，異端に
対するかのように，非難するために最初の新奇で，恐ろし
い名を付けた人ではないかのようであった[25]。しかしやや
あって考えを変え，キリストの弟子のように，「こうした
侮辱について腹を立てるに値しない」と言っているし，ま

---

　23)　ナジアンゾスのグレゴリオス『講話』45, 26（PG.36. 657D）
参照。
　24)　本書 I-1-20 を参照。
　25)　ヘシュカストたちを「臍に魂をもつ者」と言ったことを指
す。

た彼は同じことをもって復讐をしてはならないという掟を
思い出しているが，手控えすることなくわれわれに対しあ
らゆる非難をもって何度も返答している。しかもわれわれ
の最初の書[26]は決して彼にではなく，繰り返しぶつぶつ言
う流言に対するのが狙いである。そして私が戦いを挑むの
はそれらの言葉に対してであって，語っている者に対して
ではない。そして，私は，彼がわれわれに対してしたよう
に，彼の言葉を中傷したりすることはさらさらない。従っ
て彼の語った，より悪い部分は無視したのである。その書
の大部分を，私は自分の弁護のために書くのではなく，侮
辱された純粋な兄弟の弁護のためであって，私は使徒の命
令に従って，彼らの重荷を担ったのである（ガラテア6：
2）。しかし彼は自分の弁護のために書き，明らかに私を非
難し，私の言葉のあるものを論難し，ひどくゆがめ，反対
するのである。さらに悪いことには，彼がこの中傷を始
め，またその返答を受けたのだが，さらに，それを始め
ず，返答を受けなかったかのように，「ののしられても，
ののしり返さず，苦しめられても，おどさず，正しく裁か
れる方に身をゆだねよ」（1ペトロ2：23）というキリスト
の弟子のごとく，自分が正しいとしたのである。

15 エジプト人とカルデア人の知恵の限界

　というのはしかし彼は悪しきことの階段を登るかのよう
に，より悪い方へと進み，聖人たちに反対することになる
が，今，彼は厚かましくも彼らに反対するかと思えば，今
また自分自身にも，また互いにも反対し，非難している。
そして彼らの言葉の価値を貶め，自説の口実とするからで
ある。なぜなら，神的なことの知者であるニュッサのグレ
ゴリオスは，未来において，「すべての徳を経過」した者

---

26)　本書の第1部を指す。

第 1 論攷　　　　　　　　　　181

と生に完全にあずからなかった者は，同じ人生の過ごし方
をしない，つまり後者にあっては，子供として，しかるべ
き時間より前にこの世から来世へ奪い去られると語って，
――「一方はすべての感覚とあらゆる種類の教育を通して
神を知り，よろこぶが，他方は生涯，その理性を訓練した
り磨いたりしないで過ごす」[27]――と言っている。しかし
この知者〔バルラアム〕は，偉大なバシレイオスやわれわ
れの言に関して，教育や学習によって高められるという思
いがけない賜物が見つかると考えたのだ。なぜなら，私
は，エジプト人らが発見した幾何学や幾何学に関する学
問，またカルデア人らが尊んだ形や影や気象学は空しいも
のであると言っている[28]偉大なバシレイオスの言を証言と
してもち出したが，一方彼〔バルラアム〕は兄弟として慮
ることなく，この点でその兄弟に反対し，彼ともども私に
も反論しているのだ。それに対して何か言うかもしれな
い，優れた御仁よ。つまりすべての徳を経てきた者は空し
いことをも益あるものとする，と。神学者グレゴリオスも
「悪霊を讃美した口で，悪霊を笑い飛ばした」[29]と，アテネ
人において迷信による誤りから益を得たと言っているから
だ。さてもしある人が迷信は害あるものだと言ったら，あ
なたはその人がこの偉大な人に反対していると言うのだろ
うか。あなたが迷信家であることを望んでいないなら，絶
対そうは言わないであろう。同じ仕方で，すべての徳を経
てきた者に幾何学その他の学問が空しく，害あるものだと
言う者は，こうした学問から，何らかの益が生じるという

---

　　27)　ニュッサのグレゴリオス『子供について』（PG 46,
180C-181AD）参照。
　　28)　バシレイオス『講話（箴言序文）』6（PG 31, 397BC）また
先の Tr. I-1-8 を見よ。
　　29)　ナジアンゾスのグレゴリオス『講話』43, 21（PG.36, 524C）
参照。

182 第Ⅱ部

者に反対しているわけではない。というのは，悪もまた
善とともに，よい意図（προαίρεσις）でなくとも，働き，
そして蛇の肉は〔命を〕救う栄養物となるが，それは蛇が
死に至って，医師の長けた技術で〔医薬に〕変えられる場
合である[30]。というのも彼らの場合，〔幾何学を〕発見した
エジプト人や〔天文学を〕尊んだカルデア人らが，神を知
るのに役立つとして幾何学や天文学を発見し，尊んだが，
〔かえって〕神と人との間に何か恐ろしい壁を作り，学問
を通して勿体ぶって語り，神に帰すべき人間の畏れを星星
に運び上げ，諸存在と神から生じたものの原因をそれらに
引き降ろしたからである。

16 アタナシオス，バシレイオス，ニュッサのグレゴ
リオスの例

ところであなたは，彼らに関するかぎり，こうした学問
は，欺瞞によって神と人を分けた可知的な（νοητός）蛇
のようだということがわかるだろうか。悪しき仕方で反対
することを選んでしまった者に対して私自身が忠告するよ
うに，一切の徳を経てきた者がそうした学問によって助け
を受け，それらを無効にし，分割し，計画し，理性をもっ
て使用する以上，空しいことを探究して年をとることのな
い者は，軽視すべきことを見抜くのであって[31]，それはま
た偉大なアタナシオスもそうであり，これまた偉大なバシ
レイオスが言うように[32]，「有益な教育」を得て，「役に立
たず，有害なもの」を捨てるのである。つまりバシレイオ
スは若いときに，「エジプトの富」すなわち異郷の教育か
ら益を得，それから年をとって，それに別れを告げ，この

---

30) 先の I-1-11, 20, 21 を参照。
31) ナジアンゾスのグレゴリオス『講話』21（「アタナシオスを
讃えて」6）（PG 35, 1088B）参照。
32) バシレイオス『講話（箴言序文）』6（PG 31, 397C）参照。

第1論攻　　　　　　　　183

石女の母の子，すなわちその弟子であると呼ばれることを
明らかに恥としたが[33]，それはその兄弟〔ニュッサのグレ
ゴリオス〕がモーセについて語っている次第によればこう
いうことである。すなわち「というのはもし王〔ファラ
オ〕の娘が石女で不妊であって——これを私はもっぱら異
郷の哲学のことと考えるが——，〔他の〕子供を自分の子
とし，その子の母と呼ばれるよう仕向けたら，間違って母
という名のついた親族関係を捨てないことを理性が認めて
いるかぎりは，また人〔子〕が自らが未熟な年齢である
ことを心しているうちは，〔そうである〕。しかし高みにまで
達した者は，モーセについて学んだように，石女の子と名
づけられるのを恥と思うであろう。というのは，実際のと
ころ，異郷の教育は石女であり，それはいつも産みの苦し
みにあるが，決して産むことはないのであるから。いった
い哲学は長い産みの苦しみの果てのどんな果実を見せてく
れるのだろうか。それは神認識の光が到来する前に流産
するような，あらゆる無精卵や，未完のものではないの
か。もし不妊の知恵という胎に完全に隠されてしまわない
なら，彼らはおそらく人間〔として生まれ〕うるであろ
う」[34]。従ってそのもとに高貴なものと無関係であると思え
ないかぎりは，人はそこに長くとどまることになろう。

17　バルラアムの誤り

　このように聖人たちは互いに同じことを考え，われわれ
は彼らに断固として従っている。しかしあなたは聖人たち
の言葉をもはっきりと卑しめているので，どうしてわれわ
れは〔あなたを〕彼らの解釈者として認めえようか。なぜ

---

　33)　バシレイオス『書簡』223（PG 32, 824A）参照。
　34)　ニュッサのグレゴリオス『モーセの生涯』第2部 10-11
（PG.44, 329B）参照。

184   第Ⅱ部

なら，彼〔ニュッサのグレゴリオス〕は，ギリシア的な知
者を人間と呼ぶのをふさわしいとせず，また彼らが人間
並みとなりうるかにさえ疑問を抱いているが（前節参照），
それは〔彼らが〕生涯かの哲学と哲学的諸学問に身を捧げ
たということ以外の理由からではない。〔そして〕この世
に長く与ったものについて彼は詳しく語っている，すなわ
ち「彼は見，聞き，幾何学や天文学やすべての方法を習得
したが，それらよりもむしろ魂を完全な浄さに導く，神の
霊を吹きこまれた書の哲学を何よりも〔学んだのだ〕」[35]，
そして単数形で，神の霊を吹きこまれた書のみが完全な清
めの証人となると言っているが，彼〔バルラアム〕はこの
言葉を彼以前のものから分ち，あの単数形を複数形に変
え，「それはもたらす」というところを「それらはもたら
す」と言っている。また「これらのもの」という言葉を付
け加え，その曲った考えで先にあった対格のかわりに主格
にして，幾何学や天文学の知識は魂の完全な清めだと，こ
の聖人が言ったと歪曲している。彼は言う，「神のような
ニュッサのグレゴリオスが学問について言うことを聞きな
さい。なぜなら幾何学や天文学や数の考察や，またそれら
以上に神の霊を吹きこまれた書の哲学は，魂に完全な清め
をもたらす」。ああなんと恥しらずな手，舌，それに思い
よ。ところがしかしかの神学者は神の書の哲学を神の霊に
吹きこまれた唯一のものと言っているが，それはこれらの
学問が感覚と，その感覚から神の信へと達することによっ
て組織することを，また聖書は，神的なことが人間的なこ
とと異なるごとくに諸学問と異なるということを示すため
である。しかし彼〔バルラアム〕はそのようには理解でき
なかったか，あるいはむしろ理解しようとしなかったのだ
が，その著の最初にしたように，ギリシアの学問と神の書

―――――――――――――――

35）　同上『子供について』（PG 46, 181C）参照。

第1論攷　　　　　　　　　185

を間違って結びつけ，それが同一の目的を表していると
し，また今，そのように言って聖人を中傷している。しか
し聖人はそこで諸存在の知識が清さに〔導く〕と言ってい
るのではなく，諸存在の知識から，その過剰性による非存
在の把握を語っているのである。

18　バベルの塔

　もし書物に囲まれてかびが生えず，そうしたことを調べ
ているうちに年老いてしまわなかった人が，すべてを捨て
て，清い仕方で神に近づくというほどに神をよく知ってい
るなら，〔その人は〕すべてのものを区別し，すべてのも
のの知識をもっていると思っている人，またさらにこの世
のことで興奮し，そのためにすべての，あるいはほとんど
すべての魂の愛する能力を空にし，すべてを超える神を魂
と心の全体から愛さない人よりどれほど清いことであろう
か。とりわけ，もしギリシア人らがそうした諸存在のうち
に真理を見出していたならば，あなたが彼らに従って，彼
らの学問を通してそれを見つけようと努力するのは正しい
ことであろう。しかし，彼らは，神に反して，認識の頂上
を打ち建てようと試み，むしろハラネー（バベル）の塔[36]
を作った人々よりも言葉を分断し，それは違った言語を話
すことのみならず，互いに叫び立て合っているほどである
から，あなたは抗弁する者のだれに真理の家を建ててやっ
ているのだろうか。それもわれわれが彼に従って，その真
理を通して，すべてにわたる真理の源を見出すために。わ
れわれはかの人だけが真理の発見者であり，それを告げる

---

36)　『創世記』11, 1-9; 10, 10 参照。またナジアンゾスのグレゴ
リオス『講話』21（PG 35, 1105C），参照。諸註によれば，「バベル」
が「ハラネー」として使われているのは，おそらくこれ以降人間のあ
いだに不一致が生じたこととからめて χαλάω（χαλᾶν）（弛める，和
らげる）という語の類似音が用いられたのであろうとされる。

者だということを知っている。すなわち彼〔パウロ〕は神〔に示唆されて〕次のように語る，「われわれはキリストの精神（νοῦς）をもっている」（1 コリント 2：16），また，われわれは「神の知恵のことを語っている」（1 コリント 2：17）と。ところでわれわれはふさわしい信をもって彼と彼に倣う人々に従い，神的で救いにかかわる知恵を獲得するよう導かれているのである。しかし彼は被造物の理をわれわれに告げ知らせたり，分別や，分析や，推論や定義で教育したり，導いたりすべきではないと判断した。なぜであるか。それは偉大なバシレイオスによれば，「もしわれわれがそれらのもののうちにある真理を知らないとしても，約束された幸いにわれわれが〔達するのに〕何の妨げもない」[37]からである。しかしあなたが彼にはっきりと反対していることはもう現場を押さえられており，それらのもののうちにある真理を知らない者たちを，暗愚なもの，不浄なもの，不完全なものであるとし，また恥も感じず，包み隠しもせず，消え去りもしないで，嘘をもって戦い，悪を加え，神の命令は，学問がなければ，人間を清めたり，完全にしたりしえないと宣言するのである。しかしたとえギリシアの教育が議論の余地のないくらい厳密な真理に属するものであったとしても，われわれにとり格別熱心に追求するに値するものではなかった。なぜならこの種の真理に欠けた部分があっても，本当の幸いが効を奏するからである。しかしギリシアの教育はこの真理につき疑わしい点があるから，どうしてわれわれはあなたにそれが唯一の，そして神によって与えられた知恵と同じ種類と目的をもたらすと言えようか。つまり本当に真であり，本当に救いにかかわり，この世とともになくなってしまわないあの〔神によって与えられた知恵と同じであると〕。

---

37) バシレイオス『詩編講話』14（PG・29, 256C）参照。

19 知者であることの対立する二つのあり方

われわれが彼〔バルラアム〕によって価値を貶められた文言に反対していることで，こちらに責任があるとうそぶいたあとで，彼は理にかなった天上の者，つまり使徒たちのことだが，彼らに宣戦布告をする。じっさい主の兄弟ははっきりと二つの知恵について語っているからである。つまり「上からのもの」と「下からのもの」で，一方は「純粋で，温和なもの」，他方は「この世のものであり，悪霊から出たもの」（ヤコブ3：15-17）であり，パウロも二つの知恵を示して言う，「この世はその知恵のなかで，神を神の知恵によって知ることができなかった」（1コリント1：21）からであるが，彼〔バルラアム〕は二つ，あるいは多くの知恵について語る者に公然と戦いを挑んでいるが，その理由は，「これこれの認識を知恵であるとは誰も定義しえない」からというものである。しかし，哲学者よ，主の兄弟は，その正しい振舞によってその業を示す認識を純粋で，天上の知恵と定義し，よき振舞のうちで生きていない認識を，この世のもの，悪霊から出たもの，地上の知恵と定義している（ヤコブ3：13-17を参照）のである。まさしくその通りである。というのは，その同じ認識は，それが獲得した方法によって変容して，魂のうちに対立するそれらの知恵を閉じこめたからである。さもないと，もし哲学がだれの知識でもないなら，いかなる者も哲学者たりえないのである。哲学者よ，あなたは自分の言葉で自分を殺すことになってしまった。あるいは，私はあなたをどう呼んでいいかわからなくなる，つまりあなたによれば，どんな魂のうちにも哲学は基礎を置かず，あらゆるもののうちで，そういう名をもつものは何もないということになるからである。

20 悪しき知恵

　では、「第一の知恵は，言葉や，また偽りの，余計な反
論のうちにある知恵を軽蔑する」という者は——彼はまた
この第一の知恵を「それが無効になった知恵に打ち勝った
ので」讃え，「これを歓迎する」[38]のだが——，いったい何
を言っているのであろうか。それは知恵に違いがあること
を示しているのではないか。なぜなら，彼は，一方のも
の，すなわち第一で，他のものに打ち勝つものを讃え，歓
迎すると言っており，他方を，その反論は余計で，そのた
め偽りのものであるから，軽蔑すべきで，無効で，屈服し
たものと見なしているが，われわれもそれを「神の知恵」
と呼ぶにまったく値しないものと考える。しかし悪しき考
えに固執する者については，それが悪しきものであると呼
ぶのを拒否しない。それはつまりプラトンのものであっ
て，〔彼の言う〕造られざる質料や自存するイデアやデミ
ウルゴスや後から生じるダイモーンのことであり，さら
に，美と美ならざるもの，聖なるものと聖ならざるものが
同じであると説得するもの，そして端的に言えば，それが
尊大であるので，それ自身に対して空しく対立しているも
の，どんな場合でも説明しようとするが，殆ど理解に資す
ることのないもの，幼児から聖人であったサムエルによれ
ば，「決して何の効果もあげない」（1 サミュエル 12：21）
ところの，彼らの礼拝についても同様である。ところでも
しあなたが，平和を守り，余計な反論に別れを告げる者に
対して戦おうと欲し，「罪のうちに口実をもうけよう」（詩
編 140（141）：4）とし，戦い好きのあなたのために新し
い教義や名称をともに企てるならば，われわれが育まれ，
また共通して最も優れたと思われる考えや語句・表現を軽

　38）　ナジアンゾスのグレゴリオス『講話』16, 2（PG35, 936C）
参照。

第 1 論攷　　　　　　189

視してまで，われわれが進んで従うであろうか。そうなら
ないであろう，決して。なぜなら，いったい，他のすべて
の人，また人より生まれたすべての者のうち誰が（そうい
う人がいるとして），「完全な人間，哲学者そして清い人間
はすべてを知っている者である」とあなたが言うことや，
またそうでっちあげるあなたに従順な耳を貸すであろう
か。あなたとしてはそれで，神を敬っていようと，そうで
なかろうと，人が何かを知りたいと要求するなら，学問探
究をせねばならないと結論づけるのだ。そしてユークリッ
ドの幾何学や他の人の数学を学んでいない人，あなたの論
理学[39]，音楽，またあなた自身の書を介してプトレマイオ
スの天文学に通じていない人，弁証法や自然学，即ちアリ
ストテレスの扱っているものを十分に身につけていない人
は，不完全で無知であると公言している。しかし，知性を
もっている人は今も以前も，神だけがすべてのことを知る
ものであるということを知っているのではないか。

21　ギリシア人の哲学

　さてこの奇妙な話のその他のものは置いておいて，当面
の主題に戻るとして，哲学は言葉におけるものと行いにお
けるものとで違い，またそれらの各々は多くの違いと多様
な差異があるということを誰が知らないだろうか。それら
を通して愚かしい知恵とそうではないもの，肉的な知恵と
霊的なもの，反駁される知恵とそうでないもの，一時的な
知恵と永遠なそれが示され，明らかに，一方は他方と大い
に区別されたのである。彼〔バルラアム〕は言う，「しか

---

　39)　バルラアムはそうした領域の書物を著している。たとえ
ば　Barlaam von Seminara, *Logistiké*, Kritische Edition mit Übersetzung
und Kommentar von Pantelis Carelos, Corpus Philosophorum Medii Aevi
(Philosophi Byzantini), Athens-The Academy of Athens, Librairie J. Vrin
(Paris), Édition Ousia (Bruxelles), 1996. 参照。

し私は知恵自体，唯一である真の認識のイデアを讃える」。
だが善き人よ，そのイデアがおそらく知恵自体と呼ばれる
としても，それが唯一の知恵あるいは哲学ではない。しか
しあなたは哲学についての書物の始めに，こう言ってい
る，「われわれは神の働きを受けた者の言葉と哲学的諸学
問を神から与えられたのである」，しかしその神の働きを
受けた者の言葉をあなたはまったくかの哲学のもとに置か
ないのである。というのはもしあなたが哲学からそうした
言葉を分けたのでないなら，それらの言葉と，哲学から由
来するものとをあなたはどのように語れようか。ここで何
をあなたは「哲学」と名づけるのか，ギリシア人の哲学
か，それともそこであなたが言っているイデアであるか。
ところでもしギリシア人のそれであるとすると，それをあ
なたは讃えていることになるが，あなた自身とは矛盾する
ことになる。つまりあなたはそこで反対のことを言ってい
るからである。すなわち「あれこれの人が考えたり，書い
たり，教えたりしたようなことは，哲学という名を担うわ
れわれが讃えるものではないし，われわれにとって哲学で
はなく，認識のイデアがそれである」，しかしその上，そ
こではそのイデアのみを哲学と呼ぶと主張しながら，ここ
では別のもの，つまりギリシア人の哲学がそうだと言って
いるからだ。ところでもし〔哲学というのが〕それではな
くて，認識のイデア，つまり明らかに一般的に認識全体を
含んでいるものが哲学であると言うのなら，そこであなた
によってこのイデアから明らかに区別された，神の働きを
受けた言葉は，一切の認識を奪い去られたものとなり，い
かなる認識をも生み出すものではなくなり，あなたによれ
ば全般的に認識から分離され，欺くためにのみそこで哲学
につけ加えたことになる。誰がそうしたものを絶対に必要
とするであろうか。哲学に基づく学問が諸存在の認識へと
導き，引き上げるものであって，それが一切のヒエラルキ

アの, つまりしばしばあなたがその論の先で明らかにして
いるように, 神のオイコノミア (摂理) とエネルゲイアの
すべての目的であってみれば。われわれがパウロとともに
ギリシア人の知恵は無用で, 愚かしいものだと言っている
のに[40], どうしてあなたはわれわれに対して怒りを掻き立
てるのだろうか。知恵それ自体は誰かの知恵というもので
はないのだから。

22 新しいプラトン主義

　しかしそこであなたが公然と敬っている知恵自体
($\alpha\dot{\upsilon}\tau o\sigma o\varphi\acute{\iota}\alpha$) がどんなものであるのか見てみよう。いっ
たい哲学者と呼ばれる人, また彼らの書いたもののなかに
それは存在を有しているのだろうか。じっさいあなたは哲
学者の認識は哲学ではなく, そう呼ばれないし, またこれ
やあれの書かれたものもそうではないが, 書かれたものの
うちのあるもの, それ自体は哲学ではないが, 哲学の結果
であると言っている。あなたは, あなたの言う認識のイデ
アのみが唯一のもので, 哲学と呼ばれるものが多くあるわ
けではないことを示すために, どうしてもそう言わなけれ
ばならなかったのである。従ってもしそれらのうちのいか
なるものも哲学ではないなら, あなたが知恵自体と言って
いるものは, あなたによれば, 彼ら〔哲学者〕のうちには
存在を有しないのである。というのは存在を有しているも
のにおいて, そのものはそれ〔知恵自体〕によって名がつ
けられるが, それはわれわれ, すべての人間もわれわれの
うちに存在を有している普遍的な種に基づいてそう名づけ
られるごとくである。だからもしそれらのうちにあなたに
とっての知恵自体がないのなら, どこにその存在はあるの

---

　40) 『ローマ』1:21, 『1コリント』1:20, 28, 『ローマ』13:8
など参照。

だろうか。神のうちにか。しかしこんどはまたあなた自身
は先で，あなたが称揚する哲学は神のもとでは愚かしいも
のであると言っている。従ってあなたが知恵自体と言うも
のは，神のうちに言い表せない仕方で在るのでもなく，神
によって造られたもののうちにもない。そうしたものは哲
学とは呼ばれないからである。だがあなたは哲学を弁護し
て語っている。それでは，それが神のうちにも，人間のう
ちにも存在を有しないが，それでもイデアであるなら，自
存するものであろうか。さてもプラトンが悪しき策略を口
ずさみながらわれわれのところに蘇ってきたというわけ
だ[41]。

23　哲学の行き着くところ

　そういうことで人は端的にまた簡潔に異郷の哲学の学問
についての真実を語りえよう。すなわちそれぞれの哲学者
が書物や言葉の中にとどめたことはそれぞれのものの哲学
と言われるが，他方すべての哲学者によって見て取られた
ものは共通的なもので，また神認識にふさわしい目的から
はずれた知恵は愚かしいものとされる[42]。しかしそうした
ことを蒙らなかった知恵は愚かしいものとされない。とい
うのはその本性上の目的に達しているのに，本性を与えた
者である神にどうして踵を返すであろうか。そうしたもの
がわれわれとともにある敬虔で名高い人々の〔知恵〕で
あって，それはまことに雄々しく妨害を振り払い，有益な
ものを選び，神の教会に結びつき，霊の知恵と進んで調和
をはかるものなのである。私はそこに真実があると考えて

────────

　41)　伊語訳［31］註によれば，パラマスが非難しているプラト
ンはキリスト教教義に抵触するかぎりのそれであり，パラマスが準拠
するキリスト教の立場は，アリストテレス的というよりはむしろプラ
トン的なものである。

　42)　『ローマ』1：21-22，『1コリント』1：20-21 参照。

いる。ところが異郷の，愚かしいものとされた哲学のこの
闘士は，「神はこの世の知恵を愚かしいものとされた」（1
コリント 1：20）とパウロが言うのを聞いて，「一切の人間
の徳と能力もそうであるように，神の知恵と比べると愚か
しいものとなる」と言っている。しかし私はそれを受け容
れないし，多くのことをもって明らかに真実を示したが，
彼はそれに反論できないで，詭弁を弄することで断罪され
る。さてそれは有益な哲学についての私の最初の書のなか
に[43]とどめおこう。というのはそれは傷つくこともないし，
反駁されないでとどまるからである。

24 知恵の愚かしさは比較によるのではない

　さて彼が尊重している知恵は〔神のそれ〕とを比較すれ
ば愚かしいものであるという人に尋ねてみたい。つまり神
は，この世の知恵もまた愚かしいものとされているのだか
ら，一切の人間の徳を汚し，一切の思考を愚かしいものと
されたと，どうしてどこにも書かれていないのであろう
か。使徒の言葉のどこに比較の形が示されているのだろ
うか。しかし「神はユダヤ人の心を石のようにし」（ヨハ
ネ 12：40 参照），「ファラオの心をかたくなにされ」（出エ
ジプト 7：3），ギリシア人の知者を「価値のない考えに任
せられ」（ローマ 1：28）たが，それは比較によってではな
く，捨てることによってである。「愚かしいものとされた」
というのは同じ意味なのである。そもそも「神は知者たち
に恥をかかされた」（1 コリント 1：27）や，「無力なもの
とされた」（1 コリント 1：28 参照）や，「役に立たないも
のとされた」や「彼らを価値のない思いに任せられた」と

　43）　本書 I-1 参照。パラマスは何が何でも哲学を否定するとい
うのではなく，人間本来の目的をはずれた理性の行使である哲学を問
題としているのである。

いうそのことは何を意味しているのだろうか。使徒はそれらをもまた比較して語っているというのではないだろう。じつに知性をもっている人なら，誰がそれを受け容れるだろうか。むしろ人はよく心得て使徒の言葉に従い，彼が教えたように，それらについては比較なしに理解するということを認めるのであって，比較をしようとするあなたの〔言い分〕に納得するだろうか。「じっさい神は世の愚かしいことを知者が恥じ入るために選ばれた」（1コリント1：28）。いったい神の知恵に比較された人間の知恵は恥じ入り，また愚かしいものとされるのだろうか，他方で，愚かしさは自由に語り，知あるものとなるのに。あなたが比較を用いたいと思っていることを選び出し，あなたにとってそうしたくないものは，あなたの議論上の対策にとっては役立たないものだから，比較しないままにしているのではないか。そして異郷の教育が救いに導くのでないなら，あなたの議論によって欺かれてまで，誰があなたによって説得されようか。

25 霊的恵みと自然の賜物

さてその後で続いて彼〔バルラアム〕が「嘘は直ちに反論される」と言っていることは私と考えが近いように思う。彼自身嘘をつくことでは十分ではないと判断したが，しかし多くのことをして他のものを惑わせ，さらに彼自身中傷するはめに陥った。しかし私は神の賜物のあるものは，律法の前も，律法においても，また律法の後も，すべての賜物に共通して自然的なものであり，しかし他のものは超自然的で，霊的で，著しく語りえないものであると言う。そして私は，それらはあれらのものよりも優れているとするが，霊の知恵に値する者はすべてのギリシアの種族よりも優れており，また神から与えられた自然的なことの一つは哲学であり，人間の理性の見出したもの，つまり

諸学問である。しかし彼は私から引用したかのように，こう言うのだ，「人間の思念（λογισμός）が達しないもののみが，神から与えられたと考えるに至り，他のいかなるものもそれに値しないと考えられる」，と。私はそこでそんなことは一言も語っていない。というのは自然本性において生じた多くのものに人間の思念は達しないことは知っているが，それぞれにふさわしい価値を私は認めているからだ。すなわち霊的な恵みについては，それが超自然的なもので，霊を通して徳がきわだった者にのみ直接与えられるが，他方自然的なものは，霊的な恵みからははるかに離れているが，神からすべてのものに共通に自然本性を通して与えられたものであると言うのだ。

26　エジプト人たちは恵みを有しているか

　彼はその論をこうした中傷を支えとして立て，自慢し，〔悪口を〕撒き散らし，ギリシアの知恵が神の霊的な賜物であると言わない者に対して尊大になり，また神からすべての技術は人間に恵みとして与えられていると言う，神のようなバシレイオスの多くの言葉を提示している[44]。この点は誰も反対しない。次に多くの議論を経て彼自身の考えを作り出し，整えて，結論を出し，次のように言って宣う。すなわち「また諸学の原理や預言やどんなものであれ啓示というものはこうである。つまりそれが与えられていないなら，人間の思念を超えるが，与えられたものなら，魂はそれらに達するようになる」。従って〔与えられて〕いないか，あるいはすべてが同じように神の賜物で，神から与えられたものであるか〔どちらか〕だ。だから人は彼にこうも尋ねることができよう。学問を通じてギリシアの

　44）　バシレイオス『青年たちへ』（PG 31, 564 以下），『書簡』4（PG 32, 236 以下），186（PG 32, 661 以下）。

恵みに特に値すると考えておられるあなたは、ありあまる啓示をもつことによって神から同じように恵みを受けておられ、また学問を最初に見出したエジプト人は、預言者や使徒と同じように価値があるのだろうか。というのは同じように与えられ、また同じように知られた賜物に与るようになる者は、どうして等しく尊敬されるものとならないのだろうか。

27 われわれが非難するのは濫用である

彼は言う、「しかし神が魂を造ったまさしくそのとき、共通の概念や定義したり、区別したり、推論したりする能力でそれを満たしたが、そこから学を形成したのであった。従って学問とは神の賜物なのである」。しかしいったい濫用したり、誤って使ったり、学問ゆえにキリストの福音を不完全なものとする者にとって、このことは何で正当化されるのだろうか。なぜなら始めに神が身体を造り、魂を吹き入れて、それに子を生み、養う力を与えられたということをもって、人は淫らで、不節制な人間どもの責任を取り除くことはできまいからである。われわれが言葉を介して阻止するところのものは、濫用、誤った使い方、そして学問への過度の尊敬の念である。そしてあなたは、もしそれらのことを賢慮をもって聞きたいと思うなら、それが分かるだろうし、認めるだろうし、そうしたことにかまけて年をとるがままにならないだろう。こうした言葉や偉大なバシレイオスのそれに納得して、あなたは、言葉が救いに役立ち、完全で、また魂を清め、照らすものだとは言わないであろう。

28 霊はすべてを究める

それにもかかわらずもし始めに神から魂にあなたの言うところのものが与えられているなら、それはすべての人間

に共通で，生まれながらのもので，おそらく自然本性的なものであり，つまり最初の父祖より継承するものとして与えられたのである。それでは，自然本性を超えて，神の霊において選ばれた，敬虔な者のみと，また敬虔な者のうち最高の者に対しては，恵みを与えられた者と同じような仕方で，どのようにしてそれは与えられたのだろうか。彼は言う，「魂にとってすべては同じ意味をもっている。なぜならそれは与えられたからであって，霊的なもののいかなるものも人間の思念を超えない」。じつにあなたが霊の賜物を経験したことがないのは明らかだ。〔というのも〕あなたは自分自身を否定し，次のことを明らかにしている──それはより劣ったことだが──，つまりあなたは経験を通して語る人々に信頼を置かず，さらにそれ以上悪いことに，彼らに反して語り，全く「この世の命だけに生きる人（ψυχικός）」のように見える。なぜなら霊的カリスマの選ばれた器であるパウロがこう言っているからである，「われわれが受けたのは，この世の霊ではなく，神からの『霊』です。それは，神からわれわれに恵みとしていただいたものを知るためです。この恵みについて，われわれは人間の知恵が教える言葉によらず，聖霊が教える言葉によって語り，霊に導かれて生きている人々に霊的なことを解き明かしています。『この世の命だけに生きる人』は，霊に関することを受けいれない。その人にとってそれは愚かしいことであり，また，悟ることができないからです」（1 コリント 2：12-14）。その人は把握しえぬ通路に思念（λογισμός）で踏み入り，分別や論理や分析ですべての真理を見出し，教えると考えているからである。神からわれわれに恵みとして与えられたものは，思念によるのではなく，われわれのうちにある霊によってわれわれが知るのであって，「人の目が見たこともなく，耳が聞いたこともなく，人の心に思い浮かんだこともなかったこと。われ

われには，神は〔そのことを〕霊を通して啓示してくだ
さった。霊は神の心の奥底さえも究める」（1コリント2：
9-10）。

29 信仰，経験，愛

おお哲学者よ，あなたの矛盾した発言から，これまで
語ってきたことの真実性を証しすることができよう。と
いうのはあなたは言葉や書物や証言や手本によって，経
験に基づいて探究している人々から，感覚のみならず，思
考・理性をも完全に超える光について聞いているし，また
しばしば聞いているからである。つまり知性がその光に出
会い，またよりよくなるために自己自身から出て，自己自
身を超え，神とともにあるとき，光となるということであ
る。あなたは彼らの言うことを聞いて，今や，理性を物質
的な光から退去させることができず，それは丁度感覚的な
光について語る人々をあなたが非難しているごとくで，今
や，その欠陥のために，中間的で真なるものではなく，過
剰で偽のものに向かってねじ曲げ，自分自身を反対側の絶
壁に投じ，それ〔光〕は神の本質であり，観想しうると彼
らが言っていると，強く主張しているのである。もしあな
たが神的なことは人間の思念によっては到達できないと考
えていても，また敬虔なことに，信仰は神的なことを唯一
受けとりうるものだと考慮していても，また業によって
より完全な知識を探究し，そして信仰のうちに経験を，つ
まり恵みの屋根である，真なる観想における神の愛が覆い
をかけるようにかぶせても，そのような経験をしないだろ
う。このように霊の賜物はたとえそれが与えられた後で
も，人間の思念を超えるのである。じっさい正確に学問を
把握している者である〔あなた〕は，ほとんど学ぶことは
ないと言うかもしれないが，教えられても，あなたはじっ
さい霊の働きのどんなものもふさわしい仕方で感知しない

だろう。おそらくは。というのは「主の言葉は真であり，世々にとどまる」（詩編 18：9 参照）のであって，これはヨハネに啓示されたものだが，神を喜ばせて生きる者に「白い石が与えられるが，その小石はそれを受ける者のほかはだれも知らない……」（黙示録 2：17）のである。しかしどのような仕方でそれが可能なのかを，パウロによってわれわれは教えられたのだ。

30 絶えざる祈り

　自然的な賜物と超自然的なそれを同じものとした後で，彼は祈りについての使徒の掟を何度も反撃しており，もし彼が説明しているような仕方でわれわれが受け容れないなら，「絶えず祈ること（$\dot{\alpha}\delta\iota\alpha\lambda\varepsilon\acute{\iota}\pi\tau\omega\varsigma\ \pi\rho\sigma\sigma\varepsilon\acute{\upsilon}\chi\varepsilon\sigma\theta\alpha\iota$）」は不可能であると言っている。彼が説明するのはこうである。そこで使徒が祈るようにと言っているのは，実際に祈りを行う（$\tau\dot{o}\ \varepsilon\nu\varepsilon\rho\gamma\varepsilon\tilde{\iota}\nu\ \tau\dot{\eta}\nu\ \pi\rho\sigma\sigma\varepsilon\upsilon\chi\acute{\eta}\nu$）ということではなくて，祈りの状態（$\dot{\varepsilon}\xi\iota\varsigma$）にあることである，と。彼は言う，「祈りの状態というのは，神の意志がなければ，実行したり，考えたり，終わりまで進みえないものである。従ってそうした状態を有している者は絶えず祈っているのである」。そうしたことが「絶えず祈ること」であるなら，哲学者はギリシアの書物から頭をあげないで，しかも絶えず祈っていることになる。絶えず祈るが，しかし決して祈っていないこの哲学者に対して，人はいったいどんなことを言いえようか。じっさい使徒は別のところでこう言っている，「どんな時にも霊によって祈り，そして霊において目を覚ましている」（エフェソ 6：18）。しかも「絶えず」と言うことは「どんな時にも」と同じだとしても，いったい彼はその言葉によって，あなたが語っているこの状態，あるいは働き（$\dot{\varepsilon}\nu\dot{\varepsilon}\rho\gamma\varepsilon\iota\alpha$）を導き入れようとするのだろうか。しかし祈りのとき彼は目覚めていることを求

めているが，それは明らかに，絶えず〔祈り〕を作動させ
る状態にするということである。そして『ルカ福音書』に
よれば，主もまた弟子たちに譬えをもって語られた，す
なわち「気を落とさずに，絶えず祈らねばならない」（ル
カ 18：1）と。いったいそこではそういう状態になるよう
説得していたのだろうか。しかしこの譬えはそういうこと
を示しているのではなく，永続する要求のみを〔示してい
る〕のである。つまり気を落とさないこと，すなわち無関
心・不注意によって注意力を低下させないということに
よって，知者がかく語る状態に向かうのではなく，祈りの
活動，つまり懇願に向かうよう励ましているのであって，
それはこの譬えにおける主の最後の言葉が明らかにする
ものである。すなわち主は言われる，「神は聖霊を昼とな
く夜となく御自身に懇願する者に与えられる」（ルカ 11：
13 と 18：7 が結合されている）。つまりこのように絶えず
祈る者たちには，ということである。この絶えざる懇願を
われわれは神を説得させるために求めるのではなく——神
は助け手（弁護者）そのものであるから——，神を引きつ
けるためでもなく——神は至るところにおられるのだから
——，そうではなく神に願い求めるときに，われわれ自身
が神のもとへ上昇し，神へと方向を変えるためであって，
かくて神のもとにある善を施す賜物に与るためである。偉
大なディオニュシオスによれば，「なぜならわれわれが神
とともにあるのは，汚れのない知性で，至潔なる祈りを
もって，神に懇願するときである」[45]。それゆえ神と絶えず
ともにあるために，われわれは絶えず神に懇願するのであ
る。

---

45)　偽ディオニュシオス『神名論』3, 1（PG 3, 680B）参照。

31 祈りの賜物

しかしこの哲学者がまずは目論んだこの絶えざる祈りと状態については，たとえ悪魔は決して祈らないとしても，それに与っていないとは思えない。なぜなら彼は，豚に対しても，一切のものの主が許されないなら，何もできないことを知っていたし（ルカ 8：32-33），ペトロに対しても何も企てないであろうし（ルカ 22：31-32 参照），それらの以前にヨブに対して抜け目のない企みをもってしても何も成就しないであろう（ヨブ 1：12）。絶えざる祈りのみならず，間隔を置く祈りからも，神はすべてのものの主であると信じることは大いに隔たっている。なぜなら身体から解放された理性的な人々は，それらすべてを知っているが，しかし皆祈っていない。神に敵対する者は祈りに敵対し，善から逃れる者は神への祈りからも逃れるからである。しかし身体をもっている者たちすべてが万物の神を知るわけではないが，すべての者は，各々の思うところに従って祈っている。唯一の本当の神を知っている者にとっては，神なくしては何ものもなしえないということもそのような考えのうちに入っている。このことを納得している者のうちで，一切のものの主に真に一つに結びつくという，神的な欲求愛（エロース）に捉えられる者は，教父たちの導きに従って，祈りのとき，食物をとらず，呼吸を止め，知性を自分自身に向き変え，かくして神との一致にふさわしい状態で，彼らと絶えずともにある，神秘的で秘義的で霊的な祈りの賜物に値するものとなる。また今や，この賜物は自分自身から最も秘義的な一致に値する知性を引きつけ，聖なる喜ばしい心を湧きおこし，また今や，祈りによって神へと伸長した知性のうちで，神秘的に木霊して歌い，またともに祈る。あたかもこの頌歌にあわせて造られた音楽のように。なぜならこのように彼らは常に動き，疲れを知らぬ恵みに与って，魂のうちに根づいた祈りを

もち，「私は眠るが，私の心は目覚めている」（雅歌5：2）と言う者（乙女）のように絶えず働くのである。さて預言者の言い方をすれば[46]，「祈る者に祈りを与える者」から，真の祈りと，本当に絶えざる祈りを手に入れたいと望む者は，神のようなネイロスやグレゴリオスに聴き従うがよかろう。つまりどうしても必要なものを除いて，人間的などんなことにも関わることなく生きること[47]，また人間的な必要性において神の記憶をできるだけ取り除かず，偉大なバシレイオスに従って[48]，神についての考えを，消すことのできないしるしのように魂に熱心に刻みつけて歩むことである。というのもわれわれがその賜物を手に入れるまでは，業や言葉や思考によって，当座われわれに可能な，絶えざる祈りを行わねばならないからである。彼〔ネイロス〕は言う，「なぜならあなたが祈りの光栄ある賜物を受け取らなかったなら，根気よく待て，そうすれば受け取るだろう」[49]。というのは霊はそれによってわれわれが礼拝し，それを通して祈るものであり，「神は霊であって，それを礼拝する者は，霊において，また真理において礼拝しなければならない」（ヨハネ4：24）からである。

---

46) サムエルの母，ハンナのこと。「ハンナの祈り（1サムエル2：1-10）」参照。またネイロス（エヴァグリオス）『祈りについて』58（PG・79, 1180A），「もし祈りをしたいと望むなら，祈る者に祈りを与える神が必要である」をも参照。

47) ナジアンゾスのグレゴリオス『講話』4, 100（PG 35, 636A）（この講話は「ユリアノス駁論」であるが，そこでグレゴリオスは言う，「富，血筋の良さ，名声や権力といったこの下界の錯誤や夢のようにはかない愉しみといったものは，それを望む者のところに残してきたが，言葉・文芸（λόγος）にだけには執着し，またそれらを得るために私が忍んだ陸地や海における労苦には不平を言わない」。）またネイロス前掲書61（PG 79, 1180C）を参照。

48) バシレイオス『書簡』2, 4（PG 32, 229B）を参照。

49) ネイロス前掲書87（PG 79, 1185C）を参照。

第 1 論攷　　　　　　　　203

32　ナジアンゾスの聖グレゴリオスの証言

　しかし彼〔バルラアム〕は祈りとその祈りの状態について教えた後で，まず私が提示した神学者〔ナジアンゾスのグレゴリオス〕の言葉を聞いた，そしてそのなかで〔神学者〕はキリストゆえに言葉・文芸を捨てることでのみそれらの分け前に与り，またそれらよりもキリストを尊重することになったと言うのだが，〔バルラアム〕は彼〔神学者〕の言葉をもち出して，答える。すなわち「私はすべてを掟に従って捨てた。しかしただ一つ言葉・文芸にだけ私は執着し，自分からそれを無視することはないであろう」[50]。かくして彼〔バルラアム〕は自分自身と全く整合していないことを示している。

　ではそれらに対して，知恵ある神学者と連帯してわれわれは何と答えようか。それはまさしく彼がキリストゆえに捨てたといっている「言葉・文芸」（λόγοι）はギリシア人の知恵のことで，彼が執着する「言葉・文芸」（λόγος）はそれから選び出されて，聖にして神的な教えと結び合わされたものであって，それはわれわれが解釈したごとくだが，ああ哲学者よ，あなたはそれに対して放埒にも反論しているのだ。この文言の結論部が私をしてそれと同じものに導いたのである。彼は言う，「なぜならこの〔言葉〕は私に弱いものとともに弱くなり，強いものとともに喜ぶよう説得するからである」──それはまさしく使徒の命令だ（2 コリント 11：29 参照）──，「この〔言葉〕は世界を分かち，一つのものから遠ざけ，他のものの側につく」。人はいったいどこにギリシアの教育に関する〔見解〕を見出すのだろうか。「この〔言葉〕は正義の武器である右手〔攻撃する手〕によって支配し，左手〔防御の手〕でとも

――――――――――

　50）　ナジアンゾスのグレゴリオス『講話』6, 5（PG 35, 728B），また『講話』4, 102（636A）を参照。

に哲学する（2 コリント 6：7 参照），そして恥をかかせることのない希望に結びつき（ローマ 5：5），未来に対し今〔の荷〕を軽くする」[51]。これは使徒の語る言葉を支えにしている（2 コリント 6：7，ローマ 5：5）。もしだれかがこのことに同意しないなら，他の同意しうるもっとよい言葉を言ってみればよい，ならば，私はそれに従うだろう。なぜなら神学者が矛盾しているということに私は納得しないからである。

33　修道士と世俗の学問

なぜならこの哲学者がその発言について考えているように，こうした言葉の後で，われわれを「不器用で無教育だ」と称して，〔われわれを〕ユリアノスになぞらえることを避けることなく，「なぜならかの者〔ユリアノス〕がこの世〔に生きる〕キリスト教徒から奪おうとしたように，修道士から文芸を奪うから」，自分が憎まれて当然だと言っているからである。いわばもし人が「愚か者は神はいないと言う」（詩編 13：1）と詩編作者が語るのを聞いて，アレオパゴスから神を啓示する者を——彼は神について「かつてなかったし，今もないし，これからもないであろう」[52]と言ったから——かの愚か者の列に並べねばならないと考えるなら，その者は愚かな者の中でも最も愚かな者であり，聖人が存在するものを超えて神を知り，神学したようには，その過剰な違いが分かっていないし，また愚か者の心は唯一の真に存在するものをいかなる仕方によっても決して〔存在し〕ないもののうちに措定するのだ。なぜなら同じ仕方でわれわれは，修道士の生活は言葉・文芸

51）　ナジアンゾスのグレゴリオス『講話』6, 6（728D-729A）を参照。

52）　偽ディオニュシオス『神名論』5, 4（PG 3, 817D）参照。

を超えるものであることを知っている。しかしかの背教者
は，キリスト教徒の生活は理性に適わないものと考え，そ
のために〔キリスト教徒〕は文芸から遠いとした。彼はす
べてのことが分かると考えていたが，それを理解すること
はできず，キリスト教の考えを一切の価値よりも上におこ
うとする者と，それを完全に価値なきものとすることを選
ぶ者と同じ罰に値するとし，そして敬虔な者も不敬虔な者
と同じように憎まれて当然だとした。〔敬虔な者〕は祈り
において神の傍らにあることを何にもまして望ましいこと
だと判断しているからというわけである。

34 修道の真の目的

彼〔バルラアム〕は言う，「主が福音書のなかで文芸に
熱意をもつよう命じていないからといって，禁じているわ
けではない」。しかし〔主〕が次のように言われるとき，
それはいったいどういうことであろうか。「蛇のように慎
重で，鳩のように清くあれ」（マタイ 10：16），と。彼は
異郷の知恵の役に立つことを分けたり，取り去ったり，ま
た福音の単純さに混じらせないのだろうか。そのことはか
の文章のなかでわれわれが語っていることであり[53]，それ
は，今，あなたからそのために侮辱されていることなの
だ。次に主がこう言うのはいったい何なのだろうか。「私
は，誰も対抗しえないような言葉と知恵をあなたたちに与
えよう」（ルカ 21：15），そして「弁護者が来るとき，そ
の方はあなたたちに真理のすべてを教えるだろう」（ヨハ
ネ 14：26 参照）。いったい〔主〕は，あなたがそのために
戦い，云いうること以上にあなたが高く称賛する，本性的
に常に議論の的になるようなものよりもいっそう神的な知
恵を約束したのではなかったか。かの知恵の愛好家たち

---

53)　本書 I-1-11,17,19-21 を参照。

206　　　　　　　　　　第Ⅱ部

は，清い仕方でそれを手に入れる前に，いったい何をした
のだろうか。いったい，だれが，つまりギリシア人か，エ
ジプト人か，カルデア人から，またその書いたものから学
んだり，至るところから考えを集めるために，何かを知る
ことを約束するかどうか，探求しつつ，経巡るであろう
か。それはあなたがわれわれに，次のような文章で語って
教えているごとくである。すなわち「諸存在について知
ることは掟を守ることや，不受動心のみから生ずるので
はない」，そして「諸存在についての認識を把握せず，か
の無知（ἄγνοια）から清められないなら，聖人たること
はありえない」。ところであなたがわれわれに教えるよう
に，人は至る所から思考を集めるために経巡り歩くのだろ
うか，それとも書かれてあるのによれば，「常に神殿にお
いて，ひたすら祈りと懇願に従事し」（使徒言行録 1：14），
高みに移った，至聖なるこの修道士の生をあらかじめ描き
出し，じっさいに聖なることどもを書き記すのであろう
か。そのような生活に従うと，中間にある聖なる生活を凌
駕するとわれわれには約束されている[54]のだが，われわれ
は一切の区別や生や見かけに別れを告げ，真実修道生活を
して，一つに結びつける掟を通して，一切の哲学を超える
唯一の神智へと導かれ，最も聖なる単一なもの（μονάς）
へと聖なる業をして完成されるのである。なぜなら真実に
われわれは，一切のものから取り去られ，把握しえざる仕
方で一切のものの三つのヒュポスタシスである唯一の単一
なものにおいて一つになるのであり，われわれのための祈
りや神秘的な顕現やわれわれのためにわれわれに即して二
性〔キリストの神性と人性〕に交わる方と協働するが，そ
れは流出することのないその超本質的な力に即して，言い
表しえない仕方でそれ自身の固有の一性から離れることが

54）　偽ディオニュシオス『教会位階論』6, 3（PG 3, 536B）参照。

第 1 論攷　　　　　　　　　207

ないのである。

35　福音と修道生活

　言論を愛でる者よ，もし，約束に従って多様な形をした学問研究を捨てて，知性を単一の形に集中しようと努める者は[55]，そのような学問における部分的なものや，移り変わる知性作用や，感覚的な論拠や感覚に基づく原理を有する認識を超えるとわれわれが考えるなら，何か愚かしいことをわれわれはしていることになるのであろうか。もし〔被造物が〕手に入れた〔つまり造られた〕世界や一切の人間的な学問を超え，神に向けて，単一な仕方で，また修道士として力をこめて自らを上方へ向けるのでなかったら，どうして内なる人間は上にある一なる生活の理念に即して修道士となりうるだろうか。このことは髪の毛を丸く切り取るというきまり〔修道士の剃髪のこと〕が十分に理解する者に象徴的に教えていることであるが，恐らく神の祭壇に階段を使って登らないということや，それを鑿が当てられず切り出していない石で作るということ（出エジプト 20：25-26 参照）は，知性の裸の本性そのものはいかなる種類の理解や人間の方法によっても手のつけられていない祈りの家でなければならないという暗示なのであろうか。しかし主は言論にかかわる熱意をはっきりとした言葉で遠ざけられなかったのか。しかし結婚も，肉を控えることも，〔結婚した〕二人が一緒になって生活してともに住むことも禁じなかった。ではもしわれわれがそれを控えるよう彼ら〔修道士〕に要求するなら，人は，すべてを言葉の婉曲な言い抜けに変えてしまうように見えるあなたのように──それは少しどころではないことだが──，すなわ

---

　　55)　この世のなかに生きるキリスト者のこと。偽ディオニュシオス『神名論』4, 9（PG 3, 705A）参照。

208　　　　　　　　　第Ⅱ部

ち〔主が〕禁じられなかったから，それを続けるべきである，あるいは，主がそう命じられなかったから，控えるべきであると言ってわれわれを糾弾するであろう。だがそうではないのだ。もし人が正しく非難されることを欲するのでないなら。なぜなら非難されることなく多くのことがキリスト教徒の中で行われているが，どのようにしても修道士にはその生活が変化するために許されないからである[56]。教父のある人々は治療のための入浴を禁じているし，病人に医薬の助けを受けることを許していないが，それは彼らはすべてのことを神に委ね，すべてがそこに依存し，疑いもなく神から望んでいるものがもたらされるからである。たとえしばしば神が常ならざる奇跡を通してかの判断をよしと証しされていようとも，確かに信仰のかような程度に到達していない人々を彼らは言語道断だとは考えない。しかし彼らがわれわれ謙った者のところへともに降りてくるとき，それは父のようであれ。彼らが言葉・言論の教育についてそれを行い，また語っていることを人は見出そう。修道士にして哲学者よ，教父たちとともにそれらのことを行い，語る者を，どうして違反者や背教者のそばに置くようなことをするのか。彼〔ユリアノス〕はキリスト教徒はそれに値しないとして，言論を奪おうと試みたが，しかし私は修道士から〔それを〕奪おうとはしない。というのはそうした〔修道士の〕生活に入っていく前の期間は，あらゆる学芸，言論を得ようと怠たることのない者には〔それで〕十分だからである。だから私は〔それを〕奪わないし，彼らはそれに精進するよう約束したのだから，言葉・言論を超える善に向かうよう頼みたい，つまりなおざりにするのではなく，過剰な仕方で，幸いにもそれに従

---

56)　偽ディオニュシオス『教会位階論』6, 3（PG 3, 533D.）参照。

う者は言論から離れるからだ。なぜなら神に向け祈りに励むことは，言論に時間を割くことよりははるかに崇高なことだからである。

36　バルラアムの誤り

それに対しわれわれはあなたが教父たちに，そして神の教会全体に反対していると主張する。本当にどうして人はそういうようなことで真なるものを語るのを控えるのだろうか。ところであなたは教父たちと反対の考えをもっているが，それは論文の中で暗示的に説明しているからでなく，福音の命令はそれを守ろうとする者の魂を完全に清めるには不十分であるとあなたが言っているからである。また不受動心から完全で，救いにかかわる認識はそれを獲得した者には生じないとか，学問やその研究がなければ，無知や誤った考えから解放されるのは不可能であるとか，それらから解放されていない者は完全性や聖性を手に入れることはできないとか，ギリシアの教育は啓示によって預言者や使徒たちに与えられた神の賜物と同じであるとか，同様にあれやこれやの教育は一度与えられると，人間の思念によって理解されるものであり，われわれが神のみに属すると知っている全知は人間にふさわしい完全性であると言うからである。聖書については，たとえもしあなたがそれを論文のなかに混じらせ，それのために大いに戦っているように見えても，それが魂に完全な清さを導入するとは考えていない。というのは，清さを熱望する人で，たとえ敬虔な者ではなくとも，何かを知っているとするなら，学問探求の必要性をあなたは持ち出すことはないであろうからだ。だからあなたは奸智をもって学問についてのあなたの論文に聖書を組み合わせて，単純な人々を欺こうとしているのだ。ところで神の命令が不受動心と救いにかかわる清さと認識を惹き起こすから，それを守らなければならな

いと強く主張する人々に対して，あなたは明らかに反対
し，また聖書の探究はこの命令にかかわることなので，そ
の命令を守るよう促す者は，全く必然的に，聖書を長期に
わたって朗読するように促すが，あなたはそれが魂に清さ
を与えるとは考えていないのである。それゆえこれは神の
書と哲学的諸学問が一つであることへ導くための餌なので
ある。その両方が探求する者を一つの目的に導くと言うこ
とは，策略であるばかりではなく，明らかに聖にして，神
的な書そのものへの反論である。なぜならかのもの〔哲
学〕は「大いなる産みの苦しみによっても，何の果実をも
たらさず，すべて〔その果実は〕実がなく，月たらず」で
あり[57]，神智の光には達していないからだが，ところがあ
なたによれば，むしろ魂の闇，すなわち無知の状態は学問
の光によって投げ捨てられると言うのだ。この言葉に従う
なら，どうして聖人の多くは暗まされ，不完全ではないの
か。じっさい一般的にすべてのギリシアの教育を受けな
かった者，またそこでの教育に与った者のうち，世界を天
幕のように据える者，天をあたかも天蓋のついた車のよう
にしつらえる者，太陽は，それが昇る地の北の部分から出
るとする者，天の面が水を受けとるために窪んでいたと信
じる者，つまりあなたが言っている物事のあり様への無
知，つまりあなたによれば大いなる魂の闇を得て，他の人
を説得しようとしている者たちはどうなのであろうか。

37　バルラアムからの引用

　ここで，われわれ自身の考えで，かの人の考えに反駁し
ているとわれわれが考えないために，彼自身〔バルラア
ム〕の言葉を提示して，明らかに彼がそれに対して反対の

　57）　ニュッサのグレゴリオス『モーセの生涯』2, 11（PG 44,
329B）参照。

第 1 論駁　　　　　　　　　　211

ことを言っている聖人のいくつかの言葉を並べてみよう。
正しく考える者にとっては，すべて〔の聖人〕一つの霊
に動かされた一つの口であることは全く明らかなことであ
る。しかしそれでもなおわれわれは彼らも〔信仰上〕明ら
かに一致しているであろうものを提示しよう。さて修道士
にして哲学者の彼〔バルラアム〕は次のように言ってい
る。「掟の尊守によって不受動心だけは，たとえかろうじ
てではあっても，好ましいものとなる。しかし真理を見き
わめるためには情念から清められるだけでは十分ではな
い。なぜなら不受動心はその状況からして魂の無知を癒さ
ないからである。不受動心は，魂が物事のあり様への無
知，あるいはむしろ全くの魂の闇である，物事のあり様へ
の無知にとどまっていると，可知的なもの（νοήτα）を見
きわめるためには魂にとり何の助けにもならない。従って
哲学する者にとっては，生涯いかにして情念や偽りの考え
から自己の魂を清めるかに注意せねばならない，そして彼
は目的のために役立つかぎりのことをして，両方の清めの
支持を上に仰ぎ求めるのである。だから何らかのことを
知っていると公言するすべての者と生涯学ぶことや話しあ
うことを望むのである。なぜなら彼にとって，ただ彼に知
ることの手助けをしてくれる〔ならば〕，誰が教師である
かは大したことではないであろう。その人は人間にふさわ
しい完全さに達した人であり，一切の真理を通して自己の
知性を確固たる一致のうちに適合させる人だからである」。

38　主要な命令

　彼〔バルラアム〕はこれやそれ以上のことを『人間の
完全性と知恵の獲得について』[58]のあちこちで述べたので

---

58)　この書は伝わっていない，失われたとされている。Cf.,
Antonis Fyrigos, *"Dalla controversia palamitica alla polemica esicastica*

212   第Ⅱ部

あった。彼は言う。われわれの魂は二通りの清めをすべき
である，つまり情念と物事のあり様への無知から，そして
掟を守ることが唯一情念からの清めを与えると彼は言う。
また彼が言うには，それ〔清め〕は「かろうじて」神の掟
に合致するのであり，無知のそれ〔清め〕は学習が与える
と言い，それもこれ〔学習〕は聖書のそれではない，とい
うのはそれ〔聖書〕の学習は掟を守ることのうちに含まれ
るからである。それでもしそういう学習について語った
のなら，何の害もない。というのは偉大なマクシモスも神
の教えとは区別して，徳の行使で同じようなことを言っ
て[59]おり，われわれもまた神の掟を通して魂は情念から清
められると言い，清い祈りにおいては一切の認識は並外れ
た仕方で捨て去られるからである[60]。このように以上のこ
とはそれが卓越しているかぎりにおいて語られるのである
が，それはちょうど天使が携香女[61]に，「彼の弟子たちと
ペトロに，あの方はわれわれをガリラヤに先立ち導かれる
と言いなさい」（マルコ 16：7）と主の復活を告げるごとく
である。ペトロは彼らよりすぐれたものと呼ばれて区別さ
れていても，弟子たちの一団に属しているように，同様に
祈りと聖書の味読は，他のものとすぐれた仕方で区別され
ていても，神の掟に属することであるが，哲学的諸学問で
は埋め合わせにならない。それをよりすぐれたものと言う
なら，不合理なことである。

(con un'edizione critica delle *Epistole greche* di Barllam)", Roma,
Antonianum, 2005, 182.

　　59)　マクシモス『神学的・論争的著作（マリノス宛）』（PG 91,
12A）参照。

　　60)　本書 I-1-20 参照。

　　61)　キリストが十字架から降ろされ，墓に埋葬された後，安息
日の翌日，マグダラのマリア，ヤコブの母マリアとサロメはイエスの
身体に油を塗るため香料を買い，これを携えて墓に行ったため，この
三人の女性を正教会では「携香女」と言う。

第 1 論攷 213

39 バルラアムはディオニュシオスに反対のことを言っている

しかし彼は神の書の学習が魂を完全に清めるとは言わず，ギリシアの学問の〔学習が魂を完全に清める〕と言う。だからもし人が何かを知っていると公言するなら，たとえその人が神を尊ぶ者であれ，そうでない者であれ，清められるためには学ばねばならないと付け加える。そして諸存在についての認識をもたなかった者は不浄で不完全であると明言し，そうした学習こそが救いに導き，浄化し，完全にするものであることを示そうとするのである。かようなことを言う者はすべての教父と教父たちの神と反対のことを考える者であるということは，正しく考える者すべてにとっては明らかだと私は思う。しかし何にもまして神を啓示するディオニュシオス・アレオパギテースを証人としてわれわれの前に呼ぶがよい。神の掟よりいっそう完全なかの人〔バルラアム〕は，他の人々にまさってすべての点でディオニュシオスと一致していると豪語するのだ[62]。じっさい『教会位階論』の第 1 章でこう言っている，「神に似，神と一致することは，神の言葉が教えているように，きわめて尊ぶべき掟への愛と聖なるつとめによってのみ完遂される」[63]。いったい神に似るということ以上に完全なものを見出しえようか。決してそうは言えないし，考えることもできない。しかしこのきわめて完全な人もその点でわれわれと同じことを言っているので，彼の書，『人間の完全性について』の初めを思いおこしてみよう。そこではこう言っているからだ，「完全な人間とは，人間に可能

---

62) バルラアムはビザンティンの宮廷で偽ディオニュシオスに関する講義を行い，好評を得ていた。パラマスはその著『一性と区別』において，バルラアムのディオニュシオス解釈に異を唱えている（伊語訳［3I］註 543 頁）。

63) 偽ディオニュシオス『教会位階論』2（PG 3, 392A）参照。

214　　　　　　　　第Ⅱ部

なかぎり，その魂を神に似せる人のことである」，と。

40　バルラアムの精神は病んでいる

ところでもし神に似ることが完全さということであり，その完全さは愛によって神の掟を聖なる業で果たすことにおいてのみ成就されるのであるなら，認識や学問から，そして生涯学びたいという欲求や，たとえ彼らがエジプト人であれ，スキタイ人であれ，ギリシア人であれ，何かを教えてくれると約束し，認識に寄与するすべての者と交わろうと努めることから生じる浄化と完全さはどこにあるのか。そのような者たちに基づいて浄化を語る者は，明らかに神的な言葉や，それに同意する教父たちにどうして反対していないことがあろうか。掟を守ることから不受動心のみに達すると言う者は──つまりこれは無知を清めない不受動心，また彼が直ちに考えるように，諸存在における真理を照らすことのない不受動心のことで，それはまた「かろうじて」なのだが──，つまり神の掟を通しては清められない無知，つまり最大の魂の闇は本来異郷の教育を通して清められると言う者，その彼はどうして，ギリシア人やエジプト人やそうした論理的学問の発見者たちが，イエスと比べて，それ以上ではないにしても，少なからず，われわれの魂の医者，照明者，また救い主であると考えるのだろうか。しかし知ることを愛する者の魂の思考部分に生じた病気は，このことについてのわずかの言葉で明らかになった。しかしこの哲学者は思考が病んでいるので，その病が何で，どこから病むのかを考えないからといって，それは決して不自然なことではない。じっさいわれわれは病気の原因を見通し，報告するよう試みるであろうが，もし薬を飲むことに同意されるなら，神の助けによって健康を高める薬を調合してみよう。というのは教会のよき肢体が可知的な点で（νοητῶς）分裂しているのを見て，魂が揺

り動かされない者があるだろうか。私としては，そのこと
で，はじめ私の語ったことを誰も信じてくれるようには見
えなかったので，魂に痛烈な痛みを覚えたことを知ってい
る。また書くことで引き受けた辛いことも，私自身，とも
にいた人々にその時こう語ったように，つまり「私はヘー
シュキアを擁護する人々のためではなく，むしろ〔私の〕
反論が向かう先の者のために引き受けたのだ」。そしても
し彼が始めに，互いに言葉を交わすことによって，それら
の考えや，〔われわれの〕兄弟の単純な人々への攻撃を解
消するのがふさわしいと望んでいたなら，このような長い
書物は消え去ったことだろう。しかし今，それがどのよう
に終わるか私にはわからない。だが神に祈り，よりよくな
るよう希望するのである。

41　いかにして真理に達するか

　しかし私は病気の最初の，今ではより遠くなった原因は
放置しておこうと思う。つまりそれらすべての〔原因〕の
うちで最も近接的なものは，病人の言葉で明らかになって
いるものだが，われわれを超える真理の中身と名称だから
である。それは学を好む人を実に恐ろしい仕方でたぶらか
せ，知ることについて貪欲な魂に手にしえないような望み
を引き起こすのである。なぜならその望みがそもそもアダ
ムのうちに神と等しくなりたいという熱望を注ぎ入れたか
らである。というのもかの哲学者はそれ〔知ること〕が救
いに必要なものであり，それなしには完全性はやって来な
いと考え，一切の被造物のうちに拡がる神の真理に適合さ
せて，魂の認識部分を永続的に一致させるからである。し
かし彼はその見解が神の言葉と戒めに完全には結びついて
いないことを見て，創造の理を発見したと考えているギリ
シア人の方を眺め，彼らの学問が魂に完全なものを与えて
くれるとして尊重したのである。というのは彼は，そのこ

と〔創造の理の発見〕が今の世において魂には役立たず，また不可能であることを理解しなかったからである。ソロモンは言う，「なぜならみごもった女の腹のうちの骨組のように，そのように神の業，つまりすべてを作られるその業をあなたは知らないからである」（伝道11：5）。しかしあなたはすでに作ったものは知っているが，これから作るものは知らないのだろうか。ところが同じソロモンはこうも言っている，「人は天が下で作られたものを見出しえないであろう，どんなに苦労して探究しても，知者が知っていると言おうとも，見出すことはできないであろう」（前掲書8：17）。従って異郷の書は創造の見解についてさまざまである。それらはすべて真実ではないということを示して，自らの学問を作り上げた人々もあれば，これらの種々異なった〔見解をもつ〕人々のある一人の者が真実のことだと広言していることを，彼らのどんな学問も示すことは出来ず，あるいは全く考えられもしないのだ。だから神の息吹を受けた者たちから有用さのために啓示されたことによってのみ，真理の疑いなさを証ししない者，また神からヨブに語られたことに基づいて（ヨブ38-41），神の被造物のうちにある知恵は把握しえざるものであることを考慮しない者，しかし異郷の知恵から，一切のものを通して到達した真理を正確に理解すると考えている者は，自らを隠し，認識の家を砂の上に，あるいはむしろ次々と打ち寄せる波の上に築いたのだ。そうした者はそれほどのことがらを言葉の巧みさによって，つまり，常に本性的に他の言葉を巧みに用いて投げ倒すと信じているのである。そのような知者は愚者に似ており，その恐ろしさは小さくなく，主の譬えによるなら大きな破局を蒙るだろう（マタイ7：24-27）。それゆえ誤りの原因というものは，もし私が真理

第 1 論攷　　　　　　　217

を目指すなら，真理のこの部分である[64]。ところで残るところは浄化のための飲み薬を調合することである。

42　解　決

しかし病者が苦痛なく薬を服用することも考慮するなら，われわれはそれが全く不可能なために，先には禁じたことを認めよう。だから創造の真の理を異郷の学問から見出すことを認めよう，また彼らが聖書からわれわれに前もって示されていることに従っていることを，また「諸々の霊の神」（民数 16：22）なるキリストのみを諸々の霊の医師として彼らが信じていることを，そしてキリストの掟への愛と遵守においてのみ，彼に似ること，つまり魂の健康と完全性が成就すると信じていることを評価しよう。ところでわれわれはする必要もないのに彼らに譲歩して，彼らに同意し，また彼らが拒否できないことがらを要求したので，さあ，この同意からどんな結論が出てくるか見てみようではないか。それはまさしくこういうことだ。つまり認識と教えにおける救いのための完全さとは，預言者や使徒や端的にすべての教父たちと同じことを考えることであって，彼らを通して聖霊は，神とその被造物について語ったことを証しするのである。聖霊によって見すごされたこと，他のものによって見出されたことは，魂の救いにとっては，たとえそれが真なるものであっても，無用である。なぜなら有用なもののいかなるものも聖霊の教えが見過ごすわけはないからである。だから〔聖霊によって〕見逃されたもののあるものに不賛成の意を表す者をわれわれは咎めだてしないし，このことに関してより優れた知を

　64）　伊語訳［31］註によれば，どんな誤り（たとえばこの場合ならギリシアの諸学問）のもとにもいくらかの真理はある。重要なことは啓示の真理に仰がず，パラマスの言う異郷の学問からすべてのことを判断しようとする態度が問題である。

もっている者を幸いなものともしないのである。

43　真の知恵はキリストにあり

しかしキリストはかの救いのための認識の完全さにわれ
われを導きつつ、「もしあなたたちがモーセを信じるのな
ら、私をも信じるのである」（ヨハネ 5：46）と言われた。
そして聖書のうちに永遠の生命を見出すためにそれ〔聖
書〕を探究するよう命じたのである（ヨハネ 5：39）。とこ
ろで認識そのものは完全で、またこのように生じるものだ
が、完全さのための行為は必要でもなく、多くの労苦も要
らないのだろうか。従って金口の神学者ヨアンネスは主に
ついて、主は教えについてはわずかしか語っていない、な
ぜならそれは苦痛を要しないからで、むしろ至る所でしば
しば生命について語っているのである、と言っている。彼
は言う、「なぜなら法や預言者は、他者がわれわれにして
ほしいと望むものを、われわれが他者になすためにあるの
だからである」[65]。

　人のなすべきところを区別するものは認識であるから、
それをわれわれは行為する際に必要とし、神に似た、完全
な人間はそれを必ず獲得すべきである。主はわれわれをそ
の認識に向けて導き、さらにこう言って命じられる、「蛇
のように賢く、鳩のように素直であれ」（マタイ 10：16）
と。〔主〕は賢明さを伴った悪しきところのない習慣を導
入し、愛の業は自制と離れることがないので（マタイ 25：
1 以下を参照）、思慮深い乙女たちを花婿にふさわしいと考
えたのだ。しかし認識そのものは実践がないと役立つとこ
ろがないであろう。「賢明さはそれをなす者にはよいこと」

　65）　『マタイ』7：12 に基づく。クリュソストモス『マタイ福音
書講話』23, 5（PG 57, 314）、『ヨハネ福音書講話』4, 4（PG 59, 50）
等を参照。

（箴言 1：7，七十人訳）だからである。だから主も「〔命じられた〕ように為しているのを見られることになった」，かの思慮深い召使いを幸いな者と呼び，そして知っていながら為さない者は「何度も鞭打たれるだろう」（ルカ 12：42-48，マタイ 24：45-51 を参照）と言い，思慮深い者たちの組に主の言葉を聴いて行う者を入れている。しかし主の言葉を聴いて行う者は，約束によって（ヨハネ 14：23）彼自身のうちに，掟を課す者を所有する。彼〔主〕は知恵そのものであり，一切の真なる認識を含むからである。従って神の掟を守ることによってそれを自らのうちに所有する者は，聖書の学問はもはや必要ではなく，それがなくてもすべてを正確に知り，〔洗礼者〕ヨハネやアントニオスのように，学問に従事する者の信頼しうる師となろう。

44 聖バシレイオスの証言

われわれにとって本当に完全で救いにかかわるものは，神の働きによる掟からわれわれが学ぶ真理のこの側面である。それについての報酬，あるいは報酬の担保を，パウロは「奪いとられること」あるいは「天を超えて上げられること」と呼び（2 コリント 12：2 を参照），他方でキリストは彼自身と父の「臨在」，「滞在」，そして「顕現」（ヨハネ 14：21-23）と呼んだ。なぜならたとえ違ったふうに語られたとしても，秘義伝授されたものにとって，それが一つのものであることは不分明なことではないからである。というのは至るところに現存する力は別のところから別のところへ到来するわけではなく，どこにもないものはどこかにとどまるわけではないからで，つまりこうである。すなわち一方は彼〔キリスト〕がわれわれの方へ来臨し，滞在することであり，〔他方は〕啓示を通してわれわれが彼〔キリスト〕の方へ上昇することである。だからそれは認識ではなく，過剰な仕方で無知であるということをわれわ

220   第Ⅱ部

れは後に示すであろう。今はしかし，語られたことに加え
て，救いと聖性の成就に向けて，被造物のうちにある諸々
の理の認識と真理がそれ以上必要でないことの証拠を導き
出すべきだとわれわれは考えている。だから諸存在の認識
を正確に身につけた偉大なバシレイオスを引き合いに出そ
う。というのは彼は完全な心のうちで，詩編作者を通して
証言された真理を（詩編 14（15）：2）正しく識別して，こ
う言っているからである，「真理の二つの意味をわれわれ
は見出した。つまり一つは幸いな生を送る人々が把握する
もので，もう一つは世界のうちのかくかくしかじかのもの
についての健全な知である。前者は救いにかかわる真理に
寄与し，完全な人間の心のなかにあって，隣人にそれを混
じり気なく伝える。地や海，星々や，それらの運動や速さ
については，たとえそれらのもののうちにある真理をわれ
わらが知らなくとも，われわれにとって約束された至福に
達するのに何の妨げにもならない」[66]。

―――――――――
　66）　バシレイオス『詩編講話』14（PG 29, 256BC）参照。

第2論攷

祈りについて

1 祈りに対立する肉の知恵

ところでこの哲学者〔バルラアム〕は，福音から来る利益と比べて，異郷の教育から来る利益に大きな評価をしない者を——この利益は福音に従って生活する者に今や付け加わり，誤りのない約束ゆえに望まれるところのものであるが——，誹謗するために長い文章をものするほどに，かくも容赦なく非難している。〔つまり〕彼のそうした教育への愛から，「知ること」への最高の状態へ上げられたのだと言えるかもしれない。というのは，かの人々はキリストの掟だけを価値あることとし，そうしたことだけをすべての人に勧めている。すなわちそれだけが人間の魂を聖なる働きで神に似たものとし，完全なものとし，〔その魂をして〕神の働きをなさしめるからである。そしてまた彼らは言論や言論のうちにある哲学を地上的なものよりも上に置かず，パウロのように，そうしたものは「肉的なもの」（2コリント1：12）で，「この世の」（1コリント1：20）知恵であると言う。また彼らは，ギリシア人の間のかの哲学の護り手を，創造という神からの学校を，神に反して使用しているとして，避けるべきものであることを，またそれが知恵のない知者であることを示している。見受けるところ，この哲学者はその愛すべき少年〔学問研究のこと〕の

ために嘆いているようだ。というのは人がそれに大きな価値を認めていないからで，また彼もその価値を共有するはずのものだったのであり，それによって哲学に因んで〔哲学者〕と呼ばれ，それだけが明らかに生涯をかけた熱心さによって実った報賞なのである。われわれの「理にあった」（ローマ 12：1），いやむしろ霊的な「礼拝」，つまり祈りに対して，またそれをすべてにまして価値あるものとする人々に対して，どんな仕方で扇動するのだろうか。このような人々は生涯ヘーシュキアのうちに，煩うことなくそれに身を捧げ，その経験で，初心者を天使的で世界を超えた奉神礼に導いているのに，沈黙を選んだ者にどのように反論するのだろうか。評価されることを選ばない人に対してどんな妬みを抱くのだろうか。競技場からはるかに離れて座っている人を，〔走路を〕行き過ぎたと，どうして考えるのであろうか。しかしそこで哲学のために彼がなした戦いにおいて，修道士であり，哲学者たる彼は明らかに修道士に，しかも尚存命中の修道士に反対しているが，そこで，その論ずるところにおいて，天に向けて移住した教父たちの言葉を明らかに示して，どういう感情によってか知らないが，彼らを拒否するために，大きな戦いをしかけているのだ。

2 ニケフォロス，ヘシュカスムの師

何にもまして，彼〔バルラアム〕は祈りについての聖なる証聖者ニケフォロスの書物に対し，激しい言葉という武器をもって戦いを挑んでいる。このニケフォロスは正しい信仰告白を表明し，それによって，ラテン人のように考える皇帝パライオロゴスにより，はじめ国外追放の断を下された[1]。ニケフォロスはイタリアの血を引くが，かの人々

---

1) ニケフォロスは 13 世紀のイタリア人（南イタリア出身）。

第 2 論攷　　　　　　　　　223

の異端的考えを退けて，われわれの正教会に加わった人である。彼はその父祖の〔ならわし〕をもちながらその父祖伝来のものを拒否し，彼自身の国よりわれわれのそれを大切にしたが，それはわれわれのところでは「真理の言葉を正しく伝えている」（2 テモテ 2：15）と考えたためである。彼はここに来てから，非常に厳しい生活，すなわち隠修士のそれを選び，また住居として，聖性という名をもつ場所，すなわちこの世と世界を超えたところの境にあるアトス山（徳の炉辺）を選び，そこに切に住みたいと望んだ。そこでまず彼は選り抜きの教父たちに従い，服従をよく承知していることを示した。長い時間をかけて彼らに自らの謙虚さを立証したあと，彼は彼らから技の枝，すなわちヘーシュキアの経験を受けとり，理性的な世界において，「悪しき霊との戦い」（エフェソ 6：12）に備えている人々の頭となった。彼は彼らのために教父の助言の選集を編んだ。その中で彼は霊的な戦いに備え，戦いの手段を調え，戦いの報賞をあらかじめ示し，また勝利の栄冠を素描している。次いで，それに加え彼は多くの初心者がその知性（ヌース）の不安定さをうまく御しえないのを見て，知性がふらふらさまよったり，想像に耽ったりするのをうまく押える方法を提示したのである。

3　バルラアムとヘシュカスムの伝統

さてこの哲学者〔バルラアム〕は彼〔ニケフォロス〕に対してその多様な想像から生まれた考えを投げつけた。そ

『心の覚醒と監視について』の著者（PG 147, 945-）。『フィロカリア』所収（邦訳，第 7 巻，39-58 頁）。パラマスがヘシュカスムの師と仰ぐが，伊語訳 [31] 註（559 頁）によれば，彼は同じ南イタリア出身のバルラアムとは正反対で，同じ土地出身でもかくも異なった精神をもつことが示されている。言及されている皇帝はミカエル 8 世（1259-82 年），リヨン公会議（1274 年）でローマ教会との和解を模索した。

れはあたかも何か火が木材をなめ尽くすかのように，彼を
阻止しようとする者に〔投げつけたのだ〕。彼〔バルラア
ム〕はかの幸いな信仰告白やそれゆえの追放を尊敬せず，
また追放の間にかの人と出会った人々や，かの人によって
神について教えられた人々をも尊敬しない。彼らこそ教会
にとっては「地の塩」（マタイ 5：13）であり，「世の光」
（マタイ 5：14）であり，輝く光よりも明るいもの，「生命
の言葉を所持している者」である——つまりフィラデル
フィアの町の門灯として輝いたかのテオレープトスや修道
士の師，セリオーテスやまた〔預言者〕エリアにならって
ほとんどの生涯砂漠を慈しんだエリア[2]や，その人々のお
かげで神が自らの教会を引き上げて，美しく，また堅固な
ものとした他の人々のことをあなたは聞いている——。と
ころでこうした人々やまたかの人々によって教育され，今
もなお同じ指導を受けている人々を通しても，彼〔バルラ
アム〕はかの人〔ニケフォロス〕対してかけられた嫌疑の
よからぬ言葉を捨てるよう説き伏せられなかった。ならば
せめて，まったくふさわしい仕方で称賛できないであろう
人を，長々しい文章で蔑ろにしないでほしいものだ。しか
しまさしく彼によって単純な仕方で，また粗雑な仕方で編
まれた書物が，彼をして反論に至らせ，その書物から彼は
足がかりを見出すことができたのである。さて今，神学者
の文章を引用してみよう。「われわれにとって知者という
のは，言葉での知者ではなく，よく回る舌や無知な魂を
もっている人ではなく，たとえば外側は飾られてはいる
が，内側で死体が腐っていやな臭いを隠している墓のよう
ではなく，その生涯によって信に値する言葉を示し，魅
力のない言葉を行為によって飾る人のことである」[3]。しか

---

2)　これらの人名については本書 I-2-12 の註を参照。
3)　ナジアンゾスのグレゴリオス『講話』16, 2（PG 35,

第 2 論攷　　　225

し，件の知者は，われわれが後ですぐ明らかに示すように，まずその意味を曲解することなく，この単純な言葉を身に引き受ける力はなかったのである。

4　感覚と祈り

さて彼〔バルラアム〕は〔その著の〕始めから終わりまで思惟的・霊的祈り（προσευχή νοερά）について教えているので，われわれはその教えを簡略に前もって考慮に入れておこう。というのはそのような教えは，言葉巧みに，経験のない多くの人を欺くが，適切な仕方で真の祈りを味わった者は誰も欺かれないからである。じっさいそれが教父たちの教えと一致していないことを示すために，われわれは彼のその教えをよく調べよう。なぜなら彼は教父たちに同意するところから始めているが，彼らとは全く反対の方向で終わっているからである。始めに彼はこう言っている，すなわち「祈りに励む者は感覚に静寂さを与えねばならない」，と。そして，このことによって，彼が教父たちと一致していると言って，聞いている者を欺いている。さらにまた，魂の情念的部分を，その力が決して働かないように，その上，魂と身体に共通のすべての働きが作動しないように，完全に殺さねばならない，と結論する。また，「そうした〔働き〕の各々は祈りにとり障害になるが，特に何であれ強い力に与ったり，快や苦痛をもたらしたりするかぎりにおいて，さらに感覚のうちの最も厚く，非理性的なもの，つまり触覚に関係する場合には特にそうである」[4]。それゆえこのようなことを告発する人に対しては，次のように言うのかもしれない。つまり思惟的な祈りに励

936D-937A）参照。

　　4）　バルラアム『第 4 書簡（ヘシュカスト・イグナティオス宛書簡）』（Fyrigos 版 370，Schirò 版 315）参照。

む者は，断食や徹夜や跪いたり，地面に寝たり，その上直立したり，そうしたことをすべきではない，と。なぜなら痛ましいまでにそうしたものはすべて触覚を強いて働かせ，彼が言うでもあろうように，祈る魂に騒々しさをもたらすが，どこからも魂はかき乱されてはならないからである。さらに彼は言う，「もしわれわれが視覚や聴覚といった，感覚のうちの最も非物質的で，最も〔他から〕影響の受けにくく，また最も理性的なものを，祈りにおいて軽々しく見，すべてにおいて全く厚く，非理性的な触覚を認め，その感覚に即してともに働くことを受け入れるなら，それは不条理なこととなろう」。というのは彼は哲学者ではあるが，それ〔感覚〕自身のうちにある身体的能力を色々の仕方で分有しているものが，外界からそこへやって来たもののみによって動かされているわけではないというような，感覚のうちにある違いを見てとらなかったからである。非物質的な祈りから物質的な感覚に生じたことを説明したいと思っているわれわれにとっては，それに即した最も完全な状態と，そしてわれわれの仕事の目標がただ一つであることが必要であった。しかし，「祈る者に祈りを与える者」[5]（七十人訳の一列王2：9〔1サムエル2：9〕）はそれらについて語る者に，当面の目標に見合った説明をしてくれることであろう。

5 すべての感覚が捨てられるわけではない

ところで外からの活動によって引き起こされた感覚を，われわれが内面に帰っていく時には静めなければならないが，魂の状態によって，しかもそれが善い状態によって整えられるものの場合には，どうしてその必要があるのだろ

---

5) ネイロス（エヴァグリオス）『祈りについて』58（PG 79, 1180A）参照。

うか。自分のうちに生じたことを自分のもとから追い出す
のに，いったいどんな手段があるのだろうか。いったい何
のためにそれを追い出そうと努めねばならないのだろう
か，それは決して邪魔することなく，かえって最大限内面
の状態に呼応してともに働くものであるのに。なぜなら，
われわれに結びついているこの身体は，神からわれわれと
ともに働くものとして結び合わされ，あるいはむしろわれ
われに従うものとされている。だから反抗するならそれを
退け，そうあるべきようにふるまうなら，われわれは受け
容れるからである。聴覚と視覚は触覚よりもより清く，よ
り理性的なものであるが，外から視覚や聴覚が捉えるもの
が快く響かなかったり，形がゆがんだりしていないなら，
全体として人はそれらのどんなものも気にしたり，そのた
めに苦しめられたりはしないであろう。しかし身体は，断
食の行をしたり，外から栄養を身体に与えたりしない時
は，触覚によって苦痛を受けるのである。このために，外
から内面へと自らを集中させる者は，内面に留まるかぎ
り，外的な対象の存在がないと働かない感覚を，そのよう
なものに即した働きから遠ざけるが，しかし外的な対象が
存在しなくても働く〔感覚〕は，どのようにしてそれらを
無為にするのであろうか，それも特に，こうした感覚が目
下の目標に向かっている時には。触覚にとっての辛い感覚
そのものが思惟的な祈りをする者にとって最高に役に立つ
ということを，感覚との戦いを適切に行った者はすべて
知っており，彼らにとって言葉はそれほどの役に立たない
ことを経験で知っている。彼らは言葉だけでそうしたこと
を探究するということをよしとしない。それは「傲慢でふ
くれあがった知」（1コリント8：1）だと彼らは言ってい
る。

6 身体的苦痛は祈りに導く

　それでも真実に思惟的に祈りをなすほどの者は，情念から解放されねばならず，何らかの妨げになるような物事との関係を振り落とさねばならないなら——というのはこうして煩わされることのない，清い祈りを手にすることができるからだが——，まだ依然としてその域に達していないが[6)]，しかしそれへと急ぐ者は，生の愉しみを踏み越え，完全に情念を取り除かねばならないのである。なぜなら身体（$\sigma\tilde{\omega}\mu\alpha$）の罪に傾きやすい部分（$\tau\grave{o}\ \acute{\alpha}\mu\alpha\rho\tau\eta\tau\iota\kappa\grave{o}\nu$）を殺さねばならず（すなわち情念を取り除くということである），しかし理性的部分（$\tau\grave{o}\ \lambda o\gamma\iota\sigma\mu\acute{o}\nu$）は理性の世界で動く悪しき情念を制御せねばならない（すなわち生の愉しみを踏み越えるということである）からである。もし事態がまさにそういうことであるなら，そして情念に支配されていて，われわれがいわば唇の端にも思惟的な祈りが味わえないなら，祈りに注意を払うために，断食や徹夜や他のものを通して，触覚にかかわる苦痛が絶対に必要となろう。これによってのみ[7)]，身体の罪に傾きやすい部分が死に，獣のような情念を動かす想念（$\lambda o\gamma\iota\sigma\mu o\acute{\iota}$）が中庸を保ち，弱くされるからである。しかしそれだけではなくて，それはまず，はじめに聖なる改悛（$\kappa\alpha\tau\acute{\alpha}\nu\upsilon\xi\iota\varsigma$）をもたらし，それによって過去の清からざる汚れをぬぐい去り，何にも増して，神の恵みを得，心から懇願するよう仕向けるのである。というのはダビデ（詩編50（51）:

---

　6)　定本註（512頁）によれば「アパテイア」の状況にまだ達していないことを指す。

　7)　〔1Fr〕（メイエンドルフ）はこれを苦痛ととるが，原文は（$\delta\iota'\alpha\upsilon\tau\tilde{\eta}\varsigma$）で代名詞女性の単数形，一方苦痛（$\check{\alpha}\lambda\gamma o\varsigma$）は中性，しかしここは苦痛について問題としているので，〔1Fr〕にならう。因みに〔1I〕は solo in questo modo（こういうやり方でのみ）で一般化してとっている。

19）によれば，「神は打ち砕かれ悔いる心を無みされない」
とあるし，神学者グレゴリオスによれば，「苦しみによる
以上に神によく仕えるものはない」[8]からである。従って，
主は福音書の中で断食と結びついた祈りは偉大なことができ
きる（マタイ 17：21，マルコ 9：29）と教えたのである。

7　身体的感覚は祈りに結びつく

だからして「無感覚」（ἀναλγησία）ということは祈り
を無効にするものであって，教父たちはこれを「石化する
こと」と呼ぶのである。しかし，彼〔バルラアム〕は，触
覚の苦痛を，実際にそれを知っている者に反対して，空
しい言葉で哲学した最初の人ではないのか[9]。じっさい教
父のある者たちは，断食が祈りの本質であると言明した
のだった[10]。彼らは言う，「空腹は祈りの材料である」[11]と。
他の者たちはそれが祈りの「質」であると言った。改悛の
ない祈りは，質をもたないことを彼らは知っていたのであ
る。このように言う，「渇きと徹夜は心を搾り出す。心が
搾られると，涙が湧いてくる」[12]。さらに「祈りは涙の母で
あり，また娘でもある」[13]。あなたは，この触覚の苦しみが
祈りの妨げにならないだけではなく，特にそれと協力する
ものであることがわかるだろうか。祈りがその娘であり，
また母でもある涙とはいったい何であろうか。「幸いな悲
しみ（πένθος）[14]」を味わう者にとって，それは本性的に

8）　ナジアンゾスのグレゴリオス『講話』24（聖キプリアヌス讃
11）（PG 35, 1181B）参照。

9）　定本では終止形だが，〔1Fr〕に従い疑問文ととる。

10）　ヨアンネス・クリマクス『楽園の梯子』6 および 18（PG
88, 796B, 932B）参照。

11）　同上，14（PG 88, 865D）参照。

12）　同上，6（PG 88, 865D）参照。

13）　同上，28（PG 88, 1129A）参照。

14）　「ペントス πένθος」については本書 I-3-33 の註を参照。

苦痛で，苦く，また傷つけるものでなく，しかしそれを十分に喜ぶ者にとっては，甘さと無痛に変るのだろうか。身体の働きで生じたもの，また感覚にとっての喜びや苦痛であるものは，いったいどうして祈りをないがしろにしないのか，あるいはむしろどうしてそれらは祈りを生じさせ，また祈りによって生ぜしめられるのだろうか。「もしも，あなたの祈りの中で，涙を得るなら，神があなたの心の眼に触れ，あなたは思惟的にそれを見たのである」[15]と言われているのに従えば，どうして神はそれらに恵みを与えるのか。

8　神との一致

　彼〔バルラアム〕は言っている，「しかしパウロは第三天にまで引き上げられたが，体のままか，体を離れてかは知らなかった（１コリント 12：2）。というのは彼は身体に関することすべてを忘れていたからだ。それゆえもし祈りによって神のもとへと強く押された者が，身体に関することに無感覚になるのがふさわしいとしたら，神のもとへと強く押された者がそこから解放されるような神の賜物とはいったいどんなものであろうか」。しかし，神との一致へと強く押された者は身体の働きだけから解放される必要があるのではなく，偉大なディオニュシオスによれば，思惟的な働きや一切の神の光，そしてすべての聖なる頂きへの上昇一切をも捨てる必要があるのだ[16]。ところでそうしたもののいずれも神の賜物ではなく，一切の聖なる頂きへの上昇でもないのだろうか，なんとなれば，神との一致へと強く押された者がそれらを捨て去るのがふさわしいのだか

---

　15)　隠修士マルコス『霊的な法について』12（PG, 65, 908A）参照。邦訳『フィロカリア』第 1 巻（223 頁。『フィロカリア』では 12 ではなく，15 になっている）。

　16)　偽ディオニュシオス『神秘神学』1, 3（PG 3, 1000C）参照。

ら。彼は言う,「それらはどうして恵みから来るのであろうか,人が神と一致する思惟的な祈りの間にそれらを感じないのであるなら。それは空しいものとなろう,だが神からのものは空しいものはない」。人よ,あなたは空しい話を好んで,われわれをそのような話に引きずりこんでいる,そしてそのようにして神との一致を,偉大で,必然的なものを凌駕するのではなく,空しいものだけを凌駕するというほどに,とるに足りないものと考えているのだろうか。またその一致が実現すると,そこにないものは空しいと考えているのだろうか。あなたが自分自身を空しいもの以上の状態に置かなかったことはまったく明らかである。というのは,もしあなたがそれを超えて立つのなら,神への一致は有益なものをいかに超えるかを知ってもいるであろうに。

9 霊から生まれた者は霊である

しかしあなたはそれほどまでに空しいことがらにとどまることを好み,祈りについても知ることなく,空しい話にこれほどの時間をかけ,心の中のこの霊的な恵みは「それ自身のうちに心の幻影をもたらす想像」であると言っている。そうしたもの〔恵み〕にふさわしいとされた者は,それが想像の産物ではないこと,われわれによるものではないこと,今あったり,今なかったりするものではなく,恵みから生じて,魂と結びつき,魂の中に根づいた疲れを知らない働き,また知性をそれ自身へと引き寄せる聖なる喜びを生み出す源であり,多様で物質的な想像の産物から引き離し,一切の身体的な快さと仲違いするよう心掛ける,ということを知っている。「身体的な」と私が言うのは,身体的快楽から思念に達し,甘美な装いをもってそれと交わり,それらの思念を引き下げるもののことである。しかし霊的なよろこびに満ちた魂から身体へと渡ってくる

ものは，たとえ身体に作用するものではあっても，霊的なものである。というのは，ちょうど身体から知性に来る愉楽はこれに身体的な形を与えるが，より上位のものとの交わりによってもよりよくなることはなく，むしろそれにより劣ったものを分与するように——例えば人間はそのために全体として「肉」と言われるが，それは怒りで神から洪水が引き起こされたことについて，「私の霊はかの人間らにはとどまらない，彼らは肉であるからだ」（創世記6：3）と言われているのによる——，そのように知性から身体へ来る霊的な愉楽は，身体と交わっても，それ自身劣ったものとならず，身体を変容して，霊的なものとなし，肉の悪しき欲望を拒絶し，魂を引き下げないで，それとともに引き上げられ，「霊から生まれた者は霊である。」（ヨハネ3：6，8）と書かれてあるのによれば，そのとき人間は全体として霊である。こうしたことすべては経験によって明らかとなる。

10　魂と身体のよろこび

しかし言葉で論争したり，議論を好んで反論したりする者に対しては，「われわれも，また神の教会も，役に立たぬ言葉を弄するような習慣をもち合わせていない」（1コリント11：16）と言っておけば十分であろう。われわれが尊ぶのは実効力のある言葉であり，理にかなった行いである。しかし彼はあのような言葉を文書にも委ねた以上，彼が多くの人のうちだれかを騙したり，聖なることを言っているふりをしたり，誤りに導かないように，われわれもまた文書によって，真理を明らかにさせ，嘘を論駁する。それもあることについては短い，しかしより必要なものについてはより長い文章を用い，至る所でこの新しい無為の師に対立する者として教父たち〔の見解〕を示して見せる。彼は，身体による善い行為を厄介なものとして排除した後

で，身体のうちに明示されている霊的な状態を，神の息吹を受けた聖書全体にはそうしたことがらが満ちているにもかかわらず，当然受け容れないのである。というのは〔聖書は〕このように言っているからである。「私の心と私の肉は生ける神に向かってよろこびおどる」（詩編83（84）：2（3））とか，「私は彼に希望をかけ，救いを受け，そして私の肉は成長した」（詩編27（28）：7）とか，「あなたの言葉は私の喉に何と甘く，私の口には蜜以上に〔甘い〕ことか」（詩編118（119）：103）とあるからである。聖イサークは，祈りの言葉がその者の口には甘くなると，それが進歩のしるしであると，感覚的な口について，彼が言っているのだとはっきりと示している[17]。一方聖ディアドコスは言う，「われわれのうちに生じる聖霊の働きは，魂の感覚は一つであることを教える。もし来たるべき善を希望することによって，少なくともこの生の善きものを捨て去る者でないならば，それを誰も知ることはできない。というのは知性は，思い煩うことを通して，この善きものに向け力強く動かされて，神の厚情を言い表しえぬ仕方で感受し，その進歩の具合に応じて，それ自身の〔受けた〕厚情を身体に分与するからである」。これはまたダビデも次のように言っている通りである，すなわち「私の心は彼に希望をかけ，救いを受け，私の肉は成長した」（詩編27（28）：7）。そのとき魂と身体に生じたそうした喜びは，「不滅の生の誤たない記憶である」[18]。

11　神の賜物

しかしながらかの哲学者は，来たるべき世のあの担保

17）　ニネヴェのイサーク『講話』31 参照。

18）　フォティケーのディアドコス『百断章』25, 邦訳『フィロカリア』第 2 巻，211 頁参照。

234 第Ⅱ部

（2 コリント 1：22，5：5，エフェソ 1：14 を参照），不滅を思い起こすこと，至聖なる霊の働きは，神を原因として生じたということを受け容れないし，ましてや思惟的な祈りによるものではないと言っている。聖霊の働きによって身体に生じた変化は神からのものではないと彼が言う理由は，ほぼ四つである。第一は，「神の賜物は最も完全なものである。祈りの時，魂が，感覚を超えたものであることは，どのようにしてであれ感覚に即して働くことよりもよいことである。だから，かのもの〔賜物〕は最も完全なものではない。というのも，それよりも何かもっとよいものがあるから〔だが，そうなると〕それは神からのものではない」。では何か。使徒によれば，異言を語るより預言する方がよい（1 コリント 14：5）のであるから，異言のカリスマは神の賜物ではないということだろうか。愛（アガペー）はカリスマのうちで最も完全なものであるから（1 コリント 13：13），他のものではなく，それだけが神の賜物なのであろうか。それは預言でもなく，力でもなく，救いでもなく，導きでもなく，癒しのカリスマでもなく，霊のうちなる知恵と知識の言葉でもなく，霊の識別でもないのか。しかし預言をしたり，癒したり，識別したり，またたんに神の霊から賜物をもらった者には，各人に応じて大なり小なりのカリスマが与えられている。つまり，パウロもまた誰よりも異言を語ることで神に感謝しているが（1 コリント 14：18），それをより少なく持っている者も，神の賜物をもっているからである。というのも同じ使徒は，「より強い〔聖書原文はもっと大きな〕カリスマを求めなさい」（1 コリント 12：31）と言っているが，より少ないものもあるのである。というのはもし「星もその輝きにおいて」，つまり光の豊かさにおいては「他のものと異なる」（1 コリント 15：41）としても，どの星も輝かないものはないからだ。哲学者の提示したこと——それによって

第 2 論攷　　　　　　　　　　　　　　　　　　235

ヘシュカストを攻撃しているが――，つまり神の賜物は最
も完全なものであるということは真実ではない。そしてし
かも使徒のうちなる神の兄弟は，「すべての完全な賜物は
上から来る」（ヤコブ 1：17）と言っており，「最も完全で
ある」とは言っていないのだ。しかし，この者は自分自身
で聖書に付加しようと企て，そうしたことを行為によって
知っている者に対して当然のことながら反対したのであ
る。では彼に尋ねてみよう。聖人たちは来るべき世に神を
観想することで，無限にまで進んでいないのだろうか。無
限にまで進んでいるということは全く明らかである[19]。と
いうのは天上のことがらを解釈したディオニュシオスは，
天使たちも，かつて得たものに基づいて，より明るい輝き
に向け受け容れ可能な状態に完成されて，常に前進して，
それを受け取るのだと伝えているからだ[20]。しかしわれわ
れは，世の始めからこの世で，そのような恵みを受けた者
のうち，さらにそれ以上完全なものを欲求する者について
知らないし，また聞いたことさえない。さてもしそれを手
に入れた者の望みはとどまることなく，かつて与えられた
恵みはより優れたものを分有すべく彼らに力を与え，他
方，自らを与える者は無限で，豊かに十全に導くのなら，
恵みから恵みを手に入れ，喜びに満ちて，疲れを知らずに
上昇していく以上，来たるべき世の子らはそれ〔神の観
想〕において，無限にまで進まないで放置されるのであろ
うか。従って，「すべての完全な賜物は上から来る」ので
あるが，それは最も完全なものではない。なぜなら最も完
全なものは付加を受け付けないからである。

―――――――――――

19)　死後の進歩についてはアレクサンドリアのクレメンス『ス
トロマテイス』7, 3（PG 9, 416C-428A）参照。

20)　偽ディオニュシオス『天上位階論』4, 2（PG, 3, 180A）を
参照。

12 身体の神化

　以上が哲学者の第一の議論である。第二のものはそれより高尚なものであって，「魂の情念的部分と身体に共通の働きを愛することは，魂を身体に釘付け，闇で満たすことである」というものである。しかし魂と身体に共通した働きではないいかなる苦痛，いかなる愉楽，またいかなる運動が身体にあるだろうか。しかし私には，この哲学者が普遍的でないことがらについて普遍的であると意見を述べて，思慮を欠いた仕方で一票を投じているように思える。というのは，霊を肉に釘付けしないで，肉を霊に値するほど近くにまで引き上げ，肉も上方に向かうよう説得する幸いな情念（πάθη）と魂と身体に共通の働きがあるからである。それらは何か。それらは，先にもわれわれが言ったことだが，身体から知性に赴くのではなく，知性から身体に降り，活動・働き（ἐνέργημα）や感情（πάθημα）によってよりよいものに変容させ，神化する，霊的なもの（αἱ πνευματικαί）である。というのは神の受肉したロゴスの神性は身体と魂に共通であって，それは魂を介して肉を神化し，それを通して神の業も成就するように，霊の恵みは，霊的な人にあって，魂を介して，身体に移されて，神的なことがらをその身に受けさせ，魂において神的なことがらを体験したのと共通の体験を幸いにももつようにさせるからである。その魂は神的なことを身に受けたので，おそらく讃えられるべき，また神的な情念的部分（παθητικόν τι）を有している。いやむしろ，われわれのうちにおいて情念的部分は一つであって，本性上そのことを成し遂げるのである。さて〔この神的な情念的部分が〕このような幸いな活動性（ἐντελέχεια）のもとに入ると，身体を神化する（θεουργέι）。しかしそれは身体的な，また物質と結びついた情念から動かされるのではなく，たとえもしそうした経験のなかった者にはそう思えようとも，

むしろ身体は自分自身の方に向き直って，よからぬ状態を捨て，自分自身によって聖化と取り去りえない神化を吹きこむのであって，その明らかな証拠は聖なる奇跡行者の柩である。〔殉教での〕主役たるステファノスは，まだ存命中，「その顔は天使の顔のように輝いた」（使徒言行録6：15）のである。それでは身体は神的なことを体験したのではないのか。この体験とそこでの働きは魂と身体に共通ではないのか。彼らの共通のこの体験は，哲学者が言っているように，魂を地上の身体的思考に釘付けず，その闇で満たさず，神との何か言い表しえない結びつきと一致であって，また身体そのものを驚くべき仕方で，悪しき，かつ地上的な情念から取り去るのである。すなわち「神の力は地上から荒々しく引き上げられた。」（詩編46（47）：9）と預言者が言っているように。そうしたことどもが，生涯，聖なるヘーシュキアを聖なる仕方で好意をもって奉じていた者の身体において成就した言い表しえない働きであると，あなたが聞いているものであって，それらの働きにおいて理に合わないと思えるものは，理性よりも勝っており，また理性によってそれらを探究するが，実践やそれによる経験において知識を求めない者よりも優れており，そして理性を凌駕しつつ，理性〔的認識〕を免れているのである。彼が，理性を超えて真理を受け容れうる唯一のものたる信を導入しないなら，聖なるものを聖ならざる仕方で取りあげ，聖なるものを聖ならざる仕方で粉々にしてしまうことであろう。

13　身体は恵みの伝達に与る

なぜならこの後で，彼は，先に私が言ったことだが，その途方もない強奪（ἁρπαγή）が「身体においてか，身体を離れてであったか」知らないと言っている使徒（2コリント12：2。II-2-8を参照）を，霊は身体に関することを

すべて忘れさせると〔われわれが言っている〕という理由
で，われわれとは別の方向に向けている。哲学者は言う，
「もしそれがすべてのことにかかわるならば，私の尋ねた
ところの，ヘシュカストのうちに成し遂げられた，言い表
しえない甘さと熱を，聖霊が到来すると，忘れさせるが，
しかしそれらを生み出さないであろう。というのは，もし
彼らに起こったことが神の賜物であるなら，必然的に，真
に祈るものはすべてを必ず忘れねばならないと誤って言わ
ねばならないからである。神がその者のためによかれと与
えた賜物のいかなるものをも忘れるべきではないからであ
る。もしそれらを忘れる必要があるのなら，祈りのために
は，それらの不在と静止がより善いということを神の責任
にするのは何と見当違いなことではないだろうか」。思慮
深い人間はすべて，霊のカリスマの大部分，そしてほとん
どすべては，祈りの時に，それにふさわしい者に生じると
いうことを正確に知っている。というのは，「求めなさい，
そうすれば与えられるであろう」（マタイ7：7）と主は言
われるからである。それは強奪や第三天にまで及ぶ賜物だ
けではなく，霊のカリスマのそれぞれをもである。パウロ
が祈りの時に獲得するように勧める「種々の異言」（1コ
リント12：10）とその解釈は，こうしたカリスマのいくら
かは身体を通して働くということを示している。「異言を
語る者はそれが解釈できるよう祈りなさい」（1コリント
14：13）と言っている。このことはそれだけではなく，教
えの言葉（1コリント12：8，14：26を参照），癒しのカリ
スマ（1コリント12：9），奇跡の働き（1コリント12：10）
そして聖霊を与えるパウロの按手（2テモテ1：6）もそう
である。教えの言葉や恵みや異言の解釈は，祈りによって
得られるとしても，魂に祈りがなくとも同様に働くのであ
る。しかし癒しと力・奇跡（δυνάμεις）は，そのそれぞ
れを働かせる魂が，むしろ思惟的に祈りをしないなら，決

して達成しない。身体が従うときがあるのだ。しかし聖霊の伝達は、魂のなかにある祈りが働き、この祈りがこの大きな賜物の過つことのない源泉に神秘的な仕方で祈る者を一致させるときだけではなく、また思惟的な祈りをするときだけではなく、つまり使徒たちが口を通してそのことを語ったとは歴史的に言われていないので（使徒言行録8：17を参照）、この聖霊の伝達は魂が思惟的に祈りをしているときに働くだけではなくて、同時にその手の下にいる者のところに霊を送る両手の触によって身体が働くときにも生じるのである。このようなカリスマとはいったい何か。それは聖霊の賜物ではないのか。「第三天にまで運び去られた者」が身体に関することすべてを忘れてしまわねばならなかったことからして、それは善を求め、祈る者に与えられるのではないであろうか。

14　祈りは身体からの離脱ではない

さてここではむしろ哲学者〔バルラアム〕のかの言葉そのものに簡略に触れてみたい。「力・奇跡や天の賜物のように、祈りの間に彼らに生じたものが神の賜物であるなら、思惟的に祈る者はすべてを忘れねばならないと言うことは誤っている。というのは、神が人によかれと与えたものを何人も忘れてはならないからである。もし祈りに導かれる者がそれらを忘れる必要があるのなら、祈りのためにはそれらの静止や不在がより善いということを神の責任にすることは何と見当違いなことではないだろうか」。しかし、御仁よ、神は純粋に祈る者を、彼らが我を忘れている時、自分自身を超えさせ、天に向け言い表しえない仕方で奪い去り、また彼ら自身のうちにある時、神は彼らの魂と身体を介して、この世の知者にとっては超自然的で、言い表すことのできず、そして把持しえぬものごとを働かせるのである。なぜなら神殿にあって、「熱心に祈り、懇願し

ている」（使徒言行録 1：13,「神殿」は 2：46）とき，聖霊はすべての使徒に宿るが，奪魂状態にもせず，天にも強奪せず，彼らを火の舌で鍛え，それによってかのことを語った（使徒言行録2：1-4）からである。〔ところがあなたによれば〕奪魂状態になった者は必ずそれらすべてを忘れねばならない，それは彼ら自身のことを忘れたからである。一方しかしモーセが黙ると，「どうして私に向かって叫ぶのか」（出エジプト 14：14-15）と神は言われる。その〔神の〕声自体は彼が祈っていることを示している。しかし黙って祈っていたので，恐らく思惟的に（νοερῶς）祈っていたのである。いったい彼はその時感覚的意識のうちになかったのか，つまり民のことやその叫び，またふりかかる危険や彼の感覚的な手にある杖を感知しなかったのか。ではどうして神はその時彼を奪い去らなかったのか，どうして感覚を取り除かなかったのか——というのはそのことだけが祈る者に神から降りかかることである，とあなたは考えているのだから——，しかしそうではなくかの可感的な杖に〔彼を〕結びつけ，魂だけではなく，身体と手にもかの大きな力を吹き入れた，〔ところがあなたによれば〕思惟的に祈る者はそれらすべてを忘れねばならないのである。ではなぜ彼は沈黙して，まずは〔水を〕分けるため，続いて通ったあと〔両側の水を〕つなぎ合わせるために，手中の杖で海に一打ちを加えたのか。彼は魂のうちに神の揺るぎない記憶をもっていなかったのか，思惟的な祈りによって，彼によってかようなことを起こす唯一の力に超越的な仕方で一つとならなかったのか，同時に身体が働く感じを失ってはいないで。

15 バルラアムによる誤ったディオニュシオス解釈

しかしながら〔聖なる〕書き物[21]に基づく証言を彼は提示しているので，それらが彼の祈りについての考えに反対していないかどうか見てみよう。ところで何よりもまず偉大なディオニュシオスは，司祭ティモテオスに宛てて書くとき，彼〔バルラアム〕の信ずるところでは，彼にとって望ましい証言をしてくれている。すなわち「神秘的観想に関することにきびしく従事し，感覚や思惟的な働きやすべての感覚的なことや可知的なこと（νοητά）を捨て，可能なかぎりすべての本質と認識を超えるものとの一致へと伸長しなさい」[22]。神のようなディオニュシオスがティモテオスに宛てた説得的なこの言葉は，この知者が，思惟的な祈りについて彼だけが確実に考えていることを証しするものであると提示するものだが，それは〔われわれの〕論がこの先で示すように，彼とは反対のことを言っているのである。つまり彼は完全に思惟的な祈りを無効にしているのであって，それは彼のそれより先のすべての論文の中でもそうすることをほとんどやめなかったことである。というのは祈りの始めを忌まわしいものと考える者は，つまりその場合，沈黙のうちに，長い間，思惟的に，神について気落ちすることで起こった，打ち砕かれた心の，恐しく，また大いに苦しく，また嘆きに満ちた様子があり[23]，断食と徹夜によって，涙や悔恨のうちに触覚の苦痛による祈りがあり，また入門者が知性の個々に分かれた部分を一つの形を

---

21) この書き物には教父のそれも含まれるとする。

22) 偽ディオニュシオス『神秘神学』1，1（PG3，997B）参照。

23) フォティケーのディアドコス『百断章』16。ディアドコスはここで恐れの働きによって魂は清められ，愛の働きをなすが，そのためには心の感覚においてまず神を恐れなければならないと言う。しかしこの恐れは地上的な厚さから清められるために必要とはいえ，そのとき魂は困惑する。これは経過しなければならないことだが，まだこの段階では清めの途上にある義人であるとされる。

した，つまりこの場合にふさわしい祈りへと高めるよう試みることがあるのだが，〔しかし〕そのようなものすべてを蔑する者は，それにひき続いて，祈りの終わりと，端的に祈りのすべてを悪しきものによると考え，そして存在しているものの間から完全に離そうと戦うのである。哲学者よ，まず私にそのことを語れ。つまり思惟的な働きは神から与えられたものではないのか，祈りのときに，むしろ清められたものが明らかに示されるのではないのか，というのは，祈りによって神との一致を切望する者はそうしたものを捨てねばならないからだ。しかし，祈りは，語られたところによれば，「最上の知恵の母」[24]である。それから，完全な者の祈りはすぐれて思惟的な働きであるということも了解しておかねばならない。というのは，身体にも，身体に関することにも，彼らの知性は向かわなかったし，感覚によっても，またそれと結びついた想像力によっても働かないし，理性や観想のうちに，諸存在についての話題に好んで入らず，ただ祈りにのみ堅く付着しているから，祈る者はどうしてそれ自身に即して最高度に働かないのだろうか。しかしディオニュシオスはティモテオスに思惟的な働きを捨て去るようにも勧めたし，祈りもそうなのだ。しかしあなたは，祈りの時に，捨て去るものも，忘我にある者が最上の奪魂状態にある時，必ず感覚がなくなるということのどれも良きものではなく，神からのものではないと言明している。従って，あなたによれば，祈りは，良きものでも，また「祈る者に祈りを与える」[25]神からのものでもないことになる。

---

24) 同上，70（SC. 130）。

25) ネイロス（エヴァグリオス）『祈りについて』58（PG 79, 1180A）参照。

16　バルラアムは祈りを廃止する

さて再び私は，あなたの言葉そのものを思惟的な祈りに適用して次に提示しよう。「すべての人々が認めるところでは，神との一致を追い求める者はすべてのことに無感覚になり，自己のことを忘れるのがふさわしく，また神は，すべてを捨てる者に手を貸し，すべてのことから力づくで引きはがすということだが，もし祈る者が決して祈りを感じないなら，どうして感じるということのない祈りが神からのものなのであろうか。というのはそれは空しいものとなろうが，神からのものはどんなものも空しいものではないからだ。しかしもし祈る者が祈っていることを感じるのなら，どのようにして神は彼にそれを送るのだろうか。つまり神へ向かう者はそれを捨てねばならないとすべての人は言っているし，神は照明する者に，すべてを，また思惟的な働きをも忘れさせるのだから」[26]。あなたの『祈りについて』という書がどれほど完全に祈りを無効にしているかわかるだろうか。しかしかの神々しい人は尊いティモテオスに心の中に階段を設えるよう勧めている。すなわち高い段からより高い段へと人を引き上げ，そしてその階段によって最も高い見張り台へ連れていき，立たせるのである。しかしすべてにわたって知者であるあなたは，私は何故かわからないが，地上の人は天の頂きに直接触れるのだと信じ，次のように言う神のようなマクシモスがそれを証言したと歪曲している。つまり「知性が愛徳（アガペー）の愛（エロース）によって神へと旅立つ時，知性は自分自身についても，存在するものについても全く知覚しない」。この新しい教師は，「だから祈りから身体のうちに生じると言われた体験の何ものも〔知性は〕感じない。従って必然的にそれらは空しいものとなる」と言うのである。しか

---

26)　これは先の II-2-8 に部分的に引用された。

しわれわれはこう言う，それは祈りとは関わりがない，な
んとなればその時祈りを知覚しないからである。そのよう
な理由では，祈るのは空しいことである。本当にそのよう
な類のことをこれらのことから証明するのは空しく馬鹿げ
ている。人は尋ねるであろう，神の愛の讃美者にして，愛
人である知者のマクシモスは，何と言うだろうか。「知性
が神へと旅立つとき，その時，知性は自分自身について
も，存在するものについても全く知覚しない」[27]。「その時」
と言っている。つまり思惟的な祈りをして自分自身に〔集
中する〕とき，その時，自分自身を感じ，またそれ自身の
うちと，それと結びついている身体のうちに，聖なる祈り
の幸いな経験によって成就したものを感じるであろう。

17 涙の洗礼

　彼は第三の証言を加えている。すなわち，「祈りの最高
の状態は，知性が肉と世界の外にあり，祈りの間に，完全
に非質料的に，また無形になることである」[28]，「そのよう
に，こうした状態では，話題となっているものは，身体で
体験したことの外にあるだろう」。身体をまとっているど
んな者も，われわれの知るかぎりでは，少なくともこの並
外れた祈りの新しい師を除いては，絶えずこうした状態に
あるわけではないし，そうした状態に達した人などは本当
にめったにないことである。従って大部分の時間，肉〔身
体〕のうちにあってすべての人は祈るのであり，同時に彼
らのうちで体験したこと，むしろ大いに聖なるものや，そ
して祈りから生じたものを感ずるのである。それらは，そ
れらのうちにあるものを完全にし，引き上げ，霊的なもの

　27）　マクシモス『愛についての諸章』1, 10（PG 90, 964A）参
照。

　28）　マクシモス『愛についての諸章』2, 61（PG90, 1004C）参
照。

にするが，引き下したり，不要にしたり，滅ぼしたりはしない。というのは聖なるだけではなく，自然的な種類の経験があり，それはわれわれがもっている感覚自体がわれわれに教えるという具合で，外から体験することにおいて成就し，われわれにとっては，上から霊によってもたらされる神化の完全さの像のようである。それの「はじめは神への畏れである」（箴言1：7；9：10を参照）が，哲学者が信じ，教えたように，魂の情念的部分はそのおかげで，〔身体の〕状態が死に絶えるのではなく，救いに与る悔恨を神に嘉される働きへと進め，幸いな悲嘆（πένθος），罪の赦しの浴槽，神の種族への呼びかけ，すなわち回心の涙をもたらすものを生み出すのである。さて教父たちの言葉によれば，この神に嘉された清めの涙は，「祈りに翼を与える」[29]が，また祈りと結びつくと，思惟的な眼を輝かせる。神学者グレゴリオスによれば[30]，それが現存すると，神の洗い（湯あみ）に伴う恵みを保持し，それが消えれば，それを呼び戻す，そして，そのために，グレゴリオスが言う，聖なる再生の別の洗い（ティトス3：5を参照），つまり神の洗礼がある。それは一層の苦痛を要するが，しかし最初のものより劣っているのではなく，むしろよりよいものであって，教父のうちの一人がはっきりと示しているごとくである。すなわち「洗礼の後の涙の泉は洗礼よりもよりよいものとなった」[31]と言う。地上的なものからわれわれを清め，引き剥がすこの涙は，われわれを引き上げ，神の種族となる恵みに結びつけ，それによって，〔涙〕をもつものを神化する（θεοῦν）が，この涙は，身体と魂の情念的部分に共通の働きではないのだろうか。

---

29) クリマクス『楽園の梯子』28（PG 88, 1132C）参照。

30) ナジアンゾスのグレゴリオス『講話』40, 31（PG 36, 401D-404A）参照。

31) クリマクス『楽園の梯子』7（PG 88, 804AB）参照。

246 第Ⅱ部

18 魂と身体に共通の働き

さてわれわれは，魂の情念的部分と身体に共通の働きを
魂が愛することは，闇で魂を満たし，下方へと傾かせると
言う者をどのように受け容れるであろうか。というのは魂
と身体に共通のすべての業は，その一層強烈な攻撃を魂に
与えれば与えるほど，魂を盲目にし，その結果，魂と身体
に共通なそうした諸々の運動が生じるなら，それらは悪か
らわれわれに生じ，知性の頂上を目指す働きに妨げとなる
とわれわれは考える，と彼〔バルラアム〕は言うのだろう
か。いったい，このような言葉によって，聖人たちから，
いやむしろ聖霊からわれわれが教えられたことがらと反対
のことを彼は考え，教えているということを示してはいな
いだろうか。なぜなら彼ら〔聖人たち〕はこう言っている
からである。すなわち身体と魂に共通の働きがあって，そ
れは，善たるにふさわしい，神的な神の賜物であり，悪し
き情念を取り除き，その代わりに徳の聖なる合唱隊全体
を導入する魂にとり神の照明を手助けする者なのである
——というのも彼らはこう言っているからである，すなわ
ち「悪しきことがらを取り去ろうと欲する者は嘆くことに
よってそれを取り去り，徳を得ようと欲する者は嘆くこと
によってそれを得るのである」[32]——，また彼らは，この
点で魂に役立つ，魂と身体に共通の働きがあると言うが，
しかし彼は〔バルラアム〕そんなものはないと言う。と
いうのは，「すべてのものは魂を下方へ傾けようとし，魂
と身体に共通な運動が生じると，それはすべて悪から生
じ，魂の妨げとなる」と彼は言っているからである。なぜ
なら，そのことは，こうした働きは特に害になると彼が言
わないから非難されないということではなく，それは悪し

---

32) ニネヴェのイサーク『講話』85（Spetsieri, p.338 e p.342.）
参照。

きことに加担し，特にそれを聴く者の同意をあのような企みによって盗み出そうとするために，まさしくいっそう非難に値するのである。それは神が預言者を介して，ユダヤの断罪された祭司たちの違法は，「聖なるものと世俗のものを彼らが区別しなかった」（エゼキエル 22：26）ことにあると言われているからである。ところが彼もそれに続いて，魂と身体に共通の他の多くの善い働きや，幸いな悲嘆と，世俗的な働きとを区別しなかったのである。

19 不受動心とは何か

彼は言う，「しかし私はこの悲嘆（$\pi\acute{\epsilon}\nu\theta o\varsigma$）が不受動心的（$\dot{\alpha}\pi\alpha\theta\acute{\epsilon}\varsigma$）で幸いなものとは考えない。なぜなら，魂の情念的部分の働きにおいて達成するようなものがどうして不受動心的であるのだろうか。この情念的部分が働き，完全にそれを殺した状態に達していない人が，いったいどうして不受動心的であるのだろうか」。しかし，哲学者〔バルラアム〕よ，われわれは情念的部分を殺すことが不受動心であるとは教えられなかった。そうではなく，それの劣ったところから優れた方へ変化させ，状況として神的なものに向けて働き，全体として悪しきものを追い払い，よきものへと方向を変える〔のが不受動心であると教えられたのだ〕。われわれにとっては，次のような人が不受動心をもつ者である。すなわち，悪しき状況を拒絶し，善きことに富む者，「情念に動かされるものが好しからぬ快楽に影響を受けるように，徳の影響を受ける者」[33]，また魂の情念的部分を形成する怒りと欲求の両部分を，魂の認識と判断と理性的部分に，ちょうど情念に駆られた人がその理性的部分を情念的部分に従わせるように従わせる者のことである。というのは，避けるべき情念を生長させるのは，

---

33) クリマクス『楽園の梯子』29（PG 88, 1149A）参照。

248 第Ⅱ部

魂の能力の誤用であって，それは諸存在についての認識の誤用が「愚かなものとされた知恵」（1コリント1：20）を生長させるごとくである。もし誰かがそれを正しく用いるならば，霊的に受け取った諸存在の認識を通して，神認識を手に入れるであろう，しかし魂の情念的部分を通して神から造られたもののゆえに動かされると，それに相応する徳を行使するであろう。すなわち欲求的部分で愛（アガペー）を抱き，怒りの部分で忍耐を勝ちとるのである。だからそれは〔魂の情念的部分を〕殺す人ではなく——というのはそういう人には神的な状況や関係および心構えへの動きや働きはないからである——，そうではなく知性に従うことによって，本性的に指導を引き受けた者に従い，必要なかぎりで，神へと向かい，神を絶えず記憶して神へと伸長し，この記憶によって，神的な心構えという状況に達し，神への愛という最も高貴な状況にまでそれを導く者である[34]。この愛によって，聖書によると（1ヨハネ4：19，5：1-2参照），愛された者の掟を果たしもするであろう。またそれによって，隣人への清く，完全な愛を教えられ，実行し，獲得する。そうしたことは不受動心がともないないならば不可能である。

20　救いに資する力

　それが不受動心を介して完全な愛（アガペー）へと至る常ならぬ道である。それは上方へと昇りゆき，何よりもこの世から遠ざかった者にふさわしいであろう。というのは彼らは神に身を捧げ，清い知性で，神との交わりのうちに，神とともにあることで，最後まで持ちこたえ，悪しき

---

34) 仏語訳［1Fr］註によれば，この「〔神の〕記憶」（あるいはイエスの記憶）等は「純粋な祈り」を構成する重要な要素である。フォティケーのディアドコス『百断章』47，クリマクス『楽園の梯子』27（PG 88, 1112C）等を参照。

情念の屑をいつでも捨て，彼ら自身のために愛の宝を積む
からである。この世にかかずらう者は，神の掟に即してこ
の世のものを用いるに際し，自制しなければならない。だ
から魂の情念的部分もこの強制的な力を共有して，この命
令に即して働くのである。この力は長い間に習い性になる
と神の掟に向かう状態が快いものとなり，そのような心構
えの状況へと移行していく。その力は悪しき状況や関係へ
の恒常的な憎しみを恵み与え，悪しきものへのそのような
憎しみが不受動心を実らせ，それによって唯一の善への愛
を生み出すのである。それゆえ，神には生き生きとして，
働く，魂の情念的部分を捧げねばならない。それはこれが
生ける犠牲になるためである。それは使徒がわれわれの身
体について言ったことである。つまり「私はあなたたち
に，神のあわれみによって，われわれの身体を，生きた，
聖なる，神に嘉される犠牲として捧げることを勧めます」
（ローマ 12：1）と言っている。いったいどのようにして生
きたわれわれの身体は神に嘉される犠牲として捧げられる
のであろうか。それは「穏やかに見る者は憐れみを受ける
であろう」という書かれたものによれば（箴言 12：13），
われわれの眼が穏やかに見るとき，そして上からの憐みを
われわれに引き寄せ，提供するとき，耳が神の教えに従
うとき，つまりそれらをただ聞くだけではなく，ダビデ
の言うことによれば，「それをなすために神の掟を思い出
し」（詩編 102（103）：18），使徒のうちなる神の兄弟の言
うところによれば，「〔聞いて〕忘れてしまう弟子になるの
ではなくて，自由の完全な法を一心に見やり，踏みとどま
り，それを行うことによって幸せになる」（ヤコブ 1：25）
とき，また舌や手や足が神の意志に仕えるときである。神
の掟を行うことは何であるか。それは魂と身体に共通の働
きではないのか。それならどうして，「魂と身体に共通の
働きはすべて，魂を闇で満たし，盲目にする」のであろう

250 第Ⅱ部

か。

21　情念なき情念

　使徒は、「誰かが弱っているなら、私は弱らないだろう
か。だれかが躓くなら、私が心を燃やさないでいられるだ
ろうか」（2 コリント 11：29）と言っている。ではこれは
身体と魂の情念的部分に共通の働きではないのだろうか。
われわれはその働きは悪から、そして魂の害をねらって
〔生じる〕と考えるのだろうか。しかしそれは〔パウロ〕
が隣人を己のごとく愛したということの完全な例であり、
この神の第二の掟は35)、神から伝えられた言葉によれば、
第一で、大きい掟に似ている（マタイ 22：36-38 参照）。そ
れゆえ同じ使徒はローマ人に宛てて書いて、「私には大き
な悲しみや、心の絶え間のない苦しみが、肉による同胞の
ためにある」（ローマ 9：2-3）と言っている。あなたはこ
の不受動心的で神の姿をした魂の、生き生きとし作動する
情念の働き（τò παθητικόν）を見るだろうか。もし魂の
うちで絶えず祈り（1 テサロニケ 1：2，2：13，5：17）、そ
して絶えず苦しむのなら、そのものにおいて、祈りのうち
に魂の苦しみがともに存在することになる。しかしただと
もにあるだけではなく、ともに働いていることは、彼の次
のような言葉遣いによって示される。「というのは私自身
私の兄弟のためにキリストからアナテマにされることを
祈ったからです」（ローマ 9：3）。また別の所で、「私の心
の満足と神への執り成しは、イスラエルが救われるためで
す」（ローマ 10：1）。まさしく彼らについてのあの大きな
苦しみと絶えざる魂の痛みゆえに。ではどのようにして不
受動心は状況からして情念的部分の死であるとわれわれは

---

　35)　第一の掟は、「心を尽くし、精神を尽くし、思いを尽くして
神を愛せよ」、第二が「隣人を己のごとく愛せよ」である。

第 2 論攷　　　　　　　251

考えるのであろうか。

22　悪しき情念のみが死すべきである

　しかし見るところ,この哲学者〔バルラアム〕は,不受動心について聞き,また想像をめぐらしたが,痛みを感じない($\grave{\alpha}\nu\alpha\lambda\gamma\eta\sigma\acute{\iota}\alpha$)ということは悪しきもので,教父たちにより非難されているということは聞かなかったのだ。じっさい神の掟を守ることによって完全さが魂に付加されるものであるならば,あの痛みを感じないということに対立する苦痛はよきものであり,また魂と身体に共通の働きは有益であり,あるいはむしろそれは魂を完全なものとするのである。しかしもしそうした働きが身体に属するものであるなら,知性(ヌース)に直接付着した魂の情念的部分にそれだけいっそうそれは依存する。というのは身体はそれを介して知性(ヌース)に付着するからである。だがこの哲学者はあたかも次のような人と同じことをしている,つまり「休め〔専念するな〕,そして知れ,私が神であることを」(詩編 45(46):10)という神の命令を聞き,さらに神的なことがらに専念し,神的なことや霊的なことを実行する人たちを見て,彼は侮辱して言う,「神は,休め,と言われる。ところがあなたたちは一生懸命働こうとして,間違いを犯している」と。というのは使徒もまた「この地上にある肢体,みだらなこと,不潔,悪しき情念や貪欲を殺しなさい」(コロサイ 3:5)と言っているからである。あなたは身体的働きで死ぬべきものは何か聞いているか。みだらなこと,不潔,そして端的にすべての地上的なことである。では情念($\pi\acute{\alpha}\theta o\varsigma$)はどうか。それは悪しき情念は〔死ぬべきもの〕だが,〔死ぬべきもの〕は身体を介して成就する霊の働きでも,神的で幸いな情念($\pi\acute{\alpha}\theta\eta$)でも,本来的にそれらと関わる魂の能力でもない。というのは,「あなたの欲求($\grave{\epsilon}\pi\iota\theta\nu\mu\eta\tau\iota\kappa\acute{o}\nu$)のす

べてを神に向け，あなたの怒り（θυμός）を蛇だけに向け
よ」[36]と言っているからである。どのようにして魂の能力
そのものは殺されるのであろうか。あるいは神への祈りの
中で，ある者は神的な上昇へと動かされ，あるいは邪悪な
攻撃において蛇に対して立ち上がるのであろうか。

23　神の情念

さてこの哲学者〔バルラアム〕は次のように言っている
が，それはどれほど信頼できるものであろうか。すなわち
「いったいどういうことか。祈るとき，われわれは感覚や
想像力の価値を認めないであろう。魂の情念的部分がこの
ような能力に即して働くのをわれわれは受け容れるであろ
うか。まったくのところ大いにそうではない。というのは
そうしたものの働きは何にもまして神的な眼を晦ませ，隠
してしまうからである」。何ということを。悪しきものへ
の憎悪や，神や隣人への愛はどのようにして神的な眼を隠
すのだろうか。というのもそれらは〔魂の〕情念的部分の
働きであるからだ。魂のこの能力によってわれわれは愛
し，また離れ，また親しみを覚え，粗縁にもなる。賢者
シュネシオスによれば[37]，魂の理性的部分によって，われ
われは同意し，また非難するからである。いったい一心に
神を観想し，神に賛歌と感謝を捧げ，絶えざる記憶によっ
て神と一致することは〔魂の〕理性的部分の死なのだろう
か。それともそれは本当の命であり，知性の真実の働きな
のか。同じ仕方で，善・美を賛嘆する者は，彼ら自身のう
ちに無為と不動を閉じこめて，情念的部分を殺したりしな
い。なぜならそれでは彼らは善を愛し，悪を憎むことはで

---

36)　クリマクス『楽園の梯子』26（PG88, 1068D を参照）。
37)　キレネのシュネシオス『人間の本性について』31（PG 40,
725A）。通常これはエメサのネメシオスのものとされてきた。

きないし，それによって後者から離れて，神と親しむこと
はできないからである。彼らは第一で，偉大な掟に従っ
て，その能力の悪に傾く状態全体を神への愛に変えて，そ
れを殺すのである。すなわち〔キリスト〕は言う，「あな
たの力を尽くして，あなたの主なる神を愛しなさい」（申
命記 6：5，マルコ 12：30 参照）。すなわちあなたの能力を
〔尽くして〕と言っている。どのような能力を尽くしてか。
情念的部分のそれであることは明らかである。というの
はそれは魂の「愛する」（φιλούν）という部分だからであ
る。それがこのような状態に置かれると，魂の他の能力を
地上的なものから立ち上がらせ，神へと高めるのである。
それがこのような状態に置かれると，祈りにも純粋さを与
え，知性を閉じこめず，記憶によってそれ自身のうちに神
を据える手助けをする。それがそのような状態に置かれ
ると，肉を軽蔑することや肉の痛みに容易に耐える〔力〕
を，本当に望ましいもののために苦しむ者に与える。とい
うのは，このようなことで，根底からこの魔法の薬に捉え
られて，肉から離れたかのように，祈りと愛によって，神
の霊と交わり，それら肉の情念はただ断罪を考慮してのみ
理解して，時を過ごすのである。

24　われわれの決意

　ではそのこと〔魂の情念的部分の働きなど〕について何
をこれ以上書くべきであろうか。というのは，「肉を欲情
（πάθημα）と欲望とともに十字架につける」（ガラテヤ 5：
24）ようわれわれは命令されたということが，たとえこの
知者にとって，確実になっていなかったとしても，このこ
とはすべての人にとって明らかだからであるが，それはわ
れわれが，すべての身体の働きと魂の能力を殺して，自分
自身を殺したりするためではなく，無思慮な欲求や行動を
慎み，それらから逃走する場合は後ろを振りかえらないと

254   第Ⅱ部

いうことを示し，またダニエルのように（ダニエル 9：23，
10：11 と 19），霊の「欲求の人」となり，それら欲求のう
ちで完全な考えのもとに生きて，雄々しく動き，ソドムか
ら出てきたロトのように常に前進するためである（ロトは
常に前進し，後にとどまるものの方へは動かず，彼自身は生
を護ったが，その妻は後を振りかえって死んでしまったのだ
（創世記 19：26 を参照））。これで不受動心のある者は，生
命をもち，よりよき働きをなすが，魂の情念的部分を殺さ
ないということを，十分に示したと私は考えている。

25　ニケフォロスに対するバルラアムの批判

　さて，この哲学者が，尊いニケフォロスの祈りへの導入
となる説明に対して，彼の全知力を投げつけているとはい
え，誤って非難し，ねじまげ，中傷しても何の役にも立た
ず，その非難によって，自分自身とその言葉を傷つけて
も，かの聖なる人にはそうできないということを見ておこ
う。まず彼はそれを始めるに際し，その人が最初にこのよ
うな教唆を与えたと言って非難し，それを傲慢にも「吹き
込み・思いつき」と呼んだ。というのは，ずいぶん前か
ら，他の霊的な人々は，ほとんどそれらと同じ言葉や考え
で，そういうことを先に説明しており，すべての教父の言
葉の中にそれらを証言する言葉・声が多くあるからであ
る。たとえば，書物によってわれわれに霊的な「階段・梯
子」をしつらえてくれた者の声がそれである。というの
は「イエスの記憶にあなたの呼吸を結びつけなさい，そ
うすればヘーシュキアの有用性を知るであろう」[38]と言っ
ているからだ。そのあとこの聖人は，「あなたの知性が息
を吸って心のなかに入るよう強いなさい」[39]と言っている

――――――――――

　38）　クリマクス『楽園の梯子』27（PG 88, 1112C）参照。
　39）　ニケフォロス『心の監視について』（PG 14, 963B-964A）参

第2論攷　　　255

——それは，偉大なマカリオスによれば，〔知性が〕息に
結びつけられて，心のなかにあるものを観るということで
ある。というのは，彼はこう言っているからである，「心
は器官全体を導き，恵みが心を分け前として受けとると，
肢体と思考のすべてを導く。それゆえ，恵みが霊の法を刻
みこんだかどうかを調べなければならない」[40]——さて彼
〔ニケフォロス〕はこうした偉大な人々と全く一致してい
るが，彼〔バルラアム〕は非難中傷をもって威嚇し，「知
性」から「強いる」ことを分け，知性を息を吸うことに繋
げ，中傷して，言葉と理性をもって変化させ，さらに，強
制的な呼気に反対して大いに息巻いて，それが不合理で
あることを示している。しかし，彼〔ニケフォロス〕は，
「知性」を知性の活動と言い，祈りに励む者は，感覚を通
して，外に流れるこうした活動を引き戻し，内側に傾ける
ようにしなければならないと言うが，この哲学者は再び彼
を中傷して，その「知性」は知性の本質であると言ってい
る。なぜなら，そのようにして，この聖なる言葉に反する
多くの手がかりを得ると思ったからである。

26　バルラアムの浅慮さ

　他方われわれは真実を注意深く見極めているが，彼は
反論しえないで，「われわれの論は，不合理と見える者に
よって欺かれている者にとっての教えとなれ」と言う。人
はこのような教師にこうも尋ねえよう，解していないこと
を教えるあなたは，欺かれているのか，それともそうでは
ないのか，と。というのは，もし欺かれているのなら，教
える者と，またわれわれから真理を学ぶ必要があるのに，
そうしたことの教師であるとどうしてあなたは考えるのだ

照。

　40）　偽マカリオス『講話』15, 20（PG 34, 589B）参照。

ろうか。もし欺かれていないのなら，あなたの見るところによって，決して不合理な考えを抱いていない人を，しかも表現の仕方が悪いというのではなく，理解の仕方が悪いと言って，どうして侮辱するのであろうか。というのももし彼〔ニケフォロス〕がその両方〔表現と理解〕ともにおいて悪いのなら，それを非難するあなたは，どうしてそのように見えたものにだけ反対し，考え・理解〔の方〕は通り過ぎてしまったのか。だから，もしあなたが言葉での欺きに用心して，また他人に気をつけるよう勧めるのなら，あなた自身，その思考（διάνοια）とその思考の父を褒め，かの言葉を非難するのではなく，それを解釈すべきなのである。なぜならもし誰かが，人は外見に基づいて訴えると考えて，身体の死を命ずる者を，人間に自殺するよう教える者だと額面通りに受け取るなら，少なくともその人が考えを変えないとしたら，あなたはその人が神の敵であるという判決を取り除くだろうか。私はしかし信じない。ところであなたが非難している者〔の考え〕に近い例を使うなら，偉大なバシレイオスが，知性は「外へと注ぎ」，それから再び「戻ってくる」[41]と言うとき，知性の不動の本質は注ぎ出し，決して自己を捨て去らないで，戻ってくるのである，と〔彼は〕言っているとか，あるいは，「知性」ということで何であれ，その可動の働きであると彼が言っているとわれわれが考えていることは，彼を非難していることになるのだろうか。

27　ニュッサのグレゴリオスとマカリオスの間に対立があるか

しかし，この哲学者は，私の反駁の言葉によって，外見

41）　バシレイオス『書簡』2（ナジアンゾスのグレゴリオス宛）（PG32, 228A）参照。

第 2 論攷　　　　　　　　257

に基づいて非難するのを妨げられ，思考内容に対して戦う
ことを熱望し，かの聖なる人〔ニケフォロス〕を弁護する
ためにわれわれが書いたこと[42]に対し戦いを挑んだが，そ
のとき彼はその人を中傷するための手練手管を忘れず，い
やむしろどうあっても忘れることが出来なかったのであ
る。というのは，どのようにして彼は，そのなかにある真
理のおかげで反駁できないものに反対し，不敬虔だという
ことで敬虔な者を，彼らに中傷を織り交ぜることなく，非
難しうるのであろうか。われわれとしては，偉大なマカリ
オスに従って，心は第一の肉的な理性的器官であると言う
が，われわれはこのことを明らかにした彼の言葉をそこで
提示した[43]。しかしかの者は「肉的な」という言葉を消し
て，「思惟的な本質（νοερὰ οὐσία）は可感的本性の軽く
て，光の形をしたものと混じっている」[44]という神のよう
なニュッサのグレゴリオスの言葉を引き入れ，それに沿う
形でこれと一緒にし，この聖人がこれを「第一の器官」と
して用いると言っている。しかしそれとそぐわない形で，
われわれの言うことに対抗して，心は，〔といっても〕そ
の光の形をしたものではない〔ものは〕，第一の理性的器
官であると言うが，それはかの聖人の言葉と反対であると
言っている。しかしもしあなたが「肉的」という言葉を付
け加えるのなら，ソフィストよ，われわれがすでに言った
ように，あなたは敵対的な対立を遠ざけ，この〔二人の〕
聖人たちが互いに調和しており，われわれは彼らの教えと
その点で一致していることを見るであろう。というのは，
光の形をした人間の可感的部分は肉ではないからである。

---

42)　第 1 論攷，参照。

43)　本書 I-2-3, I-3-41 参照。

44)　ニュッサのグレゴリオス『人間創造論』8（PG 44, 145C）
参照。

258   第Ⅱ部

   28 ニュッサのグレゴリオスの人間学

　しかし彼はわれわれの語っていることには，ニュッサ
〔のグレゴリオス〕に対しもう一つの不一致があると考え
た。つまり身体にあって心・心臓は器官の器官であり，心
によって知性は身体を器官として用いるとわれわれが言
い，また知性と身体の一致は可認識的（γνωστή）であ
ると示すが，他方グレゴリオスはそれを把持できぬもの
（ἀπερινόητος）だと言うからである⁴⁵⁾。しかし彼が次のよ
うに言うとき，何を〔言おうとしているのだろうか〕。つ
まり，可感的部分は，思惟的（νοερᾶς）本質と物質的本
質の中間を占める増大する〔部分〕に付着し，また知性は
感覚のより繊細な部分と混じっており⁴⁶⁾，第一の器官とし
て，またそれを介して身体を用いる，と。いったい，それ
はわれわれ〔がした〕以上に，またよりいっそうよい仕方
で，知性と身体の接合の仕方が可認識的で，語りうるもの
ということではないのだろうか。どのようにしてそれは理
解できず，説明できないと言うのだろうか。いったい彼
は，彼自身にも，あなたの知恵にも対抗しているように見
えるのだろうか。あなたによれば，あなたは首尾一貫して
いると認識しているのだから，どうしてそうではないのだ
ろうか。しかし私が思うに，われわれはそのようなこと
に関して，「接触（ἐπαφή）」とか「使用（χρῆσις）」とか
「混合（ἀνάκρασις）」ということを語るのである。しか
しそれが何か，また思惟的本性の身体的なもの，あるいは
身体に対するものがいかに実現するかを，すべての人間に
共通して考え，語ることは出来ないことである。かくて教
父たちは自分自身に，また互いに一致し，われわれは彼ら
に一致しているのだ。しかしあなたは，彼らに反対するこ

───────────
　45）　前掲書，15（177B）参照。
　46）　前掲書，8（145C）参照。

とを喜び，彼らに反対したいと考えているように見える。従って，あなたは，彼らが互いに一致していることを示そうとするわれわれに対立するわけである。

29 教父相互間の一致

すなわち偉大なマカリオスは恵みの働きによって教えられて，彼はわれわれに知性と魂のすべての思念は，器官のうちにあるように，心のうちにあると教え，他方，ニュッサ〔のグレゴリオス〕は，〔知性〕は身体をもたぬものとして，身体のなかにない[47]〔と教えるが〕，われわれは一見違っているように見えるこの二つ〔考え〕を一つのものに導き，〔それらが〕対立していないことを示すのである。ただし，われわれが言わんとするのは，ニュッサのグレゴリオスによれば，知性は，身体をもたないものだから，〔身体の〕なかにはないと言っても，しかしなかにあるのだ。だがそれは，偉大なマカリオスによれば，身体に結びつき，言い表しえぬ仕方で第一の肉的器官である心・心臓を用いるという意味で身体の外にはないのである[48]。従って，〔教父たちの〕ある者は，ある〔考え〕に従ってそれはなかにないと言い，他のある者は別の〔考え〕に従ってなかにあると言っているが，互いに違っているわけではない。というのは，神的なものは身体をもたないから場所のうちにはないという者は，神の御言葉がある時乙女にしてとがなき母の（胎）内に生まれたという者に反対しているわけではないからである。すなわちそこでは人間に対する言い表しえない愛によって，言葉を超えた仕方で，われわれの〔嵩あるものとしての〕身体（τῷ καθ᾽ ἡμᾶς φυράματι）に結びついているからである。

---

47) 前掲書，12（157D）参照。

48) これについては『聖山教書』を参照。

260   第Ⅱ部

30　どのような点について教父たちに従うべきか

　ところで，われわれは彼ら〔教父たち〕が相違していないことを示そうと努めるが，あなたは彼らが相違していることを示そうと努める。しかしながらそれらのことについて知性がいかにして身体に接合し，想像したり臆断的意見をもったりする部分がどこに位置するのか，また記憶を司る部分が何を基盤にしているのか，また身体のどの部分が致命的なもの，いわば他を導くものなのか，またもし体液のそれぞれが混合なきものであるなら，どこから血はその生成の源を得るのか，またどの臓器がそれを受ける器として役に立つのか，そうしたことについてはすべての人は考えついたことを言うことは出来る，というのはこうした領域においてすべての人は似たようなことを言うからである。たとえば星座が動かないことや星辰の可動性について，それらの各々の大きさや性質について，また霊がわれわれにはっきりと開示してはくれぬその他のことがらについても，である。すなわち霊だけがすべてを貫いている真理を正確に知っているのである[49]。かくてもしこの点でわれわれが神的で知恵あるニュッサのグレゴリオスに異議を唱えているのをあなたが見つけたとしても，このことのためにわれわれを攻撃する必要はない。というのは，どれくらいの人が，天は穹窿で，動いている星と同じ数だけの穹窿があると言い，他方で偉大なバシレイオスはそうは言わず[50]，しかしまたどれくらいの人が天は永久運動をしているが，あるものは不動である，またどれだけの人が太陽は円を描いてまわると考えているが，聖イサークはそう考えてはいない，ということをあなたは知っているからだ。と

　49）　バシレイオス『詩編講話』14，3（PG 29, 256BC）参照。

　50）　バシレイオス『ヘクサエメロン』1，11（PG29, 25BC）参照。

ころであなたは，こうした人すべてが，われわれもそうで
あるように，教父たちに異議を唱えているということを明
らかにしたと思ったようだが，あなたは，それによってわ
れわれすべてが必ず彼らに従わねばならない真理を知らな
いと反駁されるだろう。また私には，あなたが決してこの
真理を熟慮したこともなく，それと不必要なものを区別も
しなかったように思える。従って幸いな生に導いてくれる
ことがらにおいて，彼ら〔教父たち〕に反対して，かの幸
いなことへと導かないことがらについて正確に一致するよ
うあなたは他の者に強要しているのである。

　だから以上述べられたことに続いて彼がわれわれに向け
た中傷をわれわれは無視し，もっと肝要なことの議論へと
向かうことにしよう。

第3論攷

聖なる光について

1 盲人が盲人を導く

さてその生涯をかけて，思惟的な祈り（νοερά προσευχή）に身を捧げた者たちに対抗する，この思惟的な祈りの師〔バルラアム〕は，聖なる光に関して，見る者に教えることはふさわしいと考えるが，いずれにせよ彼は盲目で，そのことは彼もまた否定しえないので，彼らが，彼が見ていないものを——彼は盲目なので——光と言って，誤りを犯していると強く主張している。しかも，〔彼が〕光について誤りを犯したと判断するのは，われわれのまわりにいるあれこれの人でもなく，その清い生活や見神の高みゆえに讃えられているわれわれより少し前の人たちでもなく，古くからわれわれに崇められている聖人方なのである。この論攷は後にそれを示すであろう。さてある人が，彼がそのようなことを詳しく語るのを聞いた者たちから話を聞いたのだが，つまりそのような人は，思うに，〔彼の〕新奇な言葉の過剰さによって仰天してしまい，またこのように明らかな，聖なる師父たちに反する冒瀆を沈黙して見過ごしたままにするのには耐えられず，他方，沈黙して見過ごせば，彼ら自身そのような汚れたことの仲間

第3論攻　　　　　263

になってしまいかねないと恐れていた[1]──それが何にも
ましてわれわれをして書こうとさせたことであるが──,
また彼は自分に対して次のようなことが言われるのを聞い
たのである。すなわち,「〔あなたは〕秘義伝授されておら
ず, このことに関して全くもって盲目であり, その経験の
ある人に聞いても容易に〔理解しえない〕のに, 神秘的で
聖なる見神の体験の何を話そうとするのであろうか」。〔そ
れで〕このことについて彼が無知で無経験だということは
否定できないし, それは誰の眼にも明らかである。彼は言
う,「たとえある人が盲人であっても, その人が眼の見え
る者に拠り頼むなら, このようにしてその盲人が, 彼に拠
り頼む他の盲人たちの誤りのない先導者になっても驚く
べきことではない」。彼はその豊かな語りの才能と弁証的
詭弁でもっともらしいことを言って, そこで福音書の言
葉に勝る方法を見つけたと思っているが, 実は福音書で
は, それと全く反対のことを言っているのだ。「というの
も盲人が盲人を導くなら, 二人とも穴に落ちこむであろう
から」(マタイ 15:14) と。「しかし私は」と, この盲目
であり, 盲人の先導者である彼は,「見る者に従うことは
できる」と言う。ではそれができない者は, 盲人のうちの
誰なのか。というのは, 足と手が両方とも曲ったり, 全く
弱っている者は, あなたに続いたり, 従ったり, 先導者を
もったりする必要はまったくない。つまりその人は床に臥
せっているからである。しかし健常な手足をもっているも
のは, 何のために, 盲人のなかの優れた方よ, 見える者で
はなくて, むしろあなたに従ったりするのだろうか。さて
あなた自らの視力の弱さを示すとき, 欺いているように思

---

　　1)　これはコンスタンティノポリスとテッサロニケにおいてバル
ラアムと修道士が議論したことを指している。フィロテオス『讃辞』
(PG 151, 585A-587C) 参照。

えたが，むしろあなた自身はこれらのことすべてに関して理解していない盲目であることを示しているのであって，たとえあなたがそのこと〔見える者であること〕を言っても，あなたが盲人であることを見てとる人に対しては抗弁できないのである。もしそうでないなら，どうして他の盲人の先導者であるとあなたは考えたのであろうか。それでは〔あなたは〕福音書のなかで，信仰の薄さゆえに完全に視力を回復しないで，「木のような人が歩いている」（マルコ8：24）のが見えると言った盲人その者だと知るがよい。もしあなたの視力がそのような状態であって，しかし完全には視力が奪われていず，太陽の円盤を，他の人にそれがどんなものであるか教えるために，直接眺めようとするなら，彼らはあなたから，この大きな光輝体，輝きわたる，昼間の眼は全くの闇であると聞いたのではないか。なぜならもし混じりけなく見る者の視力の度合いを超えている〔太陽が〕，健常な眼をもって見る者に，闇の混じらない光線を注がないように思えるならば，かすかな光で注視しようと努める者は，光の混らない闇をどうして見ないのであろうか。かくして，盲人が光について教えようと試みることは笑止なことであるだけではなく，滑稽千万なことなのだ。

2 一連の盲人たち

しかし，われわれはこの哲学者の考えの底にあるものを露にしよう。それを彼は，実例で覆って隠したのではなく，明らかにしたからである。さてこの哲学者は，われわれも，またこの先ではっきりと彼が反対する聖人たちも，すべてまったくもって盲目，すなわち愚かであるが，しかし彼自身は，哲学者であるということ，そして彼だけが諸存在の理を見てとり，その理に基づいて聖書の意味（voῦς）に従い，かくて彼に属する者たちを導くことがで

きるので，こうした盲人，すなわち愚か者らと違うのだ，と言う。しかし，哲学者よ，そうした人は盲人なのではない。なぜなら，あなたが言っているように，彼らは，視力の回復，すなわち真の認識へと導く者に従ったのであり，だから確かに視力を回復したからだ。もし従っていて視力を回復しなかったなら，従うことによる視力の回復は他の人にどのように保証されるのであろうか。かくてあなたは自分が盲目で，かつ見える者だと自分で証言するなら首尾一貫していないことになる。なぜなら，もしあなたによれば認識（γνῶσις）だけが可知的光であり，それをめぐってかくも大きな戦いをし，またあなた自身が証言するように，あなたが聖書の知識を有しているなら，どうしてあなたは盲目で，光を失った者なのであろうか。もし，あなた自身が色々な所で言っているように，あなたが照明され，またあなたが照明している以外の方法では照明されえないのなら，あなたが心して従っていると考えている偉大なディオニュシオスは，別の仕方で照明され，また照明しているのである。だから，あなたによれば，彼もまた知っている者たちに従うということだけを知っていたのである。しかし，そういう人々は〔あなた〕と似たようなやり方をして，あなたと同じ状態なのである。ではいったい，あなたの書によってまさにわれわれのまわりに集め，互いに視力の回復に導きながらも，盲目のままでいる，この一連の盲人とは何なのだろうか。あなたはしかし，多くの他の人が聖書に従うよう努め，〔他方で〕，自分自身と聖書に関して偽りを言う者は，聖書において真理に従う者たちから論駁されていることがわかるだろう。

3　バルラアムは教父たちに反対している

あなたの場合，もし人が，あなたがどんなふうに聖人たちに従っているかを調べたなら，あなたは盲目であるばか

266   第Ⅱ部

りではなく，ものが言えぬ人でもあると言うだろう。と
いうのは，偉大なディオニュシオスは，すでにわれわれ
が『救いの認識について』という論文[2]で提示したように，
大変はっきりと次のように言ったからである。すなわち
「神の掟に基づいてのみ，われわれが神に似，一致するこ
とが成就する」[3]。しかし，あなた自身は同じようにはっき
りと「それだけではない」と言う。なぜなら，あなたは辛
うじて，それらを守る者は半分清められると認めているか
らであり，そういうふうにあなたは〔聖人の〕足跡に従う
のだ。そしてニュッサのグレゴリオスは異郷の知恵が「不
毛で，不完全」であると教え，「自らが未熟な年齢である
ことを心しているかぎりは」，そこまではこの間違って母
という名のついた関係を捨てないこと，しかしその後，わ
れわれが「本性上，その石女の子と呼ばれるのを恥と思
う」[4]ことを期待している。しかしあなたは生涯そのこと
〔異教の知恵〕に身を捧げ，光栄に思うことが最も有益で
必要なことだとわれわれに教え，そしてそのことで尊大な
態度をとって，彼の別の言葉を躊躇することなく歪曲する
が，その目的はただその学問をなすことが完全で救いに資
する清さを実現するものであることを示して，説得するこ
となのである[5]。かくて彼だけが聖人のだれにもまして確
固たる見解をもっているというわけである。ところが偉大
なバシレイオスははっきりと言っている，「約束された幸
いのためには，天や地そして諸要素の間に浸透している真
理を知らなくても何の妨げにもならない」[6]，と。しかしあ

───────────

2) 本書 II-1-39 参照。

3) 偽ディオニュシオス『教会位階論』2（PG 3, 392A）。

4) ニュッサのグレゴリオス『モーセの生涯』2, 10（PG 44, 329B）参照。

5) 本書 II-1-17 参照。

6) バシレイオス『詩編講話』14, 3（PG 29, 256C）参照。

なたはこれが救いにかかわり，それなくしては，一切のものうちにある真理にその知性を適合させる完全さに達しない，と言明している。そして到達しえないものを祈り求めねばならないなら，それは少なくとも真理においてであれ。なぜなら，神においてのみ一切のものの認識はあり，それは神がヨブにこう言われていることだ。つまり「もし理解する力があるなら私に言え。地の柱はどこに立っているか，海の源はどんなものか，大地の広がりはどれくらいか」（ヨブ38：4, 6, 16, 18）。しかしあなたは自分の知性をこの真理に適合させようと努めないで，あなただけが完全さを知り，かつ有していると考え，アリストテレスの徒やプラトンの徒やユークリッドの徒やプトレマイオスの徒やそのような類の人々の仲間になっている[7]。だから，あなたは天文学者や自然学者をそうした〔能力〕をもっていない者よりもよく神を観ると考えている。それは彼らの理性的な力は諸存在の真理のまわりをまっとうに巡っており，彼らはその真理に集中し，また天使に等しい知性作用をもつとあなたが考えているためである。そういうことを言って，あなたは救いの上でも確かさの上でも神を啓示するディオニュシオスに従っているつもりになり，それによって過ちえないわれわれの師であると臆面もなく語っているのである。

4　あまねく知られた一神教

　しかし，背中の曲がった人が真直ぐだと言い張ることがないように。なぜならその人は自分を見る者たちを納得させないだろうし，たとえ自分を欺いたとしても，その人たちは欺けないであろうから。また正しい考えをもっている人や神の霊感を受けた人にしっかりと従おうとしている

---

7)　本書 II-1-20 以下参照。

人々を中傷しないように，しかもそれに関して，この地上のいかなるところでも，また恵みの福音に従って進まない人々の間にあってさえも，まったくもって完全に誤っているものとして論駁されることがないように。というのも，誰が，今日，キリストに呼ばれた者どころか，スキタイ人やペルシャ人やインド人であっても，神は造られたものではないとか感覚的なものではないということを知らないであろうか。なぜなら，来たるべきキリストの来臨の時，復活と不死の恵みは彼〔キリスト〕を信じた者にのみ限られるのではなく，聖書によれば，すべての人に共通に復活の後約束されたものがもたらされることはないにしても，すべての人が共通に復活するように，今日，キリストの最初の地上への現存によって，すべての人が彼の福音に耳傾けることはないにしても，すべての人は共通に，到来する豊かな恵みによってはっきりとはわからずとも変容され，世界の創造主である，唯一の造られざる神を認めているからである[8]。たとえもしあなたがパルテア人，ペルシャ人，そしてサルマティア人に聞いても[9]，直ちに，かのアブラハムともまごう言葉，すなわち「私は天の神を敬う」（ヨナ 1：9）〔という言葉〕を聞くであろう。またプトレマイ

---

8) 仏語訳［1Fr］註（392頁），伊語訳［3I］註（625頁）によれば，これは特にイスラームを指しているのだという。当時ビザンティン帝国において，イスラームに近い地域では，イスラームは真の宗教へ向かうものと映っていた。またパラマスはトルコの捕虜になったとき，イスラームについて認識を深める機会を持ったからである。Cf., G. Georgiades Armakis, *Gregory Palamas among the Turks and Documents of Captivity as hisitorical Sources*, «Speculum» 26 (1951), pp.104-18. その他，マクシモスは，聖霊は異国の民にも現存すると考えていた。マクシモス『タラシオスへの問い』15（PG 90, 287B）参照。

9) 中世のコンスタンティノポリスでは彼ら以外の民族を古代の名前で呼んでいたらしい。ここでもパラマスはイスラームの宗教が根底的に真理を認識していると言っている。

オスや，ヒッパルコスやトゥリオスのマリノスという，あなたによれば賢く，天の円軌道や周転円によって球体の真理にその知性を適合させる人は，天は神的であり，一切の原因であると言わないし，天体を神々の体と考えるアリストテレスやプラトンの徒も[10]「神々の馬は，目のとどくかぎり，山の頂上からブドウ酒色の海へと飛翔する」[11]などとは言わないのである。

5　感覚を超えた神

「闇の中で輝く光」（ヨハネ1：5）のおかげで，まさにすべての人は，かつてその知恵ゆえに驚嘆された人々以上に，神が感覚を超えることを知ったのであり，存在するものから塑像を作り上げるようなものではないことを全体として認めている。ではどうしてあなたは，福音の弟子や，神の下された言葉を耳で聞いた者や，鍛えられた口を通して，霊の火の舌で秘義伝授された者に対して——彼らは天使や人間ではなく，主御自身がその賛美すべき口で教えられた，「というのは，御父のふところにいる独り子が示されたからである」（ヨハネ1：18）——，どうしてあなたは，すべての国の人々のなかから，聖なる人々，すなわち神の教会〔に属する者として〕選ばれた者たち（1ペトロ2：9）に対して，神の本質が感覚的なものであり，形状や嵩や質をもち，光のように空気に混じり，それ〔空気〕がそこからの流出を受け，場所的に，また感覚的に限定されると考えているといって，そのような非難を敢えてするのだろうか。いったい，このように類比的に考量したとき，神について同じような考えをもっているなら，その人が太

10）　プラトンの『ティマイオス』が下敷きか。『ティマイオス』34-38を参照。

11）　ホメロスのパロディー（『オデュッセイア』1, 183; 4, 524 等。『イーリアス』2, 613; 4, 275, 等参照）。

陽が神であるとどうして言っていないのかと，あなたは見抜くには至らなかったのだろうか。またもし人が神的なものが感覚的なものだと考えているなら，どうして神的なものは他の者の感覚から逃れると考えるのだろうか。どういう理由で感覚の愉楽を軽蔑するのだろうか。それは，あなたによってそのことで非難された者がすべての人に勝ってしていることだ。なぜなら，パウロによれば，胃の奴隷にとっては，腹は感覚的な神であり（フィリピ3：19），金銭欲の強い者や貪欲な者（エフェソ5：5）はそれに次ぐ偶像を立てるからである。福音書の宣告によれば（ヨハネ5：44），「人間からの栄光は受けるのに，唯一の神からの栄光を求めようとしない人々」はキリストを信じることができない。そうしたものすべてを，またすべてを超える神のために，それらを軽蔑する者は，神は一切の彼方にあって崇拝すべきものであると業によって示さないだろうか。あるいは彼らが他の人々に唯一の神からの栄光を取り去るものを捨てるよう忠告するゆえに，人が彼らを信じないだけでなく，神について確たる考えをもっていないと言って，非難するのであろうか。

6　讒言の最たるもの

　というのはこうした人々に反してあなたが多言を費やして語っているものの末尾で言っていることは，あなたが明らかに進んで彼らを中傷していることを示していたからである。それはこう言う，「今われわれは，ある人々によって『ヒュポスタシスのうちなる光』（ἐνυπόστατον φῶς）と言われたものについて語っているが，彼らが，固有のヒュポスタシスのうちにある，可知的で非質料的光を見ると言っていることについて，今だにわれわれ自身の見解を明示していない」。まさにそこに何らかの中傷が織り込ま

第 3 論攷   271

れているわけだ。偉大なマカリオス[12]や神的なことに著し
いマクシモス[13]やその弟子たちは，光はヒュポスタシスに
おいて（ἐν ὑποστάσει）見られるが，それ自身において
ではない（ἐν ἰδίᾳ δὲ οὔ）と言っているからである。それ
にもかかわらず，もしこのことを中傷を交えずに述べたの
ではなかったとするなら，彼らがこの光は「可知的で非質
料的である」と言っていることに彼は同意しているのだ。
可知的で非質料的なものは可感的ではなく，また可感的で
あるなら，象徴的ではない。ではどうしてそもそもの始め
に，彼らが神の本質は可感的光で，空気と混ざり，それに
包まれ，形と質と嵩をもつ（つまりすべては可感的光にか
かわることだ）と言っていると彼は示したのか。しかも彼
らが恵みの光は「可知的」であると言っているなら，それ
は適切ではない。というのも彼らはそれが霊の力によって
のみ，すべての知的な働き（νοερᾶς ἐνεργείας）を止め
て，知性のうちに生じるので，それが知性を超えることを
知っているからである。しかし，彼が考えているように，
彼らのうちの誰かがそれ〔光〕は神の本質であるとか，神

---

12) このマカリオスはシメオン・メタフラステースの敷衍した
もの（φωτισμὸς ὑποστατικός）による。『知性の自由について』21
（PG 34, 956D）を参照。

13) マクシモス『タラッシオスへの問い』61〔スコリア 16〕
（PG 90, 644D）を参照。ここでは「神化は ἔλλαμψις ἐνυπόστατος
である」と言われている。また偽バシレイオス（『エウノミオス駁論』
の第5の書の著者）では恵みは「ἐνυπόστατον」である（PG 29,
772C）とされている。この「ἐνυπόστατον」は，もとはカルケドン
公会議後さらにキリスト論の要（キリストは神であり，また人間であ
る）を単性論者に対して，神であるキリストが受肉のときに人間性を
とったことを証明する過程で採用された言葉。人間の神化は人間がそ
のまま神になるわけではなく，人間は人間のままで（人間のヒュポス
タシスは保持して）神の恵みを受けていっそう崇高なものになるとい
うこと（やや比喩的な言い方をすれば，人間は大文字の神ではなく，
小文字の「神」になる）を指す。

からの流出（ἀπόρροια）であると言っているのではない。たとえ誰かが，この光について実例を挙げて彼らが語ったことから，悪しき結論づけをしたとしても，彼〔バルラアム〕がそう言うのであって，彼らではない。じっさい彼らがその光は感覚を超えるのみならず，知性をも超えると言い，さらに神の本質はその光をも超えると誉め讃えるとき，〔彼らが〕神の本質は可感的で可視的な光であると考えているのだと言うことは，ありとあらゆる中傷を超える中傷ではないのか。

7 矛盾している非難

しかし，概念（ἔννοια）を超えて照明を受ける者を中傷する彼はこの先どう言うのであろうか。「もし彼らの言う可知的で非質料的な光をかの本質を超えた神そのものであると考えるならば，〔そしてまた〕神は一切の感覚にとって見えず，触れえぬものであるという〔考え〕を保持するならば，〔この光を〕見ると言う者は，それが天使であるとか，あるいは知性の本質であると考えるのだが，〔その知性が〕情念と同時に無知から清められて，それ自身を見，それ自身のうちでその固有の像におけるごとく神を見るときに，それでもし彼らの語っていることがそれらのものの何か一つであるなら，彼らは全く正しく考え，キリスト教の伝統に合致するものであると考えねばならない。しかし，もしこの光が本質を越える本質であるとか，天使的な本質であるとか，知性そのものであると言わず，知性をそれ自身のうちに，別のヒュポスタシスのうちにあるように見ているなら，私としてはこの光が何であるか知らないが，そういうものが存しないことは知っている」。それではまことの人間に反対して高慢な言葉を吐くあなた，いったいどんな人が，神でもなく，天使でもなく，人間の知性でもない光がそれ自身のヒュポスタシスのうちに

おいて可知的であると言うだろうか。なぜなら，人はそれ
らのものから離れて，それ自身のヒュポスタシスのうちに
ある可知的な光を想像して，造りなすことができないから
である。しかしわれわれはこの不可能なことに譲歩してみ
よう，ヘシュカストの一人があなたの雄弁さに対してそう
いうことを言っていると譲歩してみよう。ただ私はそれが
どんな人か知らない，というのもあなたはそれが誰か示す
ことができないからだ。しかしあなたはそれが優れた人で
はないと言う[14]。しかしもし彼がうまく説明できないとし
たら（彼らが正しく識別しないということよりも〔そのこと
の方を〕私は納得するのだが）——どうかそういうことで
あってほしい，というのも認識はすべての者にかかわるこ
とではないからだ——，あなたはこの光の偉大な光景とは
何かを，識別のカリスマをもっている人に尋ねたり，可能
なかぎり，学んだりすべきではなく，神の霊威を受けた者
を直ちに狂った人として断罪して，神的なパウロが語った
ことと同じ体験を明らかに味わっているとすべきなのだ
ろうか。というのは〔パウロは〕コリント人に向かって，
「〔教会のことをよく知らない〕素人や非信者の誰かがあな
たたちの中へ入ってくるなら」，識別しうる人の言うこと
を聞かず，「あなたたちは狂っていると言うだろう」（1 コ
リント 14：23 を参照）と言っているからである。修道士
にして哲学者よ，あなた自身も〔教会をよく知らない〕素
人や非信者の徒に当てはまるのだ。しかしそう言うのは一
人ではなく，何人かでもなく，多くの者であり，われわれ
全員がそう言っていると仮定しよう。大演説の後で，「私
はこの光が存しないことを知っている」と言ったそのこと
は，あなたを有頂天にさせたのではないか。なぜならすべ
ての人が，神でもなく，天使でもなく，人間でもなく，い

---

14) 本書 II-1-1 参照。

かようでもない，それ自身のヒュポスタシスのうちにある
光は全く存在しないと，あなたに同調して言ったかもしれ
ないからだ。しかしまた，すべての人は直ちに，もしそれ
自身のヒュポスタシスのうちにある可知的光を見ると人が
言うならば，そうしたもののあるものを見ると言っている
ことだと了解している。そのように言うことは，全くもっ
て正しいことであると考えているとあなたも言った。では
いったい誰に反対してこの偉大なあなたの書物は冒瀆し，
咎めたて，中傷するのか。それは，あなたが後になって正
しく考えていると宣言するような人々に対してではないの
か，そして〔結果的に〕あなたの中傷は反駁されることが
ない。

8 「神以上のもの」

　実のところ私は，彼ら〔ヘシュカスト〕はこの光につい
てあなたと同じように考えているとか，あなたと同じよう
に神学している（θεολογέω）とは言わない。そうではな
く，あなた以上の〔考えをもっている〕のである。すなわ
ち彼らは，あなたが彼らに向けて発した非難中傷よりも
上を行っているからだ。というのは，あなたは彼らについ
てこう言っているからである，「もし彼らが神は可知的
な光（νοητὸν φῶς）であり，一切の感覚にとって見られ
ず（ἀοράτον），触れえざるもの（ἀνέπαφον）であると
心にとどめおくなら，正しいことを言っている」。しかし
彼ら〔ヘシュカスト〕は神の本質は一切の感覚にとって触
れえざるものをも超えるということはよく知っている。つ
まり，神は存在しているものを超えるのみならず，神をも
超えるもの（ὑπέρθεος）であり，一切の彼方にある御者
の優れたさまは一切の措定・状況（θέσις）を超えるのみ
ならず，一切の除去（ἀφαίρεσις）をも超え，知性に生じ
るいかなる優秀さをもすべて超え出てしまったからであ

る[15]。しかし，聖人たちが霊的な方法で（πνευματικῶς）見るこの自存する光〔ヒュポスタシスのうちにあるという仕方の光〕（φῶς ἐνυποστάτως）は，彼らが言っているように，それが存在し，また，たまたまの事情から生じた幻影のような象徴ではなくて，非物質的で，神的な輝きであり，見えない仕方で見られ，また知られざる仕方で思惟によってとらえられる恵みであることを，経験そのものを通して知っている。ではそれは何か。彼らはそれを知らないと言っている。

9　多くの名で語られる賜物

ところであなたは定義（ὁριστικός），分析（ἀναλυτικός）そして区分（διακριτικός）に関する方法を導入しているが，われわれが教える愚かしいことにも価値のあることを知ってほしい。というのは，〔この光は〕神の本質ではないし，その本質は触れえず，与りえないものだからである。またそれは天使ではない。というのは，〔この光は〕主の性格（δεσποτικοὺς χαρακτῆρας）を帯びており，時々，身体から出ていったり，身体を離れたりすることなく言うに言われぬ高みへ上昇して行き，またさらに別の時には，身体を変容し，それ自身の輝きを分与し，いわば偉大なアルセニオスがヘーシュキアのために戦っているとき[16]，またステファノが石殺しにされたとき（使徒言行録6：15），またモーセが山から戻ったときに見られたように（出エジプト34：35），そのように今，身体を神化する働きは，おお奇跡よ，身体の眼に捉えられるよ

---

15)　偽ディオニュシオス『神秘神学』1，1 と 5（PG 3, 997A, 1048B）また本書 I-3-4 参照。

16)　『砂漠の師父の言葉』（アルセニオスの項）42（PG 65, 108A），ストゥディオスのテオドロス『講話』（アルセニオスについて）25（PG 99, 880BC）等参照。

うになり，また時々，それを観想する者に，はっきりと，いわば言い表しえぬ言葉で語るのであり，それはあたかも神的なパウロに生じたごとくで（2コリント12：4），神学者グレゴリオスによれば，世の初めから世の終わりまでそれ自身の本性上，すべてのものにとり見られえず，測り知れない御者が「それ自身の見張り台から，造られた本性に適合する仕方で迎え入れられるごとくに，下ってくるのである」[17]。かつてユダヤの子らが，砂漠で，上から下されたパンを「マンナ」と名づけたが（出エジプト16：14以下），この光を受けるに値する者も，それと同じものが，大いに思考をめぐらすと，自らのうちに蒙るのである。それは何か。彼らにとってはかの光という名である。ところでもしあなたが言うべきことが多くあるとしても，しかし続きの話に戻ろう。

10　光は天使ではない

じっさい，あなたは，彼らがこの光を天使でもあると考えていても，正しく語っていると言っている（先の第7節参照）。しかし，彼らはこの光が天使であるとは決して言っていないのである。彼らは教父たちの書物に手ほどきを受けて，天使を見るということは種々の仕方で，そして見る者に適したやり方でなされることを知っている。というのはそれはある場合には，厚さという本質において，感覚で捉えうるし，情念に満ちた者や全く奥義を伝授されていない者にも見えないわけではない。あるいはまた魂もそれに即して何か適切に見てとるような薄さという本質においてか，あるいは，清浄ゆえに，霊的な仕方で見る者にのみふ

17）　ナジアンゾスのグレゴリオス『講話』45, 11（PG 36, 637B）参照。

さわしい真実の見神においてか，であるからだ[18]。ところであなたは，こうした方法の相違をよく伝授されていないので，天使たちは互いに見えないものであると考えていることを示しもしようが，それは彼らが身体を持たないからではなく，本質上見えないからだと言い，そしてあなたの文言の中で，神を見る者をバラムのロバになぞらえるのである。それはこのロバも天使を見たと書かれている（民数記 22：25, 27）[19]からだと。

11　光は「霊の本質」ではない

それから，知性がもし「何か別のヒュポスタシスのうちにある」ように「見る」のでなく「情念と同時に無知から清められたとき，自らを，そして自らのうちに，固有の像におけるごとく神を見る」ならば，〔それが〕神を見ることであり，そしてまた知性の本質を光として見ると言う者は，キリスト教の神秘的な伝統に合致するとあなたは考えているのである。しかし，〔キリスト教の伝統のうちにあることで〕彼らが知っているのは次のことである。すなわち，清められ，照明され，そして神の恵みを明らかに分有するようになった知性は，少し前にこの議論が露にしたように，他の神秘的，超自然的な見神（θέαμα）に与か

18）　このことは，天使は本質において見えないものではなく，ただ非物質的なものだということである。ただ，ある場合は旧約聖書に見られるように一時的に物質的な姿をもって現れるとか，また微細な身体で現れるか，あるいは最終的には物質をまとわず，真に見る力のある者に非物質的な姿を見せるという三つの状況が考えられるということである。

19）　異教の占い師バラムがイスラエルを呪うようバラク王に頼まれ，ロバに乗って王のもとに行こうとするが，神の使いが現れ，阻止しようとする。このときロバは異様なものを感じたが，バラムはそれを感じないで，進もうとしなかったロバを叩いたという話を指している。

278   第Ⅱ部

り，だが自らを見るとき，他のもののように見るが，それ
は他のものを見たり[20]，たんにその固有の像を見たりする
のではなく，神の恵みによってその固有の像に刻印された
輝きを見，しかし，この輝きはそれ自身を超える知性の力
を満たし，より強く，そして観念（ἐννοία）を越える一
致を完成し，それによって知性は霊において，人間的な仕
方によるよりも，より優れた仕方で神を見るということで
ある。あなたがこのことを知らないとしても驚くことはな
い。というのも，彼らは驚かねばならないような者ではな
いし，一方あなたは彼らに関することは知っても，認識を
超えるものを考えようとはしないからである。それゆえ，
あなたもそこで，情念のみならず無知からも清められるな
ら，知性は神を見るようになると言っている。しかし，彼
らはあなたの言う「無知の清め」については何ら語ってい
ないのであって，彼らは悪しき情念から清められ，持続す
る，非物質的な祈りによって，一切の認識を超えるのであ
る。彼らに神を見るということが生じるのは，彼らがこう
したことについての議論に欺かれず，また自らに注意する
のを決してやめず，たとえばスキタイ人であれ，ペルシャ
人であれ，エジプト人であれ，誰かが，この無知の清めを
通して，こうしたことを知っていると公言しているかどう
かを熱心に考えたり，学ぼうとしたりはせず，このような
無知は神を見るのに何ら妨げにならないということを正確
に知っているからなのだ。というのは，あなたが言ってい
るように，掟の遵守はただ情念の清めを与え，神の約束に
よって，掟の遵守においてのみ，神の臨在（παρουσία）
と滞在（μόνη）と顕現（ἐμφάνεια）が成就されるので
あれば，あなたによると，「無知の清め」とあなたが言う

──────────
　　20）　先のⅡ-3-7 およびⅠ-3-5 を参照。またディアドコス『百断
章』40 参照。

かの清めを付加することは，明白な誤りではないであろうか。しかし，われわれは，先に語ったことのなかで長々と，この無知の清めが真の認識を取り除いてしまうということを示したのである[21]。

12　神の本質でもない

　さて続けて彼によるヘシュカストに対する非難に戻らねばならない。というのは，たとえわれわれが彼は彼らを中傷していると反駁し，また明らかに彼は彼自身の理性の産物をひっくり返し，自分自身と取っ組み合ったり，投げ飛ばしたりして，自らに戦いをしかけたとしても，彼はわれわれに対抗して書いていると考えているので，それがどんなものであるかを見てみよう。ところでまず彼は，非難されている者が，感覚的な光を神の本質であるとか，そこからの流出といった考えに駆り立てられている原因について語っている。すなわちこう言う，「彼らは，諸々の書の中で聖人たちに神秘的な仕方で生じた見神や啓示の大部分は，光のうちに，そして光を通して生じ，現れたと見てとっているが，しかしそれらの〔文書〕から神の本質が〔光〕であるとする証拠は，彼らが，それは観想の徳であり，そのような光に常に出会い，接触を保つものは観想的（θεορητικός）人間であると措定していることにある」と解釈している。しかし，優れた者よ，かような者を観想的とする人は，いかにして神の本質をこうした光であると考えるのであろうか。われわれのうちの誰も，神の本質を見る者を観想的な者であると定義したことなどないからだ。さてもし観想的な者が神の本質を見ないなら，しかしあなたによるとお望みの何らかの光を見る者が観想的な者と彼らが言っているのなら，光を見るという人を強いて観想的

---

21)　本書 II-3-7 および II-1-34 を参照。

であるというような，そうした光は神の本質ではない，と彼らが考えるのは明らかである。自らを多様な仕方でひっくり返し，また自らを容赦せず，しかし常に自らに向かって，自らに対して不整合な形で，全面的に存在することと戦うような悪はかくも拒否しやすい。それは，そのように悪のうちに年老いた長老たちが——彼らは三人であったが——，その意志に反してスザンナの無実を示したようにである（ダニエル書補遺，スザンナ 1。ただし長老は二人である）。またそれぞれの長老には，神が当時若者であったダニエルのうちに目覚めさせられた知恵が欠けていることが明らかにされたが，彼らが互いに一致していなかったとしても，それは驚くことではない。しかし，ダニエルはただ一人であって，自分自身の力を頼みとすることができなかったが，彼らよりも勝っていたので，よく考えたり，書かれたものを通して，この中傷をあからさまにしたのである（ダニエル書補遺，スザンナ）。

13 バルラアムの手法

それにもかかわらず彼〔バルラアム〕がはじめから歯に衣着せずにヘシュカストに対して提起した証拠，すなわち彼らが悪しき考えをもつ人々であると非難したその証拠は，彼らが正統であることのしるしを示していたとしても，彼は悩みによる魂の膨れ上がりに，論議によって一息つく余地を与えられるという恵みを受けたのである。なぜなら，思うに，彼をひどく苦しめ，またこのような人々に反して正気を失わせたのは，彼らが彼を「観想的な人」と呼ぶのにふさわしいとしなかったということ，生涯ギリシアの教育に専心し，祈りや詩編朗読，情念に対する禁欲，そして徳を行う時間をわずかでももったことのない人に他ならないということだったからである。そこで彼はそのような理由で，狂気となり，心の奥底に情念を隠し，あたか

第3論攻　　　　　　　　281

もかつてエヴァに蛇が語ったように，単純な人々に親切な
そぶりで媚び誘い[22]，そしてまずそのような人々のある者
から教父の伝統を学び，次にそれを捻じ曲げて，ぶちこわし
したのである。彼は彼らを説得できなかったが，それは彼
らが，古い〔アダム〕よりもむしろわれわれのために新し
いアダムと〔なった〕方〔キリスト〕を真似ようとしたか
らである。彼はまず彼らに対して，そして彼らを通して
ヘーシュキアを擁護するすべての者に対して戦い，そして
彼はわれわれの以前にあった者たちにも，教会が聖なる者
と崇めている者にも非難をやめず，彼らが，書き物によっ
ても，彼のような人々がすべての者のうちで最高の者だと
証言もしなかったので，彼らをいっそう〔非難〕したので
ある。こうした人々に対する非難が十分信じうるものたる
ために，最初の人々とは弟子として交わり，その人たちを
通して他の人々を攻撃したが，その時彼が言ったように，
彼が彼らによって教えられたことを真実ではないとして，
自らの手でそれを破る前に，書きもので示したのである。
彼はそのときこれをわれわれにも示した。ところがそれら
のうちには，預言者の啓示の解釈やそれへの言及，また神
の本質については一言も述べられてはいなかった。しかし
神と親しくなるには博識によるのではなく，徳を通して情
念を清め，熱心で清い祈りによって神と結びつき，それら
を通して確信を得，来たるべき善を味わうことによるが，
その確信は神秘的な担保として，許された範囲で，より神
的な名をもって尊ばれるのだ。いずれにしてもそれらのう
ちにこめられている邪悪さは彼には十分ではなかった。と
いうのは，彼らは学問に比べると聖書はまったく役立たず
のものであり，諸存在の認識は悪しきものであり，情念は
魂に悪魔を結びつけているとか，そうした他のことどもを

---

22)　本書 II-1-1 参照。

少なからず語っている，と彼が主張したからである。しかし，そうしたことはこの新しい告発者には十分ではなかった。何ということか，彼は神の本質に関する〔非難〕を付加したのである。彼は，こうした人々に対してかような作り話をしようと考えたので，大きく，狡賢い中傷のでっち上げが，どこなら容易に受け取られうるかを吟味し，光による預言者の啓示やおそらくそれらから生じる反論を持ち出した。もっともそうしたことに反対する彼のほか，他の人は誰もそのようなことについて語らなかったのだが。彼が，自己自身と戦いながら，それらのことを制したか，制しなかったかどうかは，われわれには何の意味もない。彼には自分で自分を叩いたり，なぐったりさせておけばよい。

14　バルラアムと修道院霊性

しかし，この中傷合戦のあとで，彼は別のものを用意して，被造物を認識することだけが知性によって観想された光であることを熱心に示すが，それはアリストテレスの自然学，プラトンの神学，そしてプトレマイオスの天文学を十分に身につけていない者はすべて，闇の中にあり，不純であることを示すためである。そのため，思念（νόημα）だけによる照明（φωτισμός）を尊重しない者を傲慢にも告発し，くだらない名を付けて嘲笑っている。言葉通りには次のように言っている，「しかし，吸気を語る人々は，神から聖人たちに可知的に示された光は二つあると言っている。すなわち一つは認識のそれで，他は特に吸気〔の技に〕深く達している者に現れる，ヒュポスタシスのうちなる光である」。彼がこのような呼び名で，異説を唱える者というふうに貶めている者が誰かを見てみよう。というのは，それをわれわれが示すなら，認識よりもいっそう優れた，いっそう神のような光があり，この光は霊によって見

る者にだけ，つまりまだ生きている者だけではなく，世の
はじめからのすべての聖人にも明らかにされることが合
わせて示されることになろうからである。つまり彼はわ
れわれのうちの誰それではなく，聖なるヘーシュキアの生
を歓迎する者すべてをただひたすら非難しているというこ
と[23]を，教父からわれわれにまで伝わってきている伝統を
書いたものが明確に示している。すなわちその伝統は徳に
優れ，われわれより以前にあった人々──われわれが知っ
ているように──，すなわち神の人々から承認されたもの
で，また経験上，初心者について役立つものと証明された
ものである。その伝統を彼はまず理屈をこねて歪め，告発
し，さらにそれに因んですべての人にあだ名（オムファロ
プシュコイ，臍に魂をもつ者）を付け，すべてをひっくる
めて非難するための理由を引き出してくるのである。

15　栄光について

　古よりわれわれが崇める聖人方の大部分によって，恵み
の光について，経験を通して学び，また教えるというこ
とになったので，われわれは福音の掟を弁護する者とし
て，われわれが提出しているわけではないが，信を同じく
することをともに表明するかの文言を証言として持ち出し
た。それは聖なる文書がこのように前もって明らかに教え
ているからである[24]。同様にここでは，それらを著した者
が，他のすべての人々の指導に関して書かれたものだと
主張する教父たちのかの言葉を付け加えるであろう。さ
て，こうしたことに関して信心深く，確固とした注釈家で
あるイサークは，「教父たちが言っているように，われわ

---

23)　本書 II-1-1 参照。
24)　たとえば偽ディオニュシオス『天上位階論』2（PG 3, 392A）参照。

284   第Ⅱ部

れは魂に二つの眼を得た」と言っている。すべての教父が
そういっているのをあなたは聞いたか。じっさい彼らはこ
う言う、「われわれは二つの魂の眼をもっているが、それ
ぞれの見る働きは同じ用途にあるわけではない。というの
は一つの眼では、自然のうちに隠れたものをわれわれは見
る。すなわち神の力と神の知恵、そしてわれわれを導く神
の偉大さに基づいて捉えられる神のわれわれに対する摂理
を見てとるのである。もう一つの眼では、その聖なる本性
の栄光を見る。すなわち、神がわれわれに恵みを与えてそ
の霊的な神秘のうちに導き入れられるのである」[25]。それら
は眼であるので、光はそれらを通して見られ、またそれぞ
れの見る働きは同じ用途にあるわけではないので、この光
の観想には何か二重のものが現れる。というのは、この眼
の各々によっては、一方の眼においては見られない別の光
が見られるからである。かの神のようなイサークはそれら
のそれぞれがどんなものであるかをわれわれに次のように
言って説明してくれた。一つは、神の力、知恵そして摂理
の把握、つまり端的に言えば、被造物から生じてくる創造
主についての認識である。もう一つは神の本性についての
観想ではなく——非難する者らが再びその足がかり[26]とし
ないように——、「神の本性の栄光」〔の観想〕である。す
なわち、それは主が弟子たちに、また彼らを通して主を信
じるすべての者に、また業を通して信を示す者たちに与え
られた栄光であり、この栄光を主は彼らもまた見ることを
望んだのである。彼は御父に向かって言う、「彼らが、あ
なたが私に下さった栄光を見るように望みます、というの
も世界の始めからあなたは私を愛して下さったからです」

────────────

　25)　ニネヴェのイサーク『講話』72 参照。
　26)　定本は「ἀφορφὴν」であるが、〔1Fr〕に従い「ἀφορμὴν」
と解する。

第3論攷　　　　　　　　　　　　285

（ヨハネ17：24）。またさらに、「父よ、世界が存在する前からあなたのもとで私がもっていた栄光によって、あなたのもとで、私を栄光あるものとして下さい」（ヨハネ17：5）。かくて人間の本性に神性の栄光は与えられたが、しかし、本性は与えられなかった。神の本性と栄光は互いに分離できないとしても、この両者は別である。しかし、〔栄光が〕神の本性とは別であるとしても、時間のもとにあるもののうちには数え入れられない。それはその過剰さのゆえにではなく[27]、神の本性そのものにおいて、それは言い表しえない仕方で内在するからである。一切の存在者を超える栄光を与えられたのは、彼に位格的に（καθ' ὑπόστασιν）一致した混合物〔人間本性〕に対してのみならず、弟子たちに対してもである。というのは彼は「父よ、あなたが私に下さった栄光を私は彼らにも与えました。それは私たちが一つであるように、彼らが一つになるためです。私が彼らのうちにおり、あなたが私のうちにおられるのは、彼らが完全に一つになるためです」（ヨハネ17：22-23）と言っているからである。しかし、彼は彼らもまたこの栄光を見ることを望まれた（ヨハネ17：24）。それこそ、それによってわれわれがわれわれ自身のうちに獲得し、また正しくも神を見るところの栄光なのである。

16　いかにして栄光を見るのか

では、どのようにしてわれわれは神の本性のこの栄光を獲得し、見るのであろうか。それは諸存在の根拠（λόγους）を吟味し、それらによって神の力や知恵や摂理についての認識を追い求めることであろうか。しかし、少し前に〔示した〕聖なるイサークや他のすべての教父たちから語られたことによれば、それらを見るが、神の

---

27)　偽ディオニュシオス『神秘神学』5（PG3, 1048A）参照。

光, つまり「神の本性の栄光」を見ない魂の別の眼がある（前節）。この光は, 認識の別名としての光とはまた別のものである。従って, 存在するものについての認識を有している者, そしてそれによって見る者すべてに神が住まうのではなく,〔そういう者は〕被造物についての認識をもち, それを通して, 蓋然的に（ὡς ἐξ εἰκότος）神を推測するのである。しかしかの光を言い表しえない仕方でもち, そして見る者は, 蓋然的にではなく, 真実に, すべての被造物を遥かに超えて基を定められた仕方で（ὑπερανιδρυμένη）観想することによって認識し, それ自身のうちに神を有するのである。というのは, それは永遠の栄光と決して分かたれないからである。しかし, われわれは過剰な善業のために不従順な者を拒絶しないようにしよう。だが, われわれの本性と共通するものをもち, その者の本性の栄光にわれわれを与らせる御者をわれわれは信じ, いかにしてこの光を得, 見るかを探究しよう。では, どのようにしてか。すなわち, それは神の掟を守るということによってである。なぜなら, 主はその掟を守る者に顕現を約束されたからである。〔主は〕この顕現を, その先すぐに続いて,「彼自身の〔住居〕であり, また父のそれである」と呼んで, 次のように言う。「もし人が私を愛するなら, その人は私の言葉を守る。そして私の父もその人を愛し, 私たちは御父のもとにやって来て, 御父のもとでともに住むであろう」（ヨハネ 14：23）, そして「私はその人に私自身を現すであろう」（ヨハネ 14：21）。「その言葉」ということが主の掟であるということは明らかである。というのも, 彼は先に, 今語っている「言葉」のかわりに, それらを示しているからである。すなわち,「私の掟をもって, それを守る人は, 私を愛する人である」（同上）。

17 認識と神化

このように，そのことからも特にこの哲学者の言葉とその教えに関して，神の観想そのものは決して認識ではないということが示される。もっとも彼はまったくのところむしろそれ以外のことを望んでいるのだが。しかしわれわれがその過剰性のゆえに（καθ᾽ ὑπεροχήν）この観想は認識ではないと言うなら，それは神は存在者ではない（μὴ ὄντα）からだということを知らねばならない。というのも，神は諸存在者を超えているとわれわれは信じたからである。しかし，彼の言葉から，哲学者の望みに反して，いかにしてこの神の光は認識とは異なるということを示すのであろうか。彼は次のように言っている。「掟を守っても無知の闇を魂から追い払うことはできない。むしろ学問と永続的にそれに配慮することによる」[28]。しかし無知を追い払わないことは決して認識を与ええないであろう。ところで彼の言う認識を与えないということが，主の言葉によれば，かの観想を提供してくれるのである。じっさいこの観想は認識ではない。それを認識であると信じたり，そう言ったりすべきではないのみならず，言葉を誤用したり，両義的に使ったりしないとしても，あるいはむしろ正しく使ったとしても，認識されうるものではない。しかしそれは超越的な仕方で解されるもの（ὑπερεξῃρημένος）であり，それを認識と信じる必要はないのみならず，一切の認識と認識に即した観想を遥かに超えたものである。というのも，いかなるものもわれわれのうちに神が住み，顕現する以上のものも，それと同じものも，またそれに近いものもないからである。われわれは，神の掟を成就することが，認識，それも真の認識を与えることであるということを知っている。というのは，それによってのみ魂は健康を

---

28) 本書 II-1-34, 37 参照。

288   第Ⅱ部

得るからである。認識能力が病気である〔のに〕，理性的
魂が健康であるとはいったいどういうことであろうか。わ
れわれは神の掟が認識を与えること，それも認識のみなら
ず，神化を与えることを知っている。しかし先に引用され
た聖人〔ニネヴェのイサーク〕によれば，神がわれわれを
霊的な秘義へ導くことを望まれるとき，われわれが霊にお
いて，われわれのうちに神の栄光を獲得し，見るなら，神
化を完全な仕方で身に受けるのである[29]。

18 ペトロの証言

　この聖人はこのように語る教父たちのことを指摘して
いたので，われわれも彼の後に来るものはすべて脇へ置
いて，彼以前の人の幾人かの言っていることを見てみよ
う。その人たちは秘義を伝授された者にのみ，神秘的で語
られぬ仕方で神の栄光は見られると語っている。そして
何よりもその目撃者と唯一の神にしてわれわれの父なる
イエス・キリストの使徒について見てみよう[30]。つまりそ
の方を通して聖なる教会の充溢において，すべての係累[31]
がその名を与えられている（エフェソ 3：15 参照）のであ
る。そして使徒たちを代表して，さらに彼らの頭，ペトロ
のことを見てみよう。彼はこう言う，「われわれの主イエ
ス・キリストの力と臨在をあなたたちに知らせるのに，巧
みな作り話に従ったからではなく，われわれがその偉大

　29）　本書 II-3-15 参照。

　30）　定本註によれば，この表現はサルディスのメリトーン（2
世紀）に由来する（『受難について』9）。しかしこの「父なるイエス・
キリスト」という表現は修行者や神秘家には使われたものの，主要な
教父はむしろ拒否していると説明。

　31）　「係累」は πατρία の訳。これは血統や家系を意味する。こ
こは「父なるイエス・キリスト」と言ったことに合わせる形で言及さ
れている。『エフェソ』では，「御父から，……その名を与えられてい
る」となっている。

第3論攷　　　　　　　　289

さの直接の観察者となったからである」（2ペトロ1：16）。
さて彼は，主イエス・キリストのどんな栄光を直接観た
（ἐπώπτευσε）のかを，他の使徒に出てきてもらって，一
緒にそれを示してもらおう。彼は言う，「ペトロと彼とと
もにいた者も目を覚まして，キリストの栄光を見た」（ル
カ9：32）。それはどんな栄光であるか。さらにまた別の
福音書記者にも出てきてもらって，一緒に証言してもらお
う，「彼〔キリスト〕の顔は太陽のように輝き，彼の上衣
は光のように白くなった」（マタイ17：2）。『詩編』（103
（104）：2）によれば，彼が「上衣のように光を身に纏った」
神であることを，彼は彼らに示したのだ。従って，ペトロ
もまた「聖なる山での」（2ペトロ1：18）キリストの栄光
を直接観たと言った後で，光は，不思議なことに，耳をも
照らした〔と言う〕——というのは，彼らは言葉をこだま
させる光る雲をそこで観たからだが——，すなわちキリス
トのかの栄光を観た後で，「われわれはより確かな預言の
言葉をもつ」（2ペトロ1：19）と言っている。神を直接観
た者よ，あなたは光の観想（θέα）からどんなより確かな
預言者の言葉を学んだのか。「上衣のように光を纏う」神
でなかったら，どんなものであろうか。彼は言う，「暗い
所で輝く灯火のように，日が輝くまで〔夜が明けるまで〕，
あなたはこの預言の言葉によく留意しなさい」（2ペトロ
1：19）。どのような日か。確かにタボル山で輝いた光であ
る。「明けの明星が昇る」（2ペトロ1：19）。どんな明けの
明星か。確かにヤコブとヨハネとともにそこで彼〔ペト
ロ〕を輝かせた星である。この明けの明星が昇るまでとは
どこであるか。「われわれの心のなかで」（同上）ある。こ
の光は，信じる者そして完全なる者の心のなかでふさわし
く光るのをあなたは見るであろうか。それが認識の光より
もどれだけ勝るかあなたにはわかるであろうか。それはギ
リシアの学問から来るものではない。というのは，それは

光という名に値しないからである。つまり，それは全くの嘘か，嘘の混じったものであり，光よりは闇に近いものであって，光にかかわらない。むしろかの観想の光は聖なる書から来る認識とも違うものである。それはちょうど，この観想の光が「暗い所で輝く灯火」になぞらえられ，他方，この神秘的な観想の光は，太陽という白日に輝く明けの明星になぞらえられているのである。

19　二つの太陽

彼〔バルラアム〕は言っている，「しかし，もしこの光が神的なものであるなら，どうして可感的な太陽にこれを比較しうるのか」，と。すべての者のうち最高の仕方で観想するあなたにはそれがわからず，範型として，しかし構成的にではなく，神が太陽として，いや太陽を超えるものとして輝くということを受け容れることができないとは。しかも，日中に同じような輝きで第二の星が現れるなら，その光は二つあることになり，そのような仕方で輝く二つの太陽の各々は，輝いていないもののように見える。ところでその時太陽として輝いていたものは，太陽よりも明るく輝くが，それは太陽が輝くようにではなく，むしろ太陽を超えて輝くのである。かくて，類似という言い方をすれば，それは決して同等であるのではなく，また範型として比較すれば，決して同じ価値の類似性をもつということではないのだ。しかし，タボル山で主の選ばれた弟子たちに現れた光は，まさしく感覚的でも，可知的でもないということは，『神の光と聖なる幸福』[32] という論文で，私が力の及ぶかぎり示したのである。

---

32)　本書 I-3 参照。

20 神の光は象徴ではない

しかしそのような照明と光に反して弁じ立てる者たちは，神から聖人たちに示された光はすべて幻影（φάσμα）であり，何か非物質的で可知的なものを暗に指し示すものであり，たまたま生じた状況で神の摂理と想像によって示されたものだと言って，聖なるディオニュシオス・アレオパギテースが彼らと同意見であると嘘をついている。しかし，ディオニュシオスは，不思議極まる変容で弟子たちを照らした光は，来たるべき世で，最も明るく輝いて絶えることなく，また終わることなくわれわれのまわりを照らすのだとはっきり言っている[33]。つまり，その約束によれば，われわれはいつも主とともにあるからである（1テサロニケ4：17）。じっさい永遠に在り，まさしく存在し，変化することなく存在する，最も明るく，最も神的なこの光は，すべての象徴や暗示，たまたま生じた状況に向け作られたもの，生じるものや消え去るもの，今あり，今ないもの，あるいはむしろその時に現れるが，まさしくほとんど存在していない諸々のものから，どうして離れないであろうか。あるいは感覚的なものにおいてあらゆるもののうちで最も明るい太陽は，回転からはじまり，多くの年ごとの回転のもとにあり，多くの物体によって遮られ，ある時は蝕を起こし，ある時は隠れ，聖人たちの命令に服従し，そこでその運動を止め，後戻りしたり，止まったりするが，これ〔太陽〕とその光はヒュポスタシスのうちにある（ἐν ὑποστάσει，現実にある）とわれわれは言うのであろうか。しかし他方，この光は，「そのなかでは変化や回転の影はなく」，すなわち神に似た肉の，豊かさと神性の栄光を与える肉体の光輝であり，従ってこの光は来たるべき，そして永遠の世の美であり，象徴であり，幻であり，つまりは

---

33) 偽ディオニュシオス『神名論』1, 4（PG 3, 592BC）参照。

固有の存在をもたないもの（ἀνυπόστατον）だと言うの
であろうか。否，われわれがこの光を愛するかぎりは。

21　教父の証言

というのは，この光を，神学者グレゴリオス，金口ヨ
アンネス，そして偉大なバシレイオスははっきりと「神
性」（θεότης）と呼んでいるからである。〔ナジアンゾス
のグレゴリオス〕は「山で弟子たちに明らかにされた神性
は光である」と言っている[34]。さらに，「神性がその光線を
明らかに示したので，主は自分自身よりもいっそう光り輝
いているように見えた」。また，「この輝きわたる力は，崇
めるべき身体を通して，水晶の灯火を通してのように，心
の清い人に現れた」。従ってこの栄光はたんに身体に属し
ているのではなく，神的本性に属しており，その本性はそ
のうちにある聖なるヒュポスタシスの一つにおいて，この
崇めるべき身体に結びついており，その固有の栄光と神に
ふさわしい輝きをすべて彼〔キリスト〕のうちに導き入れ
た。だから偉大なマカリオスはそれを聖霊の栄光と呼んで
いる。ではこの神性，この超本質の輝きと栄光はどのよう
にして今あり，また今ないのか，またどうして生じ，そし
て生じないのか，また現れ，そして消えるのか，そして，
それは値しない者に隠されているのではなく，幻やそう
した象徴や謎や，あの厚かましい者によって名づけられた
もののように，非存在へと進んでいくのか。彼らは自分た
ちの論拠もまた，神的なディオニュシオスやマクシモスが
ともに証言してくれると歪曲しており，また神的なことに
おいて知者たるマクシモスが，主の変容の時の光を類比的

34）　ナジアンゾスのグレゴリオス『講話』40, 6（PG 36, 365A）
参照。

にまた上昇的な意味において[35]「神学の象徴」（θεολογίας σύμβολον）と言っていることに気づいていないのだ[36]。

22　聖マクシモスの証言

類比的で上昇的な神学において，存立するすべてのものの象徴が同名的に生じ，語られるので，彼〔マクシモス〕はそれをそこで「象徴」と名づけた。そのために彼はその文書をそこで「観想」とはっきりと書いており[37]，それはちょうど神学者と言われるグレゴリオスが善悪を知る木を「観想」と呼んでいるごとくであって[38]，その観想において，上昇的という仕方でそれ〔観想〕の象徴としているが，しかしそのことによって，かの木が幻であるとか，実体のない（ἀνυπόστατον）象徴であるというわけではない。しかし，神のようなマクシモスは，モーセを判断の，エリアを先見・摂理の象徴としているのである[39]。ではいったい彼らは本当はそこにいず，象徴的に作り出されたのであろうか。ではどうして，上昇しつつ観想することを望んでいるペトロは信仰の象徴，ヤコブは希望の，ヨハネは愛の〔象徴〕とならないのか。そしてキリストがそこに

35）　ここで「上昇的な意味において」というのはギリシア語で「ἀναγωγικῶς」と言う言葉である。これは「ἀνάγω」という「上げる，高める」を意味する動詞に由来する。従ってこの世の感覚的なものから天上の神の現実へと人間の思惟を高め，導く理解の方法を「ἀναγωγή」と言う。

36）　マクシモス『難問集』（PG 91, 1165BC）参照。

37）　同上（PG 91, 1160 以下）参照。ここでは善悪を知る木はしかるべきときに，すなわち「観想」するときに用いられれば，悪しきものではない，ということが述べられている。

38）　ナジアンゾスのグレゴリオス『講話』38, 12（PG 36, 324C）参照。

39）　マクシモス『難問集』（PG 91, 1168C）。ただしこれはパラマスの思いちがい。実際は逆で，モーセに「先見・摂理」が，エリアに「（判断）」が充てられている。

登り，つき従うことのできる者に，マクシモス自身に従って言わんとすれば，この世の存在以前にあった神の姿で現れた山そのものとは，すべての徳に即して上昇していくことの〔象徴〕であろうか。そこで弟子たちを照らした光がどんなものかあなたは分かるであろうか。選ばれた弟子たちは変容された主を観て，「生命が肉体から取り去られる前に，肉体から霊へと移り」，彼〔マクシモス〕がさらに言っているように，「感覚の働きの変化によって，彼らのうちに霊が働いた」[40]。この光は，霊によって変化させられなければ，感覚には見えないものであることがわかるだろうか。従って，それは太陽よりも強く輝いたのだが，近くにいる者らには見えなかったのである。マクシモスの場合は以上である。

23　ディオニュシオスの証言

偉大なディオニュシオスはこの光を単純で，形なく，超自然的で，超本質的，すなわち一切の存在者を超えると言っている。ではどうしてこうしたものが感覚的であり，あるいはまた象徴的なものなのであろうか。じっさい彼は光について，光の確かな観想者（θεατής），奥義を授けられた者（μύστης），そして奥義を授ける者（τελετής）として，聖なる仕方で書こうとして，こう言っている，「今や神のうちにあってわれわれを導く者は，感覚的なものによって可知的なものを，存在するものによって存在を超えるものを，可分割的な象徴の多彩な色取りによって超自然的で形のない単純なものをわれわれに伝えた。われわれが不滅で不死になり，キリストの姿をとり幸いな状態に達するとき，聖書によれば，いつまでも主とともにいるであろう（1 テサロニケ 4：17）し，かのきわめて神々しい変容

40）　マクシモス『難問集』（1125D-1128A）参照。

における弟子たちのように，われわれを最も明るい輝きで
照らす，主の目に見える顕現の最も神聖な観想のうちで，
われわれは満たされるのである」[41]。この光は感覚のみなら
ず，一切の存在者を超え，またこの観想そのものは超自然
的であることがわかるであろうか。

24　見えないものを見ること

　ところで今われわれは存在するものや可分割的な象徴を
通して感覚によって〔見るが〕，そうしたものを超えた状
態になるとき，もっとも神聖な，こうした奥義を授ける者
〔パウロ〕もまた解説したように永遠の光を直接的に，仲
介する覆いもなく見るであろう。「今われわれは鏡で見る
ようにおぼろに見ているが，その時は顔と顔とを合わせて
見ることになる」（1 コリント 3：12）と言っているからで
ある。「今」ということで，われわれの本性にとり可能で，
それに相応した観想のことを示している。なぜなら，彼は
それを超えて昇り，感覚と知性を超越し，見えざるものを
見，聞きえざるものを聞き（2 コリント 12：2-4 を参照），
それ自身のうちに，かの再生とその本性に相応した見神の
担保を受けたからである。つまり，こう言っている，「私
は知っている」。それは彼が聞き，見たからである。さて
それは感覚の働きのように思われる。しかし，彼は直ち
に「私が感覚したもの（αἰσθόμενον）が知性であるのか，
身体であるのか知らない」（同上）と言っている。従って，
この感覚は感覚と知性とを超えているのである。なぜなら
その二つのそれぞれが働くとき，それが働いていることを
感じ，知解する。だから，次のように付け加えられてい
る。すなわち「神はそれを知っている」，なぜといって神
はそのように働かれる御方だからである。しかし彼は，神

---

　41)　偽ディオニュシオス『神名論』1, 4（PG 3, 592BC）参照。

296   第Ⅱ部

との一致によって，人間を超えるようになり，見えざるも
のを通して見えざるものを見る。それらは感覚を超えて別
のところにあるのではないが，彼には見えるものとなった
のである。

25　見えざる仕方で見える光

　さてまた偉大なディオニュシオスは，永遠の光の観想
（θέα）は，「キリストの形をもった者」には見えるといっ
ているので，「目に見える」（ὁρατήν）と言うとき，それ
は感覚的なものだということを示したのではなかった[42]。
彼がまた他のところで，感覚を超える光は目に見えると
はっきり言っているのにあなたは気がつくであろう。「な
ぜなら，思惟的なものの（νοερῶν）自ら選んだ〔自由〕
意志が，もしそれに適度な仕方で与えられた見ることの限
界を大胆にも超えようとするなら，光は光にかかわること
がらについて何らの働きもしないし，他方，自由意志は自
らのせいで適度さも失うだろう」と言っている[43]。それゆ
え，もし思惟的なものの観想が，たとえそれが目に見える
ものであっても，感覚を超えるものから分かたれるのでは
ないなら，キリストの形の分け前に達した者のそれは，そ
れが見えるからといって，どうして感覚を超えないのであ
ろうか。この目に見える神の顕現は感覚を超えるのみなら
ず，知性をも超えるが，それは聖マクシモスが明瞭に説明
しているごとくで，「霊は神化によって，身体と知性のす
べての自然的働きの停止をわれわれに恵み与えるが，それ
は神が魂と身体を通して現れるような仕方によってであ
る」[44]と言っているからである。知性と感覚は同一の光を

　42）　偽ディオニュシオス『教会位階論』7, 2（PG・553CD）参
照。
　43）　前掲書2, 3（397D-400A）参照。
　44）　マクシモス『神学と神の子の受肉の摂理について』2, 88

受けとるが，それぞれはそれぞれに相応した仕方で，しかし感覚と知性を超える仕方で受けとるのである。そして偉大なディオニュシオスがそこで「目に見える神の顕現」と言い，「知性を超える一致」と言っていることは互いに全く違うことではない。とりわけ，神のことを宣明する者たちによれば，そこでは空気も場所も要しないので，どうして可感的な光を要するのであろうか[45]。

26　神の本質を見ることができるか

しかしながら，パウロが神のうちにあって，奪魂状態のうちに神の見えざることがらを観想したとき，彼は神の本質を見たのであろうか。誰がそう言えるであろうか。同様に，ヘーシュキアによって清められた者は，見えざるものを観想するに値し，神の本質は触れえざるままにとどまるが，神を見ることに値する者は，秘義導入を受け，それに思いをめぐらし，かくて不動心と非質料的な知性において神の可知的な光の賜物に与る。しかし，彼らはこの観想と，それへの秘義導入を神的なるものは超えるということを知っている。かくて彼らはわれわれ以上に優れた仕方で知性を超えて把握するが，それは除去（ἀφαίρεσις）という仕方で神学を行う者のように，見ないということによるのではなく，見るということそのものにおいて見ることを超えるということを知り，思いめぐらすのではなく，いわば除去を蒙るのである。ところで，神的なことがらを蒙ることと見ることは肯定的に神学することとは違い，それ以上のものであるように，霊的に見ることにおいて，見る対象の超越性を通して除去を蒙ることと除去という仕方で神

（PG 90, 1168A）参照。

　45）　ニュッサのグレゴリオス『魂と復活について』（PG 46, 104C）参照。

学を行うことは違い，それ以上のものなのである[46]。なぜ
なら，もし人が鏡のうちに太陽の影が天にあるそれよりも
いっそう輝いているのを見るとすれば，それはこの影のも
つ輝きよりもその人自身の目の力が弱いからだが，その元
のものは過剰さのゆえに見えざるものであることを確かに
悟る。しかしそれは見ないからというのではなく，見るか
ら，〔そう悟る〕のである。このようにこの幸いな見神に
値する者たちは，否定（ἀπόφασις）によってではなく，
霊において見ることにより，この神化する働きは見ること
を超えるということ，またそうした働きをなす者はどれほ
どのものであるかを，知るのである。かような者から教え
を受ける者は，可知的な光の賜物を受け，否定神学へ向け
上昇していくことができる。しかし，超自然的かつ霊的で
知性を超える一致を受け取らないなら，同じような見神を
受け取り，それによって，またそれとともに見えざる神を
見ることは不可能であろう。

27　霊において見ること

このようにして，ニュッサの神のようなグレゴリオスに
よれば，ステファノは，「人間の本性や能力のうちにとど
まって，神的なることを見るのではなく，聖霊の恵みと混
じりあって〔見る〕のである，それは同じものは同じもの
によって見てとられるということが聖書から証しされるか
らである（詩編 35：9（36：10）および 1 ヨハネ 3：2）[47]。
なぜならもし人間の本性や能力によって父と子の栄光が把
握可能であるなら，この見神（θέαμα）は把握できない
と判断を下す者は嘘つきである。しかし，その人が嘘をつ

46）　本書，I-3-15 及び I-3-34 等を参照。
47）　またプラトン『饗宴』195B，アリストテレス『ニコマコス
倫理学』8, 1; 9, 3 等を参照。

いていて，歴史は正しいことを告げるというのは必然的ではない」[48]。

われわれは先に正しくもこう言った，すなわち父と子の栄光は一つであるから，キリストの変容の際にみられた栄光は父のそれであった，と。今，ステファノは神のうちに確かにあったので，栄光のうちにある神を見るだけではなく，父の栄光である栄光そのものも見たのである。「いったいそれは人間本性が成功を収めたのか。いったい天使のうちの一人が，下方に横たわる本性をかの高みに上げたのだろうか。そうではない。というのは，ステファノは豊かな能力や天使の助けに満たされて，見たものを見たのではなく，聖霊に満たされて，神と神の一人子の栄光を見たと書かれているからである（使徒言行録7：55-56）。なぜなら，預言者が言っているように（詩編35：9（36：10）参照），光のうちで見ないのに光を見ることはできないからである」[49]。ところで父の光のうちに，霊によって光としての子をわれわれが見るなら，それはわれわれにとりその分与に天使の介在を要しない神との直接的な一致であり，またそこからの光の分与である。たとえかの哲学者が否定し，聖なることがらを明らかにするこの神学の力を正確に解しないで，偉大なディオニュシオスはかく教えていると信じていても，である。

28　天使と神の光

彼〔偽ディオニュシオス〕は天使の呼称の根拠を明らかにするとき，天使を介して多くの直観（ὅρασις）がわれ

48）　ニュッサのグレゴリオス『ステファノについて』（PG 46, 717B）。

49）　ニュッサのグレゴリオス，前掲書（PG 46, 716D-717A）参照。

われに明示されると言っているが[50]、すべてのそれ自らに
よって現れる〔直観〕や、すべての一致や、すべての照明
は、彼らによって生じるとは言っていない。なぜなら、キ
リストの誕生に際して、地上にある者たちにおびただし
い天の軍勢から、かの大いに誉め歌う栄光の賛歌が伝え
られ、また天使が、「多くのことから退いて、静寂によっ
て（ἡσυχία）清められた」[51]羊飼いたちに、このよき知ら
せを告げたと言うとき、神の栄光は彼らに天使たちを介し
て輝くようになったとは言っていないからである。しかし
また、羊飼いたちは輝きわたる栄光によって救いの啓示を
示されたのでもない。だが彼らは恐れたので——というの
はそのような光景は常ならぬものであったから——、天使
たちは光の現存が意味するところを告げ知らせたのであ
る（ルカ2：9-10）。また乙女なる母は、いかにして神を胎
内にもち、肉によって生むかを天使によって秘義伝授され
たが[52]、天使を介して神との一致が彼女に生じたわけでは
ない。ここでもまた考えねばならないことは、彼女は一致
によって秘義伝授されたのではなく、それを告げ知らせて
くれる者が必要だったことである。彼〔偽ディオニュシオ
ス〕が次のようにはっきりと上からの光との一致について
語っているとき、いったい何をそれ以上必要としようか。
すなわち「天使の認識を超えていると判断された天使たち
に」属する者のみが、「一切の思惟的（νοερὰς）働きを停
止させて、神のような知性が天使を真似てそれに一致す
るのである」[53]と。さらに、「かかることに熟達した人たち
が、われわれの聖なる秘義伝授に関して、神的なことがら

---

50)　偽ディオニュシオス『天上位階論』4, 2（PG 3, 180B）を参
照。

51)　前掲書、4, 4（PG 3, 181B）を参照。

52)　前掲箇所参照。

53)　『神名論』1, 5（PG 3, 593B）参照。

がそれ自ら現れることによって実現するものは，他のもの
を介しての参与よりも完全であると言っているように，神
へと伸長する第一の階級にある天使の軍勢との直接の交わ
りは，仲介による実現よりもより明瞭であると私は考え
る」[54]。またゼカリアは，神のもとにある第一の階級の天使
の一人を見るのである[55]が，それは偉大なディオニュシオ
スが教えるように，「エゼキエルはそれについて，ケルビ
ムの上に立ち，極めて栄光に満ちた神性によって，至聖な
る仕方で法として定められていると言っている」[56]。

29　天使のヒエラルキーは受肉によって覆される

かくて天使においてのみならず，われわれにおいても，
諸々の見神（θεοπτίαι）は間接的に，あるいは他を介し
てどころか，むしろ直接的に，またそれ自ら現れることに
よって成就されるが，それは最初のものを通して次のもの
に伝達される体のものではない。なぜなら主のなかの主は
造られた法に従うものではないからである。従って，われ
われの聖なる伝統によっても[57]，まずガブリエルだけがロ
ゴスの言い表しえぬへり下りの神秘の秘義に導かれたので
ある。たとえ彼が神のそば近くに据えられた第一の天使
の階級に属していなかったとしても。つまり新しい創造
の始めは新しいものでなければならない。なぜならわれ
われのためにわれわれ〔の境涯に〕まで身を低くされた
方は，すべてのものを新しくされた（フィリピ 2：7，黙示
録 21：5）からである。従って，聖キュリロスが言ってい

---

54)　『天上位階論』8，2（PG 3，240C）参照。

55)　前掲書（241A），また『ルカ』1：11 以下も参照。

56)　前掲書（241B），また『エゼキエル』10：18 を参照。

57)　ここでは典礼文の中の讃歌が意図されている。3 月 25 日
（マリアのお告げ）晩課第 6 スティヒラ（大天使ガブリエルの祝日の
前晩）。大天使ガブリエルは第三階級の天使に属する。

るように[58]，彼が天に昇るとき，上部にある階級の指揮官を照明し，完全な秘義に導くのは，下位の階級のうちにあるもの，むしろ地上に近い天使たちであって，彼らはその指揮官たちに永遠の門〔の戸〕をあげること（詩編 23：7,9）を命じ，秘義伝授するが，それは言い表しえない人間愛によって肉をまとわれた方が〔門のうちに〕入り一切の権勢（権天使）と能力（能天使）の上に座れるよう，昇るためである（エフェソ 1：21）。なぜなら，彼は「力の主であり，栄光の王」（詩編 23（24）：10）であり，すべてをなすことが出来，望まれるなら，第一の者の上に最後の者を置かれる方だからである。しかし神が肉をとって顕現される前，そうしたことは何も天使によってわれわれには教えられなかったし[59]，ただ来たるべき恵みについてあらかじめ書かれていたこと以外は，預言者たちによっても適切に教えられなかった。そして今，それが顕現した以上，一切のものは仲介によって成就する必要はないのだ。じっさいそれは偉大なパウロによれば，「今や，神の非常に多彩な知恵は，教会を通して天上の支配力や権力に知らされた」（エフェソ 3：10）のであり，また使徒たちの頭であるペトロによれば，「天から遣わされた聖霊において福音をわれわれに述べ伝えた者たちによって，今や，そのことがわれわれに伝えられており，それを天使たちも垣間見たいと望んだほどのことであった」（1 ペトロ 1：12）。そのゆえに恵みによってこのように，より小さいものが大いに完全なものとなり，さらに世のよき秩序は確実に，また同時に驚くべき仕方で保たれているのである。

58）　エルサレムのキュリロス『予備的教導』15（PG 33, 360A）参照。

59）　天使が法を制定することについては，『ガラテア』3：19,『ヘブライ』2：2,『使徒言行録』7：53 等。その他，偽ディオニュシオス『天上位階論』4, 2（PG 3, 180B;192D）を参照。

30 天使の役割

　天使の呼称を明らかにする者〔偽ディオニュシオス〕は，非常に素晴らしく[60]，そしてそれ以上ないくらいによりよく解釈し，明瞭にし，また何のゆえに，始めに，彼ら〔天使たち〕が提示され，そのような〔名で〕呼ばれたかをわれわれに教えてくれた。しかし，御言葉がわれわれに直接下ってくるという神秘を信じる者は，たとえそれが天の大指揮官であっても，その者は神のそばに直接座を据えるわけではないということを，神のような預言者によって示されているのをあなたは見出しもしよう。じっさい彼は，栄誉において勝る別のものから権威をもって呼びかけられる者であり，次のような，「彼に見神・幻（ὅρασις）を説明せよ」[61]という命令に聴き従っているからである。しかしそれが「彼を見神に与らせよ」ではなく，「説明せよ」となっていることに注意すべきである。なぜなら，認識の恵みは仲介によってほとんどの場合実現するのを見ることができようが，神の顕現の大部分はそれ自らによって現われるものであるからだ。従って，モーセに関しても，神の言葉・神学は，法の形態は天使たちを介して与えられたと言っているが，かの見神（ὅρασις）や神の観想（θεοπτία）についてはそうではなく，見神への導入（μύησις）についてはそうである[62]。神秘的見神は諸々のものに関して生じる，すなわち在るもの，やがて在るもの，感覚的なもの，可知的なもの，物質的なもの，非物質的なもの，優れたもの，劣ったもの，またそうした類の他

---

　60)　偽ディオニュシオス『天上位階論』4, 2（PG 3, 180B）参照。

　61)　『ダニエル』8：16，新共同訳では「幻をこの人に説明せよ」となっている。また偽ディオニュシオス『天上位階論』8, 2（PG 3, 241C）を参照。

　62)　『ガラテア』3：19，『ヘブライ』2：2，偽ディオニュシオス『天上位階論』4, 3（PG 3, 180D-181A）を参照。

のものに関してである。そしてこれらのそれぞれのものは
それぞれ違った仕方で，つまり見る者の能力に比例して，
また計らいを受けた者に応じて啓き示されるのである。そ
して，すべてのものの彼方にある御方の顕現は，偉大な
ディオニュシオスが言っているように，「他のいろいろの
原因と能力によって，聖なる神殿やその他の所で，秘義伝
授者や預言者たちにおいて輝いた」[63]，もっとも件の彼〔バ
ルラアム〕は自らを盲人と呼び[64]，区別することなくすべ
ての者にまでその名〔盲人〕を押しつけてはいるが。いや
むしろ全体的にその名を押しつけないで，そう見えるかぎ
りでは，かの永遠の光を尊敬するわれわれが，そこに現れ
た戦車（ゼカリア 6：1-7, 2 列王記 2：11, 6：17 等）や車
輪（エゼキエル 1：15-21, 10：9-19, ダニエル 7：9）[65]や剣
やその他のこうしたものどもが，来たるべき世の光と同じ
価値があると信じていると考えているのだ。しかし，そこ
でのこの光が神のそれであると信じるために，「神の本性
はわれわれにとりすべてのものの代りになるだろう」[66]と
いう神の言葉・神学からそれを聞いていなかったのだろう
か。

31　見えざるものを見ること

　人間にしても天使にしても[67]誰も神を見たことはない
し（ヨハネ 1：18 参照），また将来見ることもないであろ
うが，天使や人間であるかぎりにおいて，感覚的にあるい

　（63）　偽ディオニュシオス『神名論』1・8（PG 3, 597A）参照。
　（64）　本書 II-3-1, 2 を参照。
　（65）　偽ディオニュシオス『天上位階論』15, 9（PG 3, 337CD）
参照。
　（66）　ニュッサのグレゴリオス『魂と復活について』（PG 46,
104B）参照。
　（67）　クリュソストモス『把握しえないことについて』3, 3（PG
48, 721）参照。

は知的に（νοητῶς）見ている。しかし，神学者たちの言葉によれば[68]，霊になり，また霊において見る人は，どうして同じものによって同じものを観想しないであろうか。それにもかかわらず霊において見ることを通し，神の高く土台を据えた光は全く隠れたものとして常に示されるのである。なぜなら，被造物のうちの誰が，聖霊の無限に強い力によって神の全体を眺めるために，その聖霊の力すべてを内包することができるだろうか。どうして私はこの光の隠されていることを語るのだろうか。思いもよらぬ仕方で，見る者の観想（θέα）を素材としてもつ，この光の輝きそのものは，この一致によって，かの霊的な眼〔の力〕を増大し，常にその輝きを受け取りうるようになし，世の続くかぎり，より光輝く光線でその〔眼の〕周りを照らすことを，またいっそう秘匿された輝きで永久に満たし，以前は決してそうではなかったものをそれ自身によって輝かせることをやめないであろう。そういうことから神学者たちもこの光が無限であると言い，それを通して霊の力において，一切の認識能力を停止し，あたかも神が神々と一致し，また観想されるように，神は聖人たちに見えるものとなるのである。なぜなら，よりよいものに与ることによって，よりよいものへと変化し，つまり預言者の言い方では，「彼らは力を〔新たなものに〕変える」（イザヤ 40：31）のであり，魂と身体の働きを一切やめ，そこでただこの光がそれらを通して現れ，それらによって見られるからである。それは彼らの自然的特質は栄光の過剰によって凌駕されたのであり，使徒によれば，「神がすべてにおいてすべてとなるため」（1 コリント 15：28）であった。なぜ

---

68) アレクサンドリアのクレメンス『ストロマテイス』5, 1（PG 9, 9），ニュッサのグレゴリオス『ステファノについて』（PG 46, 717B），バシレイオス『詩篇講話』48, 8（PG 29, 449C）など参照。

なら，主の言葉によれば，われわれは神の子，そして「天において神の天使のように，復活の子」（ルカ 20：36，マタイ 22：30）となるであろうし，彼らは常に「天にあるわれわれの御父の御顔を見ている」（マタイ 18：10）からである。

32　超越のあり方

そういうわけで偉大なディオニュシオスもまたそこでキリストの形をし，幸いな定めの場所に達した人々が眼に見える神の顕現で満たされることについて語って，少しあとに「天を超える知性をより神的な仕方で模倣して」[69]と付け加えている。またさらに先で彼は天使の神との一致に言及して，この一致は天使的認識を超えるのにふさわしいとされた天使，つまり善き天使たちにのみ属するものだが，それは輝きを超える善性の積み重ねないしは受容であるとして，次のように付け加える。「神の姿をとった人間は全的に知性となり，天使を真似る仕方でかの光と一つとなり，すべてのものを取り去ることによって賛歌を歌う」が，「それが本質を超えた仕方で一切のものから取り去られる」[70]ことを学ぶのは，除去（ἀφαίρεσις）からではなく，光との一致からである。存在するものから離れ去ってこの光に一致する者は，それが被造物から離れ去ることであると学ぶが，〔しかし〕彼らはこの徐去から一致を得るのではなく，一致から除去を学ぶのである。従って，一致そのものも被造物から離れ去っており，その過剰さにおいては非有（μὴ ὄν）である。なぜなら，もし〔天使たちが〕天使を超える認識に値しないなら，天使にとって受容できないことがらは，何らかの思惟的能力によって（νοεϱᾷ

---

69)　偽ディオニュシオス『神名論』1, 5（PG 3, 592BC）参照。

70)　同上『神名論』1, 5（PG 3, 593BC）参照。

τινι δυνάμει) 受容したり，獲得したりできない。それは
この力をも超えるからである。

33 一致に関する名称

しかしそうしたものすべてを超えるものは，もともと受
容されないので，すべての存在するものの上にある。また
この一致は，たとえ比喩的な意味で認識と言っても，この
ような一致は一切の認識の上にある。だがたとえもしその
ようにも言われるとしても，それは可知的（νοητός）で
はない。というのも，すべての知性を超えるものは，どの
ようにして可知的でありえようか。じっさいこれは過剰
な意味で無識（ἄγνοια）とも言われ，むしろそれは認識
〔と言うよりもふさわしい〕。これは認識の部分でも，種で
もなく，ちょうど本質を越えるもの（τὸ ὑπερούσιον）が
本質の種でないごとくである。またそれは一般的な認識
のうちには含まれないし，一般的な認識は，分割される
と，それ自身のもとではそれ〔一致〕を持ちえない。なぜ
なら，無識はそれ〔一致〕を自らによって持ちうるが，か
の認識はそうではないからである。というのも，それは過
剰な意味で無識であり，明らかに無識をも超えるからであ
る。じっさい，この一致は単一なもの（μοναδικός）であ
り，これに一致，見神，感覚，認識，知性作用，照明とど
のように名づけようと，それらは本来的ではなく，あるい
は本来的にはそれ自体にのみ属するものである。

34 バルラアムとその存在の哲学

ところでこの哲学者の『認識について』という論文は
明らかに無知による誤解（ἄγνοια）である。というのは，
彼は，〔この一致は〕認識と呼ばれているので，それは一
般的な認識の部分であり，種であるとそこで言っているか
らである。またこの一致をあの〔一致〕と結びつけている

308   第Ⅱ部

が，次のことには気がつかなかった。すなわちその名称の
ために，それが類として認識をもつなら，〔類として〕無
知をももつだろう[71]ということである，というのもこれも
またそのように語られ，あれよりもいっそうそう語られる
からである。だから同じものが反対の類のもとにあり，上
位のものが下にあるもの（主題，基体，ὑποκείμενον）〔と
なり〕，単一のものは，一切の多を超越していながら，こ
の多に結びつけられることになろう。しかし非常に愚かし
い考えは，たんに彼が一致は種とか部分とか下にあるもの
と言っているからではなく，彼がここで認識を超えると
言っているその同じものが，それ〔一致〕にとって種や部
分や下にあるものとして，一般的な認識よりも劣ると言っ
ていることである。つまりあたかもそれが超本質的な本質
であり，またそう呼ばれるので，もし誰かが唯一の超本質
を，同音異義的に，部分や種や本質の下にあるものと言
い，さらにそれを本質の一般的な類として大胆にも結びつ
けるように。さて混同されえないものを混同し，認識を超
えるものを認識の列に加え，認識から思考を超えるものを
語るかの者は，次のことを知るがよい。じっさい比較の形
をそれ〔認識を超えたもの〕に対する認識と受けとること
は，認識を超えるものを付け加えたことであり，その結
果，それ自身にとって唯一のものであるものを愚かにもあ
きらめてしまうのである。さらに，もし同音異義のため
に，認識を超える認識が一般的な認識の種であるなら，存
在に十の類[72]があるという者は誤りを犯したのである。な

―――――――――

　71）　ここはやや分かりにくいが，伊語訳［31］註によれば次の
通りである。つまりバルラアムは一般的な認識の類を，神の光を見る
といった経験と捉え，それを隠喩という意味でのみ認識とし，それを
超本質的な行為とする。パラマスが反論するのは，超本質的なものを
絶対的本質の同義語とする西方的考えなのである。伊語訳 679 頁。
　72）　アリストテレスの十の範疇を指す。

ぜならすべてのもののうちで唯一の類，つまり存在があり，すべてのものを超える存在者はその類のもとにあり，存在はこの唯一のものに勝り，この唯一のものに付着した他の存在は唯一のものに勝る別の存在を作り出しているからである。さらに，触を超える触もあり，視を超える視もあり，端的に感覚を超える感覚があるが——それは同音異義的に知性作用（νόησις）と言われるからであり——，もし感覚を超えるものが感覚の種であるなら，感覚は感覚を超えるものに勝り，残りのそれぞれについても同様であろう。

35 否定神学と神秘的合一

　しかし，もう少し後に戻ってみよう。いったい，過剰さゆえに，存在するもののいかなるものでもない，この一致とは何であろうか。それは否定神学（ή κατὰ ἀπόφασιν θεολογία）であろうか。ところがそれは一致であって，除去（ἀφαίρεσις）ではない。さらにそれ〔否定神学〕を行うためには，われわれは奪魂状態を必要としないが，しかしこの一致のためには，天使たちもそれを必要とする。それらに加えて，除去に基づいて神学しない人は不敬虔であるが，他方神に似た姿をした人だけが敬虔な人のなかでかの一致を身に受けるのである。さらに否定神学はわれわれによって思考され（νοεῖται），語られるが，偉大なディオニュシオスは，かの〔一致〕は見る者にも語りえず，知解できないものであると言ったのだ[73]。さらに，否定神学による光は何らかの認識であり，何らかの説明（λόγος）であるが，かの観想による光はヒュポスタシス

　73）　偽ディオニュシオス『神名論』1，5（PG 3, 593BC），またマクシモス『難問集』（PG 91, 1168A）を参照。

において（ἐνυποστάτως）観想され[74]，またそれは思惟的（νοερῶς）に働き，神化された者（θεωμένῳ）と霊的に，そして言い表しえない仕方で（ἀπορρήτως）語り合う。しかし除去を用いて神学する知性は神とは異なるものを思惟する。それは順を追って（διεξοδικῶς）働く。だが他方は一致である。その上そこでは知性は他のものとともにそれ自身を取り除くと，神と知性の一致があり，それは教父たちが，「祈りの目的は，主へと心奪われることである」[75]と言っていることである。従って，偉大なディオニュシオスはそれ〔祈り〕によってわれわれは神と一つになると言っている[76]。なぜなら，祈りにおいて，ヌースは少しずつ存在するものとの関係を捨て去り，第一に，端的にすべての恥ずべき，悪しき，また取るに足りないものとの関係，次にそれを使うものの目的に即して悪とか善に適用する中間的なものを〔捨て去る〕。この後者におそらくすべての学と，それによる認識はかかわる。従って，教父たちの教示も，祈りの時に，われわれがより優れたものを奪われないため，敵から与えられた認識を受けないようにというものである[77]。ところで徐々にこうしたものや，そうしたものより優れたものへの関係を捨て去る知性は純粋な祈りのときに完全に存在するすべてのものから離れるのである。この奪魂状態（ἔκστασις）は除去による神学よりもよほど上位のものである。というのはこれは不受動心を獲得した者にのみかかわることであるからだ。しかしこれはまだ一致ではない，少なくとも弁護者〔聖霊のこと〕が，自然にかかわるものの最高の状態に座して祈り，また御父の約束を期待している者に，上方から照らさず，啓示

---

74) 本書 I-3-7, II-3-6 を参照。

75) クリマクス『楽園の梯子』28（PG 88, 1132D）参照。

76) 偽ディオニュシオス『神名論』3, 1（PG 3, 680A）参照。

77) クリマクス『楽園の梯子』28（PG 88, 1140A）を参照。

第3論攷　　　　　　　　　311

によって，光の観想へと奪い去られないならば。この観想
には始めがあり，始めの後に，ある時はより暗く，ある時
はより明るくというふうに互いに異なるものがあるが，終
ることはない。というのはその進み行きは無限であって，
啓示において心奪われるのと同じだからである。という
のも，照明と持続的な光の観想（θέα）とは違うものであ
り，また光のうちにあるものの観想（θέα）とも違うから
だ。この光のうちにあっては，遠くにあるものも眼下にあ
り，未来は現在として示されるのである。

36　光。見神の器官と対象

　しかし，そのことについて語り，はっきりと説明するの
は私の力を超えている。だがそのことより前のことなら，
目下問題としていることがらである。それでは後へ戻ろ
う。かの光の観想は，不完全な者にとってはたとえ持続し
ないものであっても，一致である。しかし光との一致は見
神（ὅρασις）以外の何であろうか。それは思惟的働きの
停止の後で完成するのであるから，もし霊によらないのな
ら，いかにして完成するのであろうか。というのは光は光
において見られ（詩編35（36）：10），見る力（τὸ ὁρῶν）
は似たような光のうちにあるからである。これは他のいか
なるものによっても働かないので，他の一切のものから離
れて，全体として光そのものになり，見られるものに似た
ものとなる，いやむしろ純粋に一つにもなり，光であり，
そして光を通して光を見るのだ。もし自らを見るなら，光
を見る。もし見る対象を見るなら，それは光であり，また
もしそれによって見る力をもつものなら，それは光であ
り，それは一致である。すなわち，それらすべては一つで
あって，見る者は，見る手段，目的そして対象そのものが
区別できなくなり，それが光であり，一切の被造物とは違
う光を見ているということだけに〔気がつく〕のである。

37 天使や人間を超える見神

だから偉大なパウロもかの途方もない心が奪われる忘我状態・強奪（ἁρπαγή）について，それが何であるか自分は知らない，と言っている（2コリント12：2）。彼は確かに自らを見たのだった。どのようにしてか。感覚的にか，理性的にか，思惟的にか。しかしその忘我状態では彼に力がなくなってしまった。彼は忘我状態を成就させる霊によって自らを見たのである。しかし，彼はいったい何であったのか。一切の自然的力では把握しえず，むしろ一切の自然的力は奪われていたのだから。確かにそれ〔霊〕は，それにおいて一となるものであり，それによって自らを知るものであり，そのゆえに一切のものを放擲するものである。というのは，もし一致の恵みによって天使が自らを超えることがなければ，天使にさえ起こりえなかった光との一致を彼が遂げたからである。その時，彼〔パウロ〕はじつに光であり，霊であった。つまりそれと一つになり，それから一つになる力を受け，一切のものから外へ出，そして恵みによってかのもの〔光〕になり，過剰な仕方で非存在（μὴ ὤν）となり，すなわち被造物を超えたのであって，これは神のようなマクシモスも次のように言う通りである。「というのは神のうちにあるようになった者は，自らの背後に，神より後なるものすべてを捨てたからである」[78]。さらに言う，「神より後にあるすべてのもの，名称，価値は恵みによって将来神のうちにあるであろう者の下にあることになろう」[79]。そのとき神のようなパウロは，このような状態になっても，神の本質には決して与らなかった。そして神の本質は，神を

---

[78] マクシモス『神学と神の子の受肉の摂理について』1, 54（PG 90, 1104A），『難問集』（PG 91, 1200B）参照。

[79] マクシモス『神学と神の子の受肉の摂理について』1, 49（PG 90, 1101A.），『難問集』（1216C.&1241AC）参照。

超えるもの（ύπέρθεος）として，過剰な仕方で非存在を超え，また過剰な仕方で非存在である[80]，すなわちそれは思惟的・霊的感覚（νοερὰ αἴσθησις）によって，霊的に（πνευματικῶς）見られるが，決してそれは神の本質ではなく，神の本性と分かたれない栄光と輝きであって，それによって天使や人間のうちの，それに値する者にのみ結びつけられるのである。それにもかかわらず天使たちもそのように，そしてまた人間もこのような仕方で神を見，神と一つになり，神を賛えるが，もし天使が自らの超自然的なこの見神を報告するなら，天使はまさしくパウロが腹蔵なく言ったこと，つまり「私は天使が見ているのを知っているが，しかし，それが天使であるかどうかは知らない。神が知っておられる」（2 コリント 12：2-3 と関連か？）とおそらく言うであろう。神学者グレゴリオスも言っているように[81]，神とそうした働きを受けた者のみが知っているこうした聖人たちの見神が，それを人間の認識に比較させて，それらが感覚的であり，想像上のものであり，象徴的なものであると言うことは，崇高な神の無限さと，人間への愛によってわれわれの低さをその点まで引き上げられたということを見て取る人間のすることだろうか[82]。

38　神の存在証明としての見神

　さてわれわれによって三つのことが明るみに出た。つまりそれはキリスト者の豊かさの三つの序列のそれぞれを代表するものである。すなわち，使徒たちからは，頭たるペトロ，教会を導く者からは，一切の神的位階の解説

---

80)　偽ディオニュシオス『神秘神学』1, 1（PG 3, 997A），5（PG 3, 1048AB et al.）参照。

81)　ナジアンゾスのグレゴリオス『講話』28, 19（PG 36, 52B）参照。

82)　偽ディオニュシオス『神名論』1, 4（PG 3, 592A）参照。

314　　　　　　　　第Ⅱ部

者ディオニュシオス，隠修士からは，ヘーシュキアの教導
を秘義伝授された者にして秘義伝授する者たる〔ニネヴェ
の，あるいはシリアの〕イサークがそれである。そしてキ
リストの誕生のとき羊飼いたちに関して書かれてあること
によれば，天使の言葉とともに直ちに，「天の大軍」（ルカ
2：13）が加わったことを証言しているが，そのようにそ
の使徒の言葉に，使徒のうちの多くの者は同意し，敬虔な
人や司祭たちはその余の各々に同意している。だから多数
の人々はすべて一致して，次のような声を挙げている。す
なわち聖人たちに現れたのは光であり，それは一切の被造
物から来る覚知・認識とは別のものであって，「神の本性
の栄光」[83]であるだけ，それだけいっそう聖なるものであ
り，そしてそれは神の姿となった者にのみ見られるが，ま
た可感的な光に近く，あるいはそれらに即して象徴的に
形作られる，想像の産物からはかくも遠く離れるのであ
る。あたかも来たるべき世の基（ὑπόστασις）と美，つ
まり唯一の真なる，永遠の，不動の，暮れることなき，変
化することのない光があり，それによってわれわれが光と
なるものであり，完全な光の子となるものである。だが
そのような人々をあなたは「呼吸する者」（ἀπορρέοντάς
τε καὶ εἰσπνέοντας）と呼んで軽蔑し，そしておお哲学
者よ，あなたは，神を観想し，神の賢者であり，神を告げ
る者である彼らが神の本質に関して誤りを犯していると言
うのか。私が恐れたことは，あなたが「光の中で聖人たち
を相続」（コロサイ1：12）することから離れ，口を開けて
霊を引き寄せないで（詩編118（119）：131），真理と反対
のものを引き寄せ，そして存在しないものを神の本質であ
ると宣明しないかということだ。なぜなら，非常な熱心さ
で，思惟的な働きを超える観想は存在しないということを

　　83）　ニネヴェのイサーク『講話』72参照。

第 3 論攷　　　　　　　315

是非とも示そうとするこの討論は，いったいあなたにとっ
て何を意味しているのだろうか。しかも思惟的な働きを超
える観想によってだけ，神が真に存在するということが最
も明らかに，また特にすぐれた仕方で，そして神が一切の
存在者を超えることが示されるのに。というのはもし神の
この本性の栄光が，清い祈りによって，祈りそのもののう
ちの感覚的で可知的なことすべてを超える者にのみ見られ
るなら，どうして神の本質は存在しないのであろうか。一
切の感覚と知性作用を超えるこの観想を神の本質は超える
から，これ〔神の本質〕は一切の感覚や知性作用をどれほ
ど超えることであろうか。

39　来たるべき世の善

　では来たるべき世の善とは何であろうか。それはわれわ
れの感覚的及び思惟的能力をすべて超えるものではない
のか。「なぜなら目が見ず，耳が聞かず，人の心にのぼら
なかったものを，神は自分を愛する者に用意されたから
である」（1 コリント 2：9）。しかし，聖マクシモスによれ
ば，こうしたものをそのとき，「心の清い者は見る」ので
ある[84]。ではどうしてすべての知性作用を超える見神が存
在しないのであろうか。しかしわれわれに反対できないか
らといって，同意しているようなふりを装って，あいまい
な言葉で詭弁を弄しないでもらいたいものだ。なぜなら，
比喩とか同音異義語を使って，知性作用を超える知性作用
（νοήσις）と言う人は——というのはそれが名前を超える

　84）　このテキストは定本，仏語訳［1Fr］，伊語訳［3I］のいず
れの脚注も，L.Epifanović の『証聖者マクシモスの生涯と業績研究の
ための資料』（露語，Kiev, 1917, pp.56-9）に基づくと言い，これを
オーシェール（I. Hausherr）が "Orient. Christ. Period., 5", (1989) で報
告しているが，彼はこのテキストをエヴァグリオスのものであるとし
ている。

ものであるために──〔意見を〕変えて，直ちにそれは知
性作用を超えるものではないことを示そうと戦わないから
である。ところで知性作用を超えるものは知性作用以上の
ものではないという人──というのもそれが知性作用と言
われるから──は，この同音異義語を口実とも仮面ともし
ているが，かのものを思惟的働きの上に置かない人は，少
なくとも，詭弁を用いない。というのはそれは決して思惟
的働きとは呼ばれないからである。しかし，終わることの
ない世のかの幸いな生において，復活の子らには，現世の
生活を構成しているものや，空気や光や場所やそうした類
のものは何も必要とはせず，ニュッサのグレゴリオスに
よれば，「神の本性はすべてのものの先に置かれるであろ
う」[85]とあり，また聖マクシモスによれば，そのとき魂と
身体の神化は，「知性と感覚の一切の自然的能力を恵みに
より停止して，魂と身体を通して神は現れ，栄光の過剰に
よって自然本性のしるしは打ち負かされる」[86]からである。
身体の眼を通して，空気によらず，しかも感覚的でなく，
一切の自然的認識を超えて見える光とはいったい何であろ
うか。それはあたりを照らし，くまなく照明する神の栄光
ではないのか。一切の感覚と知性作用を超えて，われわれ
を観想させる光は何であろうか。われわれの知性のみなら
ず，身体をも霊的なものにするのは神の霊ではないのか。
知性作用を超える見神，認識ではない別の心の光は，どう
して存在しないことがあるのだろうか。

40　信　仰

　私は，一切の感覚的なものや一切の知性作用を超える

　85）　ニュッサのグレゴリオス『魂と復活について』（PG 46,
104B）参照。
　86）　マクシモス『神学と神の子の受肉の摂理について』2, 88
（PG 90, 1168A）。

われわれの聖なる信仰も，また別様にはわれわれの心の視・見神（ὅϱασις）であると考えるが，この視はわれわれの魂の一切の思惟的な力を超越するからである。信仰と私が言うのは，聖なる信仰告白というのではなく，その信仰告白や神からの約束にしっかりと基を据えることである。ではかの来たるべき終わりなき世に，信仰を通して，その約束をどのように見るのだろうか。感覚によってか。しかし，「信仰は希望されていることがらの実質（ὑπόστασις）」（ヘブライ 11：1）である。感覚によってはしかし，未来の希望されていることがらを見る手段はない。だから使徒はこう付け加えている，「見えないことがらの確証」（同箇所）である，と。では希望されていることは何らかの思惟的な力で見られるのであろうか。では，「人の心にのぼったことのないもの」（1 コリント 2：9）はどのようにしてか。では信仰を通して，神からわれわれに約束されたことがらを，それが感覚と知性の一切の働きを超えゆくがゆえに，われわれは見ないのだろうか。しかし，はるか昔から，その業を通して，天の故郷を探し求めている者はみな，神のような使徒によれば，「約束されたものを手に入れずに」（ヘブライ 11：39）死んだが，はるかに遠くからそれを見，〔それに〕挨拶を送ったのである。だから一切の思惟的活動を超える心の視や知性作用というものがあるのだ。なぜなら，知性を超えるものは，その過剰さによらないなら，知解できないものではない，それは〔知性の〕欠如による愚かしさがそうだからである。

41　信仰の終末的成就

　それにもかかわらずすべての「その信仰ゆえに証人とされた者もその約束を手に入れなかった。神はわれわれのためにさらに勝ったものを予め備えてくださったので，われわれを除いては彼らは完全な状態に達しなかった」（ヘブ

ライ 11：39-40）のだから，彼らは完全な状態に達しても，将来その約束を見ないのだろうか。あるいはそれを見るであろうが，一切の知性作用を超えるものは将来見ないのだろうか。あるいは一切の知性作用を超えるものを見るであろうが，完全な状態に達する前に見るのだろうか。それはどういう意味なのだろうか。確かに彼らは見るであろう，つまり一切の知性作用を超えるものを見るであろうが，それは以前に彼らが見たようにではなく，その視（ὅρασις）は約束されたものの喜びとしてである。つまり一切の知性作用を超える視があり，またさらにそれをも超えるものがある。なぜなら信仰そのものは知性を超える視だからであり，信じる者の喜びは知性を超えるかの視をまた超える視なのだからである。まさにこれ〔視〕において見られ，また喜びを受けたものがあるが，このすべての感覚的で可知的なものを超えるものは，神の本質には属さず，神の本質は過剰な仕方でそれを超えるものなのである。それはすべて来たるべき善の実質なのである（ヘブライ 11：1 を参照）。知性作用を超えるかの視を理解しない者が，どれほどまで神にふさわしい偉大さを取り去ってしまうか，あなた〔読者〕にはわかるだろうか。心の清さによってつつましくその視を味わう者であれ，来たるべき世で自分のうちにその担保を有するであろう者であれ，言い表しえない善をさまざまな仕方で与えてくれる信仰によって受けとる者であれ，神は彼らを超えていかほど偉大であることか。しかし，この哲学者はその思考の高みにも達せず，また霊において神を崇拝せず，ふさわしい仕方で神に栄光を帰せず，神の霊において神に栄光を帰す者がすべて反対のことを行っていると考え，崇高で，確実な神学者のみを冒瀆者の列に引き下ろしているのだ。

第 3 論攷　　　　　　　　　　319

42　超自然的能力である信仰

　しかし，さらに信仰と，信仰に即してキリスト教徒に
〔もたらされる〕神的でよろこばしい観想に少しとどまっ
てみよう。つまり信仰とは，福音の力の支え，使徒的生
命，アブラハムの義の行為（ヘブライ 11：17-8）である。
信仰とは，今やそこから一切の正義が始まり，そこで終わ
るものであり，それに基づいて「すべての義人が生きるも
の」（ローマ 1：17）であり，そこから身を引く者は神の好
意から追い出されるものである。なぜなら「信仰がなけれ
ば，神によろこばれることはない」（ヘブライ 11：6）から
だ。信仰とは，あらゆる種類の誤りからわれわれの種族を
常に解放し，われわれを真理に，そして真理をわれわれの
うちに具えるものであり，その真理は，たとえそれが狂っ
たものと考えられようとも，（使徒言行録 26：24-25 を参
照），誰もそれからわれわれを放逐しないのである。われ
われは真の信仰によって，思考（ἔννοια）を超える奪魂
状態に心奪われ，そして業においても言葉においても次
のように証しする。すなわち，「われわれは風のように変
りやすい教えに引きまわされることはなく」（エフェソ 4：
14），キリスト教の真理の唯一の教えを拠り所とし，最も
単純で神的で，本当に誤りのない観想を尊ぶのである。と
ころで未来のことはさておいて，そもそもの初めから生じ
てきたことがらから，信仰による知性を超える観想につい
て考えていこう，すなわち，「信仰によって，われわれは，
この世は神の発語（ῥῆμα）によって創造され，目に見え
るものは，目に見えているものから出来たのではないこと
が分かるのである」（ヘブライ 11：3）。知性はどのように
して，この世界はいかにしても決して存在しないものか
ら，しかも言葉によってのみ生じたのであると解しえよう
か。なぜなら，思惟的な働きによって把握しうるものは，
その働きを全く超えないからである。かくてギリシアの賢

人たちはそれを次のように見た，つまり，朽ちるべきもののいかなるものも非有となることはなく，生じたもののいかなるものも非有からは生ぜず，世界は不生であり永遠であると考えた。しかし信仰は被造物の観想から生じた思考を超え，われわれを，一切を超える御言葉と混じりもののない，単純な真理とに結び合せ，われわれは，非存在からばかりではなく，神の発語からもすべてのものはもたらされるということを，論証によるよりもよく理解するのである。ではこの信仰とは何だろうか。自然的な力か，それとも超自然的な力か。確かに超自然的である。「御子によらなければ誰も御父のところへは行けない」（マタイ 11：27，ヨハネ 10：9 を参照）のであるから，〔子は〕われわれをわれわれ自身の上に据え，神化の単純さを与え，〔われわれを〕集める御父との一致へと向きを変えさせるのである。従ってパウロは「信仰に従順であるために恵みを受けた」（ローマ 1：5）のであり，従って，「あなたの口でイエスは主であると告白し，あなたの心のうちで神は彼〔キリスト〕を死者から復活させたと信じるなら，救われるであろう」（ローマ 10：9），従って見ずして信ずる者は，死者から生きる者〔となり〕，永遠の生命の主である者（使徒言行録 3：15）を見て信ずる者よりも幸いである（ヨハネ 20：29）。なぜなら，眼がそのものを見ても信ぜず，理性（διάνοια）が把握しえないことを，信仰の，世界を超える眼によって〔われわれは〕見，尊ぶからである。

43　信仰と認識

「この世に打ち勝つ勝利，それはわれわれの信仰である」（1 ヨハネ 5：4）。逆説的な言い方になるが，それは始めは堕落していた世を，さまざまのやり方で，また〔さまざまの〕時期に作り直し，後にはより神的なものへと変容させ，世を天の高みに置き，地を天にまで上げるものであ

る。第二の世の種を誰が守っていたのか。ノアの信仰では
ないのか。誰がアブラムをアブラハムに，また砂粒にもな
ぞらえられ，星の数と同じくらいの多くの国民の父とした
のか（創世記17：5）。その時は理解できなかったかの約束
を信じることではないのか。というのは彼は跡継ぎである
一人息子を犠牲に捧げ，しかもおお，奇跡よ，彼によって
多くの子供を得ることを疑問の余地なく信じていたからで
ある（創世記22：1-18）。何と，ものごとを論理的に見る
者にとってはこの老人は愚かしいように見えなかっただろ
うか。しかし神の恵みによるこうしたできごとの結末は信
仰を愚かなものではなく，あらゆる想念（λογισμός）を
超える認識であることを示した。他方，ノアは天の穹窿
の周囲から水の深淵が〔迫る〕ように思ったのだ（創世記
6：18；7：11）。あなたにとっては聖なる哲学の愚かしい
おしゃべりはいったいどこにあるのだろうか。自然本性的
にすべての重さのあるものは下に，また真中に動かされ，
軽いものは軽いものであるかぎりにおいて，本性的に真中
から離れるのである。あなたにとって密ではないものと詰
まったものはどこにあるか，一方はものを支えることはで
きず，他方はすり抜ける，また本性上全く薄くないものは
〔どこにあるか〕。完全な球体や曲面，また種々様々な，そ
して最速の運動はどこにあるか。それらを通してあなたは
存在するもののうちに真理を探し，しかもあなた自身とあ
なたに聞き従う者たちを真理から逸らせて迷わせ，洪水の
犠牲者にしてしまうであろう。彼らは認識を通しては不幸
にも知ることがなかったということを苦い経験を通して学
ぶのだ。しかし信仰は〔生の〕結末の前に，無識を通し
て，〔われわれを〕正しく真理に導き，経験を通して，全
く誘惑を受けず，悪しき情念に動じない者とし，そして現
実のものごとを通して，異郷のあらゆる哲学が愚かしいも
のであることを示す。つまり当時もまた今も，次のように

語った偉大なペトロの言うことを知らないのである。すなわち「天は古より水から，また水を通して造られており，その水によって，古の世界は水で溢れ，滅びてしまった。しかし今や，天には火が貯えられ，裁きの日に不信仰な人が滅ぼされるまで保たれている」（2 ペトロ 3：5-7）。いったいどういうことか。キリスト者のうちに内在する神認識と哲学的認識あるいは信仰を通しての神認識による救いは，無識を通してかの認識を無とするのであろうか。しかし，もし認識を通してなら，信仰は空しくなり，「あなたの主イエスを心から信じるなら，救われるであろう」（ローマ 10：9）と言われた約束は無となったであろう。従って存在するものについての認識を心のうちにもっている者が，それを通して神をもつわけではなく，心のなかで主イエスを信じる者が，てらいのない信仰を通して，自らのうちに確固とした神をもつのである。

44　世界の認識は神へと導く

　では哲学に由来する認識が全く真でないのだから，かの認識を通して神のことを誤認する人のことは今脇へ置いておこう。しかしわれわれは一応〔そうした認識が〕全く真であると考えてみて，被造物を認識することを通して神を悟る人々を提示してみよう。ともかく，それらを通しての観想や認識（ἐπίγνωσις）は「自然の法」と呼ばれる（ローマ 2：14 を参照）。従って，太祖や預言者や書かれた法の以前にも，人類は呼びかけられ，神の方に向き直り，ギリシアの賢人たちのやり方で，自然による認識を放棄しなかった人々に創造主のことは示されたのだった。というのは分別をもって，さまざまな存在するもののこのような明らかな差異，不分明な諸力の対立，均衡のとれた運動の衝動，さらにまた別の仕方で均衡のとれた静止，対立する性質から生じる絶えることのない連続，和解しえない争い

から生ずる混同することのない親愛，分離したものが繋がること，知性であれ，魂であれ，身体であれ，一つになったものの混じりえないこと，このようなものによる調和や状態や位置が一定していること，本質的な状態や秩序，繋がっているものは離れないこと〔などを〕見る人，つまり，こうしたことすべてを考慮する人は，自らのうちにそれぞれのものを正しく据え，また互いに驚くべき仕方で調和のもとに置く方を，その像やその原因によって生じたものから神として認識するのだと考えはしないであろうか。このように神を知った人でいったい誰が神を原因から生じたものの一つとか，その像に即して〔それにかたどって〕示されたものの一つであると考えるであろうか[87]。このように，その人は否定による神認識をももつことであろう。従って被造物についての認識は，律法や預言者の以前に，人類を神認識へと転ぜしめ，また今もなおそれに向けさせている。そしてこの世に住むほとんどすべての人々，つまり福音の告知に従わない人々も〔含めて〕，その認識のみを通して，適切にも一切のものの作り主である神以外のものを神としておしいただくことはないのである[88]。

45　新しい天と地

　ところで彼らは被造物についての認識だけから神を認識するのだが，それはすなわち，彼らは「キリストにおける生命を生きるために，律法のゆえに律法に死ぬ」（ガラテア2：19を参照）のではなく，むしろ神の法を決して受け容れないからである。さてあなたは，神が「肉において現れ，異邦人に信じられ，世に告げ知らされた」（1テモテ

　87）　アタナシオス『ギリシア人駁論』35-39（PG 25, 69-80）参照。

　88）　本書II-3-4参照。

3：16 参照）とき，そして愛の法が地の涯まで明らかにされるとき，また「われわれは神の霊を受け，それでわれわれは神から恵みとして与えられたものを知った」（1 コリント 2：12）とき，そして救い主の約束によれば——というのは「その方はあなたたちにすべての真理を教えるであろう」（ヨハネ 16：13）と言っているが，それ〔真理〕は恐らくまだ知られていなかったので——われわれが神から教えられ（ヨハネ 6：45），また弁護者からも教えを受けたとき，また「われわれがキリストの考え（νοῦς）をもち」（1 コリント 2：16），そして霊的な眼をもつとき，御人よ，あなたは再びわれわれを，後に向けさせ，それら教師のもとでこの世の諸々のものに従って生きるようにさせるのであろうか。あなたは何と言うか。「彼の約束に従って，われわれは新しい天と新しい地を期待している」（2 ペトロ 3：13，黙示録 21：1，その他イザヤ 65：17，66：22 参照）。そしてこれ〔新しい天地〕によってわれわれは神を世界を超える仕方で考え，栄光あるものとするのではなく，かの古びた，そして可変的な仕方で神を認識するのであろうか。いや可変的な仕方だけではなく，はかない仕方でだ。なぜなら彼がそれを新しいと言うとき，かのものは古いものだということを示したからである。古く，年老いたものはすべて消え去るものだ。

46　われわれの唯一の師なるキリスト

しかし，この新しい世界と年老いることのない生命についてわれわれはどこから教えられたのであろうか。いったいそれは被造物を観想することによってか，それとも「聖化する霊によれば，死者のなかからの復活によって力ある神の子と定められたわれわれの主イエス・キリスト」（ローマ 1：4 参照）からであろうか。キリストはわれわれの唯一の教師ではないのか（マタイ 23：8 参照）。それでは朽

ちるべき世界の本性についてわれわれが教えられたこと
は，彼の言葉のどこにあるのか。彼はこの地上で〔だれを
も〕師と呼ばないように命じられたのではないか。どうし
てわれわれは救いに関することを学ぶかのようにギリシア
人やエジプト人の許に通っているのだろうか。われわれの
神認識は，誇らしくも神が師であるとしている。天使でも
なく，人間でもなく，主御自身が教えられ，われわれを救
われたのである（イザヤ 63：9 参照）。われわれが神を知
るのはもはや像によってではない。そのような知り方は被
造物から神を認識することだからだ。しかし今，「この生
命は現れた。それは御父とともにあったが，われわれに現
れた」（1 ヨハネ 1：2），そしてそれがわれわれに告げるこ
とは，「神は光であり，神には闇は全くない」（1 ヨハネ 1：
5），そして彼を信じる者を「光の子」（エフェソ 5：8）と
して下さり，「そしてわれわれがどんなものになるかはま
だ明らかにされていないということ」，また「御子が現れ
るとき，御子に似たものとなるであろう，それはわれわれ
が御子をありのままに見ているからである」（1 ヨハネ 3：
2）ということである。「彼をありのままにわれわれは見る
だろう」ということで，あなたは再び中傷しようとしてい
る。しかし，そうしたことを言う者は，シオンに置かれた
石の上に注意深く築き上げる人で，すべてにおいてそれに
似るのである。すなわち「この〔石〕の上に落ちる者は打
ちくだかれ，この石がだれかの上に落ちれば，その人は押
しつぶされてしまう」（マタイ 21：44）。

47　あらゆる名を超えるもの
　しかしわれわれはあの哲学者〔バルラアム〕が，ど
ういうことから一切の思惟的な働きを超える視・見神
（ὅρασις）はないと論ずるのか考えてみよう。われわれが
論じていることがらは，無名で，名を超えることであっ

て，それをわれわれは知っている，とまずは言っておこう。じっさいそれをわれわれが視・見神と言うとしても，それが視・見神をも超えることをわれわれは知っているし，たとえ人がそれを知性作用（νόησις）と呼びたいとしても，それが知性作用をも超えるということを信じ，あるいは経験から知っているということなら，そのことはわれわれの同意するところである。とにかく彼によって肯定的な，また否定的な仕方で作り上げられた概念や見られたことは脇へ置いておこう。それらはわれわれと現在の問題にとってみな空しく，意味はないからだ。ところで彼は一切の知性作用を超える視・見神があることを考えもしなかったし，信じもしなかった。しかしわれわれは彼がそれを解していなくても大目に見よう。つまり知性を超えることがらはわれわれの本性にとっても，その本性に即した学習にとっても理解しえないことだからであり，完全には信じない人を認めるべきであって，知るべきは，使徒によれば，「信仰の弱い人を受け入れなさい」（ローマ14：1）ということだからである。しかし，〔彼は〕信じている者を動転させようと試み，彼らと真理に抗して論争の書物を利用し，あらゆる仕方で小さなもののみならず（マタイ18：6，マルコ9：42，ルカ17：2等を参照），徳と敬虔に優れた者をも躓かせようと努めているが，真理に仕える者たることを選びとったのなら，誰がそうしたことを黙ってすませておけるだろうか。彼は，一切の視・見神と知性作用を超える視・見神と知性作用があること，それは名を超えるものであり，不十分な仕方で命名されているということを考えもしなかったし，信じもしなかった。そして神学者たちが知性を超えると言っているものを否定神学であると考えているが，しかしこれは知性を超えるものではないと彼自身も告白していることである。彼は言う，「彼らは知られたことを否定しているのであって，知られないことを否

定するのではない」，と。そしてこの神学においては知性は神にそぐわないと考えられ，従って，この神学は思惟的な働きを超えないということをわれわれは知っているのである。

48　知性を超えるものは知性作用の一種ではない

　しかし知性を超える視・見神について，われわれは，もしわれわれの知性が自らを超えることができないなら，思惟的働きを超える見神も知性作用もないであろうと言ったことであろう。しかし〔知性は〕この力をもち，それによってのみ正しく神と一致し，また神によって祈りのときにこの力は働くので，すべての思惟的働きを超える見神があり，これをわれわれは知性作用を超える見神と言う。このことを人は過剰な仕方で盲目とも無識とも呼べよう。じっさいこれは知性作用よりも知力がないこと（ἀνοησία）ではないので，どうしてこれが一般的な認識の一部であるのだろうか。どうしてこの認識のさまざまな種類において区別されるのだろうか。というのは賢人たちは誰も本質を身体や非身体的なものや超本質的なものに，また感覚を五感や感覚を超えるものに分けなかったからである。というのも本質を超えるものがどうして本質に，また感覚を超えるものが感覚に依存するのであろうか。このように認識を超えるものは認識の種類ではないのである。知性が自らを超える力をもち，それを通して自ら以上のものに一致すると偉大なディオニュシオスもきわめてはっきりと言っているが，それは単純な意味で言ったのではなく，キリスト者にとってこのような知識は必然的なものであると付加的に暗示しているのである。というのも彼はこう言っているからである，すなわち「われわれの知性は，一方で，それを通して知解されたもの（τὰ νοηματα）について考える能力をもち，また他方で，それによって自ら

の彼方にあるものに結びつけられる知性の本性を超える一
致をもつということを知るべきである」[89]。この〔一致〕が
知性の本性を超えるかぎりにおいて，それはすべての思惟
的働きを超えるが，それは過剰な仕方による認識ではな
い。そうではなくて，知性と神とのきずなであるかぎりに
おいて，それは知性を被造物に結びつける力，すなわち認
識よりもはるかに強いのである。

49　否定神学は一つの言説にすぎない

しかしわれわれに反対する者は，一切の思惟的な働き
を超える見神（ὄρασις）はないとどうして論じ立てるの
であろうか。彼は言う，「否定神学（ἡ κατὰ ἀφαίρεσιν
θεολόγια）よりもより高いものはないからである」。し
かし，優れた方よ，観想は神学とは違うのである。つま
り神について語ることと神を手に入れ，見ることは同じ
ではないからである。つまり否定神学も〔一つの〕言説
（λόγος）であり，言説を超える諸々の観想（θεωρίαι）
が存在し，それを言い表しえないことを啓示する者が示し
たのである（2 コリント 12：4）。ならば否定神学は言説で
あるから，言説を超える観想はそれを超える，そして言説
を超えるものを観想する者は言説によってではなく，神と
すべてをなしうる霊の業と真理と恵みによって，それを超
えるのである。霊はわれわれに「眼が見もせず，耳が聞き
もしないもの」（1 コリント 2：9）を見させてくれるので
ある。

50　バルラアムはディオニュシオスを悪用する

しかし彼はそのことを適切に理解していなくて，偉大な
ディオニュシオスが次のように言って彼の証言をしてくれ

---

89)　偽ディオニュシオス『神名論』7, 1（PG 3, 865C）参照。

ているなどと考えている，すなわち「神を知り，また見る
に値する者は皆，神の闇（γνόφος）に入る。それはその
者が見ず，知らないということによって，じつに視を超
え，識を超えるものに入るのである」[90]。また別のところで，
「じつにすべてのものの彼方にある，その闇へ入っていく
ということは，あらゆるもの，清いもの，一切の聖なるも
のの頂点へと登りゆくすべて，そして一切の神の光を超え
るものにのみ可能である」[91]。この哲学者は言う，「一切の
存在物の除去を通して人がこの闇に入っていく，そしてこ
の闇は最も完全な観想であり，唯一の否定神学である。何
ものも知らないということの彼方には何もない，従ってか
の神の光は，あなたたちの語るこの光をそれがどんなもの
であれ，否定神学と観想に駆け上るために捨て去らねばな
らない」。しかしわれわれはそれを恵みの光と言っている
のであって，それは偉大なディオニュシオス自身が「最も
神的な変容時に弟子たちに〔なした〕ように」[92]，来るべき
世のかの最も幸いな生において，聖人たちをいつも，永遠
に，絶えることなく輝き照らしていると言っていることで
ある。ところでいったいどんな手段によって，この永久に
輝き照らし，絶えることなくそのとき見えるもの〔光〕を
得るだろうか——それは感覚的であるのみならず，思惟的
でもあり，何度もまた多くのことを通してわれわれが示し
たように，むしろすべてを超えて霊的で，また神的なのだ
が——，いったいどんな手段，どんな利点によって，われ
われができる以上によりよく〔われわれを〕知性以上のも
のに永遠に結びつけ，われわれを超えるものを見させるも
の〔光〕を滅ぼしえようか。なぜなら，感覚に言いえぬ仕

---

90) 偽ディオニュシオス『書簡』5（PG 3, 1073A）参照。
91) 偽ディオニュシオス『神秘神学』1, 3（PG 3, 1000C）参照。
92) 偽ディオニュシオス『神名論』1, 4（PG 3, 592C）参照。

330   第Ⅱ部

方で結びついている知性が感覚的なものを見るように，また感覚は可知的なもの（νοητά）を知性との結合を通して，象徴的に，そして感覚的に開陳して，それらを把握するように，このようにしてその両者は霊に結びついて，見えぬ光を霊的に観るであろうし，むしろこの見られたものを永遠なものにするであろう。いったいどんな手段によって，あなたが最も完全な観想であると考えているものをわれわれが享受するために，そのときこのように永遠にわれわれを輝かす光から離れ去らせるのだろうか。さてもし今われわれがこの光を去らせ，それを超えることが出来るとしても，そのときは出来ないであろう。それはわれわれにとって未来よりも現在はよりよいのだが[93]，永遠で真の光に敵対する者は，おそらくそのことで狼狽してしまったのである。

51　ディオニュシオスにおける光と闇

　さて偉大なディオニュシオスは彼らに同意しているであろうか。彼はどうしてすべての人よりもこの光を讃えたのであろうか。このことをわれわれはさまざまな仕方で『神の光と照明について』[94]という先に提示した論文のなかで示したのである。すなわち，偉大な光に反対する者に何にもまして反対するのは，世の最も輝く光であるアレオパゴスに属する者〔ディオニュシオスのこと〕である。しかし今，彼らによって提示された彼の文言を取りあげたわれわれにはわかることだ。彼は司祭ドロテオスに送った手紙で言っている，「神の闇は本質を超える光の注入による過剰

---

　　93)　この意味は，伊語訳〔31〕註（194）によれば，パラマスは人間は生きているからこそ，善と悪，神の光と闇による無知を選択することができるのであって，その意味で人間存在の中心はこの世にあると説明されている。

　　94)　本書 I-3 参照。

のために近づきえざる光である。神を知り，また見るにふさわしい者は皆そこへ入る。彼は見ず，知らないということによって見神と認識を超えたところへ入り，感覚的で可知的なものすべての後にそれがあることを知るのである」[95]。それゆえここで彼は闇と光，見ることと見ないこと，知ることと知らないことが同一であると言う。しかしどうしてこの光は闇なのであろうか。彼は「光の注入による過剰のために」と言っている。従ってそれは固有の意味では光であり，過剰ということでは闇であって，それは感覚とか知性の働きで近づいたり，見たりしようと努めるものには見えないものだからである。

52 神を通して神を見る

　神を知り，また見るにふさわしい者が皆この近づきえざるものに入るなら，近づきえざるものに近づき，見えざるものを見るにふさわしい者とはいったいどんな人間なのであろうか。神を崇める人間全部であろうか。しかし神の闇のうちにあるのはモーセのみか，モーセのような者であるが，否定神学は神を崇めるすべての者に可能である。しかし今や主が肉のうちに宿られたのち，われわれがすでに先に示したように[96]，このことはすべての人間に可能となった。適切にもこの光，つまりこの神の闇は否定神学とは別で，これよりも比べものにならぬくらい崇高なものである。それでもなおモーセは神を見る（θεοπτία）ということで，多くの者よりもどれくらい優れていることか。〔ディオニュシオスは〕言う，「しかしこの光の中にある者は見，かつ見ない」[97]と。どのようにして見つつ見ないのであろ

　95）　偽ディオニュシオス『書簡』5（PG 3, 1073A）参照。
　96）　本書 1-3-19, 21 参照。
　97）　偽ディオニュシオス『書簡』1（PG 3, 1065A），またニュッサのグレゴリオス『モーセの生涯』2（PG 44, 377A）参照。

うか。彼は言う。見るということを超えて見るのである，と。従って固有の意味において彼は知り，彼は見る。しかし過剰という仕方で見るのではない。知性や感覚のいかなる働きにおいて見るのでもなく，彼が見ないということによって，そしてまた知らないということによって，すなわちそうした一切の認識の働きを超えるということによって，見ることと認識を超えるのであり，つまるところわれわれに可能なこと以上に見，働くということである。つまり彼は人間的境位以上になり，恵みによってすでに神なのであり，神に一致し，神によって神を見るのである。

53　否定神学では不十分であること

そこで否定（ἀπόφασις）に基づく観想のみを尊び，それ以上のいかなる働きも，視も信じないで，この観想が一般的に認識に属し，認識よりも高い観想は存しないと言う者は，彼らと相対峙している者は否定による，極めて完全なこの観想に達すると，固有の意味で，見ることも，知ることもなく，また識や見ることが欠けていると考えているようだ。従って，彼ら自身が本当の無識，すなわち欠如による無識は，一切の認識よりいっそう優れているということを示し，欠如によってこの無識の状態にあることを自慢しているのに気づいていないのではないか[98]。このようにして偉大な光を信じない者は認識の光から転落してしまうのだ。またこれ以上の見神（θέα）はないという人々によると，もし否定に基づく観想と神の闇が同じであって，しかもこの観想そのものはまさしく見るということの欠如を提供するのなら，神の闇もそれゆえまさしく欠如による闇であり，そこへ入る者を完全に愚かにし，じっさいこうし

98）　マクシモス『神と神の子の受肉の摂理について』2, 83（PG 90, 1164B）参照。

第 3 論攷　　　　　　　333

たことについてそのようなものだと公言する者をこれほど
までに愚かな者とするのである。こうした人々は、「〔実の
母ではないのに母という〕偽りの名をもつ不妊のエジプト
人の母」を捨てる前に——これを教父たちは異郷の教育で
あると思うと正しくも言っているが[99]——、またわれわれ
が二つの敵の間に暮らしていることを混じりけのない仕
方で知り、よりよいものの方に加わる前に、またこのより
よいものによって悪しきものに攻撃をしかけ、彼らを打倒
し、殺し、埋め、そういう者たちを避ける前に——つまり
明らかに、われわれにとって自然的に親しいものであるあ
の悪しき情念は、その原因やその傍らにそれを手助けする
ものがあると、はじめはわれわれよりも強くなるのである
——、創造の井戸、すなわちギリシアの英知から神の知恵
を不当にも汲み出そうとする者たちの誤った使い方を断罪
する前に、また互いに平和をもたらす者、また明らかに神
的なことについて知恵ある者たちに互いに不賛成であるこ
とも、不一致であることもない人々とともに暮らす前に、
また隠遁やヘーシュキアで自らの群、つまり彼らの考えの
番をする前に、また山、すなわちわれわれの魂の頂上に登
る前に、また遠くから新しい光に視線を据える前に、また
近づく前に、また傾聴して足の靴のひもを解く前に——と
いうのも死体と真に存在しない者の混じった者たちは、聖
なる地に触れることは許されないから（出エジプト 3：5）
——、また胸に右手を入れるために手の位置をかえる前
に（出エジプト 4：6）、すなわち知性がその者に入りこむ
前に、またきわめて力のある棒（出エジプト 12：11）、す
なわち信仰をもって、暴君の力を力で抑え、生命の塩の海
を足を濡らさず歩く前に、また祈りと神に嘉される業と

---

99) ニュッサのグレゴリオス『モーセの生涯』2, 10 （PG 44, 329B) 参照。

で，よろこばしい超自然的な泉であるわれわれの本性を苦く，そして堅くして完成する前に，また上から流れる食物を味わい，敵からもはや逃げないで，しかしそれらを追いかけようと望み，またそれができる前に，またこうしたすべての準備を通して，悪しきことをせず，完全に安息日を守り，さまざまな音色のラッパの音を聞き，またそれを超え，そして豊かに注がれた光を見たり，横切ったりする前に——すなわちそれらは神の色々な被造物によって知らされる神の栄光であって，つまり預言者や使徒や教父の説話や神から出た教えのことである——，またこうしたことをあらかじめうまくやりとげ，神に選ばれ，捧げられた人々とともに，神へと昇りゆく頂点に達し，神の場所を見（出エジプト 24：10）[100]，さらに神自身と理解しえない仕方で一つになる前に，これらすべてを解き放って，敢えて言えば，否定神学によって光を超える闇に入っていくと〔彼らは言うのだ〕。しかしわれわれは『光について』[101]という最初の論文でこれを十分に吟味し，またそれはこの形なき観想と聖霊において，知性を超える知性に即した観想の充溢の写しであって，決して同一のものではないことを示した。従って，信仰によって神秘を受けるにふさわしい人は皆，否定によって神を讃えることができるが，もし神の命令を満たすことを通して，観想の超自然的な力を受けないなら，神と一致し，光を通して見ることは〔できない〕のだ。

54　モーセの見神

彼〔バルラアム〕は言う，「しかしディオニュシオス・

---

100)　偽ディオニュシオス『神秘神学』1, 3（PG 3, 1000D-1001A）参照。

101)　本書 I-3-18, 19, 21, 42 参照。

アレオパギテースによれば，神秘的な闇に入るとき，すべ
ての神の光をも捨てなければならない。従って，もしあな
たたちの尊んでいるものが全くもって何かであるなら，こ
の神の光そのものも放下しなければならない。そのことか
らかの神秘的な闇というものは，どんな仕方によっても
何も見えないということを示しているのである」。何とい
うことを言っているのか。こうして聖人たちとともにあ
り，神の本性の栄光，来たるべき永続する世の善，始めも
なく，永久の神の王国であるかの光を，あなたたちは多
くのもの〔他の光〕のなかに数え入れるのだろうか。と
いうのはこの光を山の上でご自身で輝かせたお方があの
ように呼んだからである（マタイ 16：28，マルコ 9：1，ル
カ 9：27）[102]。しかしあの神のようなディオニュシオスは何
と〔言っているだろうか〕。『神秘神学』では次のように明
確に言ってはいないか。すなわち「一切のもののよき原因
は，本質を超える仕方で一切のものの上にあるが，一切の
汚れたものや清いものを踏みこえた者にのみあからさまに
示されるのである」[103]と。ではもしそれらが彼らにあから
さまに示されるのなら，どうしていかにしても示されない
ことがあろうか。しかしもし否定神学というこの開示その
ものが，あなたたちが断言しているように，ただ把握でき
ないものそのものであるならば，またあなたたちが言って
いるように[104]，ギリシア人たちもそれ〔否定〕に基づく神
学をしているのなら，彼らは一切の清さや来たるべき善の
内実である神の光そのものを超えていることになる。何
と，愚かなものとされた知者の認識（ローマ 1：22）は来
たるべき善の約束を捉えるのみならず，それを超えてもい

---

102)　本書 I-3-43 参照。
103)　偽ディオニュシオス『神秘神学』1, 3（PG 3, 1000C）参照。
104)　バルラアム『第 3 書簡（パラマス宛第 2 書簡）』（Fyrigos,
334-36, Schiro, 298）参照。

るとは。しかし，神の知恵について語るディオニュシオスはただの一度もそういうことを言っていない。というのは捨て去るべきものなる，神の光，天上の音響，そして一切の聖なるものの頂上などを彼はそれに続いてすぐに一つ一つ数え上げたからである。つまりモーセがホレブの山麓〔に至る〕前に清められたこと，山麓で遭遇した音響，示された光の光景，多くの者から遠ざかったこと，そうしたすべての後で神を見たのではなく，その居ます場所を見たこと，その意味は，感覚や知性の働きによって見ることはすべて，一切を超える者によって企てられたことに関する根拠のようなものであって，それらにより，その方が一切の思惟を超える御方であるのみならず，その方の現存をも示しているということである[105]。従ってかの場所を観ることは否定神学をも超えたのであって，それは彼の示したことである。じっさいもしモーセの登攀がこの場所の観想までであったなら，おそらく否定神学を超えるいかなる観想もまさしくないということを認めることになるだろう。しかしその場所の観想から離れて，その時過剰な仕方で一切の認識の働きを去らせて，まことに神秘的な闇に，「強力な仕方で知られざるものに一致し，知性を超えるものを見，かつ知って」[106]入っていくのであるから，否定に基づく神学や観想にのみ，神的な闇のうちにある観想をわれわれはいかにして封じこむのであろうか。というのは，モーセは光を超える闇の中に入っていく前に，その場〔神のいます場〕によってそれを観想したが，それはすなわち明らかに闇のうちでの一致と観想はそのような神学とは別の，きわめて崇高なものなのだということだからである。

105）　偽ディオニュシオス『神秘神学』3（PG3, 1000C-1001A）を参照。

106）　同上。

55 見えないものがいかにして見えるか

なぜ，われわれの語った確かな真理を実際に示さないで，まだ言葉によって教えねばならないのだろうか。というのもじっさいモーセは一切の見られ，また見るところのもの，現実や概念から解放されて，またかの場所での見神（θέα）を超え，闇の中へ入っていったが，そこで何も見なかったのであろうか。しかし彼は，「下にいる者に，物質的な摸像を通して示すことになる」[107]非物質的な幕屋をそこで見たのである。聖人たちの言葉によれば，この幕屋は，神の力であり，神自身のヒュポスタシスたる（ἀυθυπόστατος）知恵（1コリント1：24）であるキリストのことである。すなわち，それ自身の本性において非物質的で，造られざるものであり，それが予め指し示すのは，モーセの幕屋を通して，ある時整備され，また超本質的で形のない言葉（ロゴス）がやがて形をとり，実質（ウーシア）をもつであろうこと，つまりすべてを超え，前もってもち，包みこむ幕屋であり，ここにおいて見えるものや見えないものがすべて造られ，組み立てられ，そしてまた彼は肉をとってそれをわれわれのために犠牲とし，世々の先より大祭司であり（ヘブライ2：17等参照），後にわれわれのために自らを犠牲の供え物とするということである。このためにモーセが神の闇に入ったとき，彼が物質的な仕方で見取り図を描いた非物質的な幕屋を見たのみならず，神性の根源のヒエラルキアとその特質をも見たのである。それは法にかなった司祭職に従って，物質的で多様な仕方で書かれていたのである[108]。幕屋やそれに関することなどすべて，そして司祭職やそれに関することどもは

---

107) ニュッサのグレゴリオス『モーセの生涯』2, 169（PG 44, 380A）参照。

108) 偽ディオニュシオス『教会位階論』5, 2（PG 3, 501C）参照。

感覚的な象徴であり，闇の中でモーセが見たものの覆いであった。しかしながら〔モーセの〕見たものは象徴ではない。「というのは不浄なものや清いものすべてを踏み越える者に」，また神秘の闇に入り込む者に，それはあからさまに明示されるからである[109]。ところでそれがすべての覆いを取り除かれて露に見えるのなら，どんな象徴なのであろうか。従って『神秘神学』の解釈者はそのはじめに次のように言って祈っている，「三つの超本質的なものはわれわれを神秘的な至高の頂に連れていくが，そこでは神学の単純で，絶対的で，不変の神秘が光を超える闇のうちに隠されている」[110]。さらに神の闇のなかでは何も見えず，そして否定神学よりもさらに高い見神は何もないと，いったい人は言うことができるのだろうか。じつにそれは聖人たちの見神はすべて象徴的なものだということであろうか。象徴的というのは，あるときには現れるが，決して存在しない[111]，という意味だろうか。というのはモーセは「彼が40日間昼も夜も見たものを」見たからであって，ニュッサのグレゴリオスによれば，「闇のもとで永遠の生命に与かる」[112]のであり，従ってこの見神は形なきものである。ではそれはどうして象徴的なのであろうか。しかしそれは闇のなかでも見えたのである。闇のなかにあるものはすべて単純で，絶対的で不変なものである。本来的に象徴的なもの，つまり分割的で感覚的なもののうちどれが動かず，合成されず，また存在するもの，すなわち被造物に結びつ

---

109) 同『神秘神学』1, 3（PG 3, 1000C）参照。

110) 同上，1, 1（PG 3, 997AB）参照。

111) 仏語訳［1Fr］の註によれば，バルラアムは霊的な領域にも，永遠の存在と「常に生成していて，在るということのけっしてないもの」との区別を持ちこんだとある。プラトン『ティマイオス』27D-28A 参照。

112) ニュッサのグレゴリオス『モーセの生涯』1, 58（PG 44, 321A）参照。

第 3 論攷　　　　　　　　339

かないものがあろうか。

56　神を見ること

　彼〔モーセ〕が見たのであるから，彼の前にあったも
のは見えるものであった。それが光であるか，それとも
他の光において見えるものであった。しかし，そこにあ
るものはすべて単純であった。そこにあるものはすべて光
であった。彼は自分自身を超えて昇り，そして闇の中へ入
り，見たのだが，それは感覚によってでも，知性によって
見たのでもない。じっさいかの光はそれ自体で見えるも
の（αὐτοπτικὸν）で，目がなくなってはいない知性には
その過剰さのゆえに隠されているのである——というの
はそれ自体として見え，それ自体として考えられるもの
（αὐτονόητον）はどのようなものであれ，どうして知性
の働きによって見られるのであろうか——，しかし目をも
たぬ知性が一切の思惟的な働きを超えて上昇し，過剰な仕
方で完全になるとき，恵みによって神へと入り，知性を超
える一致によって，それ自体として見える光を言い表しえ
ない仕方でもち，見，かの美を超えた輝きで満たされるの
である。ではどのように。神的なものは隠されているのだ
ともはや言うことはできないのだろうか。では隠されたも
のから出ていかず，他のものにも〔それを〕分かち与える
ものは，どのようにして神の闇のもとにそれらを隠すのだ
ろうか。というのは，聖書によれば（出エジプト 24：18），
モーセは一人で闇に入っていくのをその時見られなかった
からだ。じつはさらにそれ以上である。つまり，彼が自分
自身を超えて上昇し，言い表しえない仕方で自らから解放
され，一切の感覚的並びに思惟的働きを超えるものとし，
なんと不可思議なことよ，それを自らにも隠されたものと
したのだ。それは神のようなパウロもそうであった（2 コ
リント 12：2-3 を参照）。この二人は，見たとき，見るもの

が何であったかを知らず，途方に暮れたのである。しかしさらにまた卓越した仕方で，あらゆる途方もない過剰さを超えて行くということは，この言い表しえない，超自然的顕現（ἐκφάνσις）において，かのものは〔すべてのものから〕解き放たれた者にも隠されたままにとどまり，またそれは他の者すべてのみならず，彼ら自身にも隠されているのである。このより秘やかな超無識（ὑπεραγνώστος）の印は，モーセのより明瞭な見神への欲求であり，要求であり，上昇である[113]が，これはまた無限の世における明瞭な見神への天使や聖人たちの絶えざる進み行きでもある。従って見神を超える見神において見る者たちはこの光を認識するが，それはその光を通して現れる神をむしろよりよく〔見る〕程度に応じてである。というのもわれわれの眼は，太陽の輪に固定すると，それを見るが，見るということを超えることを知るからである[114]。

57　神は把握しえないということの経験

なおまた誰もこの例がまったくもってふさわしくないことで文句を言わないように。ただ心に留めるべきことは，啓示によって神の光を観想する者にとっては，神の秘匿されてあることの過剰さはそれでも知られるが，それはわれわれ以上とか，特にわれわれよりもというわけではなく，〔われわれ〕としては象徴とか，あるいはそれに由来する概念や否定によって，神の本性の把握されざるかぎりにおいて，それが把握できないものであることを見てとろうと努めているということである。なぜなら眼の見えない人は，太陽の輝きは感覚的な眼の尺度を超えることを聞い

113）　ニュッサのグレゴリオス『モーセの生涯』2, 162-63（PG 44, 376D-377A）参照。

114）　アンティオキアのテオフィロス『アウトリュコス宛て』1, 5参照。

て，信じ，それを知っているが，健常者のような仕方でで
はないし，太陽が地の下にあるとき，われわれは太陽を概
念的な仕方で見るが，それは健康な視力によって経験する
者のみならず，視力がなくなっている者も，見える者の言
うことを信じるからである。そしてそれだけでなく，眼の
働かない人も太陽の円盤は視力を超える輝きをもつことを
知りえよう。しかしその力に与ったり，味わったりするこ
とはかなわないのである。このように，かの見神のわずか
な経験しかもたず，一致の，あの知性を超える眼を依然と
して神に向けて上げていない者は，眼を上げる者の言うこ
とを同様に信ずるなら，神を知的（νοητῶς）に見，否定
によって神が知性を超えるということを知ることもできよ
う。しかし，この場合の見るということは一致ではないの
である。また知性を超える一致を通して，知性を超える仕
方で見るものを信じない者は，神的なものに栄光を帰する
こともできようが，それは彼の可知的な能力だけを超える
ことによってである。自らの魂からこの下界とのあらゆる
関係を取り去った者，そして掟を守り，またそこから由来
する不受動心によって一切から解放された者，また集中し
た，純粋で非物質的な祈りを通して一切の認識の働きを超
えた者，またそこで無識の一致を通して，近づきえざる光
輝によって過剰な仕方で輝きを受けた者，こういう者だけ
が光となり，光を通して観想して，この光の観想のなかで
楽しみながら光を見て，神が輝きを超える輝きであり，把
握できないものであることを本当に知るのだ。その人は知
性の知解力，つまり人間のこの力を超えて，神に栄光を帰
するのみならず――というのは多くの被造物はその力を超
えるが――，「天をこえる知性の神のまねびによって」[115]，
知性がただ可知的なものの彼方にあるものと一つになる，

---

115) 偽ディオニュシオス『神名論』1, 4（PG 3, 592C）参照。

342　　　　　　　　第Ⅱ部

かの超自然的一致をも超えているのだ。

58　見神は知性作用より劣るか

　しかしこれについてはもう十分である。それはまた後で取り上げるとして、われわれが言うのは、もしも誰かが、観想を超えた見神を一切の思惟的活動を（νοεϱὰν ἐνέϱγειαν）超えた知性作用（νόησις）と呼びたいなら、われわれと違うところはないということである。しかし、この哲学者はわれわれがそれだけを特に「見神」と規定し、「把持しえない知性作用」（νόησιν ἀπεϱινόητον）と呼ばないと考え、彼は見神という名に対し怒りを発し、ちっとも称賛に値しない怒りに打ち狂っている。彼はこの言葉（概念）にひっかかって、預言の恵みに対し重大な罪を犯しているのだ。われわれは手短に三つ四つの誤りの反駁をし、他のものは捨てておこう。ところで彼は見神は知性作用より大いに劣ることを示そうとやっきになって、「預言者に示されたことはすべて、知性作用に劣る見神であって、それは作り出されたもの、書かれたものであり、想像に従って現れたものである」と言っている。預言者の多くが、その見神の多くを見て奪魂状態になったということを、彼らの言葉に適切に耳を傾けた者は誰も疑うものはない。ではいかなることか。預言者たちは、より劣った奪魂状態を味わって、神を見たのだろうか。より劣った奪魂状態を自分自身味わっていないで、誰がそう言えるのだろうか。神がモーセに現れたとき、彼は「形をとって、謎によってではなく」（民数 12: 8）とどうして言ったのだろうか。彼は劣った奪魂状態をその時味わったのだろうか。40 日間ずっと奪魂状態にあって（出エジプト 24: 18）、闇（γνόφος）のもとで永遠の生命に与った彼は何を見、かつ聞いたのであろうか。いったい彼は劣った奪魂状態にあったのだろうか。あの文書を書いた人はじっさい真理か

ら実に遠く離れてしまっているのだ。

59　二つの想像

　しかしここで彼の過ちは二重になっている。というのは，ここでも彼は偉大なディオニュシオスがそのように考え，また預言者の見神はすべて知性作用より劣ると言っているとして，彼を中傷しており，ディオニュシオスの書いたものを口実にしている。すなわち「さまざまな原因やさまざまな力によって，神秘家や預言者を照らした何か神的な想像に基づいて，神は名づけられる」[116]。彼〔ディオニュシオス〕はそこで，「さまざまな原因やさまざまな力によって」とはっきりと言っている。それは神もまたある者には夢のなかで，別の者には白昼夢で——つまり謎めいて——，しかしモーセには「形をとって，謎によってではなく」（民数 12：8）見られると言っている通りである。ではいかにしてすべての預言者は魂の想像力のみによって見たのであろうか。しかし神の想像（φαντασία）はわれわれ人間の想像とは大いに違っていた。じっさい前者はわれわれを導くものであり，本当に身体をもたない形姿であるが，われわれの想像はわれわれの魂の身体と関係する部分で生じる。前者の場合，刻印されるのは，理性的魂の頂点であり，極みであるが，われわれの場合，魂の能力のほとんど最後のものである。それは感覚の運動によって刻印されるが，しかしそこで，もしあなたが何が預言者を導く能力に刻印するかを知りたいのなら，次の偉大なバシレイオスの言うことを聞くがよい。というのは，「〔彼らを〕導く能力が霊のうちに刻印されている」[117]預言者は見ると言っているからだ。従って聖霊は預言者の知性のうちに座し，

---

116)　偽ディオニュシオス『神名論』1, 8（PG 3, 597A）。

117)　バシレイオス『イザヤ書註解』序（PG 30, 124B）参照。

指導的力を素材のように用い，霊において，それ自身を通して彼らに，そして彼らを通してわれわれに来るべきことがらをあらかじめ告げ知らせるのである。ではいかにしてそれがわれわれの想像に対応し，同じ身分をもった，たんなる想像なのであろうか。どうしてこの想像はわれわれの知性作用より劣ったものなのであろうか。むしろこの光はヌースにおいて観られるものであり，知性作用とは違ったものであり，この見神は感覚的でも想像的でもなく，理性の認識とは全く別のものであるということをどうしてこのことから示されないのであろうか。

60　天上の能力は想像的なものではない

　しかしこの哲学者は次のように語る偉大な人〔偽ディオニュシオス〕からまた別の引用もしている。すなわち「神について語る者を神的なことがらの秘義伝授に導くため見神を造りだした（διαπλάσας）天使」[118]と。それらに続いて彼は言う，「『造りだした』ということは，想像に従って示すということである。というのは知性が自らによって観るところのいかなるものも造り出されないからである」。ところでもし人がこの哲学者に信頼を寄せるなら，天上の主権と力は，おお驚くべきことよ，知性作用の奪魂状態を悪しき方向に蒙り，その見神は身体的形姿をもち，また想像によるものとなる。そしてそれらの見神のみならず，そのヒュポスタシス（実質）や本質的存在（οὐσιώδεις ὑπάρξεις）は想像に似たものとなる，ということを理解するだろう。というのはこの同じ聖人は『天上位階論』の第八章で，それらの主権は真の支配を願い求め，「自らが主と類似して，自らよりも後のものを善にかなった姿へと造り出す」と，聖なる主権を明らかにする名を讃えている

---

118)　偽ディオニュシオス『天上位階論』13, 3（PG 3, 300C）。

からである[119]。そこでもし知性がそれ自身を通して観るものがどれも造り出されず，造り出されたものがすべて想像によるものや感覚によるものや，その結果われわれの考えるところのものより大いに劣ったものであるなら，主権や力は神に対しては，可知的な類似を有するのではなく，それは造り出されたので，人間の知性作用よりは劣る物体的形姿や想像的なものをもつことになる。もしそれが神と似ているなら，それらはどうして本性上思惟的（νοερά）なものであろうか。

61 天使の見神

しかしこの哲学者は彼〔偽ディオニュシオス〕の言葉の別の一節から同じことを引き出している。というのは，天使が神のことを語る者にその力に応じてそれ自身の聖なるものについての認識を伝えるに際し，〔天使が〕視・見神を刻印する（τυπόω）ということを聞いて，彼は，「刻印された視・見神はどうして想像の産物ではないのか」と言っているからである。しかしわれわれはさらに『天上の合唱隊』から彼〔の攻撃〕をかわすであろう。つまり彼〔偽ディオニュシオスは〕こう言う。「天上にあるものの聖なる秩序は，神を真似ようとして自己自身を可知的に刻印し，彼らの思惟的な（νοερός）姿が神性の根源（θεαρχική）に似た姿をとることを欲求し，当然にも実り豊かな神との交わりに与っていく」[120]。〔それが〕可知的

---

119) 同上，8, 1（PG 3, 237C）。ここでディオニュシオスは天使の位階について語っている。従って今，「主権」や「力」と言っているのは，天使のなかの「主〔権〕天使」「力天使」のことである。これらの天使はディオニュシオスによれば，能天使とともに，セラフィムやケルビム，座天使たちの第一階級に続く，第二階級の天使たちである。

120) 偽ディオニュシオス『天上位階論』4, 2（PG 3, 180A）。

346　　　　　　　　　第Ⅱ部

な刻印であることがあなたには分かるか。このような名前からどのようにして預言者たちは悪しき奪魂状態を味わったとあなたは信じたのであろうか。というのも私はこのような名前から，預言者の見神が人間理性より劣るのではなく，かえってわれわれの知性より優れているとの考えに納得し，彼らの観想が天使にも等しいのだと学んで知っているからだ。なぜなら彼ら〔預言者たち〕はその清さによって自らが天使的一致に対しふさわしい状態になり，神に向かって伸長することによって天使たちに結びつき，彼らはまた天使たちによって，ちょうど天使たちがより上位の位階の天使によるように，造り出され，刻印され，そして彼らの思惟的な姿が神の形へと変容し，この聖なる変容によって，そこで彼らに下ってきた聖なるものについての認識を，言ってみれば，自分のうちで耕すのである。そしてもし預言者の清さが，神学によって天使たちとともに働くので，天使と同じ刻印を受け，形成され，またその清さが神の印章を受け取りうるということを証するならば，何という驚きであろうか。なぜならこう言われているからである，すなわち「清い心とは神に全く形のない知性を差し出し，そのしるしによって刻まれる用意があるものであって，それらのしるしによって神が当然にも明らかにされるのである」[121]。

62　霊の形成

　ベレクヤの子ゼカリアは，霊もまたわれわれのうちに神から形成されると教えているが，その示すところはわれわれの霊は存在しないものから存在へ神によって導かれると

　121）　隠修士マルコス『節制について』24（PG 65, 1064B），マクシモス『神学と神の子の受肉の摂理について』2, 82（PG 90, 1164A）参照。

か，神はそれをよりよい状態に造り直し，またよく在ることへと変容されるということである[122]。彼は言う，「託宣。イスラエルに対する主の言葉。天を広げ，地の基を置き，人の霊をそのうちに造られる主は言われる」（ゼカリア 12：1）。どういうことか。われわれのうちにある霊は，産出され，あるいは変容して形成されたのであるから，物体なのであろうか。しかし望む者にとって良き形成者でありたいと願い，そしてまたその友人は，まだ子供のとき，ポントスの共通の教育者から，「最高で最も清い造形」として「形成された」[123]と言う者は，身体的形成の技術を讃え，望ましいものと考え，また願い求めているのであろうか。またいかにして神は，もし神により形成されたそこでいう心は内なる人間であると考えないなら，神のようなダビデの言う，「われわれの心を一つ一つ形成する」（詩編 32（33）：15）ことによって，われわれのなしたすべてのことを察知するのであろうか。しかしモーセはこの形も定かでない生において，闇のうちに昼も夜も過ごして，神的な型・模範（τύπος）を見たのではないのか。彼は言っている，「山においてあなたに示された型・模範に従って」，すべてを「あなたは作るであろう」（出エジプト 25：40）。ではいったい彼は神の闇の中に入っていって，型・模範を見ると書かれているのであるから，最低の奪魂状態になり，想像でものを見たのであろうか。

122）　仏語訳註［1Fr］（516 頁）によれば，ここで使われる用語はマクシモスの言葉を借りているという。マクシモス『難問集』（PG 91, 1084B, etc.），（邦訳『証聖者マクシモス「難問集」』谷隆一郎訳，知泉書館，2015 年，63-64 頁）参照。

123）　ナジアンゾスのグレゴリオス『講話』43〔バシレイオスの葬儀に〕，12（PG 36, 509B）参照。この教育者は二人に共通の師であった。

63 見神は認識に勝る

しかし感覚的，想像的，可知的，および神的な型・模範の違いをまったく知らないかの哲学者は，「神学者は見られたものに基づいてこれこれのことを学んだ」，そして「彼は天使によって作られた見神によって秘義伝授を受けた」，そして存在するものや見られるものの可知的な認識へと「彼は運び上げられた」ということを聞いて，そこで「預言者はそれ〔観想〕から認識へと運び上げられたが，下ろされたのではないから，認識は観想より上だ」という結論に達するのだ。それだからわれわれに詳細に聖なる言葉の意味を註解してくれる人はすべて，より劣ったものからより優れたものへとわれわれを運び上げ，そして短い言葉で，地上に福音を与えて下さる主は，われわれにより劣ったものを与えられたのであり，他方，十分に解き明かす者は福音の外に立って，われわれをより上のものへ向かうよう，彼らの理屈へと上げてくれる，と言いもするのだろうか。悪しき考えは取り払うがよい！ しかし彼ら〔註解する者〕は聖なる言葉から離れてはいない，つまりそれらの言葉から認識の原因と絶えることのない光の源のようなものを取り出すのだ，そして，認識を教える者自身は，われわれのもとにある無知蒙昧からより上の認識へと運び上げるのである。というのはそれらのことからその提示された説明自体は，運動にしろ，原因にしろ，はっきりしているからだ。それゆえ聖書が，預言者は観想によって秘義伝授され，あるいは天使は彼を観想から秘義伝授へと運び上げたと言うとき，秘義伝授は彼を観想から引き離すということではなく，預言者は前には知らなかったことを，かの原因と認識の供給者から学び，また天使は，天使であるかぎりにおいて，観想に関することがらをより清い仕方で理解して，預言者を導き，彼を無知蒙昧から理解（σύνεσις）へと運び上げたのである。ところで，彼らか

ら取り除かれた無知蒙昧は彼が運び上げられた認識よりも
劣っている。認識を与える見神，神にならってそのうちに
認識を織りこんでいる見神は，それによって導かれる認識
よりどうして優れていないのだろうか。それでも彼は教父
に反対しているので，預言者たちを傷つけないでは放って
おけないのである。というのは彼らは最初の教父たち，聖
霊における教父中の教父たちであるからだ。彼らもまたと
もに侮辱されたことになるのだ。

64　神は存在しているものに基づいては認識されない

教父たちや預言者たちに対する戦いに満腹して，彼は
ヘーシュキアを歓迎する者があらゆる神的なことを，い
わば攻撃しているという口実を見つけ，それから自らが
福音の神秘に満ちた言葉の解釈者であると見なし，いか
に「心の清い者が神を見」（マタイ5：8），またいかに「子
は父とともに来て，彼らのために住いを作る」か（ヨハ
ネ14：23）を教える資格があると考えたのである。また
言う，「さて心の清い者は神を見るが，それは類比によっ
て，あるいは原因によって，あるいは否定によってであっ
て，それ以外の仕方によってではない。世界の諸部分の多
くやその主要なものを知っている者，いやむしろその知る
ところの知（γνῶσις）をよりよく有している者は，より
いっそう神を見る者である。また世界の目に見える部分や
見えない力，大地やその他のものとの諸要素の親和性，こ
れらすべての間で互いに反する特性，相違，固有性，共通
性，働き，結合，調整，調和，また端的にこの世界の語ら
れえない，また語られた取り決めを知る者は，すべての者
のうちでよりいっそう神を見る者である」。また言う，「と
いうのはそうしたことすべてを正しく観想することができ
る者において，その人はそうした一切のことの原因として
神を知ることができ，そうした一切のことから神を類比的

に知り，そうした一切のことから，否定によって直ちに神がすべてを超えることを知るからである」。また言う，「なぜなら神は存在しているものだけから知られるので，人が知らないことから神を知るのではなく，ただ知っていることから神を知るのだからである。従って人はより多くの，またより崇高な，そしてより正確なことを知るかぎりにおいて，神を知ることに関して他の者と相違する。そして神を知るに際し，存在することがらはむしろあまり価値がないとするような，否定的な神認識のやり方そのものは，その本性上，一切の存在するものの認識を離れては生じないのである。なぜならわれわれがその存在を知っているものについてだけ除去をも知ることができるからである」。

65　否定神学の二つの概念

　なんと彼は自らの意に反してこんな言葉を発したのか。にもかかわらずそれは彼の他のところでの意見と齟齬を来していない。というのも彼は他の所ですべてを知っている人を完全で知恵ある人と規定しているからだ[124]。ところでもし，彼がまさにその点に関して示したように，そうしたことのみの拒否・否定（ἀναίρεσις）を知り，それらについて把握していることがらのみから，神的なものを否定することができるのなら，なんと愚かしいことよ，神とは一切の除去・否定（ἀφαίρεσις）からわれわれが神と知るものだということに必然的になろう。あるいは，人はすべてのものの除去から神を知るために，存在するすべてのものを知るから，それではわれわれに別な神を導き入れる——そもそもすべてのことを知るということは神のみに属することだからである——，あるいはもし彼がそれが何であるか知らないなら，それを神だと信じたのである。というの

---

124)　本書Ⅱ -1-37 参照。

は彼が言ったように，知らないところのものから神的なものを除去することは出来ないからである。もし人が神を彼が知っているものだけの原因として認識するのなら，人の認識から逃れるものについては，神がその原因であるとは考えられない。それでは神の力をこの世と釣り合わせることになろう，というのも人はこの世界以上のものを知らないからである。しかしわれわれは認識を凌駕して，似たものだけでなく，異なってもいる無数の世界を作り出すことは，神にとっていともたやすいことであるという考えに納得した。そしてこれらのすべてから全体としてわれわれは神的なことがらを否定を用いて認識し，まだ知られていないことがらから，神は無限の力を超えるものであることを知るのである。このようにしてパウロは，キリストはすべての名の上に座すと言い，それは名づけられたもの，すなわち現世で知られたもののみならず，来たるべき世において知られ（エフェソ１：20-21），そしてまだ彼には知られていないことがらから神の偉大さを讃えているのである。このように書簡のどこか別のところで，「誰がわれわれをキリストの愛から離すであろうか」と言っている。そして彼〔パウロ〕はすべての感覚的なもの，可知的なもの，現世のもの，来世のものを数えあげ，「他のどんな被造物もわれわれを神の愛から引き離さないであろう」（ローマ８：35-39）と付け加え，存在するものから存在しないものを見てとり，それらに関しては存在するものと判定している。しかし一つのものから無数のもの，限られたものから無限の力を理解するわれわれは，神によって程々の数のものから〔創られた〕全体がどうして分からないのだろうか。それはちょうどライオンをその爪から，織物をその裾から知ると言っているようにであるが，そのように神がすべてのものの原因であるとわれわれは知り，これらすべてを取り去って，存在するものに基づく神認識を超えるも

の，つまり一切はたった一言で非存在から導き出されたということを信仰によって付け加えるのだろうか。

66 造られざる光

確かに概念（ἔννοια）を超えるこの認識はキリストを信じた者すべてに共通であるが，しかし掟を実行することを通して生じるこの真の信仰の目的は，存在するものや認識可能なものや認識できないもののみから神認識を提供することではなく——というのもその場合存在するものをわれわれはひっくるめて被造物と言うからだ——，神の，つまり神なるキリストの，そしてキリストの姿に達したものの分け前の栄光である，造られざる光（ἀκτίστον φῶς）から〔神認識を提供すること〕でもある。なぜなら父の栄光においてキリストは来られるであろうし[125]，彼らの父である，キリストの栄光において「義人たちは太陽のように輝くであろう」（マタイ 13：43）し，また彼らは光となり，光を見るであろうし，心の清められた者だけが喜ばしく，至聖なる光景を見るであろうからだ。この光は今，不受動心を通してすべてのおぞましいものを，そして純粋で非物質的な祈りを通して清いものを超えた者に，担保の部分としてつつましく輝いている。しかしその時，それはわれわれの本性に神的な栄光と輝きを分かち与える者とともに，永遠にとどまり，かつともに栄光を有するものとして，復活の子ら（ルカ 20：36 参照）を明らかに神化するであろう。しかし栄光と輝きは被造物の領域では本質ではない。では神の栄光が神の本質であるとどうして称えることができるのだろうか。この神は与りえず，見えず，触れえざるものであるが，本質を超える力によって与りうるものとなり，身を差し出し，輝き，そしてわれわれのために，〔わ

---

125)　本書 II-3-18 参照。

第 3 論攻　　　　　　　353

れわれに〕共通の父が自らの父に向けたきわめて神秘的で
言い表しえない祈りによって，清い心でそれと出会う者と
ともに観想のうちに「一つの霊」（1 コリント 6：17）とな
るのであるが。じっさい彼はこう言っている。「父よ，私
があなたのうちにあり，あなたが私のうちにあるように，
彼らが私たちのうちで」真理において「一つとなるように
して下さい」（ヨハネ 17：21）。そうしたものが神を見る
ことであって，これは幸いな分け前にふさわしいとされた
者のみが，終わりのない世に見るものであり，今では使
徒のうちの選ばれた者がタボル山で見極めたものであっ
て，それは石を投げられたステファノ（使徒言行録 7：55-
56）やヘーシュキアでの論争の時のアントニオス[126]や，む
しろすべての聖人，つまり心の清い人々〔が見るものであ
り〕，それは彼らの書いた文章や彼らの生涯から望む者に
は学ぶことができるようにである——私としては預言者や
太祖もこの光を味わなかったのではない，と言いたいので
あって，むしろわずかの例をのぞいて，彼らの見神はすべ
てより神的なものであり，かの光にあずからなかったわけ
ではないのである。なぜなら，自らの永遠の光をもつもの
がどうして他のものの光を装うであろうか。この光は言い
表しえないものであるが，しかし偉大なディオニュシオス
が言っているように[127]，今，そして来たるべき世では心の
清いものには見えるものであるのに——，ともかく神を見
るとはそのようなものであるので，心の清いものは幸いだ
と祝福される（マタイ 5：8）御方はどうしてかの世のこと
を約束しないで，この世の賢者に生じる被造物についての
認識を約束することがあろうか。

　　126）　アタナシオス『アントニオスの生涯』10（PG 26, 860AB）
参照。

　　127）　偽ディオニュシオス『神名論』1, 4（PG 3, 592BC）参照。

67 神は被造物についての認識から知られるのか

かの哲学者は被造物に由来する認識を最も完全な見神（θεοπτία）であると考えているということを前面に出して，われわれに教え，こう言っている。「どの人にとっても，世界の目に見える部分や目に見えない力をことごとく知るというような〔認識〕は，過剰ではあっても，足りないことはないのである」[128]。しかし神のようなニュッサのグレゴリオスはこう言っている，「働きから働きの結果を類比によって知ること，そして世界の調和から超越した知恵を知ることは，この世界の知者に生じることである」[129]。しかし私としてはこれは知恵のない人間にも，信のない人間にも〔生じる〕と言いたい。それはちょうど今，われわれが見るところでは，すべての異国人がすべての造り主なる，一つの神を知っており，否定神学が必然的にそこから出てくるということである。というのはすべてのものの造り主は造られたものと何ら関係はないからである。いったい多数の誤った考えをもつ者もこの世の知恵や，そこから生じる神についての理解を有していないであろうか。主は彼らをも祝福されるのか。ギリシア人のうちで哲学に関して，今日のキリスト教徒と大いに異なる人々は，被造物についての認識から哲学するのであろうか。いったい，彼らはすべての人よりも，また「主イエス・キリスト，それも十字架につけられたキリスト以外，何も知らない」（1コリント 2：2）ような人と同じくらいか，またそれ以上の，幸いにして，永遠の報賞を受け取ったのだろうか。というのは，もし神が被造物によってのみ知られ，そういうものをより多く知っている者が他のものよりいっそう神を見る

---

128) 本書 II-3-64 参照。

129) ニュッサのグレゴリオス『人間の幸福について』6（PG 44, 1269B）参照。

のであれば，彼らはどうして特にそれ以上の〔報賞を受け〕ないのであろうか。しかもわれわれすべては，上からわれわれに教える（マタイ 3：16-17）御父の言葉によって御子を知ったのである。霊それ自身と言い表しえない光それ自身は，御父に愛された御者をわれわれに顕示する。そして御子自身は自らの父の名前をわれわれに明らかにし，天に昇って聖霊を「われわれとともに永遠にとどまるために」（ヨハネ 14：16）われわれに送ると約束されたのだった。そして聖霊自身は来て，われわれのうちにとどまり，われわれに真理のすべてを告げ，教えたのである（ヨハネ 16：13 を参照）。ではどうして被造物のみからわれわれは神を知り，そしてわれわれがそれについて知らないことからではなく，知っていることから〔知るのであろうか〕。いったいもし結婚の経験のない者が，教会に対する神の結びつきを，結婚との比較を見てとれないので，知らないのならば，あなたの言う神認識を見出すために，あなたはすべての人に童貞を避けるように忠告するのであろうか。しかし，あなたは結婚していないので，「この神秘は偉大です。わたしはキリストと教会に〔あてはめて〕言っているのです」（エフェソ 5：32）と最初に宣言するパウロによって拒絶されるのではないだろうか。

68　神において神を知る

　さてかの崇高な言葉について語る時である。「天と地の主である父よ，私たちはあなたに感謝いたします。というのは」，あなたは私たちと一つになり，あなたを通して私たちにあなたを明らかにして，「知者や賢い者からそれを隠されたからです」（マタイ 11：25，ルカ 10：21 を参照）。そういう賢い者たちは自分自身に即して理解し，また自分の前にあるものについて物知りである。そこで彼らがあなたの聖人の言葉を聞くと，一方ではそれを投げ捨

て，他方では言葉を間違った方向にもっていき，すべての
人の注意を逸らせて，あつかましくも作りかえてしまうの
である。というのは，心の清い者に啓示された神の観想と
は何かを，ニュッサのグレゴリオスは解釈して，「世界の
調和からこの世の知者にも神を知ることはできる」と言っ
た後で，「しかし，幸いな高貴さは，私には，また別のこ
とを示しているように思える」[130]と付け加えているが，そ
ういう〔賢い〕たちは彼の見解を肯定していないように
思われる。偉大なディオニュシオス・アレオパギテースは
次のように言う，いかにしてわれわれは神を認識するので
あろうか，「神は可知的なものでも，感覚的なものでもな
いのに」，そして続けて一種の問いの形で，「その本性から
ではなく，その存在の配置から神を知ると言うことは真な
ることではないか」[131]，と。それから輝きを超える光に向
けて知性と認識を超えて完成される超自然的一致に即し
て，〔ディオニュシオス〕は極めて神的な認識をわれわれ
に露にする[132]が，しかしあの〔賢い〕たちは知性を超
える認識を存在しないものとして捨て去り，また愚かしい
ものとされたこの途方に暮れるような言い方を，探究に値
しないとする。しかし彼らは聖人の言葉を前後ちょうどよ
い文脈から取り去って提示し，被造物から神を知ることが
できると無理強いしている。そしてかの哲学者〔バルラア
ム〕は，そこでの聖人の言葉は人間的認識について，本性
的にすべての人間に属するものについてであり，霊によっ
て与えられたものについてではないということを見てとる
ことができなかった。というのは，彼はこう言っているか
らである。すべての人間は自然の認識能力として感覚と知

---

130)　前掲書（PG 44, 1269B）参照。

131)　偽ディオニュシオス『神名論』7, 3（PG 3, 869C-872B）参
照。

132)　同上（PG 3, 872AB）。

性をもっているので，どうしてこうした能力で，感覚的でも，知的でもない神を認識しうるのであろうか，と。確かに〔われわれの認識能力は〕存在するものや感覚的なものや可知的なもの以外から〔来るもの〕ではない。というのも存在するものにかかわり，存在するもののうちにその限界をもつ，こうした認識は，〔存在するもの〕から神的なものも示すからである。しかし感覚的で可知的な能力をもつだけではなく，霊的で自然を超えた恵みをもらった者は，存在するものだけからではなく，霊的な仕方で，神が霊であり，感覚と知性を超えることを認識し，全的に神のものとなり，神において神を知るのである（καὶ ἐν θεῷ γινώσκοντες θεόν）。また同じ聖人が勧めるように，この認識によって神的なことがらを知るべきであって，われわれの〔認識〕によってではないのだ。つまり完全に自分自身が自分自身から出て，全的に神に属する者になることである（ὅλοθς θεοῦ γενομένους）[133]。なぜなら神に属することはより優れたことであって，自分自身に属することはそうではないからであり，かくして神とともにある者に神的なことは与えられるであろう。

69　ディオニュシオスの意図

ところであなた〔読者のこと〕は，われわれが存在するものから神を知ろうと探究することからどれだけ離れているか分かるだろうか。彼〔ディオニュシオス〕は超自然的で，神的で，霊的な，別の認識を明らかにしたが，それは知性を超える一致に関して，諸存在の除去の後にわれわれに生じることであり，また彼が言うには，その認識によって神的なものが与えられ，またそれによって，つまり霊的に，神的なことを正しく考えるのだが，しかしわれわれの

133）　マクシモス『難問集』（PG 91, 1076BC）参照。

流儀によって，つまり感覚や知性によって，諸存在の援けを受けて神を知るということではないのである。そのような認識は不完全であり，不完全な考えにふさわしいからである。しかし諸存在から，またわれわれの流儀で神を認識することについて，この哲学者によって表面的であると無視された，「〔真なること〕ではないのか」という語が付加されているが，いったいこの聖人〔ディオニュシオス〕の意図は何なのであろうか〔前節参照〕。感覚的な眼と感覚的な耳によっても，われわれは言い表しえない仕方で光を見，神の声を聞くので，そのため被造物からのみ，そして認識の力や人間の能力によって，神を完全に知るということを言明することに，彼は慎重になっているように見えた。とはいえ聖人のかの言葉を正確に捉えることのできる者には，はっきりと彼はそこで唯一の，神の認識へ導くものは，諸存在の認識から生じるということを教えているのは明らかである。つまりこう述べている，「そうしたことから，道をたどり，また秩序正しく能力に応じてわれわれは一切を超えるものへと登っていく」[134]。

70 象徴から実在へ

そのため〔こうした認識は〕律法以前の神認識に関してはまだ子供の状態にある者にもふさわしいし，アブラハムはそれから神認識の端緒を摑んだと言われているが，後に，それに基づいて神と語ったり，神を知ったりしたわけではない[135]。では「最初は耳の聴力であなたを聞いたが，今は私の眼があなたを見た」（ヨブ 42：5）と，はっきりと見て，大声で叫んだヨブはどうなのか。では存在するも

---

134)　偽ディオニュシオス『神名論』7, 3（869D-872A）参照。
135)　マクシモス『神学と神の子の受肉の摂理について』2, 26（PG 90, 1136CD）参照。

のの彼方の闇のなかで40日間ずっと神を見ていたモーセはどうなのか（出エジプト24：18）。というのは世界の目に見える姿は、不完全な者に神に関して目に見えぬことがらの認識を提示するのはふさわしかったからだが、それはいわば感覚に囚われた者に律法の象徴的な神学が感覚によって伝えられたようなものである。しかしさらにより完全な者のある人たちは、覆われた幕の外で、より確かな神学を幸いにも恵まれたが、そのようにたとえばモーセやパウロやそういった類の人たちのように、たとえ彼らがわれわれに見えるものごとから固有のやり方でかのものの考察にわれわれを導くのだとしても、彼らは神の目に見えぬことがら（ローマ1：20参照）を覗き見たのである。

71 稚拙な神学

哲学者よ、多種多様で、疑わしく、手練手管を尽くした詭弁で何が言いたいのか。すなわち「一であり、存在し、始めであり、力をもつものを知る者は、存在、一、始め、力が何であるかを知らねばならない」などと。というのはもしだれかが存在するものから神を知ることは決してないと言ったのなら、すべての理性的本性のもとにあることがらをあなたは正しく告げたことになろう。われわれは霊の神秘にかかわる、霊を通しての認識を、本性的で、かつすべてのものに共通して属する認識よりも高いものと考えるので、このようなことに反対するあなたにとって、存在しているものから神についての基本的な認識が生じるということは、いったいどんな助けを与えてくれるのであろうか。それにもかかわらずあなたは反対するのを常としているのだ。それは認識だけではなく、知性によって観想される光があると言う霊的な人々に対しても、あなたは多くのことを通して、光、それも認識と言われる〔光〕を示し、それによって強力に反対者に打ち勝つと信じているのだ。

「しかしこのような基本的〔な認識〕がなければ人は理性的ではないだろうし，理性的なもののより完全なものへの進展もないであろう」と彼は言う。子供になる前に大人であることはないであろう。しかし大人になると，子供のようなことはそれで終わりである（1 コリント 13：12）。もし大人になって子供のように考え，それを自慢するなら，こんな滑稽なことがあろうか。そういう人は，キリスト教徒であると言って，神認識を実り豊かにするために，ギリシアの学を追い求めているような人でないはずがない。

72　観想される可感的世界

　しかし「魂の理性的部分が病気になると，それを看護することによって思惟的（νοερόν）にならないであろうか」とはどういうことか。じっさい霊の言葉よりも自らの理性に多大の信を置き，神の掟は魂にとって偉大で完全な医薬ではないと考えている者の，魂の理性的部分は病気である。というのは，はじめ彼〔バルラアム〕はそれら〔神の掟〕は半分だけ清くすることができると言い放ったが[136]，今は，それらの浄化する力をすべて取り去って，認識に割り当てており，そして神認識や魂の健康や浄化の始めや中間そして終局は，多くのことや，より多くのこと，そしてすべてを知ることから生じ，そして多くのことに対して決して無知であってはならないと言う。しかしそれはこれらを一般的な〔概念〕でまとめることができるため，また存在するものについての包括的な認識，すなわち包括的な教育（ἐγκύκλικος παιδεία）[137]の学びを達成するためであ

　136）　本書 II-1-17 参照。ここでパラマスは，バルラアムが聖書と哲学を誤って結びつけ，両者が魂の浄化という同じ目的にかかわると言っているとして，彼を批判している。

　137）　仏語訳［1Fr］の註によれば，この " ἐγκύκλικος παιδεία" はビザンティンの世俗教育の基本的なものである。

り，そしてまた天使と同じような単一で部分のない知性作用に値するものとなるためである。それは言ってみれば，ちょうど部分のない印を見ることを望む人は，それをまずたくさんの部分で提示しなければならない，そして，単一なものは多くのものの除去によってではなく，総括によってのみ生じることができ，しかもまた総括からくる一なるものは，ここでは単一で部分のないものを取り扱うので，分けられうるものである，というものである。しかし私は，諸教父から教えの手ほどきを受け，しかもすでに彼らのうちのある者からも聞き，また彼らを信じもしたので，以下のことを知っている[138]。すなわち彼らはこれらの多くのことやこの可感的世界全体を感覚や論理によってではなく，神のような知性に固有の能力や，恵みによって観想したのであり，その恵みは遠くのものをも眼下にもたらし，未来のことをも現在あるように超自然的に提示する。神について語ったアレオパギテース〔ディオニュシオスのこと〕が，自然の創造主のことを自然的にわれわれに属することがらから賛美しているのは驚くにあたらない。それは彼〔創造主〕のみが魂のないものを通して，感覚のないものを通して，理性のないものを通して，また理性あるものを通して，栄光を帰せしめられ，しかし霊における礼拝は彼だけに特にふさわしいからである。それは神自身が，唯一の真実の尊崇，神に唯一ふさわしく，神から唯一熱望されたものと呼ぶものである。

73 ディオニュシオスの真の教え

ところで偉大なディオニュシオスの言葉のうち，この哲学者が気がつかないで提示するのを忘れていた多くのものは捨てて置いて，私は一つのもの，つまり最後のものを思

---

138) 本書 I-2-12 参照。

362 　　　　　　　第 II 部

い起こそう。〔ディオニュシオス〕は『教会位階論』の第
一章で言っている。「すべてのヒエラルキア（位階）に共
通のこの終極（πέρας）は，神と神的なものに密接に結び
つけられた愛情（ἀγάπησις）であり，神の霊威を受け，
また単一になる形で，聖なる仕方で成就するものであり，
その以前に，反対のものを完全に，また〔そこへ〕立ち戻
ることなく捨て去るものであり，また存在者（ὄντα）で
あるかぎりにおける諸存在の認識であり，聖なる真理を見
ることであり，知識であり，また神の霊感を受けた完全な
一つの姿の分与である」[139]。哲学者はこのことから次のよ
うに推論する。「神からわれわれに与えられたもののうち
最上のものはヒエラルキアである。その文言が教えるよう
に，その目標は諸存在の認識である。諸存在の認識，すな
わちそれは哲学というのと同じであるが，それはわれわれ
のうちにあるもののうちで最高のものである」[140]。実に彼
はこの文言のこだまは聞いているようでいて，その聖なる
意味はわかっていない。というのはかの聖人はこう言って
いるからだ。すなわち諸存在の真の認識は，「対立するも
のどもを完全に捨てること」，すなわち悪しきことを自制
し，為さないことで，神の霊感を受けた，単一な業に先行
する。というのは悪しき欲求に捉えられ，導かれる者は，
自分に美しく正しいと見えるものを求め，その業によっ
て，真に美しく正しいものに無知であることを示し，また
対立する怒りにとりつかれた者は，自分に美しく正しい，
またよいと見えるものに向け戦う。つまり端的に言えば，
劣悪な生にしがみついている者は，真に存在しているもの
にではなく，すべて自分に美しいと見えるものに身を捧げ

　　139）　偽ディオニュシオス『教会位階論』1, 3（PG 3, 376A）参
照。
　　140）　本書 II-1-21 参照。

る。しかし劣悪なものを捨てた者，あの間違った考えを捨て去った者だけは，本当に劣悪なものを劣悪と考え，存在するものについて，そのように見えるものではなく，真の認識をもつ。それによって悪しきことを捨てることは，「存在者であるかぎりの存在者の認識」であって，それは聖にして，神の霊感を受けた，単一な業に先行する。神の掟を守ることは，聖にして，単一で，神の霊感を受けた業であり，悪しきことから逃れ，神と神的なものの愛にとどまり，身を捧げるときに成就する。彼が言うには，そのことはすべてのヒエラルキアに共通の終局なのであり，神の掟に反対するものを憎み，その掟と，それを与えた神を愛し，神への愛によってその掟のもとに生きることである。それは「存在者であるかぎりでの存在者の認識」であり，真理を見ること，完全さに与かること，霊的観想の祝祭であり，それは清い心で思惟的に（νοερῶς），あるいはむしろ霊的に，そこに住む者を照らし，神化し，可知的に成長させるという約束にかなって啓示されるのである。

74 ディオニュシオスによる「ヒエラルキア」の目的
　そのことは彼〔ディオニュシオス〕が自ら語ったことをはっきりさせている点である。というのも彼は少し話を進めながら，繰り返し，神的なことを神的な仕方で解することを望まず，彼ら自身の誤った考えに向きを変えさせようと試みる者たちのために，彼自身の〔言葉の〕解釈者となっているからである。彼は言う，「われわれは次のように神聖な仕方で語る，すなわちわれわれのヒエラルキアの目的は，出来るかぎりわれわれが神に似（ἀφομοίωσις），一致することである。それは神についての書が教えているように，ただ神の掟を愛することと聖なる業によってなされるであろう。というのは『私を愛する人は私の言葉を守り，私の父もその人を愛され，私たちは御父のもとにおも

むき，そこに住まうであろう』（ヨハネ 14：23）と言っているからである」[141]。彼が存在するものについての真の認識と言っているものがどんなものかあなたにはわかるであろうか。それは徳の業である。その目的とは何か。神との一致と神に似ることである。どうしてそこで彼はこの似ることを「愛」（ἀγάπη）と言うのだろうか。愛は徳の充満であり，その像の刻印を受けて，神と完全に似ることを保つということである。「神の霊感を受け」，「単一な仕方で」そして「聖なる業」ということによって，ただ神と神的なものへの秩序を形成する，神の掟を守るということを暗に示している。というのは美は美によってのみ達成されないなら，美でなくなるからである。対立するものを絶えず捨てること，諸存在の認識，そして真理の聖なる視（ὅρασις）や知識は，悪しき情念への憎しみ，罪の非難，そこに戻ることなくそこから逃れることに導く。「完全に一つの姿になること」，そして「神の霊感を受けて一に与ること」，「可知的に養い，神化する見神（ἐποψία）」ということによって，かの霊的な眼を一致において完成させ，見神において養うところの，神の約束による訪れと滞在を示しているのである。

75　真の認識と誤った認識

　さてもし掟を守ることによってのみ真実の認識と神との一致および似姿（ὁμοίωσις）が到来するのなら，この哲学者の言う認識は偽の認識である。なぜなら彼は始めの方ではっきりとこう言っているからである，すなわち「掟を守ることによっては，かの認識は到来しない」[142]，と。そ

　141）　偽ディオニュシオス『教会位階論』2，1（PG3，392A）。
　142）　バルラアムの言葉については，本書II-1-34, 37,II-3-17 等参照。

してそのすぐ前に，この認識は本性上どこから来るのかを
示して，言う。それは「多くのことがら，それも存在する
ものについての根拠を知らないということからではなく，
むしろすべてを知り，つまりたとえ彼らがギリシア人であ
れ，エジプト人であれ，人が知っていると公言することす
べてを学ぼうとすることからである。それも世界の本性に
ついて語られたことや知られたことが不足しているため
に，そのことから神について何も知らないということがな
いように」[143]。彼によれば，存在するものによってのみ神
は知られるということになるが，それはちょうど人が食物
によってのみ栄養をとり，体を保つということを聞いて，
もし生きたいのなら，食物を決してなおざりにすべきで
はなく，日々そして時間ごとに食物を摂るのに間を置いて
はならないと言ったり，そしてこのようにして贅沢な食卓
に愚かしくも狂い，また暴飲暴食の情念は人間の生にとっ
て最大の必要事であり，それ以上のものは追い求めないと
考えるよう説得したというようなことに似ている。という
のはこのように神は自然の理を魂の知的活動の材料として
も提供されたが，それはより高い認識へと導きうるものと
してであるからだ。ところでわれわれはそこから足りるも
のを取って，余剰はより完全な食物を受けない者たちに残
すのである。たとえ彼らがある年齢に達しても，子供向け
の食物を捨てることを望まないなら，われわれはこの世の
〔母親の〕胸に一種のスキュラ[144]（怪物）なるものを塗る
が，時期にあわない書物に別れを告げるのを，適度に延ば
すことはよいわけではない。しかし，彼らはもはや子供で
はなく，悪しきことをするには十分な年齢であって，ふさ

143）　本書 II-1-34 参照。
144）　洞穴に住む 6 つの頭と 12 本の足をもつ海の怪物。子供を
乳離れさせるために使われるものか。

わしい尺度に戻る代わりに，われわれに対して立ち上り，われわれを飲みこもうと議論をしかけているのである。

76　世俗の知恵でキリストがつかめるか

従って彼らはこう言う，「御父とともに御子が来て，世界の本性の根拠を知っている者のうちにとどまられる。というのはその人は真なるものを知っているからである。つまり神は真理であり，また真理の父である。しかし，知ることはすべて知られたもののうちにその基を置き，とどまる。従って存在するものについての認識をわきまえる者は神のうちにしっかりとその基盤を置くであろう。神のうちに不変の場所をもつなら，神がその人のところへ入り，とどまられると言うことはありえないことではない」。また言う，「彼は神的で可知的な光に満たされた知性をもまた獲得したのである」。これこそがこの哲学者の極めて完全な神認識である。しかし私は福音書が，悪魔は「嘘つきで，その嘘の父親である」（ヨハネ8：44）と言っているのを聞いている。私は，反対のものにかかわる感覚や，認識や，知識は同じものだということを知っている。じっさい真理を知っている者は嘘をも知っている。じっさいもしこの哲学者の言葉に従って，知ることは知られるもののうちに基を置き，とどまり，そしてこれによって，彼に従えば，存在するものについての認識をもつものは神のうちにあり，神がその人のうちにあるならば，まさに嘘と嘘の父も神のうちにとどまり，そしてその人は知の闇に満ちた魂を獲得するのだ。実にそのような考えをもたらす魂を闇が大いに覆い隠すのである。というのは，「私はあなたが誰か知っている。神の聖なる者だ」（マルコ1：24）と言う者は，この認識によって自らのうちにキリストを持ったのであろうか。いったい神の御旨を知ってはいるが，果たさない者は，自らのうちに堅固な仕方で神を持つであろうか。

ではどうして「その人は何回も打たれるのであろう」か
（ルカ 12：47 参照）[145]。福音書においてキリストは，キリス
トと御父が住まわれることは，掟を守ることによって到来
し，顕現はその居住に続くと言っている（ヨハネ 14：21,
23 参照）。ところで彼〔バルラアム〕はかの御者〔キリス
ト〕に反対して，その居住は，彼にとって顕現と思われる
ところから来ると言って，はっきりと反対しているので
あって，顕現は掟からではなく，認識からであり，しかも
この認識は神の掟を守ることによっては決して到来するも
のではないということを，彼は先に示していたのである。
彼は自らの知性にこのような光と真理を満たすよう整えた
のだ。彼は先に，神の掟はこの認識を与えることができな
いと言ったのみならず，哲学的諸学問によって供給される
ものを「哲学」と呼び，またこれを神の前での「愚かし
さ」と言ったのである（1 コリント 3：19）。つまり彼はそ
れをかつては愚かしさと名づけ，今は神であり，御父とと
もにある，御父の独り子なる，御言葉であると言明するの
である。すなわち彼は自らの知性にこのような光と真理を
満たすよう整えたのであった。

77 他の者を矯正するのはバルラアムではない

　しかし哲学者よ，反対のものにかかわる感覚も同じもの
〔感覚〕であるから，あなたが熱くなる場合，それはあな
たの身体がそのような状態にあるときか，あるいはそれが
冷たくなると，熱さというものは〔冷たさ〕の反対のもの
だとわかるのだろうか。確かにあなた自身のうちに熱を運
んでいるとき，そのような状態であることをあなたは感じ

　145）　ここでは，ある僕が，その主人の留守を預かっていて，主
人の帰りは遅れると考えて，好き勝手なことをしている最中に主人が
戻り，現場を見られ，罰せられたとある。

368 第Ⅱ部

るであろう。あなたが自分自身のうちで魂に神的なるもの
をもつときに，真にあなた自身のうちに神をももつであろ
う。真実に神的な状態とは神への愛である。それは神の掟
を聖なる仕方で果たすことによってのみ生じる。というの
はそれがそうしたものの始め・原理でもあるならば，中間
でもあり，頂点でもあるからである。神は愛であるが（1
ヨハネ4：8, 16参照），神はその点においてのみ，その到
来，滞在，顕現を約束されたのである。だからあなたがこ
のようなことに基づいて，かの状態に達するとき，他人を
真に矯正するのに自ら役立つだろう。というのも，今，あ
なたは矯正しているようなそぶりをして，曲解し，中傷し
たりしているからだ。しかしあなたが矯正すると約束しな
がら，曲解していることは，この先の論で明らかになるで
あろう。あなたは矯正するという外見のもとで，中傷しよ
うと努めているのだが，その明らかな根拠は，あなたには
われわれの矯正に差し向けられたと思える書き物がわれわ
れの目には入らないようにと大いに熱心に努めているから
だ。あなたはまるで病人に有益な水薬を用意していると言
うが，それを使うことを頑として禁止した医者のようなも
のだ。そのことから明らかになったことは，あなたの言う
医薬は有害な力をもったものであると，今露になったこと
を，前もってあなたも知っていたということだ。〔あなた
の書いたものが〕われわれに示されれば，あなたの企みは
見逃されないことを，あなたはあらかじめ知っていたの
だ。

78　最終的解明

　ところで今もまたあなたの書いたもの[146)]がwe
手もとに〔あなたの〕意に反して届いたが，その終わりの

───────────

146)　イシドロスによって手に入ったもの。本書Ⅱ-1-2参照。

第 3 論駁　　　　369

方であなたはこう言っている，すなわちあなたの友人のあ
る者が神認識について正しく語らなかったので，正そうと
努めることは何ら非難されることではない，と。あなたが
その友人によって正しく語られなかったと言っていること
はこれである，「心の清められた者たちは，彼らのうちに
生じた聖なる光の現れを通して，神が存在し，神は光の
ようなもの，いやむしろ思惟的・霊的（νοεϱός）で非質
料的な光の源であることを知っている。しかしそのよう
な観想に達しなかった者たちは，すべてのものにかかわ
る先見・配慮（πϱομήθεια）から共通の先見を，善なる
名をもつものから善それ自体なるものを，生命を与えら
れたものから生命それ自体なるものを，そして端的に一
切のものから一切であり，一切を超えてある者を一挙に
見てとるのである」[147]。それが，哲学者が正しい仕方で考
えられていないと言っていることである。しかし私は彼
が別のときにそれに対しよからぬ扱いをしたことを知っ
ている[148]。というのは光に，言ってみればという意味での
（παϱαδειγματικῶς）「ような・実例を挙げて」という言
葉を結びつけたのを彼は無視して，われわれが神がどのよ
うな光であるかを知っていると言明していると言ったから
である。しかしわれわれはそのそばに「光の源」という言
葉があることを示し，「神は光の源のようなもの」という
文言をわれわれはそれとの関連で再認し，そこでの「よ
うな」をどう捉えるのか，彼に問うたのである。しかし
彼は自分の無知をその意に反して認め，許しを乞うたの
であった[149]。というのは〔その言葉を〕「あたかも」とい
う以外の意味にとることはできないからである。さてとこ

---

147) パラマス『アキンデュノス宛書簡』1, 12, 参照。
148) バルラアム『第 1 書簡（パラマス宛第 1 書簡）』（Fyrigos
版 216, Schiro 版 240-41）参照。
149) 本書 II-3-13 で言及されている両者の会見を指す。

ろで今，彼はまた別な仕方で攻撃してきたのだった。彼は言う，「最高度に観想する者にとっても神は存在するもののみから知られるということははっきりしているから，そこで思惟的な光の顕現を通して与えられた神の認識は，存在するものに由来するものとは別なので，決して真ではない」。それに対して答えなければならないことは，すでに語られた多くのことを通して明らかになったように，神は存在するもののみから知られるのではなく，過剰という仕方で存在しないもの，すなわち造られざるものや，さらに永遠の光，そして存在するもの一切の彼方にあるものを通しても知られるのであり，それは今や担保の一部としてふさわしいものに与えられ，終わることのない世に，彼らを終わることなく照らすということだ。そうした観想は必然的に真であり，それが真実であると言わない者は神の神的な認識から転落してしまったのである。彼は言う，「一切の神についての認識は神のまわりにあるものから来るのであって，そのものに即したことがらからではない」。こうした言い方において，かような神の顕現は神の「まわりに」あるものにかかわらないとわれわれはどこで言おうか。われわれはこの顕現を他の仕方で存在しているものすべての上にあると考えるが，自体的にある〔神に〕かかわることに基づいて，神に付け加えるようなことは決してないのである。あなたは神学者たちがこうしたものだけではなく，他の多くの観想を，被造物に基づく神認識の上に最高の仕方で据えているのを見出すであろうが，彼らはこれを他の一切のものから区別し，神の神化する唯一の顕現として，すぐれて神の名に値すると考えている。しかしわれわれは，後に『認識について』の論文で内容を整理して，この哲学者の無知を論駁することにして，非常に長くなった論述に終わりを告げねばならない。

第 3 論攷 371

最初の殉教者ステファノへのクリュソストモスの賛辞から[150]

業と言葉において主に従うことに関し，この殉教者には何ら欠けるところがありませんが，彼はその魂の我慢強さ，また忍耐する勇気を示しました。そのため神を見るに値するのです。それは「彼は天を見つめ，神の栄光と神の右に立っておられるイエスとを見た」（使徒言行録 7：55）と言われているからです。それはこの殉教者が天使たち自身に先んじて栄誉を与えられるという救いの主〔が与えられた〕栄誉です。「天を見つめ，神の栄光と神の右に立っておられるイエスとを見た」と言われていますが，彼は見えざるもののうちで栄光や場所のみならず，天使の軍勢すら垣間見るのを恐れる（1 ペトロ 1：12 参照），その切望するものをも見たのです。なぜというにそこで殉教者は，ケルビムがその顔を覆っている（イザヤ 6：2）ところへ視線を向けていますが，セラフィムがあえて目を向けないところを見るからです。その眼をもって際限のない高みへ昇り，天使よりも高く，能天使より高く，座天使の彼方を見ています。主の声が彼を引き寄せ，次のようにあらかじめ約束をして言われた，「私のいるところに，わたしに仕える者もいるであろう」（ヨハネ 12：26），と。彼は救い主の最初の奉仕者（助祭）であり，それは〔彼を〕見て，多くの者が殉教者となった，あの第一の，競技・戦いの殉教者としてです。ステファノは戦う者に強く愛される者だからです。だから彼はパウロに先んじてそのなしたことに基づいて叫ぶ。「私がキリストに倣う者であるように，あなたがたもこのわたしに倣う者となりなさい」（1 コリント 11：

150）　写本には誤ってクリュソストモスのものとされた文章の断片が載せられている。PG 59, 701 以下を参照。

1）。そのことはそれを望むものには可能で，ふさわしいことだからです。私は証人であって，主とともに戦った最初の者，天に隠されたものを最初に観想した者です。私は見た，私は父の右に立っておられる御子を見た，そしてかの生じたことがらを熟慮しました。「主は私の主に言われる。私があなたの敵をあなたの足の足台にするまで，私の右に座りなさい」（詩編109：1，マタイ22：44，マルコ12：36，ルカ20：42-43，使徒言行録2：34-35，ヘブライ1：13）。

第Ⅲ部

第 1 論駁

哲学者バルラアムの第二の書から生じる愚論に対する
同じ著者の反論，あるいは神化について
　彼〔バルラアム〕の第二の書に対する第一の論駁

1　傲慢さ

しかし以下の書名がつけられているように，もしこの本
が『メッサリア派の輩に反して』書かれたのなら，どんな
病的状況が，彼ら〔メッサリア派の輩〕の悪しき考えに，
神のようなわれわれの教父〔の考え〕を混ぜ合わせて提示
し，それから教父たちに対する多くの反論がどっと押し寄
せ，教父たちに従う者を打ち捨てるのだろうか。またもし
昔から今に至るまでの聖人や，彼らと信仰上の考えを同じ
くすることを選ぶわれわれに対し，戦線を布告せねばなら
ないということを判断したのなら，「メッサリアの徒」と
か「ブラヘルニタイ」とかそういう類の呼び名をどうして
つけようとしたのだろうか[1]。われわれすべてが辱められ，
それもさまざまな仕方で辱められるようにと，多くの人を
欺こうという意図をもって，すべての者に対する傲慢無礼
な攻撃は，多くの，また多様な，いやむしろあらゆる種類

---

1)　本書 III-1-7 参照。また II-1-3 も参照。またエウキタイ
（εὐχίται）という言葉もあるが，これはバルラアム『第 5 書簡』
（Fyrigos 版 388, Schirò 版 324）を参照。

の茶番であり，仮面であることは明らかではないか。人の世から去った教父たちは，その策略を暴き，それに説得されない者たちとともに〔辱めを受けているが〕，ある者は，異端者のうちに組み入れられ，またある者は，彼らに反対することによって，ついで〔彼の〕書き物を通しての反駁によって，そして反駁と見えるもののうちにある恥ずべきで恐ろしい不埒な行為によって〔辱められるのだ〕。しかし誤り導かれた者が言いくるめられると，必然的に二つのうちの一方の害を蒙るほどのものとなる。つまり彼らは現在であれ，以前であれ，迷わされていたことは明らかである。すなわち彼らはかつては尊崇すべき人々〔教父〕を信じていたが，今や悪しき考えの人々と知り合いになっていることは明らかだ。そして端的に言えば，こうしてわれわれすべて，そしてまたわれわれが聖とし，崇めるもののほとんどすべては笑止なことで，冗談で，なぐさみものであることを示そうとしているのだ。もし彼がなぐさみものでないもので遊び，空しく，尊大な，偽りの論争や反論を新しく始め，何か尊大に振る舞い，勝手に大いに詭弁を弄し，何と，畏怖すべき，また尊ぶべきことに害を与えているならば，どうしてわれわれすべてはそうしたことを避けないのだろうか，あるいは少なくともしかるべき熱心さで，それほど大きな悪しきことを遠ざけないのであろうか。

2 真理を守る義務

しかし彼はそうしたことを大胆に語るにはほど遠い。それは彼がその書の始めにこれから何も新しいことを始めるのではないのみならず，神の教会のために戦うことを約束していて，その際歪んだ教えで育てられた者に反対する哲学者にふさわしい熱心さを示しているからである。そのためある者たちには何か真理の言葉を語っているのではと思

わせ，しかも異端者に反対しているかのように見せかけて，実は敬虔な気持ちで生きている者に対し争っているのだ[2]。じっさいわれわれが彼らの弁護をしていること，また彼らに反して彼が語ったことを出来るだけよく吟味し，糺しているので，誰も正当に非難しえないであろう。つまり〔彼の〕書の闘いは単純に彼らに向けられているとは思えないからである。つまり彼らに対しては，その生活が放縦であるとか，あるいは彼ら自身の生活が秩序あるものではないというようなこと〔が言われている〕が，しかし反論が差し向けられているのは明らかに彼らが尊いものとしている敬虔そのものに対して，あるいはむしろすでに示されたように，神の教会の神的な教えそのものに対して，また教会によって古くからしっかりと保持されている伝統，そして聖人たちの書物に対してだからである。そのことのためわれわれは可能なかぎり，言葉だけではなく，それらに加えて，もし必要なら，われわれの魂をも差し出す用意がある。しかしわれわれはこうした言葉や供え物の報いを，こうしたことに対しただ賛辞しか与えることのできない人間からも——われわれはそんなことを考えているわけではないので——，神からも求めているのではない。報いは当然のことをしている者たちに与えられてしかるべきものではないからである[3]。じっさい何か書いておかねばならないということは，避けえない義務なのである。ところがしばらく前から私は文筆に対する習練や野心を捨てているので，たとえば技芸なしにそうしたことをするわけはなく，この書がバラ園であるとか，音の調べがよく，またよく通る音を出す竪琴とか笛とかを示すわけでもなく，また

---

2) これはヘシュカストがメッサリア派の徒であると言われたことを指している。

3) 同様のことはパラマス『アキンデュノス宛書簡』1, 1（PSI, 203-219）参照。

この書が，調子の整った組み合わせをなし，さまざまな音形を取り換え，奏でるたくさんの音を通して一つの適切な調和を醸し出し，あらゆることをして文章を美しく飾るようなものでもないのである。というのはそういうものはアッティカ風の優美さ，言葉の美しさ，そして均整の取れた言葉であって，花のように，言葉の草原を輝かせているからだ。もし私がそれらを用いることができないなら，つまりもともと美しい仕方で話す状態にないのなら，われわれが話そうとすることは見せびらかすためではなく，必要からそうしていることは明らかであろう。言葉のうちに内蔵されている思考の第一の美は，可能なかぎり神と真理を注視する魂のそれである，と言うことができよう。というのはたとえ別の仕方でそれよりも重要なものがあるとしても，魂にとってその次に来る美なるものはそこにあるからである[4]。

3　バルラアムの考えは「フィリオクエ」に至る

では一つずつ議論に入る前に，次のことをはっきりとさせておく方がよいと私には思われる。すなわち，彼は霊の神化する恵みが造られたものであると，何のためにこれほど熱心に公言したのであるか。じっさい彼はこれを自分の論文の主題としたのである。しかも，このような恵みを聖人たちによって，「神性」，「神性それ自体」，そして「神性の根源」（θεαρχία）と呼ばれたということを，進んでということではないにしても，彼もまた認めているのである。では何のために彼は霊の恵みは造られざるものであるというのに納得せず，それを信じる者は不敬虔であると公言し，すべての者にそれは造られたものであり，自然の模

---

4)　パラマス『アキンデュノス宛書簡』1, 14（PSI, 219）参照。

第 1 論攷　　　　　　　　　　379

倣であり，論理的な本性の状態であり[5]，感覚であるかぎ
りの感覚によって定義され，眺められると言って，それが
造られたものであることをすべての人に示そうとして言葉
で全く無駄骨を折るのであろうか。彼は可能なかぎり同
族のラテン人に好意を示して[6]，われわれを彼らの考えに
狡猾に，かつ力づくで引き寄せようとしている。という
のは，霊は「子から」与えられる（διδόμενον）とか「子
を通してわれわれに注がれる」（προχεόμενον）というこ
とを〔聞くとき〕，そしてさらにまた偉大なバシレイオス
が「神は霊をその御子を通して豊かにわれわれに注がれ
る（テトス 3：6 を参照）。彼は注がれたが，造ったのでは
ない。恵みを与えたが，創造したのではない。与えたが，
造ったのではない」[7]，と言っているのを聞くとき，もしわ
れわれが恵みは造られたものであるということに折伏され
るとしたら，御子によって与えられ，恵みを与えられ，注
ぎこまれるのは何であるとわれわれは言うのだろうか。聖
霊は恵みを働かせるものではないのか，もしわれわれが，
この新しい神学者が強弁するごとく，霊のみが始めがな
く，その一切の働きは造られたものであると言うとき，恵
みを働かせるものは同じ〔聖霊〕ではないのか。しかしそ
れではラテン人の考えに直ちに近づくのではないか。この
ゆえに彼らはわれわれの教会の囲いの外へ追い出されたの
である。つまり恵みではなく，聖霊そのものが，御子から
送られ，御子を通して注がれるからである[8]。その深くて

---

5)　以下の III-1-25 参照。

6)　本書 III-3-10，III-3-16 参照。

7)　偽バシレイオス『エウノミオス駁論』，5（PG 29, 772D）参
照。

8)　仏語訳［1Fr］註，伊語訳註 [3I] を参考にして言えば，この
文意は次のようである。恵みは神の働きであるかぎりにおいて創造さ
れ，子を通して父から与えられ（バルラアムの説明），一方霊は非創
造だが，創造された恵みを通して働くということになれば，子を通し

380 第Ⅲ部

暗い意図と，その企てのもとにある狡賢く，悪意あるもの
をあなたは見てとるであろうか。

4　バルラアムのイタリアでの使命

　ところで彼はなぜそれをあらゆる手段を尽して熱心に追
い求め，あらゆる策謀を尽くして，おせっかいにも首を
突っこもうとしなかったのだろうか。それは公然とはでき
なかったからなのだ。つまり彼は昨年われわれの尊い皇帝
が，春が近づくと，イタリアに，そしてまたその北のガリ
ア[9]に，そこの〔軍勢〕がペルシャ[10]遠征に向かう気持を
呼び起こすべく，遣わした大使であったからだ。しかし彼
は大使としての目的を忘れ，後に彼のやったことからわか
ることだが，教皇に近づいて，旅の間教皇の祈りで自分を
守ってくれるようにと重ねて言ったのだ。つまり彼が言っ
ているように，〔この旅は〕教皇のもとに向かっているの
で，彼自身について，祈ってもらうことを強く主張した
のであった[11]。それから見たところ快く，尊敬の念をこめ
て教皇の口唇と膝にとりすがり，抱擁し，頭をその手の
下に置き，そこで喜んで十字の印（祝福）を受けたのであ
る[12]。というのはもし本当に喜んででなく，そういうふり
をしているとしても，われわれに対し嘘偽りのないことを

ての父からの発出が簡単に認められることになって，パラマスはこれ
に異議を唱えるのである（パラマス『論証の書』参照）。それでは霊
のヒュポスタシスとしての独立性はなくなってしまうからである。

　9)　フランスを指す。バルラアムは当時アヴィニョンにあった教
皇庁に赴いた。

　10)　トルコのこと。

　11)　おそらく彼の報告書のことであろう。

　12)　バルラアムと教皇ベネディクト 12 世との対談（PG 151,
1331-42）。 そ の 他, M.Jugie, "Barlaam de Seminara" in *Dictionnaire
d'histoire et de géographie ecclésiastiques*, t.6, col. 822; J.Meyendorff, "Un
mauvais théologien de l'unité", in *L'Égkise et les Églises*, II, 1955, 49~.

第 1 論攷　　　　　　　　　　　381

いったい誰が信じるだろうか。彼らに対して発表された論
文によって，〔嘘偽りのないことが示される〕と言うかも
しれない[13]。しかしそれの最後に公表された祈りはその魂
の信頼のなさを示している。というのは彼はこう言ってい
るからである，「そうした言葉を完全に消し去りなさい，
始めをもたない言葉よ，もしあなたからもあなたの霊が
出，一つの原因，一つの始原としてあなたとあなたの父に
導かれるのなら，それらのいかなることによっても私がこ
れほどひどい悪の原因とならないように，私の死の前にそ
うした悪しき考えから私を解放して下さい」[14]。しかしどの
ような理由で，今もまた，彼は彼らのところからイタリア
に帰ったあと直ちに，すでに示されたように，イタリア人
たちに与するような文書を御苦労にも作成し，しかもその
序文で書いているように，イタリアから『メッサリア派の
徒駁論』を書くよう強いられたのであろうか。彼もまた強
く主張していることが見せかけではないならば。

5　バルラアムは正教徒か

だから彼にとってこの論文はすべて茶番であり，われわ
れの〔考え〕を嘲笑し，嘲っており，そこで彼が言及して
いる神聖にして畏敬すべき教会と教会会議はラテン人のそ
れのことを言っているようだ。というのは，彼がむしろあ
らゆる点であちら〔の教会〕に従って考えているというこ
とは，彼がわれわれの教会からほとんどいかなる秘跡──

---

13)　バルラアム『ラテン人を駁す』(Barlaam Calabro, *Opere Contro I Latini*, Introduzione, storia dei testi, edizione critica, tradizione e indici a cura di Antonis Fyrigos, II, Città del Vaticano, 1998 (Studi e Testi 348)) と PG 151, 1249-53 参照。

14)　この祈りは，Schirò *Archivo storico per la Calabria e la Lucania*, 1938, 155-66 を参照。内容は聖霊の発出にかかわることである。

この秘跡はあちらの〔教会〕からの汚れを洗い浄める——
も受けていないということにおいて，証拠立てしえよう。
そして他の事は大目に見るとして，すでに彼がわれわれの
もとに住みつくようになって以来，誰も彼が聖なるエウカ
リスティアに与るのを見てはいない。つまり祈りや，聖な
るエピクレーシス[15]や，頭髪の十字架の印，つまりそれが
なければ，聖なる教父たちの命令に従うわれわれが修道士
であるとは考えないような，修道士に叙せられるための他
の象徴などのことを言っているのだ。というのは彼は修
道生活の秘跡に入るために聖なる祈りを求めず[16]，自分で
自分を修道士に叙した。つまりは偽のそれであって，「木
はその実から知られる」（マタイ 12：33，ルカ 6：44）と
言われているからである。〔彼に〕耳を傾けた者は未来の
審判についての神秘的な話しを彼に語っている[17]。しかし
私はそれやこれやのことから，それは彼が無知からではな
く，悪しき意図から，霊の神化させる恵みは造られたもの
であるという見解を述べていると推測した。もし無知から
なら，彼はそういうことに関する無知に愚かしさを結びつ
けて，それを知っている者すべてを断罪しているのだか
ら，その非難はいっそう悪いと私は思う。というのも，こ
の論文がこの先示すであろうように，歪んだ教えはすべて
そのような泉から噴出し，そこから今も彼は悪しき，多く
の異端の擁護者であることが明らかになったからである。

6　バルラアムは恵みを拒否する

われわれが公にした『神の光について』という書物の中

　15）　聖体礼儀において，パンと葡萄酒がキリストの聖なる体と
血になるよう聖霊の働きを求める祈り。
　16）　正教での修道誓願などを立てていないこと。
　17）　おそらくバルラアムが西方教会の「煉獄」の考えを受け入
れたということであろう。

で先に示した[18]ごとく，神的なことで知恵に富むマクシモスは，偉大なマカリオスや他のすべての聖人たちと一致して，来たるべき約束の担保，つまり養子となる恵み，霊の神化させる賜物は，聖人たちにその秘義を明かされた，言い表しえぬことを超える栄光の光であり，ヒュポスタシスのうちなる，造られざる光[19]，常にあるものから常にあり，把握しえない仕方であり，しかし今は部分的に，来たるべき世にはふさわしい者たちに，よりいっそう完全な仕方で明らかにされ，神が彼らに神自身によって示されるものだと言っている[20]。しかしこの哲学者は，自分がそうした光に縁遠いことに気づいて——それはこの光へと導くものにいささかなりとも到達せず，それに耐えられなかったからだが——，実践を通してかの観想に達するために，信仰に実践を加えることをせず，信仰を否定するが，また信仰を否定しないで，それを通して導かれる者を，多くのものにとって彼が彼ら以上であると見えるように，その書において軽んじ，恵みを退け，恵みの主を冒瀆する。そしてまた，恵みの光について経験によって学び，教えることができたすべての聖人をともにひっくるめてないがしろにするのだ。

7 『ブラケルノス』の場合

こうしたことを思い切ってしなければならないと彼が認識したとき，彼はスキタイ人のところに住んでいるのでもなければ，アガレン人のところをめぐっていたのでもなく[21]，キリストの教会の真只中にいたのだ。しかもその教

---

18)　本書 I-3, II-3 参照。

19)　これについては本書 II-3-6 参照。

20)　本書 I-3, 20,37, II-3, 17 参照。

21)　スキタイ人（Σκύθαι）は伊語訳註（783 頁）では「タルタリ人」であろうと言い，アガレン人（Αγαρηνοί,）はアラブ人だと言

会は今日真理の言葉を正しく伝える（2テモテ2：15）立場にあるが，彼は多くの策を弄して，すっかり覆い尽くし，また隠蔽しながら，聖人に反して多くの言葉を提示している。それはあたかもキリストの教会のために，またその敬虔な教えのために，戦っているかのようだが，その実彼はそうしたものをひっくりかえしているのだ。ところで彼はすべての聖人の名をまったく無視して，ブラケルネスの〔教区の〕長で，メッサリア派の病に罹っているのが突きとめられたトラペゾンドのテオドーロスとかいう者を前面に押し出したのである[22]。ところで彼は確かにその者のために弁明の言葉を発し，神の超本質的な秘匿（κρυφιότης）は今，以前のように見えると考えるのではなく，〔見えるのは〕栄光であって，つまりこの神の栄光は，ヒュポスタシスのうちなる，生まれざる光であり，「神性と神性の根源」と名づけられるものであり，端的に霊の神化する賜物について聖人たちが書き記したかぎりのものであるとはっきりと言っている。

8 霊の恵み

ところで偉大なディオニュシオスは，しばしばその書のなかで，これ〔霊の神化する賜物〕を神化された者たちの根源として「神性の根源」とか「善性の根源」あるいは「神性」と呼んでいるが，それは彼が「神は神を超え，根源を超えるものとしてそれの彼方にある」[23]と言っているからである。しかし神的なマクシモスはかの神性を「神

う。Cf., Evangelius Apotolides Sophocles, *Greek Lexicon of the Roman and Byzantine Periods*, Georg Olms Verlag, 1983, 63; 998.

22）彼はアレクサンドロス・コムネノスにより断罪され，初めは神の本質は見えるものだと考えていたが，この非難を後には変えたと推測される。アンナ・コムネノス『アレクシアデス』10, 1を参照。

23）偽ディオニュシオス『書簡』2（PG 3, 1068-69）。

化」と呼び，神化を定義して，「それはヒュポスタシスの
うちなる輝き（ἐνυπόστατος ἔλλαμψις）であって，起
源をもたず，理解しえぬような仕方でそれにふさわしい者
には現れる」[24]と言って，少し前にわれわれがあらかじめ
示した文章を加えている。そしてまた偉大なバシレイオス
が，子を通してわれわれに注がれたものは造られざるもの
であると言っていることをわれわれはすでに聞いた[25]。金
口ヨアンネスは，その言葉の力でバシレイオスと相い携
え，ラテン人に恥かしい思いをさせ，この奸智にたけ，思
慮を欠いた陰謀を破壊し，「それは神ではなく，注がれた
恩恵である」[26]と言っている。そしてこの金口をもつ教父
の以前に，預言者ヨエルは，あるいはむしろ預言者を通し
て神は，「私は私の霊を注ぐ」とは言わず，「私の霊から注
ぐ」（ヨエル2：28，使徒言行録2：17参照）と言っている。
ではもし聖霊が細分されないとしたら，神の霊から，その
約束として神の霊によりわれわれに注がれた霊は，いった
い何であるのか。これは霊の本質の働きである霊の恵みと
働きではないのか。しかし，神からわれわれに注がれた霊
は，偉大なバシレイオスによれば，造られたものではない
のである。いったい恵みは造られざるものである。そして
これは子から弟子たちに与えられ，送られ，恵まれたもの
であるが，霊そのものではない，そしてこれはたんに造ら
れざるものであるのみならず，至聖なる霊と分かたれざ
る働きであるところの，神化する賜物なのである。さて
もう一度偉大なバシレイオスの言うことを聞いてみよう。
それは彼が次のように言っているからである。「霊が別の

---

24) マクシモス『タラッシオスへの問い』61・16（PG 90, 644D），またその『スコリア』（Schol, 16. PG 90, 644D）を参照。

25) 偽バシレイオス『エウノミオス駁論』5（PG 29, 772D）参照。

26) クリュソストモス『テトス講話』6, 5（PG 62, 696）。

ヒュポスタシスに送る生命は霊とは分かたれざるものである」。そしてわれわれの自然的な生命のことをバシレイオスが語っているのだと考えないように，彼はしかも，霊は「送った」が，造ったのではなく，むしろ「送る」と言っている。それは「造られざる」とか「始めがない」という言葉を伴って，いかにも表現豊かになっているが，それにもかかわらず自然的な事物について語っていると考えないために，次のように付け加える。すなわち「それに与るものは神的で天上の生命を得て，神にふさわしい仕方で生活する」[27]，と。

9 「ヒュポスタシスのうちにある」とはどういうことか

それゆえ霊と分かちがたい生命に与って，神にふさわしい仕方で生きている者たちのこの神的で天上の生命は神のようなマクシモスによれば，パウロも「彼のうちに住まわれた者の神的で永遠の生命を」生きたように[28]，その生命はそれゆえ常に存在するものであり，本性的に霊のうちに存在し（ἐνυπάρχουσα），永遠から本性上神化するのであり，「霊」とか「神性」というようにそれは正しくも聖人たちにより呼ばれている[29]。これはそれを与える霊とはいささかも分かたれない神化の賜物である。しかしそれは光でもあって，神秘的な輝きによって備えられ，またそれにふさわしい者にのみ知られる。それはヒュポスタシスのうちにあるもの（ἐνυπόστατος）だが，それ自身のヒュポスタシス（αὐθυπόστατος）としてではなく，霊が「それを他の位格へと送る」かぎりにおいてであり，そこに

---

27) 以上偽バシレイオス『エウノミオス駁論』5（PG 29, 772B）。

28) マクシモス『難問集』（PG 91, 1144C）。

29) 偽ディオニュシオス『書簡』2（PG 31068-1069）参照。

おいてそれ〔光〕は観想される[30]。なぜならそれはまさし
くヒュポスタシスのうちにあるもの（ἐνυπόστατον）で
あって，それ自身によってでもなく，本質においてでもな
く，ヒュポスタシスにおいて観想されるものだからであ
る。しかしもし，聖人たちによってヒュポスタシスと呼ば
れている別のアプローチがあるなら，もっと先で〔18 節〕
それについて述べよう。しかるに聖霊は，それ自身のうち
にあり，またそれ自身からの神化する生命を超えるもので
ある。つまりこの生命はそれにもともと備わった働き（エ
ネルゲイア）であって，正確にその通りのものではないに
しても，それ自身に似たものである。というのは「われわ
れは，きわめて過剰な仕方で，一切を超える原因に正確に
似ている神化をも，生命をも決して見ることはない」[31]と
言われているからである。従ってそれは似てはいるが，し
かしその通りのものではない。聖霊は原因としてそれを超
えるのみならず，受け取ったものはいつも賜物のほんの一
部であって，神の働きのすべてを，それを受け取るものが
内含しているわけではない。このように神はさまざまな仕
方で，そうした光や造られざる輝きや生命，そしてそれら
に似たものを超えて存在する。偉大なバシレイオスが言わ
んとしたのはそういうことである。

10　キリストの神としての栄光

　霊感に満ちたシメオン・メタフラステースは偉大なマカ
リオスの最初の本から，この光とその栄光についての言葉
をまとめ一書，『要約』を著し，筋が通り，同時に明確な
仕方で，詳しい解説をしている。そこでそれらのことから

---

　30)　偽バシレイオス『エウノミオス駁論』5（PG 29. 772B），ま
たマクシモス『タラッシオス宛』61, 16（PG 90, 644D）参照。

　31)　偽ディオニュシオス『神名論』2, 7（PG 3, 645B）。

何かできるかぎり要約し，短くして提示することが最も良いのであって，それは目下の議論に大いに貢献し，またそれを読む者に助けを供するために，いささかも劣ることなく役立つものなのである。ともかく彼は 62 章で次のように言っている。「幸いなモーセは，その顔に輝いた霊の栄光を通して——それをどんな人間も眺めることはできなかったが——，いかに義人の復活において聖人の身体は栄光あるものとされたかというしるしを示した。この栄光は今より内なる人間において，聖人の信ある魂がもつにふさわしいものだ。というのは，『われわれは顔の覆いをとって，つまり内なる人間にあって，栄光から栄光へと（2 コリント 3：18）主と同じ像へと変容して，主の栄光を観想する』[32]からだ。そして 63 章において，「すでに言われたように，聖人たちの魂がそこで富み栄える栄光は，復活の時に裸の身体を覆い，衣服を着せ，天へと奪い去り，よき業と霊の栄光で囲まれる。その栄光は私がすでに言ったように，聖人たちの魂が分け前として持っているものである。このように聖人たちは神の光によって栄光あるものとされて，主とともに常に存在するであろう」[33]。これが偉大なディオニュシオスによれば，選ばれた使徒に山の上で輝いた光なのである。というのは，「われわれが朽ちず不死になり，キリストに似，また幸いな定めに達するとき，聖なる言葉によれば，『われわれは常に主とともに存するであろう』（1 テサロニケ 4：17），つまり至潔なる観想のうちで，最も明るくまばゆい輝きでわれわれを照らす，神の目に見える顕現で満たされるが，それはちょうどかの神的な変容の時の弟子を照らしたごとくである」[34]と彼が

---

32) シメオン・メタフラステース（偽マカリオス）『知性の上昇について』1（PG 34, 889C）。

33) シメオン・メタフラステース，同書 2（PG 34, 892AB）。

34) 偽ディオニュシオス『神名論』1・4（PG 3, 592BC）。

言っているからである。じっさいこの光は，ヨハネも『黙示録』で言っている神的な光（黙示録21：23-24，22：5参照）であり，またこれはすべての聖人たちも同意見である。また神学者という名のついたグレゴリオスは次のように言っている。「私の考えでは，神性が肉体的なものに打ち勝つと，山で弟子たちに見え，また明らかに示されたごとく，彼は身体をもって来られるであろう」[35]。

11 この光は象徴ではない

「しかしながらこの光は感覚的であり，空気を通して見えるものであり，その時現れて驚愕させ，直ちに消えた。それを神性と呼ぶが，神性の象徴としてである」と彼〔バルラアム〕は言っている。何という新奇な言葉であろうか。〔そういうことなら，それは〕束の間の，感覚的で造られた神性だったのだ。それは1日の間生じ，1日たつと失くなってしまい，人呼ぶところの「1日しか生きないもの（ἐφήμερα）」だが，いやむしろそれらよりも短時間しか存在せず，生じたと思うともう溶けてしまい，いわばむしろ「時々生じはするが，決して存在しないもの」[36]である。この神性は，決して神性ではないのに，かの崇むべき，また神に等しい肉体に打ち勝ったのであろうか。むしろそれはその時打ち勝ったのではなく，たえず打ち勝つのである。というのは彼は「打ち勝った」とは言わず，「打ち勝っている」と言っており，それは現在のみならず，来

---

35) ナジアンゾスのグレゴリオス『書簡（クレドニオス宛）』101（PG 37, 181AB）。

36) 本書 II-3-55，諸註はこの文章表現はプラトン『ティマイオス』27d を参照とある。パラマスの文は「γενομένη μέν ποτε, οὐσα δὲ οὐδέποτε」であり，プラトンでは「καὶ τί τὸ γιγνόμενον μὲν ἀεί, ὄν δὲ οὐδέποτε;」であって，ここでは常に同一性を保って存在するものと，生成消滅するものが対比されている。その文脈の中で生成消滅するものをパラマスは上記のような文章で述べたのであろう。

たるべき世においても打ち勝っているからである。いったいあなた〔バルラアム〕は何を言っているのだろうか。主はこのような神性に結びつき，そして無限の時代にわたって打ち勝つのであろうか。そして，使徒（1コリント15：28参照）と教父の言葉によれば，われわれにとって神はすべてのものに代わるものであるが，他方キリストにとって感覚的な光は神性に代わるものであろうか。その同じ言葉によれば，「われわれにはそこでは空気も，場所も，こうした類のものは必要ない」[37]のだが，空気によってわれわれは神性を見るのであろうか。そこではどのような象徴があるのか，さらに鏡，さらに謎（1コリント13：12），さらに希望をもって顔と顔とを合わせるのであろうか。いやむしろもしそのとき，そうした象徴や鏡や謎が〔あるなら〕，奸智と欺瞞よ，希望は裏切られ，欺かれてしまい，約束によって神性を獲得すると期待し，神性を見ることをよしとせず，神性と全く異なる本性をもつ感覚的光をそれ〔神性〕に代えるのである。いかにしてこのような光は象徴なのであろうか——もし少なくともそういうものであるなら——，それは「神性」と呼ばれるであろうか。というのは描かれた人間は人間そのものではないし，天使の姿をとって現れた象徴は天使的〔本性〕ではないからである。

12　タボル山の光について

　いったい聖人のうちの誰が，かの光は造られた象徴であると言っているのだろうか。神学者グレゴリオスは「弟子たちに山で明らかにされた神性（ἡ παραδειχθεῖσα θεότης）は光である」[38]と言っている。もしもそれが真

---

37)　ニュッサのグレゴリオス『魂と復活について』（PG 46, 104A）。

38)　ナジアンゾスのグレゴリオス『講話』40, 6（PG 36, 365A）参照。

第 1 論攷　　　　　　　　　　　　　　391

なるものではなく，真の神性ではなく，その造られた象徴であったなら，「明らかにされた神性は光である」ではなく，「神性を明らかにした光（φῶς τὸ παραδεῖξαν θεότητα）」と言うべきであり，また「明らかにされた（παραδεῖξαν）」ではなく，「示した（δεῖξαν）」であって，それはこの接頭辞「παρα-」は神性の秘匿の不分明さを明らかにしていることを示すからである。じっさい自らの名として「神学」という名称を手にした人〔ナジアンゾスのグレゴリオス〕はそうであった。神学者金口ヨアンネスは「神性がその光線を明らかにした（τῆς θεότητος παραδεῖξάσης）ときに，主はより明らかに自らを現した」[39] と言っている。ところでそこでの接頭辞「παρα-」と，それが秘匿されたものの顕示を明確に示しているのによく注意するがよろしい。しかし冠詞が付加されているのを見逃さないように。というのは「神性の（θεότητος）」と言っているのではなく，「その神性の（τῆς θεότητος）」つまり真の神性の，と言っているからである[40]。では全く異質の本性をもつ神性の象徴である光もまた，いったいどのようにしてそれは神性の光線でありうるのだろうか。偉大なバシレイオスは三つのヒュポスタシスにおいて崇められる神がただ一つの光であることを示して，「近づきえざる光のうちに住む神」[41]（1 テモテ 6：16）と言っている。というのは〔それが〕まったく近づきえないということは真であり，真なるものは近づきえないからである。使徒たちもまた御子の光の栄光を注視できないで倒れた（使

─────────
39)　出典箇所不明。

40)　これらの箇所でパラマスはギリシア語の似たような言葉相互の厳密な意味の違いをもって（接頭辞の意味や冠詞の有無等），事柄の真意に迫ろうとしている。

41)　偽バシレイオス『エウノミオス駁論』5（PG 29, 640AB）参照。

徒言行録9：4，26：14，マタイ17：6その他）が，それは
近づきえない光だからである。霊もまた光である。「われ
われの心のうちに聖霊によって輝きを与える御者」（2コ
リント4：6）と言っている。そこでもし近づきえざると
いうことが真のものであるなら——それは近づきえざるも
のであった——，かの光は神性のみせかけ（ὑπόκρισις）
ではなく，真実，真の神性の光として，子の神性である
のみならず，霊と父のそれでもある，だからわれわれす
べての者はともに，年ごとの祭儀を執り行うときに主に
歌う。すなわち「今日タボル山に現れたあなたの光のう
ちで，父は光であり，霊は光であることをわれわれは見
る」[42]，「というのはあなたは神性の不分明な輝きを露にし
た（παρεγύμνωσας）からである」[43]。そこではだから接
頭辞が付加されるだけではなく，名前の意味も秘匿された
ものの顕現を露に示すのである。さてすべての聖人はとも
にこの光を真の神性と呼んでいるのに，それを「神性の造
られた，感覚的な象徴」であると言って，われわれの知性
作用よりも劣ると宣言し，それが神性とは異質のものであ
るとどうしてあなたはけしかけたのであろうか。

13　マクシモスの象徴神学

確かに神的なことがらにおいて知者たるマクシモスは，
比喩的な手法（ἀλληγορία）によって，類比という仕方
の議論で，一つのものを他のものの象徴として語るのを常
としていたが，すべてについての知者であるあなた〔バル
ラアム〕が信じているように，いつも下位のものが上位の
ものの象徴であるとしたのではなく，時には上位のものが

42）　8月6日，変容の主日の早課「エクサポスティラリオン（ト
ロパリオン）」。

43）　8月7日の晩課「アポスティハの最後のスティヒラ（トロ
パリオン）」。

第 1 論攷　　　　　　　　　　　393

下位のものの象徴としたのである。たとえば十字架につけ
られた主の身体が情念によってさ迷うわれわれの身体の象
徴であるとか，他方〔アリマタヤの〕ヨセフは「付加」と
解されるが，徳と信の象徴であるというようにである。と
いうのは彼〔マクシモス〕は，始めは情念に絡めとられて
いた者に付加されたものが，ヨセフが主を十字架から釘を
抜いて〔下ろした〕ように，彼らからその情念の釘を抜い
たのである，と言っているからである[44]。さてマクシモス
は比喩的手法を用いて，この光は肯定および否定神学の象
徴であると言っている[45]。つまり上位のものが下位のもの
の〔象徴〕として，またそれ自身のうちに神学の認識をも
ち，それを生じさせるものとして語っている。どうして
か。マクシモスは，モーセが先見の象徴であり，エリア
は審判のそれであると言わなかったか[46]。いったい彼らは
本当に存在したのではなく，それらはすべて幻影で，見せ
かけのものなのであろうか。そもそも，あの優れたバルラ
アムでなくて誰が，かの光は神性の本性とは別種のもので
あって，見せかけの神性であると並みいる人々の間で敢え
て言うのであろうか。しかも霊感を受けた一群の神学者の
ほとんどすべては，このために，この光の恵みを単純に象
徴と呼ぶことには用心しているが，それは同じ名で呼ばれ
ているために，この神的な光が造られたもので，神性とは
別のものであると考えて道から逸れないためである。すな
わちこの「神性の象徴」ということは，賢慮した上で，健
全に述べられ，理解されると，真理に決して反するもので

――――――――――

　44)　マクシモス『難問集』（PG 91, 1376CD, 1377B, 邦訳, 谷隆
一郎訳, 知泉書館, 2015 年, 375-78 頁）参照。ここでは「ヨセフ」
はヘブライ語で「付加」と言う意味であり，「アリマタヤ」は「それ
を取れ」という意味だと説明されている。

　45)　同上（PG 91, 1165BC）参照。

　46)　同上（PG 91, 1168C）参照。

394　　　　　　　　第Ⅲ部

ないことが分かるからだ。

14　象徴の異なった種類

　というのもあなたがそれが正しいと考えているように，それ〔かの光〕を神性の象徴であるとしてみたまえ。そのようにしてみてもあなたはわれわれを打ち負かさないであろうし——よくよく知ってほしい——，幸いな望みをも奪いもしないであろう。それというのもすべて象徴は，それの象徴である本性から生じるか，あるいは全く別の本性に属するかだからである。なぜなら太陽がまさに上ろうとしているとき，暁はその光の自然的な象徴であり，熱は火の燃焼力の自然的な象徴だからである。自然的ではないもの，あるいはそれ自身本性的に存立するものは，時として使われたものに応じて象徴となる。たとえば火は敵の接近のそれというふうに，あるいはまた自らの本性に基づいて存立していない場合には，〔次に起こることを〕予め見るという役割に即して一種の幻影となり，そのことによってのみ象徴である。そうした類のものは，預言者が感覚的な仕方，あるいはまた形で示したものであって，たとえばゼカリアの鎌や，エゼキエルの斧やこれに似たようなことである（ゼカリア 5：1-2〔七十人訳〕，エゼキエル 9：2）。自然的な〔象徴〕はそれから存在（τὸ εἶναι）を有している自然・本性と常にともにある。というのはそれが自然的なものだからだ。しかし他の自然・本性に由来する〔象徴は〕それ自体として存立するので，その意味されたところのものに常に共存することは，全く不可能なことに属する。しかし，その意味されたものがより先か，より後かに存在することには何の妨げもない。つまりそれぞれのものはそれぞれの仕方で存在しているからである。しかしそれ自体で存在していないものは，より先にもより後にも存しない——というのはそれは不可能だからである——，それ

第 1 論攷　　　　　　　　　　　　　395

は少しの間現れると，直ちに非存在へ引き下り，全く消滅
してしまう。さてタボル山における光が象徴であるなら，
自然的でもあるし，自然的でもない。そしてもし自然的で
はないとすれば，それ自体で存立しているか，たんにそれ
自身のヒュポスタシスがない（ἀνυπόστατον）幻影かで
ある。しかしそれ自身のヒュポスタシスがない幻影なら，
そのような〔姿を見せた〕キリストは存在しなかったし，
また存在しないし，また永遠に存在しないであろう。しか
しディオニュシオス・アレオパギテースや神学者グレゴリ
オス，そしてキリストが天から栄光とともにやって来る
のを待っているすべての者は，少し前に示したように（第
10-11 節），キリストは永遠にそのような仕方で存在するで
あろうと，はっきりと提示している。この光はそれゆえた
んにそれ自身のヒュポスタシスがない幻影ではなかったの
である。

15　永遠の光

　キリストはたんに未来永劫このようにあるのみならず，
山へ登る前にもこうであったのである。神的なことがらに
ついての知者であるダマスコス〔のヨアンネス〕の言うこ
とを聞いてみよう。「キリストは変容するが，それは前に
なかったものを受けとるとか，前になかったものに変ると
かいうのではなく，彼自身の弟子たちに，そうであったも
のが示されたのであり，彼らの眼を開き，見えない状態か
ら見える者になさったのである。というのは彼はそれ以前
と同じ状態にとどまっているが，弟子たちにはその現れた
姿で見えたのである。なぜならキリストは真の光であり，
栄光の華麗さだからである」[47]。このことを偉大なバシレイ

　47）　ダマスコスのヨアンネス『変容についての講話』1, 12-13
（PG 96, 564C-565A）参照。

396　　　　　　　　　第Ⅲ部

オスも次のように説明している。「神の力は」と彼は言う，「ガラスの表面を通して，つまりわれわれの身体をとった主の肉体を通して，光のように輝きわたり，清められた心の眼をもった者に輝いたのである」[48]。しかし教会の年間の賛歌，「肉のもとに隠されたものが今露にされ，原初の，光を超える美は今覆いが取り払われた」[49]ということは，キリストがかつて初めにそうあったということ以外の何を提示しているのであろうか。われわれの厚みをもつ身体の要素の変容，またそれによって生じる神の働きと神的な変容とは何であるか。じつにそれを受けると同時に，その始めにすでにそれは成就していたのではないか[50]。それゆえかの人は以前もそのようであったが，使徒の目にはそのとき神の力が賦与され，彼らがそれを見上げ，見ることができるようにしたのである。じつにかの光は幻影ではない，なぜならそれは永遠に存在するであろうし，初めから存在していたからである。

16　キリストは今日もまた輝く

　もし彼〔キリスト〕がかつて存在したし，また永遠に存在するであろうということなら，今もまたこのように存在する。というのはタボル山でのかのきわめて神的な見神に至るまで，そして来たるべき世には永遠にこのようであるが，しかしその間はこの栄光を捨てて，〔キリストが〕変えられたということは，もっとも愚かしいことだからである。彼が今や「高処で，大いなる者の右手に」（ヘブライ1：3）輝いて座っているということは，次のように言う者

　48）　出典箇所不明。

　49）　8月6日，晩課の第3スティヒラ，参照。

　50）　諸註によれば，ここでパラマスはロゴスが人間の身体を受け取ったことを指し，それが一種の変容であり，その後山の上で弟子たちに神性を現したと考えているとされる。

にすべての者が従い，信じなければならないということである，すなわち「さても，天上の聖なる山へ登り，独生子のうちに輝きわたる父と霊の非質料的な神性を観想しよう」[51]。もし誰かが一人の言うことに委ねるべきでないと考えるのなら，二人か，あるいはむしろすべての聖人に従いなさい。というのはクレタで灯り，つまり理性的で聖なる燭台としてつとめた，幸いなアンドレアスはタボル山で輝く光を讃えて，こう言っている。「それは非物質的な仕方で祝われた可知的な秩序で，われわれにロゴス〔御言葉〕の人を愛する証拠をもたらすものである」[52]。偉大なディオニュシオスも世界を超える知性の最高の秩序を讃えながら，これとほとんど同じことを言っている。なぜならそれらは三位の栄光に与り，観想するのみならず，イエスの光輝く顕現にも与るからである。というのは彼らはこの観想にふさわしいので，この観想の秘義を悟るが，それはイエスが神化する光（θεουργόν φῶς）だからであって，「彼らは本当に彼に近づき，彼の神化させる光の認識に第一に与るからである」[53]。しかし偉大なマカリオスは知者シメオンを舌として使って，いやむしろ真理をはっきりと宣明するために二つの舌を用いたが，次のように言っている。「人間本性のもつ厚みを，主が身に纏われたとき，モーセのように顔のみならず，身体全体も栄光に満たされ，天のいと大いなるものの右に座っていた（ヘブライ8：1）」[54]。従ってキリストは変ることのないこの光をもっており，いやむしろいつももっていたし，いつももっており，彼のも

---

51) ダマスコスのヨアンネス『8月6日の第2カノン』。

52) クレタのアンドレアス『変容についての講話』7（PG 97, 933C）。

53) 偽ディオニュシオス『天上位階論』7，2（PG3, 208C）。

54) 偽マカリオス（実際はシメオン・メタフラステース）『忍耐について』4（PG 34, 868CD）。この引用は本書の I-3-29 に既出。

とにそれをいつももっているであろう。もしこの光があっ
たし，あり，そしてあるであろうということなら，山の上
で主が輝いたこの光は幻影ではなかったし，またそれ自身
のヒュポスタシスがないただの象徴でもないのである。

17　キリストに固有の光

　もし誰かが〔この光は〕それ自体で存立するものの一つ
であり，それが意味している〔方〕の本性から分離された
ものであり，その象徴として役立つものだと言うなら，こ
れがどこにあり，またどのようなものであるかを示すがよ
い。つまりこれらは経験によっては近づきえないというこ
とを示しており，それはたんに眼にとって近づきえないの
みならず，というのは「弟子たちは地にうつ伏せになって
倒れた」[55]と言っているからであり，どこか他のところか
らではなく，崇められるべき方の顔と身体だけからはっき
りと輝いたからである。さもないと，もしそれがそれ自身
で存立するものであるなら，来たるべき世にキリストと
ともに永久にあるのであって，キリストはそこで三つの
本性と本質，すなわち人間と神とかの光のそれから成る
ことになろう。だからこの光はそれ自体として存立する
のでも，神性とは異なるものでもないことは明らかとな
り，はっきりと示される。さて今，この論攷の〔問題と
なる〕地点に達したので，聖人たちはどうしてこの神化
の恵みや神的な光を「ヒュポスタシスのうちにあるもの
（ἐνυπόστατον）」と言うのかについて述べなければなら
ない。

18　「ヒュポスタシスのうちにある」等の意味について

　ところで彼らは「それ自身のヒュポスタシス（τὸ

---

55)　8月6日の朝課，第一スティヒラ。

αὐθυπόστατον)」を，このような名称を通じて，それ〔光〕に帰せしめず，先に他のところで（9節）われわれが言ったように，決してその〔光〕が固有のヒュポスタシスのうちにあると語っていないことは明らかであるが，これはわれわれが先に挙げた区別によっていっそう明らかになった。しかし，「それ自身のヒュポスタシスがない（ἀνυπόστατον）」というのは，それが非存在であるとか幻影であるということのみならず，すぐに逃げ去り，すり抜け，滅び去り，また直ちに存在することをやめるということであって，あたかも閃光や雷の本性，そしてまたわれわれの言葉や考えのようである。そういうことで彼らはこの光の恒常さと堅固さを示して，これを正しくも「ヒュポスタシスのうちにある（ἐνυπόστατον）」と言ってるが，それはこれがとどまるものであり，閃光や言葉や考えという仕方で，見る者から逃げることがないからである。しかしこの最も知恵ある者は，この「ヒュポスタシスのうちにある」の意味を知る前に，この言葉を語る者を，冒瀆する者として攻撃している。もし彼が正しく語った者から距離を取り，また彼らに反対して自分たちが作り出した言葉で彼らの言葉を解釈しないなら，またもしそれがそれ自身のヒュポスタシスをもっていないことのために，それがヒュポスタシスのうちにあると言わないことを選んだのなら，あるいはしかし彼らを異端者としてではなく非難するとしても，われわれの誰も彼に反して語ろうとは思わなかった。しかしもうそれで十分である。ところでこのヒュポスタシスのうちにあるということについて，敬虔で，そして正しい，他の二つ目の意味があるということは前に言った。それで今，すでに提示された論証の続きに戻らねばならない。

19　御子の神性の自然的象徴

　さてたとえ山の上で救い主から輝いたかの光が自然的な象徴であるとしても，彼のうちにある二つの本性については自然的ではない。というのはそれらの各々にとっての自然的〔特性〕は異なるからである。それは人間の本性には属しえない。というのはわれわれの本性は光ではなく，それもそのような光ではなかったからだ。その上主が選ばれた弟子を連れてタボル山へ登ったのは，彼が人間であることを示すためではない。というのはすでに三年来，彼が彼らとともに暮らし，生活をともにしていることを彼らは見ており，聖書の言葉によれば，彼らと「集まっていた」[56]（使徒言行録 1：4）からだ。しかし賛歌にあるように，「彼は御父の光輝である」[57]ということを示すためであった。これらに加えて，あなた自身も，あなたよりも大胆な者も，彼がそのように見えるとしても，これは人間性の象徴であると言うことはできない，それは神性の象徴なのだ。ところがもしそれが自然的な象徴で，そして人間の本性にかかわらないのなら，この光は独生子の神性の自然的象徴であって，尊いダマスコスのヨアンネスが大変はっきりとわれわれに示しているごとくである。すなわち彼は言っている。「子は父より始めなく生まれ，神性の自然的で始めのない光線を得た。神性の栄光は身体の栄光となる」[58]。従ってこの光は生じたのでもなく，始まったのでもなく，終わ

---

　　56)　「集まっていた」は συναλιζόμενος の訳語であるが，この動詞，συναλιζόμαι は「集める」の意とする考えと，ἅλς（塩，調味料）の派生から「一緒に食べる」の意とする考えがあり，『使徒言行録』では後者にとっている。しかしここではこの語の原意と思われる前者の意に解した。岩隈直『増補・改訂　新約ギリシア語辞典』山本書店，1985 年，当該箇所参照。

　　57)　変容の祝日のコンタキオン。

　　58)　ダマスコスのヨアンネス『変容についての講話』12（PG 96, 564B）。

ることもなかった。なぜなら自然的象徴はそれの象徴である本性と常にともにあるからである。これは常に象徴であるということではなく、常にその本性に伴うものである。それは神的なことについて大いなる、神のようなマクシモスも、神について本質的な仕方で観想されたことには始めなく終わりがない[59]、と言っているからである。彼によれば、神について本質的な仕方で観想されたことは数多くあり、それは単純性という概念を何ら損なうことはなく、ましてやこの光の形をした象徴は、それはこうした象徴のうちの一つだが、傷つけることはないのだ。

20 自然的象徴

しかしこの光も神について本質的な仕方で観想したものの一つであるということを、多くの他のことがらから、特に教会が年ごとに唱う賛歌からわれわれは教えられるが、そのうちの一つを示せばそれで十分であろう。すなわち「キリストよ、肉のもとに隠された、あなたの本質的で神的な美わしい輝きを、恵み深い方よ、あなたは聖なる山でともにいる弟子たちに、輝きつつ、明らかにされた」[60]。しかしながら神的なことで知恵のあるマクシモスは、人間への愛によってキリストは自らの象徴となった[61]とそこで言って、この光は自然的な象徴であると教示している。というのは自然的ではない領域では、あるものは別のものの象徴であるが、そのものと同じものではないからである。しかし象徴がそれの象徴であるところのものから自然的なあり様を獲得する場合、それをわれわれはそのものの象徴であると言うのである。なぜなら、感覚が関わる熱をその

---

59) マクシモス『神学と神の子の受肉の摂理について』1, 48（PG 90, 1100D）。

60) 8月6日の早課、ポリエレオンの後のカティスマ。

61) マクシモス『難問集』（PG 91, 1165D）参照。

象徴として示す火の燃焼力は、じっさいそれ自身の象徴となるが、〔この力〕は常に自らとともに熱をもち、しかもそれでも一つであって、この〔感覚〕を通していかなる二重性も蒙らず、これを受け取りうるものがあるたびに、この熱を象徴として自然的な仕方で用いるからである。同様に、暁の輝きを象徴として示している、昇らんとする太陽の光は、自らの象徴となっている。われわれは太陽の光もまた知っている。というのはそれは視覚に捉えられうるし、本来それを通して黄昏の光もまた捉えるようになっているからである。しかし太陽の円盤はじっさい見つめることはできないし、その輝きはほとんど見ることができない。触覚は火の熱を捉えるが、われわれが熱をそれの象徴であると言った燃焼力については、触覚は何であれそれの知識をもたず、それがあることは知っているが、それがどのようなものか、またどれくらいか〔についてのいかなる知識も有していない〕。というのはそれは完全に火となり、触れさせないで、消えてゆくであろう。熱を差し出す燃焼性はどんなものであるかを直接〔触覚が〕自分で知ろうと試みようと、そのため敢えてそれを行っても、すぐに後退し、一目散に逃げ去ってしまう。そして自分の知りたいという衝動をひどく後悔する。じつに火の力、つまり熱は触覚では捉えられるが、燃焼は全く捉えられないのだ。

21 神性と認識

さてもしそれらのことについてはそういうことであるなら、その秘匿のうちに超越して基を置く神性は、その自然的な象徴を認識すれば、知りうるとどうして言えるのであろうか。何ということか。昼間（日の光）の象徴である曙光が眼には近づきえないものであるなら、それが太陽であるか、あるいは太陽以上のものであっても、眼は昼間・日を見るのであろうか、あるいは昼間の光以外のものを見る

のであろうか。いったい彼らは光が，かの昼間に類比的に相応する太陽だとどうして知りえたのであろうか。このように，またそれ以上に，神的なものはそれに与かる者だけが知りうるのであって，それらの基礎と始めについて，それがどんなものであるかは，宇宙を超えた最上の知性をもつ者の一人ですら，誰も知らないほどで，われわれの知るところではないのである。

22　見ることと見ないこと

しかしながら主の弟子たちはこの象徴をたんに見たのではない。彼らは以前にはもっていなかった眼を初めて得たのではない，つまり神的なダマスコスのヨアンネスによれば，盲から見えるものとなった[62]のであり，造られざるかの光を見るようになったのである。それは眼で捉えるようになったということではあっても，この眼を超えるようになり，霊的な光の霊的な力で捉えるということである。このように言い表しえず，近づきがたく，非質料的で，造られざる，神化する，永遠の光，神的本性の輝き，神性の栄光，天の王国の美[63]は感覚にかかわり，またそれを超えている。ところでそのようなものはあなたには神性とは別のもの，感覚的で造られた象徴，空気を通して見られるもの[64]と思えるのか。しかしそれは別のものではなく，神性にとり本性的である。再び神的なことで知者である〔ダマスコスの〕ヨアンネスの言うことを聞くがよい。すなわち「モーセのように，神の栄光の美は後から得られるものではなく，神にもともとある栄光の輝きから得られるので

62）　ダマスコスのヨアンネス『変容についての講話』1, 12（PG 96, 564C）参照。

63）　新神学者シメオン『賛歌』1 参照。

64）　先の III-1-10 のバルラアムの言葉参照。

ある」[65]。そしてさらに「来たるべき世では,『主とともに
いつもいるであろう』(1テサロニケ4:17),われわれは
神性の光のなかで輝くキリストを観るが,この光は一切の
自然・本性に対して勝利をもたらす」[66]。そしてさらに「彼
は使徒たちの主だったものを自らの栄光と神性の証人とし
て連れて行き,自らの神性を彼らに現す」[67],この神性はす
べての彼方にあり,唯一にして,完全性を超え,完全性に
先んじている。しかし偉大なディオニュシオスとまた彼と
ともにこれを来るべき世の光と呼ぶ人びとは[68],この光は
空気を通しては見られないと教え,また彼らによれば,わ
れわれはそのときには空気を要しないであろう。それらに
加えて偉大なバシレイオスは,それは心の眼には見えると
言っている。ところでそれが感覚的ではないということ
は,空気を通しては見えないということによって知るべき
であって,それはしかし,タボル山で太陽以上にそれが輝
いても,その近くにいる者には見えなかったからである。
あなたは,このような光をこれほど言祝ぐあのような聖人
たちと対立しているので,自らの意志で神を冒瀆している
のは明らかではないか。

23 本質について

それでは御仁よ,神的で本質的な美の光は,感覚的で
造られたものであるのみならず,われわれの知性作用よ
り劣ったものであると宣明することをあなたはやめない
のであろうか。ああ地と天よ,それらのうちにおいて神の

---

65) ダマスコスのヨアンネス『変容についての講話』1, 10(PG
96, 561D)参照。

66) ダマスコスのヨアンネス『変容についての講話』1, 15-16
(PG 96, 569AB)参照。

67) 同上7(557C)参照。

68) 偽ディオニュシオス『神名論』1, 4(PG 3, 592BC)参照。

第 1 論攷　　　　　405

王国の光，来たるべき世の美しさ，神的本性の栄光を見る者たちは知性作用より劣るのであろうか。すべての感覚と思惟的な把握から外に出た〔自らの外へ出た，奪魂状態（ἔκστασις)〕弟子たちが見た光は，神のようなクレタのアンドレアスによれば，「彼らは全く見ないということによって真実に見ることを得，神的な〔働き〕を蒙ることによって感覚的本性を超えることがらを受け容れる」[69]。どうしてであろうか。そうしたことに関して，理性より劣った「外に出ること」は悪霊的ではないであろうか。ああ，耳で聞いたことのないことよ，それでは主の秘義を受けたものは悪霊的な奪魂状態を味わったことになる。しかもわれわれが受け継いできたことはキリストに向かって共通して次のように言うことである。すなわち「使徒たちのうちで選ばれた者たちは山の上で，あなたの抗しがたい光の流れと近づきえざる神性を観想して，神的な奪魂状態によって変化した」[70]。では神の本質的な諸エネルゲイアは造られたものであると宣言したあなたは，神は造られたものであると言って，どうして捕らえられないのであろうか。というのは知性をもつ人なら，本質的な（οὐσιώδης) 善と生命は神の本質を超える本質であるとまさか言わないであろう。なぜなら本質的なものをもっているもの〔本質〕は本質的なものではないからである。つまり偉大なディオニュシオスによれば，「われわれが本質を超える秘匿されたものを神，あるいは生命あるいは本質と名づけるとき，神から出た与りえぬ先見的力以外のことは考えていないのである」[71]。それらは本質的な力であるが，そのような力を包括的に，また単一な仕方でもつものは，本質を超え，いやむ

---

69) クレタのアンドレアス『変容についての講話』7（PG 97, 949C）参照。

70) 8 月 6 日の晩課，アポスティヘスの第 3 スティヒラ。

71) 偽ディオニュシオス『神名論』2, 7（PG 3, 645A）。

しろそれ自体として本質を超える仕方での本質を超えるもの[72]である。さてこのようにこの神の働きである光は本質的なものではあるが、神の本質そのものではないのだ。

24　われわれは二神論者ではない

この哲学者はさらに進んで、それだけではなくて、神のすべての力とエネルゲイア（働き）が造られたものであると宣言している。ところが聖人たちは、造られた本性をもつものもまた造られたものであるように、非被造的本性の一切の自然本性的なもの、一切の力とエネルゲイアは造られざるものであるとはっきりと言っているのだ。彼は、「しかし、感覚を超えたもの、知性作用を超えたもの、すぐれて存在するもの、常に存在するもの、非質料的なもの、変らざるもの、そしてあなたたちによってヒュポスタシスのうちにあるものと言われるものは、それが主のしるしを身に帯び、一切の目に見え、可知的な被造物を超えるなら、どうして神の本質を超える本質ではないのだろうか。どうしてあなたは神の本質はこのような光を超えると言うのだろうか」と言う。彼は、すべての不分明なことの正しい区別や、あるいは難問の解答を望んで、問いかけるように語るのではなく、彼が認めているように、われわれに反駁し、あるいはむしろ論駁することを提案し、さらに、そうできないので、激昂し、われわれに対して傲慢に振舞い、ある時は魂の判断力は哀れにも損なわれていると強く主張し、しかし今や、われわれがかのメッサリア派の異端と同じであり、それよりも悪いと言い、また別の時はわれわれが不敬虔で多神教徒であると言うが、それは〔われわれが〕不信仰で無神論者で、全く罪深い者だと呼ぶのをやめなかったからである。彼が書いたものや口頭ですべ

---

72)　同上、5, 2（816C）。

ての人に強く主張し，触れ回っているように，他のものに
もましてわれわれにふさわしい呼び名は「二神論者」だと
いうことである[73]。しかし彼の言ったことがらから，彼の
意図に反してわれわれへの非難はすべて取り去られるので
ある。というのは，われわれがすべてを超えるものは一つ
であり，またこれが本質を超えるものであると言っている
と彼は語って，われわれが一つの神を語っていることを彼
が証言しているからだ。しかしかの光は本質ではなく，そ
れはすべてのものを働かせるかぎりにおいて，本質は一つ
であって，すべてを超えるとわれわれが言うところのかの
本質のエネルゲイアである。しかし，われわれがこのエネ
ルゲイアはかの一つの本質と分かたれざるものであると
言っても，このことによってかの本質を超えるものは合成
されたものであることはないであろう。なぜならじっさ
いたとえこれがそのようであったとしても，端的な本質
は存しなかったからで，そもそも何かエネルゲイアのない
自然的本質を見ることはないであろうからだ[74]。あなた自
身もことがらの真理によって強いられて「神性の象徴」[75]
と呼んでいる神化する光は，どうして主のしるしを身に帯
びないのであろうか。しかし聖人たちが，それ自身のヒュ
ポスタシス（αὐθυπόστατον）ではなく，ヒュポスタシ
スのうちにある（ἐνυπόστατον）とここで言っているの
で，どうしてそれがそれ自身による別の本質か，あるいは
自らの存在をもっていない別の第二の神なのであろうか。

---

73)　『アキンデュノス宛書簡』3, 1 を参照。

74)　伊語訳註［3I］（815 頁）によれば，「バルラアム自身暗に自
分の非難が正しくないことを悟っていた。つまり彼が非難する者たち
は，ある『すべてのものの彼方にあるもの』と言い，そしてこの彼方
にあるものは本質を超えるものであると彼らは考えている，と認めて
いた」とある。

75)　先の第 10 節参照。

408   第Ⅲ部

しかしもしあなたがこのエネルゲイアが始めなく，造られ
ず，また理解しえないということで，あなたの賢明な推量
でもって別の神をしつらえるなら，神の意志についても，
われわれに別の神を同じようにあなたはしつらえるであろ
う。聖なるマクシモスはこう言っている，「神の本性，す
なわち三つのヒュポスタシスをもつ本性は，始めなく，造
られず，理解しえず，全体として単純で合成されることが
ないように，その意志もまたそのようである」[76]。同じこと
をそのすべての本性的エネルゲイアについてもあなたは言
うことができよう。

25 バルラアムのディオニュシオス理解の問題点

彼は言う，「しかし神を真似ることは神化させる賜物で
あり，思惟的（νοεϱᾶς）で理性的な本性の状態であって，
最初の世界の配置から始まり，理性的なものの最終のも
のに至る。これは偉大なディオニュシオスも，『もし神性
を神化させる賜物の宝物，神を超え，善を超えるものの
模倣しえない模倣と考えるなら』[77]，いかにして神は神性の
根源（θεαϱχία）を超えているかを解説して言っているか
らである」。しかし，優れた人よ，まず第一にこの聖人は
「模倣」に「模倣しえない」〔という言葉を〕付け加えてい
る。それはむしろ模倣というよりは，模倣できないという
ことである。では一方の部分にのみ同意しているあなたは
どうして受け容れられるだろうか。ところで彼は二つのこ
と，つまり神化させる賜物と模倣しえない模倣を語ってい
るが，それは，人は自らの力で神化することはできず，模
倣を通して模倣しえない神に似て，しかし模倣しえないも

───────────
76) マクシモス『神学的・論争的著作』（マリノス宛書簡）（PG
91, 268D）参照。
77) 偽ディオニュシオス『書簡』2（PG 3, 1068A-1069A）参照。

のを模倣せねばならない，と教えているように私には思える。というのはこのようにして人は神化させる賜物を得，〔養子という〕立場で神と呼ばれるであろう[78]から。ところでこの偉大な人は神化を蒙る二つの方途を語っているのに，あなたは一方のものを切って，捏造するが，それを解説しない。すなわち接続詞をとって，その代わりにその反対の意味を書きつけ，かくてその言葉を次のようにうまく整えてわれわれを説得する，すなわち「もしあなたが神性と善性を神化させる賜物の内実と考えるなら，模倣しえないものは神を超えるものの模倣である」と。

26 神化は自然的な働きではない

それらに加えてあなたは神化の恵みは自然の状態，すなわち自然的能力の現実活動（$\grave{\varepsilon}\nu\tau\varepsilon\lambda\acute{\varepsilon}\chi\varepsilon\iota\alpha$）と顕現であると言っている。このことからあなたはそれと知らずに本当にメッサリア派の誤りに陥ってしまった。というのはもし神化が自然の力に即してあり，自然の境界に本性上含まれてしまうのならば，神化された人間は全く必然的に本性上神であろうからだ。だからあなた自身の曲解を確固とした状態にあるもののせいにするな，また信仰の点で責められるべきところのない者に叱責を加えようと試みるな。〔あなたは〕真理に関してのあなたの恥ずべき行為を他人にあてはめ，いやむしろ恥じ知らずにも，自分の恥ずべき行為を彼らのそれであると偽っているのだ。しかしあなた自身，それを知っている人，あるいは彼らによって教えられた者から，神化の恵みは全く抗しがたいものであって，自然のうちには何かそれを受ける力[79]をもたないということ

---

78) マクシモス『神学的・論争的著作』2, 21（PG 91, 33C），『神と神の子の受肉の摂理について』（PG 90, 1133D）等参照。

79) マクシモス『タラッシオスへの問い』22, 5（PG 90, 324A）参照。

を学ぶがよい。もしそれがもはや恵みではなく，自然の力に即する働きの顕現であるなら，神化が自然の力を受け容れるものであるということになっても何ら驚くことではないであろう。というのは〔そうであるなら〕神化は恐らく自然のなせる業であり，神の賜物ではなく，またそのように神化された人間は本性上神でありえ，また正しくもそういう名で呼ばれうるであろうからだ。なぜなら存在するそれぞれのものの自然的な力は，働きに向かう自然の恒常的運動以外のものではないからである。しかし私は神化が自然の範囲に含まれるものなら，どうして神化が神化された人間をそれ自身から引き離すのか分からなくなる。

27　自然と超自然

さて神化の恵みは自然，徳，認識を超え，こうしたものすべては，マクシモスによれば，無限にこの神化に劣る[80]のである。というのはすべての徳，そしてわれわれが神を真似るということは，〔それを〕獲得する者には神との一致のためにはふさわしいことであるが，他方，恵みは言い表しえない一致を完成するからである。というのもそれを通して神は全体としてそれにふさわしいものの全体に[81]浸透される（περιχωρεῖ）からであり，聖人たち全体は全体として神に浸透し，神を自らの代わりに全体として受け取り，神への上昇の報酬として神のみを得，〔神は〕「自らの肢体に対するように，身体に対する魂という仕方で結びつき」[82]，聖霊の賜物と恵みによって，ヒュポスタシスのうちにある養子とすることで，〔神は〕その者のうちにあることをよしと考えている。さてわれわれのうちに徳行を通

---

80)　マクシモス『難問集』（PG 91, 1237D-1240A）参照。
81)　同上（1076C）。
82)　同上（1088BC; 1320B）参照。

第 1 論攷 411

して神が住むとか，記憶を通して[83)]神がわれわれのうちに
しっかりと身を置かれるというのをあなたが聞くであろう
とき，神化とはたんに徳を身につけることであると考えて
はならず，徳行を通してもたらされる神の輝きと恵みであ
ると考えねばならない。つまりそれは，自らの禁欲や霊の
助けによって，自然的衝動を増大させた魂は，神の正しい
裁きにおいて，聖人に与えられた神の恵みの輝きにふさわ
しいものとなると，偉大なバシレイオスが言っているよう
にである[84)]。神の恵みによって与えられた輝きが光である
ということを，次のように言う者からあなたは学ぶであろ
う。すなわち「義人たちが太陽のように輝くとき，そこ
からの輝きは，そこで清められた者にとって光である（マ
タイ 13：43）。神は彼らの間に立たれる。彼らは神々であ
り（詩編 81（82）：1 参照），王たちであるので，そこから
至福にふさわしいものを決定し，分配するのである」[85)]。そ
れが天を超え，また世界を超えるということに，誰も反対
しないし，従って「天を超える光は，善きことの約束のう
ちに受けとられる」と言うような人は誰も〔反対しない〕，
またそれについてソロモンもこう言っている。「光は常に
義人に」（蔵言 13・9），と。また使徒も「光のなかにある
聖人たちの相続財産の分け前にわれわれが与るのにふさ
わしいものとして下さった神に感謝しよう」（コロサイ 1：
12）〔と言う〕。

28　養子縁組

それにもかかわらず熱意や鍛錬によって知恵に至ると言
うとき，そのことでわれわれは熱意や鍛錬そのものが知恵

83）　バシレイオス『書簡』1, 4（PG32, 229B）参照。

84）　バシレイオス『聖霊論』16, 40（PG 32, 141AB）。

85）　出典同定できず。

であると言うのではない，それはその結果なのだ。とりわけ，主は人々の間に異なった仕方で住まわれるが，それは神を求める者のふさわしさとその方法による。というのは実践的な人には別様に，また観想する人には別様に，そして見神する人には異なって現れるし，また熱意ある人には異なって，すでに神々となった人には別様に住まわれるからである。しかしまた神を見るということにおいても大いに異なる。というのは預言者にとっては，夢において，また目覚めているときに，謎や鏡を介してであるが，モーセにとっては，「その姿において〔はっきりと（ἐν εἴδει）〕，謎によってではなく」[86]（民数記 12：8）神を見たのである。しかしその姿において〔はっきりと〕神を見て，謎によるのではないということを聞いて，あなたは次のように言うのを思い出すがよい[87]。「神化は見ることを通してのヒュポスタシスのうちにある照明であり，それは起源をもたず，それにふさわしいものには知的に捉えられないものとして現れ，存在するものが滅びることのない世において，知性や言葉を超える神と神秘的に一致するものである。この一致によって聖人たちは見えず，言い表しえない状態を超えた栄光の光を見て，上からの力とともに彼らは幸いな清さを受け取ることができる。そしてこれは大いなる神，父への祈願であり，聖霊の賜物と恵みによるヒュポスタシスのうちにあり，内在する養子縁組の象徴である。またそれによって，恵みの到来において，聖人たちすべては神の子と呼ばれ，神の子となろう」。

---

86) 本書 II-3-59 参照。

87) マクシモス『タラッシオス宛』61（PG 90, 636CD）またその『スコリア』16（644C），また本書 I-3-20, III-3-13 参照のこと（伊語訳註では，必ずしもマクシモスのものとは同定できないとする）。

第 1 論攷　　　　　　　　　413

29　神性の源を超える神

　ところで偉大なディオニュシオスはある所で，「根源的光の，また神の働きによる光線」[88]を光と呼び，別の所で「神化させる賜物と神性の源」，すなわち神化のそれ[89]と呼んでいる。そして神性の根源（θεαρχία），つまり神性の源を神がいかにして超えているかと尋ねる者に対して，次のように言って答えている。もし次のようなこと，すなわち神は「謎によってではなく，その姿において」（民数記12：8）見られ，魂の身体に対するありようのように，自らの肢体に対するように神はふさわしい者に付着すること，またそれによって神が全体として彼ら全体を経巡るように，彼らと一つになり，他方では彼ら全体が神のうちに全体としてあり，そして子を通して霊はわれわれに豊かに注がれること（テトス3：6）[90]，しかしそれは造られたのではなく，われわれがそれに与り，そしてわれわれを通してそれは語られるということを聞いているなら，またもしあなたが本質を超える本質に即して神を見ると考えるのではなく，神化させる賜物とそのエネルゲイア，養子とする恵み，生まれることのない神化に即して，また露にヒュポスタシスのうちにある輝きに即して見る〔と考えるのなら〕，またもしあなたがこれを神性の源，神化の賜物，超自然的に与り，見，そして一致するものと心得るならば，神の超根源的本質はかの源を超えるのである。というのはこれ〔恩恵〕はそれが自然的なものではないとしても，関係・状態（σχέσις）であるが，またそれは自然を超えるものとしてというばかりではなく，関係としても，制限を受けないもの（ἄσχετος）である。いったいどうして関係

---

88)　偽ディオニュシオス『天上位階論』3, 3（PG 3, 165A）参照。

89)　同『書簡』2（PG 3, 1068-1069）参照。

90)　偽バシレイオス『エウノミオス駁論』5（PG 29, 772D）参照。

がなおまた関係をもつといえるのであろうか。神の本質は
関係としての関係ではなく，超自然的な関係をも超えるも
のである。かのもの〔恵み〕はそれに値するそれぞれのも
のに，固有の仕方で，またすべてのものにそれに相応する
形でかかわる。ところが神の本質はそれに与るものすべて
を超えるのである。

30　神化は自然的賜物ではない
　「神化させる賜物は世界の最初の配置から始まり，理性
的なものの最後のものに至る理性的本性の完成された状
態である」（第25節参照）と言う者は，キリストの福音に
はっきりと対立している。というのはもし神化が，理性的
本性を完成するが，神の姿をしたものをしてその本性を超
えさせず，理性的本性の状態であるなら，それは本性の力
から働きへと進んで行くので，神化された聖なる者たちは
本性を超えることなく，「神から生まれる」（ヨハネ1：13）
ことなく，「霊から生まれたように霊である」（ヨハネ3：
6）こともなく，またキリストは〔われわれのところに〕
やって来て，「その名を信じる者たちにのみ神の子となる
資格を与えた」（ヨハネ1：12）のではないことになる。と
いうのは彼〔キリスト〕が来られる前に，〔神化が〕理性
的魂のうちに，また今，不敬虔な者や神を信じない者すべ
てのうちに，自然的に内在するということならば，すべて
の人に〔このような可能性〕はあったからである。その上
もし神化が理性的本性の完成した状態であるなら，ギリシ
ア人は完全に理性的ではなかったし，堕天使もそうではな
かったことになる。だから彼らはその認識を誤って使うと
いうことにはならない。つまり彼らにはその自然の状態が
欠けてしまっていたからである。それではどうして彼らに
その責任があってしかるべきなのだろうか。それからまた
異郷の知者も本質は本質にかかわらないとじっさい言って

いる。どのようにしてある天使たちは他の天使たち以上に
理性的であろうか，あるいはある魂が他の魂以上に理性的
であろうか。というのは年端もいかない者は，その不完全
さを魂の本性のうちにではなく，身体のそれのうちに有し
ているからである。では神化とは考えることを提供してく
れる年齢のことであろうか。ある者が他の者よりいっそう
何かを知っているのは，もともと魂の本性ゆえではなく，
身体の構造ゆえだとわれわれは考えているのだろうか。と
ころでいったい神化はその生来のよさゆえの完全な構造な
のであろうか。そしてわれわれは，そのよき状態は神の賜
物であり，認識は神の賜物であるばかりではなく，理性的
本性の完全な状態であるということを知っている。しかし
これは超自然的でないから，神化させる賜物ではない。と
いうのは神化させる賜物は自然を超えるからである。しか
しすべてのものは，程度の大きいものも小さいものも，人
間や天使をすべてひっくるめて神々となるであろうし，悪
霊の類は常に不完全な神々で，また半神であることにな
る。だからこのような状態は神化ではない。なぜなら外や
内から生じる認識であるとか，構造とか，身体や魂の素質
のよさとかいった理性的本性の完全な状態というものは，
それを得た者をまことに理性的にはするが，しかし神々と
はしないからである。

31 神化，神のエネルゲイア

　しかしながら先に示されたように（第9節，18節），聖
人たちははっきりと信仰によって実現した養子縁組，すな
わちこの神化する賜物は，ヒュポスタシスのうちにあるも
のだと言っている。しかし彼〔バルラアム〕は，神をまね
ること，つまりそれだけがすべてのもののうちで神性の根
源と神化する賜物であると考えたが，それはヒュポスタシ
スのうちにあるものだとは主張しない。従ってこれは教父

たちのもとで提示され，認識された神化とは別のものである。ところが神のようなマクシモスはそれをヒュポスタシスのちにあるものであるのみならず，生まれざるものであり，また造られざるものであるのみならず，限定されえず，時間を超えるものであると言った。幸いにもそれを恵まれた者はそれを通して造られざるもの，始めなく，限定されえぬものとなるからだが，それ自身の本性を通しては，非存在から生じたのである[91]。しかしこの御仁は「見なかったものに踏み込んで」（コロサイ 2 : 18），神化は造られたものであり，自然的なものであって，時間のもとにあると主張している。そしてはっきりとそれに基づいて神をも被造物に引き下げてしまうような神化を自ら作り出している。というのは神化は教父によれば，神の本質的なエネルゲイアである。しかしその本質の諸々の本質的なエネルゲイアが造られたものなら，その本質は必然的に造られたものとなるからである。だがこの哀れでみじめな人は多様な仕方で，またしばしば，異常な状態に陥っていることを人は知ったであろう。というのは彼は神に本来的な力と働きのすべては造られたものであると宣言して，赤面するところがないからだ。しかし各々の聖人は彼らのうちに住む恵みを通して生ける神の神殿であることをわれわれは信じたのである。ではいかにして被造物の住居が神の神殿であるのか。この恵みが造られたものであるなら，いかにして各々の聖人は恵みによって造られざるものであるのか。次のことは大いに私を驚かすものである。つまり彼〔バルラアム〕はタボル山で輝いた光は教父たちから神の業と呼ばれていると言いながら，さらにそれを神化する賜物であると言うことをなぜ支持しないのか。それにもかかわらず霊の神化する賜物は神のエネルゲイアであり，神はそのエ

---

91) マクシモス『難問集』（PG 91, 1140A, 1144C）参照。

第 1 論攷　　　　417

ネルゲイアに基づいてさまざまの名をもつから——という
のは神の超本質性は無名だからである——，もし神化が徳
と知恵からのみ存在したのなら，神は神化するエネルゲイ
アをもつかぎりにおいて，神と呼ばれるのではない[92]，そ
の知恵と徳がそのエネルゲイアを明らかにしたからであ
る。しかしそれ〔神〕は神性の彼方にあるという理由で，
神を超える（ὑπέρθεος）とは呼ばれなかったことであろ
う。というのはそれは知恵を超えるとか善を超えるとか，
何かこうした仕方で語られることで十分だったからであ
る。従って神化の恵みとエネルゲイアは徳と知恵とは別の
ものである。

32　神化は名を超える

　さてこの立派なバルラアムがわれわれに対して非難して
いることは考慮に入れないでおくが——というのはその非
難はわれわれにではなく，教父に向けられたものであるか
らだし，また非道な扱いを受けた教説は彼らの方である
が，いやむしろ彼はそれらに触れていないからだ。また人
の言うところによれば，天に唾を吐く者は，天ではなく，
自分自身に唾をかけることになるからだ——，従ってこの
ようなおぞましい冒瀆にわれわれは左右されずにおこう。
つまりもし彼がよく分からなくて，神化とは何かと尋ねる
なら，われわれとしてはわれわれに主から分け与えられた
力に従ってそれに答えもしよう。おお，優れた御仁よ，神
の神化するエネルゲイアと神の業である霊の恵みについて
聞くとき，これとかあれがどうしてそうなのか，あるいは
どうしてそれではないのかといらぬ手を出したり，尋ねて

　92）　定本註によれば参照すべきものとして以下のものがあげら
れている。バシレイオス『書簡』189, 8（PG 32, 696），ナジアンゾス
のグレゴリオス『講話』30, 18（PG 36, 128A），偽ディオニュシオス
『神名論』12, 2（PG 3, 969C）等。

418   第Ⅲ部

はならない。いずれにせよそれについて語った者たちによ
れば，それがなければ，将来神のうちにあることはないで
あろう。むしろ業に励みなさい，それによってあなたはか
のものを手に入れるだろう。というのはそれをあなたは能
力に応じて知るであろうから。偉大なバシレイオスによれ
ば[93]，経験によって学ぶ者だけが霊の諸々のエネルゲイア
を知るからである。業の前に知識を求める者は，経験を積
んだ者に対して信頼を置くと，真理の何らかの姿を摑む
が，自らによって考えだそうとするなら，心に浮かんだこ
とを失ってしまうし，またまるで自分で発見したかのよう
に傲慢になり，経験を積んだ者に対し誤っていると大いに
鼻息を荒くする。さていらぬ手を出してはならない。そう
ではなくて経験ある者に，とりわけその業に，たとえ彼ら
ではなくとも，少なくともその言葉には従いなさい。真理
によって示された模範に満足しなさい。というのは神化は
一切の名前を超えるからである。だからわれわれもヘー
シュキアについて，あるときは教父の勧め，あるときは兄
弟よりの質問についてたくさん書いたが，神化については
敢えて書かなかった。しかし今や語る必要があるので，わ
れわれは主の恵みをいただいて敬虔に語るが，しかし十分
には立証できない。というのは神化は語られても言い表し
えないままとどまるし，教父の言によれば，幸いにもそれ
に恵まれた者にのみその〔神化されたという〕名は与えら
れるからである。

33 霊の働き

従って本性的な神性，神化の源[94]，与りえぬ原因として

---

93) 定本その他の註によれば，ここでパラマスはバシレイオス
と言っているが，おそらくは本書 III-3-3 にあるクリュソストモスの
文であろう。

94) 偽ディオニュシオス『教会位階論』1, 4（PG 3, 376B）参照。

第 1 論攷　　　　　　　　　　　419

そこから神化することが神化された者にやってくるとこ
ろ，要するにすべての彼方にある大いなる神性の根源によ
る幸福そのものは[95]，それ自体として，感覚や知性や非身
体的なもの，また身体的なものと結びついたものには見え
ざるものなのである。上述のいずれかの仕方で，より優れ
たものに向かって自分自身から出ていくなら，その者は神
化される。というのはこれ〔神化〕は，たとえそれが彼ら
に固有の本性に即してではないにしても，ヒュポスタシス
的に一致した知性と身体においてのみ見られ，また見られ
るようになると信じられているからだ。というのはそうし
たものだけが「完全な仕方で油塗る者の現存において」[96]
神化されたのであり，神化する本質と同じエネルゲイアを
受け取ったが，神性すべてを欠けるところなく包含し，自
らによってそれを明らかにするからだ。なぜなら使徒によ
れば，「キリストにおいて形をとって一切の神性の充満が
宿る」（コロサイ 2 : 9）からである。従って聖人たちのあ
る者も神が身体をとって到来された後，何か無限の大海の
ようにこの光を見た。そして一つの円い盤から，つまり
崇むべき身体から[97]，使徒たちも山の上で見たように，思
いもよらぬ仕方でこの光は流れ出している。このように
われわれの厚みのある身体の初穂は神化された（1 コリン
ト 15 : 20 と 23 参照）。神化された天使や人間の神化は神
の超本質的本質ではなく，神の超本質的本質の働き（エネ
ルゲイア）であって，このエネルゲイアが神化された者に
内在するのは，技術が技術によって生み出されたものにお
けるようにではなく──というのはそのようにそれらを導
き出した力は創造されたものに内在し，すべてのものに現

---

　　95)　同上，1, 3（PG 3, 373D）参照。
　　96)　ナジアンゾスのグレゴリオス『講話』30, 21（PG 36, 132B）
参照。
　　97)　本書，I-3-29 参照。

れ，明らかにされるから——，偉大なバシレイオスによれ
ば[98]，「技術を受けとる者のうちにあるその技術として」で
ある。従って聖人たちは聖霊の道具であって，聖霊におけ
ると同じエネルゲイアを受けるのである。言ってきたこと
の保証は次のことがらのうちにある。つまり癒しのカリス
マ，奇跡の業，予知，主が「われわれの父の霊」（マタイ
10：20）と呼びかける異議のない知恵と，またそれだけで
はなく彼ら〔聖人〕から，そして彼らを通して，彼らととも
もに聖化されたものに与えられる霊の聖なる伝達などであ
る。神はモーセに，「私はお前の上にある霊をとって，
それを彼らの上に置こう」（民数記 11：17）と言われ，そし
て十二人のエフェソ人の上に，パウロが手を置いたとき，
「聖霊は彼らの上に来て」，すぐに「異言を話し，預言し
た」（使徒言行録 19：6）。そこでわれわれが霊に固有の尊
厳を考えるとき，父と子と〔分離することなく〕ともにそ
の尊厳を観想する。またわれわれがそれに与かる者の上に
働く恵みに思いを致すとき，霊はわれわれのうちにある
と言う。つまり「霊はわれわれの上に注がれるが，造ら
れず，われわれに与えられるが，作られず，恵みを与え
られるが，創造されない」[99]。さらに偉大なバシレイオスに
倣って言うなら，それはまだ不完全なもののうちに状態
（διάθεσις）として内在するが，それは「不安定な意見に
よって」であり，しかしより完全なる者には獲得した状態
として，その者の上に根をおろし，いやむしろそれ以上の
状態である。「というのは健康な眼をもって見る者の力の
ように，霊の働きは清い魂のうちにあるからだ」[100]と彼は
言っている。

---

98) バシレイオス『聖霊論』26, 61（PG 32, 180C）参照。

99) 偽バシレイオス『エウノミオス駁論』5（PG 29, 772D）参
照。

100) バシレイオス『聖霊論』26（PG32, 180CD）参照。

34　神化は至るところにある

ところで霊の神化する賜物は神の超本質的な本質ではなく，神の超本質的な本質の神化するエネルゲイアであって，たとえこれがそれ自体として分かたれざるものであろうとも，エネルゲイアの全体ではない。というのは造られたもののどれが，霊の現存によって，いと高きものの力が覆い包む（ルカ1：35参照）乙女の胎内に宿った者以外，霊の無限の力全体を保つことができるであろうか。じっさい彼〔キリスト〕は「満ちあふれる神性を受け取り」（コロサイ2：9），「われわれはみな彼の満ちあふれる豊かさから受けた」（ヨハネ1：16）のである。神の本質は至るところにある。というのは霊は，本質によって一切を満たす（知恵1：7）と言っているからである。神化も至るところにあるが，それはその本性的能力であるかぎりにおいて，語りえぬ仕方で本質に内属し，それと分かちがたいからだ。しかし火はそのもとに物質がなく，火の照明する働きを受け取る感覚器官がないと見えないように，確かに神化も神の顕現を受け取る物質がそのもとになければ，観想されえない。しかしこれ〔神の顕現〕が覆いを取り除かれて，ふさわしい物質をとるとき，そうしたすべての清められた理性的本性は多様な悪しき覆いを被っていないので，そのときそれは霊的な光としても見られ，いやむしろそれは霊的な光になる。というのは彼はこう言っているからである，「徳の報酬は神になることであり，最も清い光によって輝きを与えられることであり，闇によって分断されないかの日の子となることである。というのはそれは真実の光を輝かす別の太陽がそれをなすのだが，それは一旦われわれを輝かすともはや西に姿を隠しはしない。そうではなくその照明能力のうちにすべてを包みこんで，ふさわしいものに絶えることのない永久の光を与え，そしてかの光

に与る者を別の太陽に仕上げる」[101]。というのはそのとき「義人は太陽のように輝く」（マタイ 13：43）からである。ではどのような太陽であろうか。それはきっとそのときも今もそれにふさわしい者に現れる太陽である。

35　知覚を超える知覚

　あなたは彼らがどのようにして正義の太陽のエネルゲイアをさらに獲得するか見るであろうか。そのために神のさまざまなしるしや聖霊の賦与も彼らを通して実現されたのだ。彼はこう言っている，「なぜならこの地の周りの空気は風（πνεῦμα）の力に押されて，光の形をとり，エーテルの清さによって変化しているように，このようにして人間の知性もこの泥とひからびた生を離れると，たしかに霊の力によって光の形をとり，真のそして崇高な清さと混じり，太陽のように義人を照らすと宣明する主の約束によれば（マタイ 13：43），それ自体この清さのうちで輝きわたり，光線で満たされ，光となるのである」[102]。われわれはこのことが地上でも，鏡あるいは水の上で生じるのを見ている。というのはそれが太陽の光線を受け取ると，別の光線を自らが作るからである。そこでわれわれは，もし地上の闇を捨てて上昇し，光の形をとり，キリストの真の光に近づくなら，またもし「闇に輝く」（ヨハネ 1：5）真の光がわれわれにまで降るなら，主がどこかで弟子たちに言われたように（マタイ 5：14），われわれもまた光になるであろう。このように霊の神化する賜物は言い表しえない光

　　101　諸本の註によれば，パラマスは『アキンデュノス宛書簡』3, 5（PSI, 300）においてこの引用文を挙げ，それをバシレイオスに帰せしめているが，特定できない。一応バシレイオス『聖霊論』9, 23（PG 32, 109AB）を参照。

　　102　そのままのテキストは見つからないが，クリマクス『楽園の梯子』26（PG 88, 1033B）参照。

であり，それを豊かに受ける者を神的な光にするが，彼ら
を永遠の光で満たすのみならず，神にふさわしい認識と生
命という恵みをも与えられるのである。このようにしてパ
ウロは，神のようなマクシモスによれば[103]，もはや造られ
た生命ではなく，「住んでおられるお方の永遠の生命」を
生きたのだ。このように預言者はまだ生じていないものを
現にそこに在るものとして見るのだ。このように何か特異
なものによって神を見たのではなく，自然的な象徴によっ
て，霊的な仕方で神を見たのである。私は神の自然的な象
徴ということで，感覚であるかぎりの感覚において見，ま
た聞き，空気によって働きうる，たんに象徴にすぎないも
ののことを言っているのではない。眼が見るとき，眼と
して見るのではなく，霊の力によって開かれたものとし
て〔見るのである〕から，それは何か特異な象徴において
神を見るのではない，これはわれわれが「感覚を超える感
覚」と言っているところのものである。

36　知性作用を超える知性作用

しかしながらかの光のしるしは，魂に生じるよからぬ喜
びと情念の終止，理性の平和と平穏，休息と霊の喜び，人
間的栄光を蔑むこと，言い表しえない喜びに結びついた謙
虚さ，世を憎み，天を愛し，あるいはむしろ天の神だけを
愛することである。それらに加えて，もしそのとき見る者
の眼を誰かが覆うだけでなく，それをえぐり出したとして
も，その光を劣ることなくありありと見るのだ。ではどの
ようにして人は，それは空気を通して見え，また身体的感
覚にふさわしいから，理性的魂には全く有用ではない，と

---

103)　マクシモス『難問集』（PG 91, 1144BC），また『ガラテア』
2・20 を参照。

宣言する者を得心させられるであろうか[104]。しかしかの観想者は，感覚であるかぎりの感覚によって観想するのではなく，知性において見ると考える。だがよく調べて吟味すると，知性はかの光を発動させないということに気がつく。そしてこれが「知性作用を超える知性作用」というものであり，その意味は，知性と感覚をもつものは，その両方のものを超える仕方で見るということである。しかし偉大なディオニュシオスがティモテオスに，「感覚，思惟の働き（τας νοεϱας ἐνεϱγείας）から離れ，真実に存在するものへと上昇しなさい」[105]と言っているのを聞いても，人間は理性を働かせたり，見たりできないという結論にはならないのである。というのは驚愕によらなければ，この能力の放棄を体験することはないからである。学ぶべきは，知性的働きは一致による光とその光による働きにとうてい及ばないということである。このことを教会の頭であり，創始者であるペトロは明確に示している。すなわち，あの聖なる聖霊降臨のときに，彼は言い表しえず，神的な一致にふさわしいとされて，自分と同じように照明された者を知り，そしてともに集められた者を見，彼らが話す言葉を聞き，その日の何時かを意識したのである。というのは〔ペトロは〕「それは一日の第三時〔朝の九時ごろ〕である」（使徒言行録 2：15）と言っているからである。「というのは聖霊のエネルゲイアが人間の知性を覆っているので，〔霊の〕働きを受けた人びとが己の外に出て行ったということは，神が到来して滞在されるという約束に反しているからである。というのも神に憑かれた人は正気を失わないからである。しかしその人は全体として霊の知恵

---

104) 先の第 11 節のバルラアムの言葉を参照のこと。

105) 偽ディオニュシオス『神秘神学』1, 1（PG 3, 997B）参照。

によって狂った者に似るようになることがある」[106]。つまりその光は神の知恵であり，神化された，神から離れることのない者のうちに生じるからである。「その光を通して一切の知識は啓示され，神は愛された魂において真実に知られる」[107]と，彼は言っているからであるが，しかし正義，聖性そして自由もそうである。パウロの言うことを聞きなさい。「主の霊のあるところ，そこに自由がある」（2コリント3：17）。そしてさらに「われわれのために神からの知恵，正義，聖化と贖いとなられた方」（1コリント1：30），と。偉大なバシレイオスの言うことを聞きなさい。「聖霊によって動かされた者は永遠の運動，聖なる生きものとなった。霊がその人のうちに住むと，その人は以前には『土であり，塵であった』が，預言者，使徒，神の使い[108]の尊厳をもつものとなった」[109]。金口ヨアンネスの言うことを聞きなさい。「それを通して神が語られた口は神の口である。というのはそれがわれわれの魂の口であるように——魂は口をもっていないとはいえ——，そのように預言者の口は神の口である」[110]。それらの上にしるしを押された主の言うことを聞きなさい。というのは次のように「あなたたちに反対する者すべてが，反論し，また逆らうことのできないような口と知恵を私はあなたたちに与えよ

---

106) バシレイオス『イザヤ書註解』序文（PG 30, 125B），プロコピオス『イザヤ書註解』（PG 87, 1817A）も参照。

107) 偽マカリオス『知性の自由について』23（PG 34, 957B）参照。

108) 定本は「προφήτου, ἀποστόλου, ἀγγέλου, θεοῦ·」である。しかし［1MGr］以外はメイエンドルフの校訂，「ἀγγέλου θεοῦ」（神の使いの）に基づいているようだ。ここは［1Fr］に従った。

109) 偽バシレイオス『エウノミオス駁論』5（PG 29, 769B）参照。

110) クリュソストモス『イザヤ書註解』1（PG 56, 13-）参照。

う」（ルカ 21：15）と言われた後,「あなたたちが語るのではなく，あなたたちの父の霊があなたたちのうちで語るからである」（マタイ 10：20）と付け加えられたからである。

37　自然はどれほど霊から遠いことか

ところでそのような知恵を悪しく用いることは不可能である。どうして私は「用いる（χρήσασθαι）」と言うのか。まず最初にあらかじめ行為・実践を通して清められていないなら，それを獲得することは不可能だからである。そしてこれは知者ソロモンが言っていることである。すなわち,「知恵は悪だくみをする魂には入らないであろうし，罪にかかずらう身体には住み着かないであろう」（知恵 1：4）。というのはわれわれがもし指導的な徳を正しく用いているので，その〔知恵〕がわれわれのうちに住み始めるようになったのなら，われわれが悪しきものへ向きかえると，それは逃げ去るであろう。同じソロモンによれば,「訓育する聖霊は愚かな思念から離れていくからだ」（同 1：5）。自然と学芸に由来する知恵を，悪しき振る舞いをする者であっても得ることができようし，その者が自然を利用するように，その振る舞いに応じて用いることもできよう。じっさいそのような〔知恵は〕自然が霊に欠けるように，霊の知恵に欠けるのである。だからして学芸によってわれわれは預言者や使徒の知恵を得ると言う者たちは，どうしてそうなのだろうか。

38　光を通して与えられた知恵

しかしこの光を通して霊的な知恵もまた与えられるということを，同じように語っている二人の人[111]の言うこと

111）（偽）マカリオスとその解釈者シメオン・メタフラステー

第 1 論攻 427

を聞きなさい。「というのはかの幸いなパウロにおいて道
で輝いた光は，それを通して彼が第三天にまで上げられ，
神秘の語りえぬことばを聞く者となった（2 コリント 12：
2 以下参照）ものだが，それは何か知解や，覚知・認識の
照明ではなく，魂における，ヒュポスタシス的な，善き霊
の力の照明であった。その輝きの過剰を肉の眼は耐えられ
ず，盲となり，それを通してすべての覚知は啓き示され，
神は真実，それに値し，愛する魂によって知られるのであ
る」。この光は，また永遠の生命でもあるが，神化した人
間のうちに入り，神から分かたれないものである。かの
パウロは次のように言った，「生きているのはもはや私で
はなく，キリストが私のうちに生きておられる」（ガラテ
ア 2：20）。かくてマクシモスはパウロについてこう言う，
「〔彼の〕うちに住むようになられた者の神的で永遠の生命
が生きている」[112]。また偉大なバシレイオスはこう言った，
「霊が生命を他のヒュポスタシスのうちに送りこむが，〔そ
の生命は〕それと分かたれない，しかしたとえば火の場合
のように，それとともにある熱や，他方，水や他のそうし
たものに熱を与えるものがある。かくて霊は生命をそれ自
身のうちにもち，それに与る者は神に適うような仕方で生
きる。それは神的で天の生命を得ているからである」[113]。
これは彼が他のところで「霊的で永遠の運動」と呼んでい
る生命だが，この生命は，それに与った，「かつては地で
あり泥であった」者を聖なるものとする[114]。神の神化する

───────────
スを指す。シメオン・メタフラステース『知性の自由について』23
（PG 34, 957AB），および III-1-36 参照。

112) マクシモス『難問集』（PG 91, 1144BC）参照。また『神学
と摂理の考察への諸章』5, 85（PG 90, 1384D），および本書 III-1-35
参照。

113) 偽バシレイオス『エウノミオス駁論』5（PG 29, 772B）参
照。

114) 同上，（769B），また先の III-1-36，および『創世記』18・

恵みが造られたものであり，その超本質的なものを除いて永遠なものはないと言う者は，いったいどういうことだろうか。

39 真実の光の父

しかしかの永遠の生命のことは語るが，光のことは語らないと誰が言うであろうか。しかし永遠の輝きと目に見える，永遠の栄光について語る者は，聖人のみが与りうる永遠の光を語るものである。偉大なバシレイオスも世に先立ち，また世を超える，思惟的・霊的光（φῶς νοεϱόν）はそのような者が与りうるということを知っているということは，彼の『ヘクサエメロン』を手にとれば確かであろう。というのは彼はこう言っているからである，「この感覚的で可滅的な世界の創成の前に何かがあったとすれば，明らかにそれは光においてであったとわれわれは推論しよう。というのは天使のうちでふさわしい者も，すべての天軍も，また理性的本性をもつ者や，〔神に〕仕える霊のうち，名のあるものにせよ，名の無いものにせよ，それら全体は，闇のうちに生きたのではないからである」[115]。だから彼はそこでこう言ってわれわれと一緒に祈っている，「真実の光の父，天の光で日を飾り，火の輝きで夜を明るく照らし，来たるべき世の休息を思惟的で終わることのない光で準備した方よ，われわれの心を真理の認識のうちに照らして下さい」[116]。

40 神の火

この思惟的で世に先立つ，絶えることのない光は，神自

---

27 参照。
  115) バシレイオス『ヘクサエメロン』2, 5（PG 29, 40C）参照。
  116) 同上，2, 8（PG 29, 52B）参照。

第 1 論攻　　　　　　　　　　　429

身であると，神学者という名をもつグレゴリオスははっ
きりと宣言した。というのはこう言っているからである，
「神はこの世界を作ろうと望まれたので，永遠のものに
とっては彼〔神〕が光であり，それ以外のものではない。
なぜなら大いなる光をもつものにとって，他のどんな光が
必要だろうか」[117]。その光は神的で非質料的な火でもあり，
本性上魂を照明するものである。なお偉大なバシレイオス
にならって言えば，使徒たちが火の舌で語ったとき（使徒
言行録 2：3-4），この光は彼らに働き，他方，パウロを照
らした光は（使徒言行録 9：8），彼の目の感覚を暗ませた
が，心の目を照らしたのである。というのは肉の視（力）
はこの光の力を容れる余地がないからだ。その火をモーセ
は茨の中で見（出エジプト記 3：2），この火はエリアを地
上から戦車のようなもので奪い去り（2 列王記 2：11），幸
いなダビデはこの火の働きを求めてこう言っている，「主
よ，私を調べ，試みて下さい，私のはらわたと心を燃やし
て下さい」（詩編 25（26）：2）。救い主が死者から甦ったあ
と，彼らに話したとき，この火はクレオパと彼とともにい
る者の心を熱したのである（ルカ 24：32）。書かれてある
のによれば，天使たちと〔神に〕仕える霊はその火に与っ
ているのである。すなわち，「〔その方は〕その天使たちを
霊的なものとし，その仕える者たちを火の炎とする」（詩
編 103（104）：4）。この火は目の中にある梁を燃やし（マ
タイ 7：3-5，ルカ 6：41-42 を参照），知性の清さを再び回
復させるが，それはもともとの明敏な視力を回復して，兄
弟の目の中にわらくずを見ないで，しかし神の驚くべきこ
とがらを絶えず理解するためである。つまりこう言われて
いる，「私の目を開いて下さい。そうすればあなたの律法

────────────

117）　ナジアンゾスのグレゴリオス『講話』44, 3（PG 36,
609BC）。

430 第Ⅲ部

の驚くべき内容を私は理解するでしょう」(詩編 118 (119)：
18)。この火は悪霊からの逃れ場，一切の悪を滅するもの，
罪の除去，復活の力と不死の働き，聖なる魂の照明と理性
的能力の結合である。われわれはそれがわれわれのもとに
も来るよう祈り求めるが，それは常にわれわれが光のうち
に歩み（1 ヨハネ 1：6，黙示録 21：24 参照)，たとえわず
かであっても決して躓かないためにである。

41　次の論攻に向けて

　神学者クリュソストモスはこの光が何かについてこう教
えている，すなわちその光は憐れみある者に[118]「暁に噴出
するであろう（イザヤ 58：8)。「それは感覚的なものでは
なく，別のもっとよいものであって，天と天使と王の宮廷
をわれわれに示す。というのはあなたがその光にふさわし
い者となり，それらを見るなら，あなたはゲヘンナから救
われようし，そこから離れ去るであろう。そこでは苦しみ
や嘆きは逃れ去り[119]，そこには大いなる喜びや平和や愛が
あり，そこには永遠の生命と言い表しえぬ栄光と語りえな
い美がある。さてわれわれはすべてを忍耐強く担うが，そ
れは天上の王の衣服と，かの言い表しえない栄光を手に入
れるためである」。しかし，われわれはこの議論を別の出
発点に差し向けるので，偉大なマカリオスの言葉に戻ろ
う。その言葉と結びつけて，件の彼〔バルラアム〕が，そ
れに基づいてわれわれと真理に反する結論を何かそこから
出せると思っている，この思慮を欠いた話から生じた原理
と前提を公に示して，反駁しよう。

　118）　クリュソストモスの『イザヤ書註解』は第 1 章しか伝わっ
ておらず，パラマスが引用している箇所は当然のことながら見つかっ
ていない。
　119）　葬儀の祈りから。

第2論攷

同じ著者による，哲学者バルラアムの前提から生じた
愚かしい考えの目録
　　彼の第二の書に対する第二の論攷

1　偉大なマカリオスの教え

　修練者のある者が，人間は先に言われたような状態〔神
の光の恵みを受けた状態〕に耐えられるかどうか尋ねた。
さて，熟練し，かつ〔言葉の〕豊かさを両方ともつ，甘
美にして神のような注釈者，シメオンは偉大なマカリオス
に成り代わって，尋ねた者に次のように答えている。「恵
みは，それが交わる人間から離れるとか，何か自然的なも
のとしてその人のもとに基を置かないというようなもので
はない。それ〔恵み〕は一つであるが，それが望むまま
に，さまざまな仕方で，人間の役に立つように按配し，
また光はある時は強く輝き，またある時は弱まり，しかも灯
は絶えることなく燃える。それが強く輝くとき，そのとき
人間も神への愛に大いに酔ったかのようだということが認
められる」[1]。さらに第74章で次のように言っている。自
らの本性の清さを取り戻した魂は「明澄で，遮られること
のない眼で光の真実の栄光を見る」が，そのような人間

---

　1)　偽マカリオス（実際はシメオン・メタフラステース）『愛に
ついて』9（PG 34, 916BC）参照。

は，「肉の重さを身に負っているが，霊の手付けのおかげ
で，彼らには希望されたことは確実である。そして彼ら
がキリストとともに統べ，霊の有り余る豊かさと豊饒さの
うちにあるだろうということは疑うべくもない。というの
はすでにそのときから，かの世に向けて彼らは奪い去ら
れ，そこで美と驚くべきことを見てとっているからであ
る。それはちょうど肉体の眼が，傷を受けることなく健康
であると，太陽の輝きに視線を決然と固定するように，そ
のようにこの人間たちは照明され，清められた知性を使っ
て，入ることのできない主の輝きに持続的に秘義参入する
のである」[2]。そしてさらに次のように言っている。「霊の
そのような輝きは，いわばたんに観念の明示であり，また
すでに言われたように，恵みの照明であるばかりではな
く，魂におけるヒュポスタシス的な光の堅固な，絶えるこ
とのない輝きである。というのはこう言っているからであ
る。すなわち『闇から光が輝く〔ように命じられた〕，こ
のお方〔神〕はキリストの栄光を悟る光を与えるためわれ
われの心のなかで輝いた』（2 コリント 4：6）。また『私の
眼を照らして下さい，私が死に至る眠りに陥ってしまわな
いために』（詩編 12（13）：3），つまり魂が肉体から解かれ
たあと，死という悪の覆いで暗まされないように。またさ
らに『私の眼の覆いを取って下さい，そしてあなたの法の
驚くべきことを私が見てとれるように』（詩編 118（119）：
18）。また『あなたの光とあなたの真理を送って下さい，
そうすればそれが私を導き，あなたの聖なる山と，また
あなたの天幕へと連れていってくれるでしょう』（詩編 42
（43）：3），その上，『主よ，あなたの顔の光がわれわれに
印づけられるように』（詩編 4：7），等は言わんとするこ

---

2) 偽マカリオス『知性の上昇について』13（PG 34, 901AB）参
照。

とに適っているのがわかる」[3]。そしてこう言っている、「幸いなパウロに道で光が輝いた（使徒言行録9：3）、彼はそれによって第三天にまで上げられ、神秘的な叫びを聞いた（2コリント12：2）。それは何か思考や認識の照明ではなく、魂のうちなるヒュポスタシス的なよき霊の力の輝きであった。その光の過剰さを肉の眼は耐ええず、完全な盲となり、それを通してすべての認識は覆いを取り除かれ、神はその資格のある、愛する魂に真に知られる」[4]。

2　再びマカリオス

　それはこのようである。聖人たちがその言葉を選んで取り扱い、聴聞者の能力に応じて教えをさまざまな仕方で伝えて、かの見神を解説しているからといって驚くにあたらない。しかし神のような、信厚い解説者であるシメオンは、経験を通して正しく見る者から、霊の神秘的で秘義に導く働きを伝授されたが、彼〔マカリオス〕自身から〔語られたか〕のように、今度はこう言っている。われわれが王国について語られるのを聞いて、涙に駆り立てられるとき、われわれの涙にとどまることなく、また正しく聞いた場合でも、そのわれわれの聴覚・耳にも〔とどまることなく〕、また正しく見て、われわれ自身で十分できると考えた場合でも、その目にもとどまらないように。「というのはまた別の耳、別の目、別の落涙があり、それは別の思考、別の魂のようで[5]、神的な天上の霊そのものであり、それは聞き、泣き、祈り、知り、そして神の意志を真実なすことであるから」[6]。「しかしこのことは徳の高い段階に

---

3)　偽マカリオス『知性の自由について』22（PG 34, 956D-957A）参照。
4)　同上，23（PG 34, 957AB）参照。
5)　偽マカリオス『講話』28, 5（PG 34, 713AB）参照。
6)　同上『心の監視について』1（PG 34, 841A）参照。

ある者や，その思惟的光が働いて心を照らす者には明らか
で，明瞭なものとなる。なぜなら幸いなパウロはこう言っ
ているからだ。『固い食物は日頃鍛錬された知覚をもち，
善悪を見分けるに至った完成された者のもの』（ヘブライ
5：14）である。しかし神のようなペトロもこう言ってい
る。『私たちには預言の言葉があるが，夜が明け，明けの
明星がわれわれの心に昇るまで，暗いところで輝く灯とし
て，〔その預言の言葉〕によく注意するがよろしい」[7]（2 ペ
トロ 1：19）。

3　メッサリア主義という中傷

しかしバルラアムはこれらすべてにまったく同意しない
で，それがメッサリア派の教えに属すると公言し，すべ
てをひっくるめて彼らの頭，ブラケルネスのものだとす
る[8]。そして彼は神の本質以外のものが永遠であると言う
者は不敬虔な者であるとはっきりと宣言し，神の永遠の栄
光を見ることは，かのブラケルネスに通じると偏頗な考え
をして満足している。ひょっとして彼は神の本質は見え
ず，永遠の栄光は見えるということに気づいたのではない
か。というのは，もし彼がこれ〔栄光〕について語ったの
なら，敬虔な教えをよく学んでいるのだから，われわれと
しては，ステファノが天を超えた神の栄光を見たゆえ，彼
をすべての非難から解放するであろうからだ。なぜならも
しこの観想者が天を超える栄光を見ることになっているの
でないなら，「天が開かれた」というのは何のためであっ
たか。しかしその眼でも彼は見たのだ。「彼はじっと視線
を凝らして見た」（使徒言行録 7：55-56）と言っている。
しかし彼は感覚を超えてその栄光を見たのである。天を超

---

7)　同上 『知性の自由について』27（PG 34, 960C）参照。
8)　本書Ⅲ -1-7 を参照。

第 2 論攷 435

えるものにまで達することができるとはどんな眼の力なのであろうか。しかし神学者という名をもつグレゴリオスは、「観想する」天使の「永遠の栄光」[9] について語っているが、では彼もまたトラペゾントスのブラケルネスではなかったか。天にある天使も誤りに陥ったとあなたが簡単に言うことができると私は思う。つまりあなたはこの地上で天使にならって生きることを選んだ者を、間違った考えの者だと図々しくも考えているが、この天使たちは最高の単一原理たる（μοναρχικώτατος）三位一体を讃えている。すなわち三位一体は自然的で、永遠の栄光を差し出し、また天使はその表しえぬ輝きを見たいと強く望んでいるからである。まったくもって、われわれは彼らをメッサリア派のうちに数え入れることがあろうか。神の本質的な輝きにより照明され、光を与える、このような輝きを受けたいと祈り求める者は、いったいどんな輝きや光線を望んでいると、われわれは言えようか。というのはあなたが唯一の神の光と言う認識は、神の本質的な輝きではないからである。キリストの「本質的に美しい、肉のもとに隠された輝き」[10] を見る者は、あなたから見てどんな輝きを見ていると考えられるのだろうか。というのも感覚的な光は神の本質的な美ではないからである。では最高の本質的な三位一体の光はどうして創造されたものなのであろうか。さて御仁よ、どうしてこうしたことがメッサリア派のものであるとあなたは書き、またこれほど多く、そして大げさな言葉で反対するのはどんな意図をもっているのであろうか。まさかメッサリア派は正教徒であり、あるいは正教徒は汚らわしいメッサリア派であると言うためなのか。なぜなら人

---

9) ナジアンゾスのグレゴリオス『講話』28, 31（PG 36, 72C）参照。

10) 8 月 6 日のポリュエレオンの後のカシスマから。「カシスマ」は詩編 150 編を 20 に区分したものの一つ一つを指す。

は，あなたの言葉からは両方の結論を引き出せるからである。われわれはあなたをどのような組に入れようか。いやそれは置いておこう。やがてもっとはっきりするであろう。

4 異端の真の源泉

彼は言う，「さてブラケルネスの言葉は要約して言えば次のようである。それはほとんど明らかに教会の教えと反対のものだ。というのはまず第一に，じつに断固として告白しているが，一切を造った神の本質は，一つで，始めなく，終わりのないものである，そしてこれ以外のものはすべて存在するに至ったものの（γενητῆς）本性に属し，神の本質と存在するに至ったものとの間にはいかなる他の存在性もないのだが，彼はしかしそれらの間に敢えて何かを措定したからである」。それが確固として告白された教会の教えであると信じているとは何たる愚昧なことであろうか。そのような言葉で，分別のある人間を欺こうと望んだとは何たる狂気であろうか。しかもそれも偉大なディオニュシオスは神から，宇宙を超える力によって生じた輝きは「始めなく，終わりもない」[11]とはっきり言っているし，彼と一致して神学者グレゴリオスも天使に見える神の栄光は「永遠である」[12]と言っている。しかしこの新しい神学者は誰から秘義を伝授されたか知らないが，「神の本質だけは唯一，始めなく，終わりもないものである。それ以外のものはすべて存在するに至ったものの本性に属する」と言っている。すなわちそれらは被造物であり，始めをもち，存在しない時があったのである。ところでこの本

---

11) 偽ディオニュシオス『神名論』4, 8（PG 3, 704D）参照。

12) ナジアンゾスのグレゴリオス『講話』28, 31（PG 36, 72C）参照。

第 2 論攷　　　　　　　　　437

質のまわりのもの（τὰ περὶ τὴν οὐσίαν ταύτην）は，幸いな者よ，おそらく本質以外のものであろう。なぜならそれらはかの本質のまわりにあるからである。従って，かの本質のまわりのものはいかなるものも，あなたの言葉によれば，始めのないものではない。そうではなく端的にそうしたものすべてがなかった時があったのである。なぜならあなたによれば本質が唯一始めのないものだからである。従って父なる神が存在しない時があったのである。なぜならそれは本質ではなく，本質以外のもの，本質のまわりのものだからである。そこでもし父が永遠からのものであり，彼における生まれざるということ（ἀγένητος）が始めがないということなら，あなたによれば神の本質が唯一始めがないのであって，この生まれざるということそのものが神の本質なのであり，これはエウノミオスの悪しき考えの要である。しかし御子も生まれたものであり，始めなきものではなく，生まれなかった時があったのであり，もはや生まれて生じないという時が将来あるであろう，つまりサベリオスも言ったように。あるいは彼における生まれたということが始めがないということなら，これは彼の本質である。というのも始めのないもののみが本質だからである。だから御子は御父と同じ本質をもって存在せず，反対のものをもって存在する。同じことが聖霊についても言えるであろう。それはちょうどかのときは〔バルラアムが〕御子の神性を拒否する者と，今ではプネウマトマコイ[13]の徒と組んでいるように見えるごとくである。これがあたかも何か悪しき泉からのように，そこから一切の異端が生じる，明らかに教会に認められた教えであるのか。さて神の本質が唯一の始めなきものではない。というのはそ

　　13）「プネウマトマコイ」4 世紀，聖霊の神性を否定した異端者たちを指す。

の本質のまわりにあると定められたすべてのもの，たとえばヒュポスタシス（位格），関係，区別，そして端的に本質を超える神の誕生（θεογονία）のすべての顕現は始めなきものであるからだ。そしてこれが一致して認められているところであり，かのものがそうなのではない。そして次のことが認められていることである。すなわち，肉を通しての神の顕現以後，誰も，悪しき異端に陥った者でさえも，すべてのヒュポスタシスと最高の三位一体のヒュポスタシス的特質は被造物であるから，まさしく神の本質が唯一の始めなきものである，と言って，彼がこっそりと持ちこんだことを，敢えて表明はしなかったということである。

5　本質と本質の特質

　そして私は神の本質が唯一の始めなきものであるという者に，それ以外のものは存在するに至ったものの本性に属し，この本質は全能のものであるかないかを，喜んで尋ねてみたいものだ。私は次のように言おう。この本質は知る力，予知する力，創造する力，維持する力，摂理的力，神的な働きをなす力，つまり端的にこうしたものすべてを有しているのか，いないのか。というのはもし有していないのなら，唯一の始めなき本質自身は神ではない。もしそれを有しているが，しかし後にその力を獲得したのだったならば，それが不完全であった時があったし，そうするとそれは神ではないということになる。もし永遠からその力を有していたなら，神の本質は唯一の始めなきものではなく，それらの能力のうちの一つのものである。しかし唯一の始めなき本質がある，つまり神の本質である。というのはそのうちにある能力のどれも本質ではないからである。必然的にすべては神の本質のうちに常に内在する。不分明な譬えで語るなら，あたかも感覚の諸能力は共通感覚と言

第 2 論攷　　　　　　　　　　439

われるもののうちに魂に即してあるようにである。そして
これは教会の公然とした，確かで，一致して認められた教
えであるが，かのものは決してそうではない。というのも
唯一の始めなき本質として，神の本質はあり，それ以外の
本質は存在するに至ったものの本性に属し，これは唯一の
始めなき，唯一の，本質を与える本質によって生じたが，
同じ仕方で，唯一の，始めなく，摂理的な力もあって，それ
は神の力だが，しかしそれ以外の力は存在するに至ったも
のの本性に属し，神の本性的な他の力のすべてもこれと同
様である。従って神の本質は唯一の始めなきもので，それ
以外のものは存在するに至ったものの本性に属するという
のではないのだ。

6　神の業について

　私の話は，それ自体で完全で，そして無限にわたって，
すべてのものに先行した本性に導かれているが，聖なる教
父によって，しばしば，「自然的エネルゲイア」とも言わ
れる力のみならず，始めなき神の業をも明らかにし，教父
方も最も優れた仕方で，それを簡略に信仰なき者に語った
ことを[14]示そうと意図しているものである。それはどのよ
うにしてであるか。創造の前に，時宜に適って，造られた
ものの各々が非存在から進み出るために，摂理の業は必要
ではなかったのだろうか。まだ時間的にかかわらないとし
ても，まず知って，次いで選ぶために，神に適った認識は
必要ではなかったのだろうか。いったい神の予知とは何
か。それには始めがあったのか。かの〔神〕自らを見る観
想の始めのことは考えられるか，そして神がそれ自らの観

────────────
　14）　バシレイオスやマクシモスのことであるが，それについて
は後の第 7, 9 節参照。

想へ[15)]と動き始めた時があっただろうか。いや，決して。従って唯一の始めなき摂理がある。すなわち神のそれであり，神の業である。それ以外の摂理は存在するに至ったものの本性に属する。しかし摂理は神の本質ではない。神の本質が唯一の始めなきものではない。唯一の始めなく，造られざる予知，それは神のそれである。本性上われわれのうちに内在するそれ以外の予知はすべて始めがあったし，造られたものである。また唯一の始めなき意志〔がある〕が，それは神のそれである。それ以外の意志はすべて始めをもったのだ。しかし神の御言葉は意志による子であると言う人でも，誰も敢えて神の本質が意志であるとは言わなかった[16)]。また〔神の業である〕前定義（προορισμός）については，その名前から創造されたものの前にそれが存していたことを示している。もし誰かがそれらを世々に先立ってではないと言うつもりなら，次のように言うパウロの言葉に反することになる。すなわち，「神は世々の前にそれを決めておられた」（1 コリント 2：7，参照）。

7　非創造のエネルゲイアと神の諸々の名

　しかしそれらは予知，意志，摂理，直接的見神や，これらに似たもののように，明らかに神の始めなき，世に先立つ業である。もし観想や摂理そして予知，前定義また意志が神の始めなき業であるなら，徳もまたそうである。なぜならそれらの業のそれぞれは徳だからである。しかし存在性（ὀντότης）もまたそうである。つまり，存在性は本質のみならず，すべての存在者に先立つゆえ，第一のものだからである。次いで意志や前定義は徳である。きわ

　　15）　定本ではここは「τῇ ἑαυτοῦ θεωρίᾳ」と印刷されているが，仏語訳［1Fr］，伊語訳［3I］のテキストに倣って「θεωρίᾳ」と読む。
　　16）　アレイオスの徒を指す。またユスティノスのような護教論者も。

めて神的なマクシモスは正しくも次のように言う，「存在
性，生命，聖性そして徳は神の業であるが，時間のうちに
始まったものではない」[17]，そしてそれらが時間的ではない
にしても，誰もそれらが世代のうちにあると考えないため
に[18]，次のように付け加える，「というのは徳や善性や聖
性や不死がなかったときは存しなかったからである」。さ
らにわれわれのうちにある諸々のものが始めなきもので
あると考えないために，次のように付け加える，「始まり
のあるものは，始まりのないものに与り，またそう語られ
る。というのは一切の生命，不死，聖性そして徳の」，す
なわちわれわれに本性的に内在するものの，「神は創造者
である」[19]。このことを彼はその『第一の100章』の50章
で言っているが，その48章ではこう言う，すなわちこれ
ら〔の徳〕は本質的に神をめぐって観想され，そして与り
うるものであり，与った存在者と時間的に始まった業はそ
れに与るのである。というのもこれらは始めなき業である
からだ。「というのは『存在しなかった（οὐκ ἦν）こと』
は決して徳に先立つのではなく，また語られたことがらの
どんなものよりも先立たない。つまりそれは神を，その存
在の唯一の，永遠な仕方で生み出す者としてもつからであ
る」[20]と言う。そしてわれわれがすべてのものから自由に
なった後，理性によって達する，かの超本質的なものにつ
いて語っていると誰も考えないために，49章で直ちに続
いて次のように書いて言っている，「神は無限回，無限に，

---

17) マクシモス『神学と神の子の受肉の摂理について』1, 48
（PG 90, 1100D）参照。

18) 伊語訳 [3I] 註によれば（861頁），古代では，この「世代・
世 αἰών」は始めをもつが，終わりをもたないもので，世代のうちに
ある出来事は時間のもとにはないとされた。

19) マクシモス，同上，1, 50（PG 90, 1101AB）参照。

20) 同，1, 48（1100D-1101A）参照。

この与ったものを超越する」[21]。すなわちこの善性, 聖性そして徳は始めなく, つまり造られざるものであると言うのである。従って端的に神の超本質的な本質は造られざる善性, 永遠の栄光そして生命, またこうした類のものではない。というのは神は原因としてこれらを超越するからである。われわれはそれを生命, 善性そしてこのような類のものと言うが, それはかの超本質的なものを示す働き (エネルゲイア) や力に基づいてそう名づけるのである。すなわち偉大なバシレイオスによれば, 一切の本質を保証するのは知性をその本性にまで導く, その本性的な働き (エネルゲイア) である[22]。神のようなニュッサのグレゴリオスや他のすべての教父によれば, 「自然的な働き (エネルゲイア) は, 一切の本質を明示する力であり, 非存在のみがその力を欠いている。というのは存在者は何らかの本質に与るものとして, この本質を自然的に明らかにする力に全面的に与るからである」[23]。しかし神にふさわしい働き (エネルゲイア) のそれぞれのうちに神は全体として存在し, そのそれぞれに基づいてわれわれは神を名づけ, そこから神はそれらの一切を超越するということが明瞭になる。じっさい神にふさわしい働き (エネルゲイア) の多くのものがあるので, もし神がそれらすべてを超えるのでないのなら, いったいどのようにして神はそれぞれのもののうちで全体として, 全く分けられることなく内在し, それぞれのものに基づいて全体が見られ, 部分なく, 超自然的な単純さを通して名づけられるのだろうか。

---

21) 同, 1, 49 (1101A) 参照。

22) バシレイオス『書簡』189, 6-7 (PG 32, 692-696) 参照。

23) これはマクシモスの『マリノス宛書簡』(PG 91, 281AB) を指すのであろう。

8　エネルゲイアは始めと終わりをもつ

しかし神のエネルゲイア（働き）のうちで始めと終わりを有していたものがあり，それはすべての聖人がともにそのことを証言しているのである。というのはすべてを正確に認識していると思っているかの者〔バルラアム〕は，始めをもつものはすべて造られたものであると考えており，それゆえ神の本質のみが唯一の始めなきものであると言って，それを明確にさせるものとして，「それ以外のものは存在するに至った本性に属する」という文言を付け加えたのであった。もし彼が始めをもつものはすべて造られたものであると考えても，われわれは神のエネルゲイアはすべて造られざるものであるが，すべてが始めなきものであるのではない[24]ということを知っている。というのは創造する力ではなくとも，その力の実施，すなわち創造されたものにかかわるエネルゲイアは，始めと終わりをもっており，それをモーセが次のように言って明らかに示しているからである。「神は為し始められたすべての業を休まれた」（創世記2：3）。ではどうしてこの超本質性はそれ自身のエネルゲイアと別のものではないことがありえようか。しかし始めなきエネルゲイアはかのもの〔超本質性〕と同じであると彼〔モーセ〕は言っているであろうか。しかしそれらのうちで始めではなく，終わりを有していたものがあると，これは大バシレイオスが神の予知について語ったことである[25]。じっさい神の超本質的な本質は始めなきエネルゲイアと同じではないのだ。そこから，かのもの〔神の超本質的本質〕はすべてのエネルゲイアのどんなものをも超越するというだけではなく，きわめて神的なマクシモス

24）　先のⅢ-1-4参照。

25）　バシレイオス『エウノミオス駁論』1, 8（PG 29, 528B）参照。

444   第Ⅲ部

によれば，「無限回，無限に」超越するということもまた
示されるのである[26]。

9 教父による証言

しかし幸いなキュリロスは，「神が至るところに存在す
ること，そして何ものによっても含まれることがないが，
一切を含むことが神にふさわしいエネルゲイアであり，力
である」[27]と言っている。ところで至るところに存在する
というのは，神の本性ではない。それはわれわれの場合，
どこかにあるということ，そのことだけが本性ではないか
らである。なぜなら決して本質ではないものが，どうして
われわれの本質でありうるだろうか。たとえ神は，本質は
分けられないがゆえに，全体としてそれぞれのエネルゲイ
アにおいて示されるとしても，神にあって本質とエネルゲ
イアは全く同一ではない。金のような講話をするヨアンネ
スは，「神の本質的なエネルゲイアはいかなるところにも
存在しないということは，非存在ということではなく，場
所，時間，本性を超えて存在するということである」[28]と
言っている。ところがあなたはすぐに，どこにも存在しな
いということは本質にかかわることではなく，神の本質で
あると言うが，あなたには本質とエネルゲイアの違いがわ
かっていないのである。大バシレイオスは言う，「創造の
力が本質であると言い，摂理の力がまた本質であり，予知
の力も同様に，そして一般的にすべてのエネルゲイアを本

---

26) マクシモス『神学と神の子の受肉の摂理について』1, 7（PG
90, 1085B），1, 49（1101A），『タラッシオスへの問い』63（PG 90,
673D）参照。

27) これはマクシモスの『神学的・論争的著作』（PG 91, 281B）
のなかに見られる。

28) 同上。

質であるとするのは何と笑止なことではないか」[29]。神のようなマクシモスは言う。「善性や善性という言葉に含まれるすべてのもの，そして端的にすべての生命や不死や，神について本質的に観想されるすべてのものは神の業であり，時間的に始まったものではない。というのも徳に先立って『存在しなかったこと』はなかったし，また語られたこととは別の何ものの前にもなかった，たとえそれに与るものがそれ自体として時間的に存在し始めたとしても」[30]。このようなもののどれも神の本質ではないし，造られざる善性でもなく，始めなき，永遠の生命でもない。なぜならそうしたものはすべて，そのものに即してではなく，そのもののまわりに存するからである。

10 エネルゲイアに由来する名称

さらにすべての聖なる教父たちは共通して，造られざる三位一体に関して，その本性（φύσις）を表す名称を見つけることはできないが，働き・エネルゲイアの名称は見つけうると言っている。というのは「神性 θεότης」は働き・エネルゲイアを表す，すなわち走ること（θέειν），観想すること（θεᾶσθαι），燃えること（αἴσθειν）[31]，つまり「それ自体における神化」（αὐτοθέωσις）[32]を表すのである。しかし名を超えるものは名づけられるものと同じではない。また神の本質とエネルゲイアも同じではない。

---

29) バシレイオス『エウノミオス駁論』1, 8（PG 29, 528B）参照。

30) マクシモス『神と神の子の受肉の摂理について』1, 48（PG 90, 1100D）参照。

31) この三つの動詞は，当時の語源学では神（θεός）から来るものとされていた。ナジアンゾスのグレゴリオス『講話』30, 18（PG 36, 128A），およびニュッサのグレゴリオス『アブラビオス宛書簡』（PG 45, 645AB）など参照。

32) 偽ディオニュシオス『神名論』11, 6（PG 3, 956A）参照。

446 第Ⅲ部

もし神の神性がまさしく神のエネルゲイアを意味し，他方
あなたによれば諸々のエネルゲイアが造られたものなら，
神の神性もあなたによれば造られたものである。しかしそ
れは造られざるものであるのみならず，始めなきものであ
る。なぜなら諸存在が生じる以前に存在するものすべてを
知っている方は，それらを見ることを始められたのではな
かったからである。それにもかかわらずすべての名前を超
える神の本質はこのエネルゲイアも超えるが，それはこの
ようにして働くもの（ἐνεργοῦν）が，働きを受けたもの
（ἐνεργούμενον）を，そして名前を超えるものが，そのよ
うな仕方で名づけられたものを超えるかぎりにおいてであ
る。しかしこうしたことは，一なる神と一なる神性を崇め
ることに決して対立することではない。つまり光線を「太
陽」と呼ぶことは，太陽は一つであり，その光は一つであ
ると考えることに対立しないからである。このようにして
われわれは正確に諸聖人たちと一致していることがあなた
にはわかるだろうか。

11 造られざるエネルゲイア

さて与りうるものは造られたものであり，神の一切の業
のみならず，一切の力とエネルゲイアは時間的な始めと終
わりをもつと言うあなたは，おお狂気よ，そしてすべて
を恐れることなく敢えてしでかす無鉄砲さよ，〔神は〕本
質という点ですべての主張〔肯定 θέσις〕と除去〔否定
ἀφαίρεσις〕を超えるので[33]，神は本質に即して，造られ
ざるエネルゲイアの彼方にあると讃える聖人たちを不敬虔
な者たちであると宣明し，破門とアナテマに陥れるが，こ
のように言い，そして考えるあなたは，いかにしてあなた
がずっと昔からの異端者の仲間ではないことを示しうるの

---

33) 偽ディオニュシオス『神秘神学』1, 2（PG 3,1000B）参照。

第 2 論攷　　　　447

だろうか，いずれにせよ神のすべてのエネルゲイアやすべての業のみならず，かのそれ自体として超本質的な本性の力をも造られたものであると公言しているのに。しかもこの「本質 ἡ οὐσία」という名前は神にあってはこうした力の一つを表す，と。というのはディオニュシオス・アレオパギテースは次のように言っているからである，「もしわれわれが超本質的な秘匿を，神，生命，本質，光あるいは言葉と名づけるなら，それからわれわれのもとに導かれる神化し，本質を与え，生命を与え，知恵を与えてくれる力以外のものをわれわれは考えていない」[34]。従って神の本質が唯一始めなきものであるとあなたが言うとき，神の力，つまり本質を与える力のみが始めなきものであり，それ以外は時間のもとにあるとわれわれは気づくのである。では神の本質を与える力は始めなきものだが，生命を与える力は時間的始まりをもち，あるいはまた生命を与える力や知恵を与える力もそうであるのはどうしてなのか。というのはすべての神の力は始めなきものであるか，それとも決してそうではないかだからである。しかしあなたは一つのもののみが造られざるものであると言い，またそう定めるが，他のものは造られざるもののうちに入れない。しかしすべてが造られたものであることを示すなら，その一つのものも除外することになる。なぜなら，そのような嘘は自己矛盾であり，自らを破壊するものだからだ。じつにそれ自らに対して偽り，害を与えるために，自らは自分自身から離れ，自らは自分自身を通して自分に嘘をつくことになる。

12　「私は在るものである」

しかし〔神が〕自らのうちにこうした力のすべてを単一

────────────

34)　同上『神名論』2, 7（PG 3, 645A）参照。

448 第Ⅲ部

な仕方で，そして統一的にもっているということは，「本質のゆえに διὰ τῆς οὐσίας」であると彼は言うのだろうか。しかしまず第一に彼はこれを神と名づけるべきであった。というのはそれが教会からこのことに関してわれわれが受け取った用語・言い方であるからだ。そして神はモーセと交渉されるときに，「私は本質である ἐγώ εἰμι ἡ οὐσία」とは言わず，「私は在るものである ἐγώ εἰμι ὁ ὤν」（出エジプト記3：14）と言われたからだ。というのも「在るもの ὁ ὤν」は本質からではなく，本質が在るものに由来するからである。なぜなら在るものはそれ自身のうちに存在全体を含むからである[35]。もし「本質」の代わりに「神」という用語を使ったのなら，「本性において」を使うべきであり，それは聖人たちも，その講話の主題を語るときに，「恵みによって始めなく，造られざるものである」[36]と言っている，その恵みゆえに，そして恵みによって神々である，ということであるのだから。そこで次のように言うべきである，「本性上始めなき唯一の神」，と。しかし彼は「神」という言葉を別の言葉で置きかえて，「本性によって」という言葉を捨て，そして出来るかぎり聴く者を欺くために，唯一の始めなきものはすべてを統一的に内包し，すべてに勝るものであるとは言わないで，議論を誘導した。なぜならもしそのように言っていたのなら，そのうちにある自然的な力が造られたものであるとどうしてやっきになって示すことができようか。

13　神の輝きに与ること

神の力は造られたものであると彼は考えているが，その

35）　ナジアンゾスのグレゴリオス『講話』45, 3（PG 36, 625 C）参照。

36）　マクシモス『難問集』（PG 91, 1144BC）参照。

ことを明瞭に語っているのを聞きなさい。というのは彼は
偉大なディオニュシオスが次のように語っているのを引き
合いに出したからである。すなわち「与りえぬ神から流れ
出る摂理的力は，与りうるという意味で存在それ自体であ
り，生命そのものであり，神性そのものである。つまり存
在するものはそれ自身によって固有の仕方でそれらに与
り，それが存在であり，生命であり，神的なものであり，
またそう言われる。それゆえ第一に善がそれらを存在させ
るもの（ὑποστάτης）であると言われる」[37]。そこで彼は
これらのことから推論して次のように言う，「従って偉大
な〔ディオニュシオス〕がはっきりと力と名づけているそ
こでの神性そのものとか，そうした類のものは，常に存在
しているわけではなく，善がそれらの基なのである」，そ
してさらに「ある人はすべての根源を超えるような何か神
性の根源とか神性があると言っているが，しかしそれが永
遠であるとは言っていない。というのはそれらを存在させ
るものがすべてのものの原因だからである」。そしてさら
に「神の与りえぬ栄光は永遠であり，本質以外のものでは
なく，他方，与りうる栄光は神の本質とは異なり，永遠で
はない。なぜならそれらを存在させるものがすべてのもの
の原因であるからだ」。先に言ったように[38]，神の永遠の栄
光とは，神の与りえぬ本質であるとするのは誤りであると
いうことを，天使は永遠の栄光を観想していると言う者が
示したのである。その際，神の永遠の栄光は与りうるもの
であるということが同時に示されるのである。なぜなら何
らかの仕方で神について見られうるものは，与りうるもの
だからである。しかし偉大なディオニュシオスもこう言っ

---

37) 偽ディオニュシオス『神名論』11, 6（PG 3, 953D-956A）参
照。

38) 本論攷第3節，またナジアンゾスのグレゴリオス『講話』
28, 31（PG 36, 72C）参照。

ている，「神の知性は円環的に動き，美と善の始めなき，終わりなき輝きに一致している」[39]。ではこの始めなく，終わりない輝きそのものは，たとえこの本質と分かたれざるものではあっても，いかにして神の与りえざる本質とは別のものではなく，また違うものではないのか。というのは第一に本質は一であるが，この輝きそのものは多である。そして類比という仕方で与るものにそれに固有の仕方で送られ，それらを受けうる能力の違いに応じて多となるからである。つまりこのように，パウロによれば，それらは「聖霊の諸々の分与」（ヘブライ2：4）でもあるからだ。しかもかのものは超本質的な本質であるが，この輝きは諸々のエネルゲイアあるいはエネルゲイア〔単数〕であるから，本質には与りえないが，それらには与りうるということに，誰も反論しないであろうと思う。

14 霊的な光

だがしかしすべての一致は接触を通してである，つまり感覚的なものは感覚的なものと，思惟的なもの（νοεϱᾶς）は思惟的なものという具合である。しかしかの輝きとの一致があるから，接触（ἐπαφή），すなわち思惟的な，いやむしろ霊的な接触がある。しかし神の本質はそれ自体としては触れえぬものである。さらにこの輝きとの一致は見神とは別のものであろうか。この輝きはそれにふさわしいものに見られるのであるが，神の本質は全く見られえざるものである。そして始めなく，また終りのない輝きは，始めなく，また終わりのない光である。ところで神の本質とは違う永遠の光がある。それは本質ではなく，またそれ自体で存在しないが——愚かな考えはやめるがよい——，それは超本質的なもののエネルゲイアなのだ。しかしこの光は

39）偽ディオニュシオス『神名論』4, 8（704D）参照。

第 2 論攷　　　　　　451

始めなく，終わりがないので，感覚的でなく，また言葉の
固有の意味で可知的（νοητόν）でもないが，霊的であり，
神的であり，すべての被造物を過剰な仕方で超越してい
る。感覚的でなく，可知的でないものは，感覚であるかぎ
りの感覚のうちにあるのではなく，思惟的な力そのものの
うちに（νοερᾷ δυνάμει）もない。従ってかの霊的な光は
見られるのみならず，見る力でもあるが，感覚ではなく，
知性作用でもなく，何か霊的な力であって，一切の被造物
の認識の力を過剰な仕方で超越し，清められた理性的本性
をもつものに恵みによって生じるのである。

15　見神は天使にとっても常に恵みである
　このために偉大な神学者グレゴリオスも，よき天使たち
が「永遠の栄光を観想している」のみならず，「永遠に」
〔観想している〕と言ったが，その際，天使たちは，造ら
れた，自然本性的で思惟的な力で神の永遠の栄光を観想し
ているのではなく，永遠で，霊的で神的な力によることを
示して，次のように言っている。すなわち「それは神が栄
光あるものとされるためではなく——なぜなら〔神には〕，
充溢さとか他のものによきものを供給する者であることに
さらに付加するものがないからではなく——，神に次いで
第一の本性をもつもの〔天使たち〕に恵みを与えられるの
をやめないためである」[40]。あなたは彼ら〔天使たち〕が本
性から永遠の栄光を永遠に見ることはできないが，聖人も
またそうであるように，永遠の本性から恵みを受けて，こ
の力と観想を受け取るということがわかるだろうか。偉大
なバシレイオスによれば，「なぜなら聖霊によって動かさ
れた者は永遠の運動，聖なる生きものとなったからであ

────────────
　40）　ナジアンゾスのグレゴリオス『講話』28, 31（PG 36, 72C）
参照。

る」。「霊がその人のうちに住むと，その人は預言者，使徒，神の使の尊厳をもつものとなった。以前は『地と塵』（創世記 18・27）に過ぎなかったのに」[41]。幸いにもそうした力を与えられた知性自身は見る〔見神〕と言われる。そのようにしてかの光は知性に即してあり，また知性を超える。しかし彼らは自分自身をも見ると言われている。というのはかの光はそれ自体を見るものであるが，造られた認識の力には捉えられないので，それにふさわしいものには見えるからである。

16　悪霊に欠けるもの

それゆえ偉大なディオニュシオスは，「諸々の知性（天使のこと）は円環的に動き，始めなく終わりなき輝きに一致している」[42]と言っている。だが次のことを知っておく必要がある。すなわち何事についても極めて正確なこの〔教父〕は，たんに諸々の知性は円環的に，始めなき輝きに一致して運動すると言っているのではなく，動くと「言われている」，つまり私の考えでは，たとえ彼らは汚れた経験を決してしないことで，始源からたまたま恵みを受け継いでいるとしても，その一致は彼らにとり自然的ではないことが暗示されているのだ。この光やそれを見る力は世界を超える天使に自然的に内在していないということは，彼らの敵〔悪霊〕から信ずるに値する証拠を提示できる，と言っている。なぜなら彼らのうちの追放された悪霊の種族は，光とそれを見る力を奪われているが，自然的なものは何ひとつ欠けていないからである。従って光もかの見ることも自然的ではないのだ。その上悪霊の種族は知性作用

---

41)　偽バシレイオス『エウノミオス駁論』5（PG .29, 769B）参照。

42)　偽ディオニュシオス『神名論』4, 8（PG 3, 704D）参照。

（νόησις）も奪われてはいない。なぜなら悪霊の種族は知的であり（νόες），その存在を失ってはいないからである。〔ある悪霊〕は言っている，「私はお前が誰かを知っている。神の聖なる者だ」（マルコ 1：24）。しかし彼〔キリスト〕は「悪霊どもが，彼がキリストであることを知っていた（マルコ 1：34，ルカ 4：41）と言うことを許されなかった」。だから神学者も言っている，「あなたは神性を信じないのか。悪霊でさえ信じているのに」[43]。もし彼らが神性を知っていたなら，それは造られたものではないということを必ず知るはずである。

17　それは認識の問題ではない

さてかの光は認識ではないし，肯定を介しても，また否定を介しても生じるものではない。そして悪しき天使のそれぞれは知性であるが，預言者の言い方によれば（イザヤ 10，12 以下），認識を悪しき仕方で用いる「アッシリア人」の知性である。しかしこの光を何か悪用することは可能ではない。なぜなら〔この光〕は悪しきことを承諾する者から直ちに飛び去り，悪しきことにかかわることに同意した者を神から見捨てられたままに打ちやるからである。従ってこの光と照明は知性作用ではなく，もしそれを曖昧に語るのでなければ，むしろ幸いにも与えられた知性を介してである。それはちょうど言い表しえぬ恵みを働かせることを「神性」と言うように。なぜならそれは神化させる働きであって，働きをなす霊からは全く切り離されず，照らされるということに基づいて，浄化によって〔その者は〕光照らされ始める。だから教父たちによってこれは「清さ」とも呼ばれているが，しかし光と照明には始まりがない。

---

43)　ナジアンゾスのグレゴリオス『講話』45, 27（PG 36, 661A）参照。

454 第Ⅲ部

そしてこれはむしろ天使のように照らされ，神化に達した
人間の場合に明らかである。つまり神的なことにおいて大
いなるマクシモスによれば，「見られず，言い表しえない
様を超える栄光の光を観想する者は，その者もまた上から
の力とともに，幸いな清めを受けるのである」[44]。

18　バルラアムの誤りの原因

　ところでこの新しく現れた彼が，霊の神化させる賜物
を，いやむしろ神の力すべてを造られたものであると考え
た原因をもしわれわれがよく吟味するなら，先にわれわれ
が否定した[45]かの異端の悪しき泉に次いで，偉大なディオ
ニュシオスが言っている「神はそれらの力を『在らしめ
た ὑποστῆσαι』」[46]ということ以外のことをわれわれは見
出さないであろう。しかしこれは存在していることだけを
示しているのであって，存在（ὕπαρξις）の仕方を示して
いるのではない。従ってこのことは神によって造られた存
在にも，造られざる存在に対しても言えよう。というのは
偉大なバシレイオスは御子について次の言葉を使ってこう
言っているからである。すなわち「なぜなら『水の塊を
造ったものは，この塊と同じく，御子をも造ったのではな
いのか』（ヨブ 38：28）」[47]。また聖霊についてこう言ってい
る，「それは神の口の霊である（詩編 32（33）：6）。これは

---

44)　出典箇所不明。

45)　III-2-4 参照。

46)　偽ディオニュシオス『神名論』11, 6（PG 3, 953B）参照。

47)　バシレイオス『エウノミオス駁論』2, 23（PG 29, 624A）参
照。定本その他の註によれば，このテキストは『聖山覚書』（1351年）
にも引用されているが，ある写本には ὑπεστήσατο（ヒュポスタシス
的に存在させた）の代わりに ἐτεκνώσατο（子として生んだ）という
語があり，これに対しニケフォロス・グレゴラスが異議を唱え，それ
にパラマスは『バシレイオスの文言に疑義を挟む者に』という書簡で
答えている（PS IV, 382-89 頁）。

第 2 論攷　　　　　　　　　　　　455

あなたがそれを何か外から来たものとか，造られたもので
あるとか判断しないためであり，しかし神からそのヒュ
ポスタシス（基・位格）を有していると考えるためであ
る」[48]。さらに「それはそのヒュポスタシス（基・位格）に
即した固有のしるしをもつ。つまり御子を通して知られ，
父から基を置かれた（ὑφεστάναι）ということである」[49]。
神学者グレゴリオスはしばしば「ヒュポスタシス」を御子
の世に先立つ出生と呼んでいる[50]。さてあなたはすぐにこ
のような名称を介して，御子あるいは聖霊が造られたもの
であるということをわれわれに示すであろう。神の力が造
られたものであるとあなたが宣明するのは，すべてのもの
の原因がそれらを存在させるもの（ὑπόστασις）でもあ
るということを示す以外のものではない。そしてあなたは
偉大なディオニュシオスがこれらの力は過剰な仕方で存在
するのではないとここで示しているのに気づかなかった。
というのは彼は「神から与えられた与りえざる，摂理的
力」と言って，「それらの与りうる存在は存在と言われる」
が，それはこれらの力が存在者を全く超える場合である，
と付け加えているからだ[51]。そして神的なことで知者のマ
クシモスは与るものには始めがあるが，与られるものは始
めがないと言っている[52]。

---

48)　バシレイオス『詩編講話』32, 4（PG 29, 333B）参照。
49)　同上『書簡』38, 4（PG 32, 329C）参照。
50)　ナジアンゾスのグレゴリオス『講話』20, 6（PG 35,
1072C），42, 16（PG 36, 477AB）等参照。伊語訳［3I］註によれば，
ὑπόστασις や ὑφίστημι という言葉に基づいて，ここでは「ヒュポ
スタシス的に存立する」という意味を指しているのだと言う。ただし引
用箇所には，パラマスが言う通りの文言は見当たらない。
51)　偽ディオニュシオス『神名論』11, 6（PG 3, 956AB）参照。
52)　マクシモス『神学と神の子の受肉の摂理について』1, 48
（PG 90, 1100CD），1, 50（1101B）参照。

456　第Ⅲ部

19　バルラアムは多神論者である

　さて本質を超える秘匿より出てくる，神化し，本質を与え，知恵を与える諸々の力は，与るものに属するか，それとも与られるものに属するか，あなた〔バルラアム〕はどう思うのか。しかしもし与るものに属するのなら，それに与るまた別の似たような力を探さねばならないだろう。力は必然的に与られるものに属するのであって，与るものにではないことがあなたはわかるだろうか。その上，もし神化する力が他の神化する力を必要とするなら，つまりそのようにしてそれは与るものであるが，与られるものではないので，それには別のものが必要で，そしてそれにはさらに別のものが，というふうで，それは無限にわたることになる。いったい，神化する力は与られるものであって，与るものではないのである。さらに確かに神に与るものならば，その本質にも，力にも，エネルゲイアにも与るであろう。ところが力やエネルゲイアには与らないということだ。というのはあなたの知恵によれば，与るものと造られたものは同じだからである。それなら神の本質に与ることになろう，それは全く馬鹿馬鹿しいことである。それに加えて，この力そのものは，与られるものにではなく，与るものに属するのなら，神の超本質的な本質以外の何に与るのであろうか。というのは他の似たような力に再び属するのではないからである。それゆえ愚かしいことが二つ起こってしまうだろう。つまり神の本質は与られるものであり，力は本質となるが，それはたんなる本質ではなく，神の本質ということだ。力はエネルゲイアへと進みゆき，エネルゲイアから完成されたものへと至るからである。他方本質はこの同じ理由で与られ，与るものは与るということに即して同じ本質に与ることとなる。あなたはこれが全く馬鹿げたことだと思わないか。彼のように，神の本質が一つではなく，多くの違ったものだと示して，力は与るもの

第 2 論攷　　　　　　457

で，造られたものだと言う者は，本当に多神論者である。

20　力は永遠であること

さて唯一の全能の神を礼拝するわれわれは，聖人たちと一致して，神の力は与られること，またすべての〔力〕は，それ自体で〔存立する〕ということではないにしても，作用する（ἐνεργεῖν）こととしてではなく，存在（ὑπάρχειν）することとして，その始めをけっしてもたないということを知っている。というのは偉大なディオニュシオスは，それは神のうちに先在していたから，与りを受けるのだと言っているからである[53]。神のようなマクシモスによると，与りを受けるものは決して存在し始めることなく，「『存在しなかった』ということはそれらよりも先なるもの」ではなく，常に在る神から常にあり，神と離れることなく常に在り，神のうちにともに永遠に存在するのである[54]。じっさいわれわれはあなた〔バルラアム〕の無用な学芸による詭弁や二神論，多神論や合成された神々を恐れないであろう。そうしたものを何か嚇しのように，あなたはわれわれと聖人に対して持ち出してくる（次節参照）。だがあなたは年たけた人々を恐れさせはしない，よく知るがよい，子供を恐れさせているのだ。またあなたが患っている病いでわれわれを中傷し，何度も示されたように，あなた自身のことばで転倒し，他人を自分とともに引きずり降ろそうと試みているのだ。つまり〔彼らを〕正しい教えから狡賢く引き離し，言葉による企みで取り囲んでいるという具合なのだ。

53）　偽ディオニュシオス『神名論』11, 6（PG 3, 956A）参照。

54）　マクシモス『神学と神の子の受肉の摂理について』1, 48（PG 90, 1100D），またナジアンゾスのグレゴリオス『講話』42, 17（PG 36, 477C）参照。

21 バルラアムによればパラマスは多神論者である

彼は言う，「なぜなら下に降ったものや，それらの上にあるものなど，永遠で造られざるものが多くあるとあなたたちが言うかぎりにおいて，あなたは多くの神々を語ることになるからだ。他方，区別されることなく，神の下に置かれたもの〔については〕，神自身には，見える栄光があり，見えない本質があるが，神はその両方を永遠にもつのだから，あなたは二つの神を一つに合成させているのである[55]」。このような言葉，耐えがたい攻撃，自らを弁護するための非難，いやむしろ無意味なことは誰に向けられているのか。たとえわれわれが言わなくとも，それはすべてのものに明らかであろう。というのは，あなたは与りを受けたもの〔力〕は多く，それらすべてには始めなく，〔しかし〕神は無限回無限に果てしなくそれらをはるかに超える[56]こと，また神の観ることのできる栄光は永遠で，神とともに永遠であると言った聖人のことを聞いたからである。にもかかわらずわれわれはわずかの言葉でそれがどのように語られているかを示そう，というのはわれわれは彼らと一致しているからである。

22 神とエネルゲイア

優れた人よ，神はこれらすべてを有しているとわれわれは言う。いやむしろ偉大なディオニュシオスに従って言えば，〔神は〕それを打ち勝ちがたい仕方で，また一つに集める仕方で[57]，また単一な仕方でまずもち，そしてそれを

---

55) バルラアムはパラマスが「神性」を「上位のもの（いわば本質）」と「下位のもの（エネルゲイア）」に分割したと非難している。

56) マクシモス『神学と神の子の受肉の摂理について』1, 49（PG 90, 1101A）を参照。

57) ディオニュシオス『神名論』5, 6（PG 3, 820D）。

第 2 論攷　　　　459

凌駕するが[58]，それは，魂が自らのうちに身体の予知能力
すべてを単一な形でもっているようにである[59]。じっさい
魂は，眼が視力を失い，耳は耳しいとなっても，そのうち
に身体の予知能力を劣ることなくもっているように，世
界がまだ存在していなくとも，神は世界を予知する能力
をもっていた。そして魂は端的にこの予知能力ではない
が，その能力はもっており，神もそのようである。そして
魂は一つで単純で合成されず，それ自身のうちにあり，ま
たそれ自身からの能力によって多数化したり，合成したり
することがないように，このように神も多くの力をもつの
みならず，全能であって，それ自身のうちにある力を介し
て，一つであることと，単純性を失ってはいない。しかし
自分自身でよく調べると，あなたは次のことを理解するで
あろう。つまり魂は身体と切り離されている場合でも，魂
の業が多くあり，しかも身体に結びついているときは，そ
れと分与しあうということを。それにもかかわらず「生命
それ自体」と「神化それ自体」や，こうしたものを諸存在
者の根源と範型であると語っている偉大なディオニュシオ
スは，神はそれらを始めから有していると言ってはいない
か[60]。では神が予めもっているものにはどうして始まりが
あるのだろうか。もしそれが賜物だということを持ち出す
のなら，どうしてもっていないものを贈れるだろうか。も
しディオニュシオス自身がこれを「前定義」とか「神の意
志」と呼ぶなら[61]，どうして前定義と神の意志は始めがな
く，造られざるものであるのか。「神の本質が唯一の始め
なきものであり，それ以外は存在するに至った本性に属
し，時間的始めをもつ」とどうして彼は信仰上の信念とし

---

58)　同上，5, 5（PG 3, 820B）。
59)　同上，5, 7（821B）参照。
60)　同上，5, 8（824C），11, 6（956A）参照。
61)　III-2-4 参照。

460　　　　　　　　第Ⅲ部

て述べるのであろうか[62]。どんな聖人がそれを言ったのであろうか。誰も言っていないなら，どうして彼は信仰上の信念として述べるのであろうか。

23　諸存在の存在性とは何か

　彼はこれに同じような仕方で，また別の信仰上の信念として表明する考えを付け加えている，すなわち「神の本質と存在するに至ったものとの間にはいかなる他の存在性も存しない」[63]。しかしもしここで偉大なディオニュシオスが「本質賦与それ自体 $\alpha\dot{\upsilon}\tau oo\upsilon\sigma\dot{\iota}\omega\sigma\iota\nu$」[64] と呼んでいる，与りえ，そして本質を与える神の力を本質と言うなら，神の本質と存在するに至ったものとの間には何もないと簡単に言うべきではなかったし，ただ存在するに至ったものの諸本質〔の間に〕と言うべきであった。じっさい感覚的に，あるいは理性的に，あるいは思惟的に生きるものであるかぎりの生きるものを造り出すものは，神の本質を与える力ではなく，生命を与える力であって，それは知者になすことが知者とする力，神化されることが神化する力〔のごとく〕である。このことからわれわれはかの本質を超える，単一の秘匿を神や知恵や生命と考え，名づけるので，本質だけをそうするわけではない。しかしもしかの同じ超本質的な，つまり与りえない，隠されたもの，すなわち秘匿のうちに超越的に基を置かれたものについて語るのなら[65]──それは先にも，唯一の始めなきものと彼が主張したもので，その際，ともに永遠の力とエネルゲイアを，いやむしろ決して始めのない，神にふさわしいかの業を，それから悪しき仕方で取り去るのである──，またもしこの本質

---

62)　バルラアムの言葉については Ⅲ-2-4 参照。
63)　本書 Ⅲ-2-4 参照。
64)　偽ディオニュシオス『神名論』11, 6（PG 3, 956A）参照。
65)　同上，5, 2（PG 3, 816C）参照。

と存在するに至ったものとの間に他のいかなる存在性もないと言うならば，残るところは神の超本質的本質は，それが与りうるものであるゆえ，存在するに至ったものの存在性であるということになる。しかし彼はいかなる他のものもないと言っているので，そのことをまったくもって明らかにしたのである。というのはもし他のものがないなら，それが必然的にそのものだからである。ならば存在するに至ったものはすべて神の与りえざる本質に与るのである。いったいいかにして存在するに至ったもののそれぞれは存在性に与らないのであろうか。また永久とか持続とか時間とか場所とか，またそれらのうちにあるものは，もしそれが存在，つまり存在性に与らないのなら，いかなることであろうか。だからそれらのそれぞれのものは，それが諸本質であるか，あるいはそうではなくても，存在しているなら，神の本質に与ることになろう。というのはそれ以外のものではなく，あなたによればそのもののみが存在するに至ったものの存在性だからである。そしてまったく不条理なことは，本質に，しかも神的な本質に与る諸々のものは，本質ではないであろうということである。

24　神と世界の間。存在性

　もし存在性が何にせよ存在するものの根源でもあるなら，どうして根源を超えるものはこの存在性を超えないのであろうか。もし根源が必然的にこの存在性に由来するものを超えるなら，どうして存在性は存在するものを超えないのであろうか。もし存在性がそれに与るものを超え，根源を超えるものが存在性も超えるなら，どうして与りうる存在性は与るものと，与りえぬ超本質的なものの間にないのであろうか。こうしたすべての根源は存在するものの理法（λόγοι）や範型以外の何ものでもない。しかしそれは存在するものが与りうるものであり，存在するものを超え

るのである。それは創造の知性に内在し，先在するもの
で，これによって一切は生み出されたのである。ではどう
してそれらのものは与りえぬものと，与るものの間に存し
ないのであろうか。それにもかかわらず神に与るものがあ
り，他方神の超本質的な本質はまったく与りえぬものであ
るので，与りえぬ本質と与りうるものの間に，それを介し
て神に与る何かがある。もしあなたが与りえぬものと与り
うるものの間のものを取り去るなら，何という損失か。あ
なたはわれわれを神から離し，その結びつきを半分にして
しまい，彼〔神〕と存在するに至ったものの創出と管理の
間に大きな，越えられぬ深淵を置くのである。じっさいわ
れわれはたんにそれ自体で完成し，それ自体で働き，自ら
を介して自らを神化するのとは別の神，つまり善なる神を
探し求めねばならない。というのはこのようにしてそれは
自らを観想して[66]動くだけでは十分ではなく，欠けるとこ
ろがないだけではなく，充溢を超えている。また善いもの
であるかぎりにおいて，よくなすことを望む者は，それを
することは不可能ではないであろう。それはたんに不動で
あるのみならず，動きもする。というのはこのように神は
創造的で，摂理的な発出とエネルゲイアによってすべてに
現存するからである。要するに，われわれは何らかの仕方
で与りうる神を探すべきである。つまり神に与って，それ
ぞれは自らのやり方で，分有の程度に応じて，存在するも
の，生命あるもの，神化されたものとなるであろう。

25 与りえざるものにいかに与るか

いったい存在するに至ったものとかの与りえぬ超本質的
なものとの間に何かがあるが，それは一つだけではなく

---

66) 定本はここが「τῇ ἑαυτοῦ θεωρία」となっているが，[1Fr]
にあるよう「τῇ ἑαυτοῦ θεωρίᾳ」と読む。

第 2 論攷　　　　　　　　463

て，与るものに応じてそれだけ多でもある。しかしそれら
は，つまりその間にあるものはそれ自体で存在しているの
ではない。というのはそれらはかの超本質的なものの力で
あり，これは唯一の，そして単一な仕方で，与るものの一
切の多数性を先取りし，共にもっている。そしてこの多数
性によって，それは発出により多となり，すべての被造
物はそれに与るが，与りえぬものと一性から分離されな
いのである[67]。というのはもし円の中心がそれ自身のうち
に，この円の書かれた点をすべてそれ自身から放出する力
をもっていて，それが二つとか多くの点でないなら，神は
自らのうちに存在するに至ったものの力と範型を予め有し
ているので，むしろ大いに，あらゆる二重化を拒否する
のだ。さてこのような力や範型は存在し，また予め存在
するが，それは諸本質としてでもなく，それ自身のヒュポ
スタシスをもつものとしてでもなく，神であることに貢献
するのでもない。というのは神はそれらに存在を与える
($\upsilon\pi o\sigma\tau\acute{\alpha}\tau\eta\varsigma$ $\alpha\grave{\upsilon}\tau\hat{\omega}\nu$) のであって[68]，それらから神が存在
を与えられたわけではないからである。つまり神を取り囲
んでいるものが神の本質ではなく，神が神を取り囲んでい
るものの本質だからである。神は超本質的で，語りえず，
考えることもできず，打ち勝ちがたく，与りえない本質で
あり，他方，神は存在するものの本質，生命あるものの生
命，知恵をもつものの知恵，そして端的におよそ存在する
ものすべての存在性であり，善となす力であり，存在する
に至ったものによって考えられ，語られ，与えられるので
ある。もし偉大なディオニュシオスに従って，「無識を通
してのみならず，認識を通しても神は知られるが，知性作
用，理性，知，接触，感覚，意見，想像，名，そしてその

---

67)　偽ディオニュシオス『神名論』13, 2（PG 3, 977C）参照。
68)　同上，1, 7（PG 3, 596C），また 11, 6（956A）参照。

464 第Ⅲ部

他こうしたものすべても神に属する」[69]なら，つまり分有
も神に属するなら，それは知性作用，感覚，そして接触が
あるからであり，他方それの後に包括的に理解する〔御〕
言葉が与えられているからである[70]。いったい，神自身は
与りえず，また与りうるものである。与りえないのは超本
質的なものだからであり，与りうるのは本質を与える力と
エネルゲイア，すべてのものの完全性の範型だからであ
る。

26　超本質的原因は一つではない

しかしそうした範型をピュタゴラスやプラトンやソクラ
テスは貧弱な，取るに足りないやり方で，神と並ぶ原因と
して神の自存する根源を考えていた。それゆえ彼らは多神
論者と非難されるべきだが，彼らはかの超本質的なものと
存在するに至ったものとの間に，聖書によれば（エレミア
16：13）「彼らが知らず」，「彼らの父祖も〔知らなかった〕」
神の本質とは別の，諸存在の源を思いつくままに措定して
いる。しかしわれわれとわれわれの教父たちは，それらが
自存するとは考えないし，原因をもたないとか，神に並ぶ
原因であるとか考えない。従ってそれらを前定義，予知ま
た神の意志と呼ぶ。それらは神のうちに被造物に先立って
存している——いったいそれ以外でありえようか——，
これに基づいて後に被造物は生み出されたのである。とい
うのは，「彼は言った。そして成った」（創世記 1：3，詩編
32（33）：9）と言っており，「考えられたものが業であっ
た」し，「彼が望んだものはすべて為した」[71]（詩編 113：11
（115：3））からである。さてもしわれわれが被造物を支配

69）　同上，7, 3（PG 3, 872A）参照。

70）　「受肉による啓示」を指す。

71）　ナジアンゾスのグレゴリオス『講話』38, 9（PG 36, 320C）
参照。

し，造り出す多くの超本質的な本質を語らず，あらゆる二重性に一を拒絶し，多様な形と分割されたものを，一つの種類の，一を超える一つの単純性に即して生み出すと言っても，しかしこの一は全能で，すべてをしっかりと把持することを知っており，これはあたかも彼のうちに創造に先立ってすべてをもっていると言うごとくである。偉大なディオニュシオスが語っているのによれば，「なぜならもし一つである太陽が，それ自身のうちに多くの分有の原因を一様に，予めもつなら，一切の存在するものの範型は，一つの超本質的な一性に即して，この太陽の原因とすべてのものの原因のうちに，予めあることがむしろ大いに認められねばならない」[72]。

27　神の像，地上の王

さて前定義，予知，摂理やまたこうしたものは存在し，また常に存在し，まさしく存在する。そして神と分かたれることなく一つとなり，かの超本質的なものとは別のものであり，超本質的なものはこれらを超える。どうしてそうでないことがあろうか。ではそれは何か。それらは常に何らかの存在（ὕπαρξις）であり，神もまた常に存在するので，二つのあるいは多くの神々があるのであろうか。従って，それらは神と分かちがたく一つとなっているので，われわれにとっての神は複合されたものなのであろうか。さらにわれわれはそれらによって生じたのだから，神ではなく，われわれはそれとは別のものの創造物であろうか。あるいはあなたはまさか神から地上にわれわれのためにやってきた王を二人の王としてしまい，その王国は二人の王から成り立っていることを示し，彼ではなく，別の者がふさわしい君主であると言うのか。それはその国のあり方は彼

---

72)　偽ディオニュシオス『神名論』5, 8（PG 3, 824BC）参照。

466   第Ⅲ部

自身の決定と意志に応じてなされ，その決定は厳粛な名声
を得，高貴な人々それぞれの自明の原理となるからというこ
ことであろうか。なぜならそこでは命ずる者と従う者の間
に必然的に秩序があるからである。しかしわれわれにとっ
ての王は，前もってなしうる力をもっているとか，すべて
にわたって，またどの点から見てもというわけではないに
しても，何らかの仕方で予知する力があるなどと人は言わ
ないものだ。いったい，〔法的〕決定は王権ではないので，
この決定そのものは議会と同列であるとわれわれは見なす
が，そのようにあなたがこの場合神の本質はそうした〔力〕
ではないから，〔そうした力は〕与りうる被造物であると
考えるのであろうか。このような根拠からあなたは正教徒
が二神論者であり，多神論者であると示したのだと，一致
して認められるのである。

第3論駁

同じ著者による，哲学者バルラアムの結論から生じた
愚かしい考えの目録
　　彼の第二の書に対する第三の論駁

1　本当の異端

信仰上認められていると彼〔バルラアム〕自身が思って
いる原理や前提を介して，さて彼が真理に反して投げつけ
た，真理と真理の神と衝突していることがらはそれほどの
ものであり，彼が到達した悪しき考えは，これほどのもの
なのである。しかしそれらのことに基づいて彼が結論に至
ると考えていることがらは，それにもかかわらず彼の意に
反して，直ちに彼に不利な証言をすることになるのだ。と
いうのは彼の書いたものは彼の意に反してわれわれの手に
渡ったが[1]，それらの文書の著者が悪しきものであること
をいわば告発するようなものであった。ところでさらにわ
れわれの手のうちにある彼の書から示された悪しき考え
は，彼について以前語ったことと食い違うところがまった
くないのである。というのは簡単に言えば，彼は過剰なま
での悪しき考えをもっているのだ。つまり，預言者は悪霊
から働きを受けていて，神の福音に従って生活する聖人た
ちは異端に組み入れられると教示し，預言者や使徒やその

---

1)　本書 II-1-2, II-3-78 参照。

468 第Ⅲ部

もとにいる者たちの徳は悪しきもので，徳ではないと明言しているほどである。いったい世々の始めより誰がこれほど悪しき考えをもつ文書を作り上げただろうか。いったい誰がそのようなことを書いた者に対して反対することを咎めだてしえようか。いったいそのように書かれたものを大切にして，それを大切にしない者を非難する者の誰が聖人とともに分け前に与るであろうか。つまり〔それら悪しき考え〕について語っていることがらが明瞭な仕方ではなく，悪魔〔サタン〕のかような深淵，つまり悪の神秘がそのように語っていることから結論づけられるなら，いったいそれは何だというのか。〔彼は〕声の調子を緩めたり，弱めたりせず，その考えの害毒は隠して，彼に身を委ねる者にこっそりと耳うちしているのだから。われわれとしてはしかし，彼は言及したことのそれぞれをどのように主張しようとしているかを簡略にここで明らかにしよう，そしてまず第一に，何によって，彼の論は神の霊感を受けた預言者たちが悪魔に似た者である――何ということだ――と示しているかを〔明らかにしよう〕。

2　預言者たちに対する冒瀆

彼は彼らの見神は知性作用（νόησις）より劣っていると主張し，また認識がそれよりも優れていることを示すために，たとえ知覚しうるものではあっても，それ〔見神〕が想像上のものであると言明している[2]。そこからさらに進んで彼はまたこう言う，「より劣った知性作用の働きに従って働く知性は，情念に落ち込み，悪霊的なものとなる」。ところで預言者たちは知性によって見たのだから――偉大なバシレイオスは言う，「それは何か感覚的なものではないから」，「預言者たちの見神は，しかし神が彼を

---

2)　バルラアムの言葉は本書 II-3-58 を参照。

照らすとき，知性によって把握される」[3]。またさらに，「預言者たちは未来を前もって見るが，それは霊において〔魂の〕主導的部分が刻印されるからである」[4]——，ともかくもし預言者たちが知性によって霊のうちで，つまり彼が言うように，「より劣った知性作用の働きで」見たのなら，それ〔このような見神〕はそれが財や地上の快楽や栄光に働きかけないときでも，悪霊的なものであるが，そうしたことを語る者によれば，いったいかの見神は，悪霊的な見神ではないのだろうか。では何が神的な霊で，かの見神をなさしめるかの光であるのか。しかしこの冒瀆がそうした言葉を組み立てた者の頭の方に差し向けられ，いやむしろその頭からすり抜け，彼ができるだけ遠くに離れ，何ものでもないものに引き下り，痛悔して，真理を学び直してほしいものだ。

3　彼は経験もなく話している

　いったいどうしてこれほどの深い穴の中に彼は落ちこんだのか，と人は問いもしよう。それは，彼が理性と自然哲学で理性と自然を超えるものごとを吟味したので，次のように言う教父たちの語ることに従わなかったからだ。すなわち「理性によって預言者の見神の手法は解釈できないが，経験によって学んだ者だけが明らかに知っている。というのはもし自然の業やそれに降りかかることをしばしばどんな理性も証明しえないのなら，聖霊の働きはいっそうそうであるからだ」[5]。それはキリストに続く聖人たちによっていろいろな仕方で証されていることだと分かっていることだ。ところで人がそのように言うので，そうしたこ

---

3)　バシレイオス『イザヤ書註解』13（PG. 30, 565C）参照。
4)　同上「序文」（PG 30, 121A），また同上 7（452A）参照。
5)　クリュソストモス『イザヤ書註解』1（PG 56, 14）参照。

470   第Ⅲ部

とは経験によって知るべきであり，あるいは経験によって
認識したと言う者を，彼はメッサリア派の徒であると言っ
ている。だから彼は，神の神秘の経験や聖霊の働きをどん
なものであれ摑んでいないということを，地理学からの論
理的結果のように，明らかに示している。というのは彼自
身メッサリア派の徒だと公言していなかったからである。
じっさいもし経験によって学ぶ者だけが霊の働きを知るの
なら，彼は経験によって知らず，経験によって知った者を
決して受け容れない。ではいったい誰が神化させる霊の働
きについて彼によってなされた饒舌のすべてが嘘の言葉で
ないと決しかねようか，しかもそれは経験によってそれを
得た者に対して，彼によって生み出されたもので，語って
いることも，また何について確言しているかを知らない者
によってなのだ。なぜなら「人は蜜の甘さを味わっていな
い者にそれを伝えるだろうか」と諺に言う。味わっていな
い者は，どうして伝えるか，私に言うがよい。もし味わっ
た者に反対するなら，嘘を言っていることが明らかにされ
て，極めてひどい嘲笑を蒙るということではないのか。だ
がしかしそれ以上に霊の超自然的な働きについてそのよう
に信じられないようなことを語る者は嘘つきであり，滑
稽なものであるが，使徒によれば，「彼は〔聖所に〕入っ
ていって，それらのことを見たと言うのだが，肉の考え
によって根拠もなくふくれ上っている」[6]（コロサイ 2：18）
のである。彼を嘘を書いた者として拒否するだけではな
く，それに加えて，聖人たちを異端に組み入れていると
いうことで十分であったのだ。というのは彼らの言葉は，
「経験によって確かに」霊の働きを「学ぶ者だけが」とい

───────────────

　6)　「彼は〔聖所に〕入っていって」，つまり原文の
「ἐμβατεύων」についての語学的解釈については，田川建三『新約聖
書　訳と註　4』（作品社，2009 年），505-6 頁参照。

うものである。しかし彼はそのようなことを言う者は異端
であると断定している。じっさい彼をキリストに続く聖人
たちの告発者として拒否するので十分であった。しかし彼
にはそれで十分ではなかった。そうではなく彼らに対し
て，いやむしろ彼自身に対して，第二，第三の，さらにそ
れ以上の策略を用いたのだ。

4 彼はニュッサのグレゴリオスを他の教父たちに対立させる

じっさい聖人たちは彼らの著した書物において互いに一
致していないように思えるので，彼はあるときはこれ，ま
たあるときはあの言葉を味方につけて，それを通してずう
ずうしくも他の聖人たちを攻撃し，破門とアナテマのもと
に置くほどに，追放宣言をし，否定している。かくて神の
ようなニュッサのグレゴリオスが，知性は非身体的なもの
であるから身体の外にも，内にもないと言って，知性は心
のうちにあると言う他の聖人たちに真っ向から対立してい
るので，真理に反している者として，直ちに異端者のうち
に彼を数え入れた[7]。しかしわれわれは，彼ら〔教父たち〕
がその点でも互いに一致しており，われわれ自身は彼らと
一致していることを，先ほどのように考えている者たちに
反対する『聖山覚書』[8]においても，『祈りについて』の第
二の論文[9]においてもはっきりと示したのである。しかし
さらにこのニュッサの人自身を〔彼が〕どのようにして異
端の列に組みこんだかを聞きなさい。というのも最初の殉
教者ステファノについて次のように言ったからだ，「神を
見るのは人間的本性や能力のうちにとどまっていたからで

---

7)　本書 II-2-27 参照。

8)　『聖山覚書』（PG 150, 1232AB）参照。また『フィロカリア』
邦訳第 7 巻参照。

9)　本書 II-2-27 参照。

はなく，聖霊の恵みと混合したからで，聖書の証しすると
ころでは，同じものは同じものによって見極められるから
である。というのはもし人間的な本性にとり父と子の栄光
が把握しうるなら，この見神は把握しえないと公言する者
は嘘つきになるからだ。しかし彼が嘘をつき，歴史が真実
を語るということには必ずしもならない」[10]。そういうわけ
で神のようなステファノの讃歌のなかで彼〔ニュッサのグ
レゴリオス〕はそれらをはっきりと語っているが，〔バル
ラアムは〕さまざまな仕方でその聖人を「恵み」と「混
交」のゆえに異端のなかに数え入れている。なぜなら彼は
それらの言葉の意味するところをはっきりと見極めず，む
しろそう語る者を正教の円居から追放し，この見神のゆえ
に，メッサリア派とかブラケルネスとかと呼んで中傷し，
神は見えざるものであると言う者たちを彼に対立させたの
だから。

5 神と人間

彼は言う，「人は人を超えるようになると，神を見ると
言うのはどういうことか。それは天使になったからだ，
と。しかしわれわれの神学者のうちの最もすぐれた者でも
最下位の天使に劣る。しかしたとえ彼が天使になったこと
をわれわれが認めても，しかし天使は神の本質を見はしな
いのである」。それに対して人は正しくもこう答えよう。
「あなたは悪天使の弟子だ。そのもとで聖人を非難する者
になるべく秘義伝授を受けたのだから」。しかし王が兵士
にその面前で話す栄誉を与えようと望んだ場合，そのこと
で直ちにその兵士が司令官になるわけでもなく，そのとき
彼が〔王に〕より近くにいることで，将軍の威容を身に帯

---

10) ニュッサのグレゴリオス『ステファノについて』（PG 46,
717B）参照。

第 3 論攷　　　　　　　　　473

びるわけでもない。彼は言う，「しかしもし天使を介して
でないなら，神が人と会うことは不可能だ。われわれは天
使の位階のもとに置かれているのだから」。御仁よ，あな
たは何をしているのか。あなたは必然的なものを必然的な
ものの主のもとに置くのか，主にあって主は望むときにそ
れを解かれ，時には完全にものを変形させもするのに。で
は私に言いなさい。モーセに「私は在るところの者，アブ
ラハムとイサクとヤコブの神である」（出エジプト 3：14-
15）と言ったのは，もし偉大なバシレイオスも言っている
ように[11]神の子でなければ，どんな天使だったのであろう
か。イスラエルのエジプト脱出において，「主は，人がそ
の友に向かって語るように，親と顔を合わせてモーセに
語った」（出エジプト 33：11）と書かれてあることはいっ
たい何か。アブラハムに語りかける者が，「私は自らにか
けて誓う」（創世記 22：16）とき，少なくとも天使が存在
しているなら，どうして使徒は，〔神は〕「〔ご自分〕より
も偉大な方にかけて誓えなかった」（ヘブライ 6：13）と言
うのであろうか。もし神御自身が律法の影のもとで父祖た
ちに進んで語りかけようとされるのなら，どうして神は御
自身によって聖人たちに示されないのであろうか。つまり
真理が明かされ，恵みの律法が明らかにされ，それに即し
て天使でもなく，人間でもなく，主御自身がわれわれを救
われ（イザヤ 63：9），神の霊そのものがわれわれにすべて
の真理を教えているのに（ヨハネ 16：13 を参照）。あるい
は彼〔子・キリスト〕はわれわれのために人間になること
を退けなかったのではないか。またわれわれのために十字
架と死のもとに置かれたのではなかったか，しかも，使徒
によれば「〔われわれが〕まだ不信仰である」（ローマ 5：

　11）　バシレイオス『エウノミオス駁論』2, 18（PG 29, 609B）参
照。

474 第Ⅲ部

6 参照）ので，彼は人の中に直接住み，自らを現し，親し
く話すことを退けるのだろうか，しかもこの人間は敬虔で
あるのみならず，神の掟を守ることを通して身体と知性が
まず清められることによって，聖化され，またすべてをな
しうる霊のすぐれた輿と牛車に造り上げられるのだ。それ
はまた神のようなニュッサのグレゴリオスが，ステファノ
のかの天上的で，超自然的な観想を想起したあと明らかに
していることで，こう言っている，「いったいそれは人間
本性の功績なのだろうか。いったいそれはこの下に横たわ
る本性をかの上にまで上げる天使の一人のことだろうか。
そうではない。というのは，ステファノはその能力が大い
なるものとなり，あるいは天使の助けに満たされて見たも
のを見たと書かれているのではなく，ステファノは聖霊に
満たされて神の栄光と神の独り子を見たからである（使徒
言行録7：55-56）。預言者が言ったように，（詩編35（36）：
10 参照），光において清められなければ，光を見ることは
できないからである」[12]。そこで彼は霊を介して把握されう
る見神のことを語ったのであり，覚知・認識のことを言っ
たのではない，また「誰も神を見たことがない」（ヨハネ
1：18）というのは後者の意味であり，ステファノの霊的
な観想に対して疑問の形で対置させており，最も美しく，
また信仰にかなう解答をしてくれている。それらに加え本
質は把握されたり，見られたりしないが，父の栄光と霊の
恵みはそうなのである。

6 本質と区別されるエネルゲイア

彼は言う，「しかし私はこの恵みと栄光は超自然的で，
神に似たものであるということを聞いている，『というの

12）　ニュッサのグレゴリオス『ステファノについて』1（PG 46,
716D-717A）参照。

は似たものによって似たものは観られる』[13]と言われており，それゆえ造られず，始めのないものだから，それを神の本質であると私は言うのである」。聖人たちに反対する神学者よ，それはありえない。よく知りなさい。というのはたとえ名前を隠して，聖人たちの聖なる考えを何か異常なものであると空しく提示しても，あなたは知ある人々の目を逃れることは決してないだろう。じっさい霊において神に似たものを超自然的に見る者たちに，神を全体として，自らによって明らかにするということで，神のエネルゲイアは超自然的で，始めなく，造られざるものだということはありえないのだろうか。彼は言う，「やめよ。神の本質は唯一造られず，始めのないものだが，そのエネルゲイアはすべて造られたものだからである」。何という不信仰か。つまり神は自然的で，本質的なエネルゲイアをもたない，そしてそう言う者は無神論者であるなどと——なぜならそれはまさしく神は存在しないと言うことだからである。それというのも聖なる教父たちは，神のようなマクシモスと一致して[14]，どのようなものにせよ本性は，それが本質的なエネルゲイアをもたないなら，存在せず，識られないとはっきりと言っているからである——，あるいは神のエネルゲイアは本質的，また自然的なものではなく，それだからそれは神ではないか，あるいは神のエネルゲイアは，自然的で本質的だが，造られたものであるなら，それは造られたものであるし，またそれらをもつ神の本質も造られたものである。なぜなら自然的で本質的なエネルゲイアのその本質と本性は造られたものであり，それらをもつ本性と本質は造られ，また存在し，また識られるからであ

---

13) 同上 1 （PG 46, 717B） 参照。

14) マクシモス『神学的・論争的著作（ニカンドロス宛）』（PG 91, 96B） 参照。

476   第Ⅲ部

る。

7　二つの本性と二つの働き

　私に言いなさい。もし神の自然本性的なエネルゲイアが
造られざるものでないなら，どのようにしてキリストを二
つの働き〔エネルゲイア〕と〔二つの〕本性においてわれ
われは知るのであろうか。もし神として自然的な意志と神
的なそれをももたないなら，どのことからキリストを二つ
の意志においてわれわれは認識するのだろうか。神の意志
とは何か，それは神の自然本性の働き（エネルゲイア）で
はないのか。いったい造られざる意志が造られたものであ
るのか。いったい彼は時間と始源のもとにあって世々の前
に有していなかった意志をもったのだろうか。では何を
もったのか，強制的になのか，それとも考えを変えてなの
か。かくてこの不幸な人は新奇な発言によって，神の本性
のみならず，救い主の受肉についても中傷し，キリスト教
徒の非難者たることを望み，自分自身からキリスト教徒の
充溢した敬虔さを投げ捨て，彼自身の書物から，かつてそ
う見えていたよりも悪く，単性論者や単意論者であると論
駁されたのである。なぜならもし神のすべてのエネルゲイ
アが，一切のものに最初に働きをなす神の本質は別とし
て，彼の言葉によれば，時間的始まりをもち，必然的に神
のすべてのエネルゲイアが造られたものであるなら，残る
ところは，キリストは自然本性的に造られ，かつ造られざ
るエネルゲイアをもつのではなく，造られたものだけをも
つということになる。じっさいかの悪しき考えの者たちが
言っているように，それは一つのエネルゲイアであって，
神的なものではなかった。なぜならそれらすべては造られ
たもののもとにあるからである。古の単性論者によれば，
もしそれが一つのエネルゲイアであるなら，必然的にそれ
は一つの本性で，さらに神的なものではなく，造られたも

のに属する。というのはそのエネルゲイアが造られたもの
であるところの本性は，造られざるものではないからであ
る。

8　神化された人間は本性上の神ではない

　それに加え，神が始めのないエネルゲイアをもたないと
したら，それら〔諸々のエネルゲイア〕の彼方にあるの
で，働くものが働きを受けるものの上にあるかぎりにおい
て，どうして神は始めのないものの先にあり，また始めの
ないものを超えるのだろうか。というのは偉大なディオ
ニュシオスによれば，神化させる賜物，そのことを神性[15]
と言わなかったならば，神以上のもの（ὑπέρθεος）はな
かったであろう。その賜物は，神のようなマクシモスによ
れば[16]，常にいます神から常にあるものである――という
のはもし人がそれを認めないなら，神化された者は神の本
性に与り，本性上神になろうから――。だから，もし神化
の恵みがないなら，神は「神以上のもの」と呼ばれなかっ
たように，「始めなきものを超える」とも呼ばれないし，
神のようなマクシモスがそう言っているように，「不死や
無限や存在性やこうした神に関して本質的に観想される
ものは，神の始めなき業である」[17]ということにはならな
い。ではどのようにして，もし恵みが始めなきものでない
なら，同じ聖人によれば，そうした恵みに与ることによっ
て，人は，「生涯の始めもなく，命の終わりもない」（ヘブ
ライ7：3）と証言されたメルキセデクのように始めなき
ものとなり，またパウロによれば，すべての者はそのうち

───────────
　　15）　偽ディオニュシオス『書簡』2（PG 3, 1068A-1069A）参照。
　　16）　マクシモス『愛についての諸章』3, 25（PG 90, 1024C）参
照。
　　17）　マクシモス『神学と神の子の受肉の摂理について』1, 48
（PG 90, 1100D），1, 50（1101B）参照。

478　　　　　　　　　　第Ⅲ部

に住まう御言葉の神的で永遠の生を生きるのだろうか[18]。

9　身体の眼は神の栄光を見る

　彼〔バルラアム〕は言う，「しかしたとえ人が神のエネ
ルゲイアが造られざるものであると認めても，それが造ら
れたものになったのでなければ，誰もそれを見なかったの
である」。ところでそれら〔神のエネルゲイア〕が決して
造られたものにならず，与るものだけが造られたものであ
り，与られるものは神のうちにあらかじめあるということ
なのだが，もしそれがそうでないなら，造られたものは神
の本質に与ることになって，それはまったく馬鹿げたこと
である。だからそういうことは今捨てておこう。しかしわ
れわれは遠くにあるものをすぐ眼の前にあるように見はし
ないし，未来のことを現在のように見はしない，またわれ
われに関わる神の意志を，もしそれが実現しなければ，わ
からない。しかし預言者たちは神のうちに世々の先からあ
る，いまだそれが成就していない神の計画を知ったのであ
る。このように弟子たちの中で選ばれた者も[19]，教会が賛
歌を歌っているのをあなたも聞いているように（もし〔あ
なたの〕耳がつぶれていないなら），神の本質的で永遠の美
をタボル山で見たのである[20]。それは，あなたが低劣な仕
方で考えているように，被造物の側から神の栄光ではな
く，原型の美の光を超える輝きを，つまり神的美の形なき
姿，それを通して神化し，人が面と向かって神と話すに値
するものとなるもの，神の永遠で交代することのない王
国，知性を超え，近づきえざる光そのもの，天上の，無限
の，時間のない，永遠の光，不滅を輝かす光，観想する者

　18）　同『難問集』（PG 91, 1144BC），『神学と摂理の考察への諸
章』5, 85（PG 90, 1384D）参照。
　19）　本書 I-3-26~29, 38 等参照。
　20）　8 月 6 日のポリエレイ後の第 2 カシスマ。

を神化する光を見たのである。というのは彼らは後に〔彼らのうちに〕住まうことにもなった，霊の恵みを見たからである。父と子と聖霊の恵みは一つであり，それを身体の目で見るとしても，神のようなダマスコスのヨアンネスによれば[21]，それは目の見えない人が見る者になるようだと説明され，それは聖なるディオニュシオス[22]とマクシモスによれば，来たるべき世に聖人によってのみ終わることのない仕方で見られる，かの造られざる光を見るのである。

10　曲　解

　造られた能力において，神のうちなる見えざる神的なエネルゲイアを，聖人たちは霊を介して自分を高く超えて見る，ということがあなたにはわかるだろうか。彼〔マクシモス〕は言う，「なぜなら神のうちにあるようになるのがふさわしいとされた者は，単純で分かたれない認識に即して，神のうちにあらかじめ存した諸存在のすべての理を悟るであろう」[23]。またさらに，「魂は自己と神にともに導かれるので，思考（ἐπίνοια）という点で魂をさらに多くの部分に分ける理由はないであろう。その頭は第一で，唯一で，一なるロゴス（言葉）と神によって冠を戴いている。そこにおいて一つの把握しえない単純さに即して，諸存在のロゴイ（λόγοι 根拠）はすべて一つの形のもとにあらかじめ存立していたのである。それを魂はじっと見つめて，魂の外にではなく，それ全体に，全体として単純に接近し，諸存在のロゴイを知るであろう。それによって，ロ

　　21）　ダマスコスのヨアンネス『変容についての講話』12（PG 96, 564C）参照。

　　22）　偽ディオニュシオス『神名論』1, 4（PG 3, 592BC）および『天上位階論』15, 4（PG 3, 333C）参照。

　　23）　マクシモス『神学と神の子の受肉の摂理について』2, 4（PG 90, 1128A）参照。

480　　　　　　　　　　　第Ⅲ部

ゴスと神にめでたく結ばれる前に，区別という方法を用い
るよう導かれたのだった」[24]。神のうちにあるようになり，
神化された人は，神自身に神的な仕方で目を向けている
が，われわれの流儀で見ているのではないことがあなたに
は分かるだろうか。というのは感覚によって感覚を超える
ものを，知性によって知性を超えるものを彼らは驚くべき
仕方で見ているが，それを通してわれわれを超えるものを
彼らが見る霊の力が人間の境涯のうちに生じるのである。
ところでわれわれは感覚を超えるものを，常に感覚に結び
つける。それはかの見神は超自然的なものであるとともに
名を超えるものであることを示すためだが，この悪の詭弁
家は，詭弁を使って区別をして，われわれに反して語って
いると思い，子供らしい考えをもっている者たちを欺き，
〔われわれが〕神的なことを可感的なものと恐らく考える
人だと戯言を言っている。それはあたかも，神は「超本質
的本質」であると言う人が，本質を超本質から分け，さら
に「あなたは神が本質をもつと言うので，神は一般的には
ただ単純な考えによって観想されたものであり，真実に存
在するものではないか，あるいは分けることのできない何
かである」と言って，図々しくも馬鹿げたことを話してい
るようなものである。われわれも彼に答えるに際し，「ラ
テン化したギリシア人」[25]と名づけるのは正しいことであ
ろう，つまりあなたは神について語られることを，牛やロ
バが歌っているような仕方で理解しているように見えたか
らだ，と。というのはそのようにしてわれわれが霊的なこ
とや知性を超えることを語っているのを，可感的なことだ

---

24)　同『ミュスタゴギア（秘義教話）』5（PG 91, 681B）参照。
25)　この新語は「λατινέλληνα」であるが，これはラテンとヘ
レネ（ギリシア）の合成語である。つまり「ラテン贔屓のギリシア人」
ということ。この言葉でパラマスはバルラアムがギリシア系ではある
が，ラテン神学に傾倒していることを皮肉っている。

と言っていると聞き間違えて，われわれを非難し，他方，
それ自体としてあるものは，別のものとしてあるものと大
いに違うと〔われわれは言う〕のに，あなたはそれが同じ
ものであると聞き，そして神のまわりにある自然的なもの
を神自身と考えているのである。

　11　神は可視的なものに似ているか
　彼は言う，「しかし神が，もし神のまわりにあるものか
ら見られるのなら，見られるもののいかなるものとも異な
らない。というのはそれらのそれぞれはそれ自身に即して
あるものからではなく，そのまわりにあるものから見られ
るからである。視覚が受けとるのは太陽の本質ではな
く，そのまわりにあるものだからである」。じっさい第一
にあなたが挙げた例から〔あなたは〕自ら進んで神とその
聖人たちを中傷していることが明らかになる。というのは
光線や，またそこから光線が出てくるものが太陽と呼ばれ
るが，そのことで二つの太陽があるわけではない。しか
も，たとえ神からの神化させる恵みについて神学的に語ら
れても，神は一つである。そして光は太陽のまわりにある
ものだが，太陽の本質ではない。だから神から聖人たちに
輝いた光がどうして神の本質だろうか。太陽の光とは何だ
ろうか。それは見られると生じるものなのか，それとも見
られる前にあったのか。むしろそれはどの点からしても神
化される者を神化する光である。だからもし神が，この理
由で見られるもののいかなるものとも決して異ならないと
すれば，あなたや，あなたに与する者，いやむしろあなた
以上の人々によって，どうして見られないのであろうか。
あなたの眼は，聖人たちによって観られた光には盲目であ
る。この神の光に対してこのように冒瀆するあなたの口を
閉じるがよい。彼らは，それは自然的でもないし，空気を

482   第Ⅲ部

通して見られるのでもない[26]と教えているのだ。それに固
執するあなたは，来たるべき世にとがめなく放っておかれ
ることはない。というのは神において話す者たちは，空気
やそれを通しての光を必要としないとはっきり言っている
が[27]，あなたときてはその光は感覚的能力では捉えられな
いが，来たるべき永遠の世の美は可感的で，空気を通し
て，そのときもまた見えると宣明しているからだ。

12　神はただ一つの知性にのみ示されるか

　「しかしたとえ私がこの光に対する不可視性を身にま
とっても」と彼は言う，「私の耳は開いているので，『神
は，神のまわりにあることがらに基づいて，知性によって
のみ描写され，変動する煌めきの素早さが見る力を照らす
ほどに，われわれの〔魂の〕主導的部分を，しかもわれわ
れが清められたかぎりでそれを照らす』と言う者のことを
聞く」[28]。本当にあなたは，見た者の一人から光について教
えを受けた盲人のようだ。この盲人は師の言うことを聞く
前に，度を過ぎた愚かしさから，自分が師よりもよりよく
知り，教えると，師にたてついている。この神学者はその
先で何と言っているか，「そのために神は知性だけをその
始めに不分明な仕方で照らすが，それは理解されうること
によってご自身に引きつけ，理解しえぬことによって驚き
をもたせ，驚くことでいっそう欲求され，欲求する者を清
めるためである」[29]。欲求するものは何を清めるのか。知性
だけだろうか。違う。というのは教父たちによれば，その

___

　26)　バルラアムの発言は本書Ⅲ -1-11 を参照。
　27)　ニュッサのグレゴリオス『魂と復活について』（PG 46,
104B）参照。
　28)　バルラアムがナジアンゾスのグレゴリオスの『講話』45, 3
（PG 36, 625C-628A）を引用するのによる。
　29)　ナジアンゾスのグレゴリオス『講話』45, 3（628A）参照。

第 3 論攷　　　　　　　　　483

人は清められるために大いなる努力を要せず，もともと容易に清めより遠ざかっており，ために，この神学者が示しているように，神的欲求がなくても清められ，入門者にはそのような清さがふさわしいのである。ところが神的な欲求は，魂と身体のすべての状態と力を清め，知性に堅固な清めをなし遂げ，人間が神化の恵みを受けうるようにさせる。そのために神的なものは「欲求するものを清め，その清めによって神のようになさしめる。そのようになると，あたかももうすでに家で親しく話し合うかのよう──敢えて大胆なことを言えば──，神が神々と一つになり，神々によって知られる。そしてまさしく彼がすでに知っているものを知るのと同じ状態になる」[30]。そこでの輝きの暗さはどこにあるのか。彼〔ナジアンゾスのグレゴリオアスか？　出典不明〕は言う，「それは神が彼らを知るがごとくに，彼らもまた同じように神を知るほどにである」。いかにしてか。彼がこの書の始めに語ったように，それは不分明な照明によってではなく，神において神を知り，神と一つになって，今や神のようになり，神のような力によって，霊のよりいっそう神的な恵みを摑むが，神のようでない者や，知性によってのみ神にかかわることがらを探求する者たちは，それらに視線を向けられないのである[31]。

13　マクシモスによる神化

しかし人間を神に似た者とする恵みによって感化された者は，神を知るということが今やすでに明らかになった。しかしそれが光であることをわれわれはどこから知るのだろうか。再びその同じ〔教父〕によってか，あるいは経験を通して教える他の者によってか。さて，証言する者は多

---

30)　前掲箇所。

31)　本書 I-3-18，その他参照。

484 第Ⅲ部

いので，他の者のことは省いておこう。というのは神のようなマクシモスは来たるべき世に神の単純さの秘匿と聖人たちが一つになることを語って，こう付け加えているからである，「目に見えず，言い表しえぬ様を超える栄光の光を見て，天上の諸力とともに，彼らも幸いな清さを受けとることができるようになる」[32]。しかしどこからこの光が神化でもある〔と知るのか〕。再び彼の言うことを聞くがよい。つまり，神と神化された者との一致の可能なかぎりのありようを語って――人となった神の恵みによって神化されて，人間全体が神化されるためには，身体に対する魂のありようと似ているが――，こう付け加える，「自然本性に関しては，人間全体は魂と身体に即してとどまるが，恵みと，全体として彼にふさわしい幸いな栄光の神的な輝きを通して，魂と身体に即して，全体として神となる」[33]。その光が神の輝きであることがわかるか。それなら神の輝きは造られたものであろうか。しかし次のことを聞きなさい。「それ以上にいっそう輝き，あるいはいっそう崇高なものを人は考えつかない。なぜなら神化にふさわしい者にとって何がいっそう好ましいだろうか」。この輝きが神化であり，それに値する者にとってこの観想以上により崇高なものは何もないことを聞いたか。しかしそれが神がそれによってふさわしい者と一つになるところのものであることをあなたは学ぼうとしているか。さらに次のように言うのを聞きなさい。「それによって，神は神々となった者と一致して，善性を通して万有を自分のものとされる」[34]。それこそは，アテネの光体，アレオパゴスのディオニュシオスが「神性」と呼んでいる神化の賜物であって[35]，神はそ

---

32) 本書 III-1-28 参照。
33) マクシモス『難問集』（PG 91, 1088C）参照。
34) 同上。
35) 偽ディオニュシオス『書簡』2（PG 3, 1068A-69A）参照。

第 3 論攻　　　　　485

の彼方にあると言っていることだ。ではそれによってあな
たが多くのものから，われわれを超えた真実の神の真似び
の信仰による認識をも取り去ろうとする，あの認識や真似
びや除去は，あなたにとっていったいどこにあるのか。

14　神の絶対的超越性

彼〔バルラアム〕は言う，「しかし，彼〔ディオニュシ
オス〕が神はこの神性を超えると言ったとしても，神は非
存在をその過剰性ゆえに超えるとは言わなかった」。彼は
あなたにはそう言わかった，私は〔そのことを〕よく知っ
ている。彼はあなたの耳にしゃべらないで，聞く者の耳に
しゃべっている。彼は幸いな人だからである。なぜなら神
は「超本質的に超本質をもつ」[36]と彼が言う時，非存在は
その過剰性のゆえに超本質であるから，神は超本質的に超
本質を有していて，神はそれを超えるという以外のことを
彼は言っているのだろうか。しかし次のように言う者，い
やむしろそのように言う者たちはいったいどうだろうか，
つまり主の祈りによれば，「彼らは一つであり」（ヨハネ
17：21），そしてまた一人の聖人を介して——われわれは
すべての聖人たちのことと考えるが——，そこで神は超本
質的な仕方で神化を無限に超えていると言うものはいった
い何だろうか。神の超越性はすべての肯定と否定の彼方に
あると言う者はいったい何なのだろうか[37]。いったい過剰
な仕方でそれは非存在を超えないのだろうか，そして神は
造られざる不死，生命，そして善性を超えると言う。たと
えあなたが彼らの確固とした神学の高さに目を注ぐことが
できないので——おお大胆さよ，あなたの蒙っている誤り

---

36)　同『神名論』2, 10（PG 3, 648D）参照。

37)　同『神秘神学』1, 2（PG 3, 1000B），同，5（PG 3, 1048B）
参照。

よ——，そう言う人々を不信仰者であるとはっきり呼び，すべてのことを禁じたとしても〔彼らはそう言うだろう〕。しかし彼らは，あなた〔の言っていること〕やあなたの地上的な意志や，まったく大胆な言葉を決して考慮に入れず，それらすべての神の過剰さは「無限回無限に」[38]と付け加え，すべての考えや言葉に共通してそれが言い表しえぬものであることを知っている。しかしそれらについては十分である。

15　愛も情念の一つである

さて彼が徳を悪しきものとなしたということを，できるだけ手短に示さねばならない。彼は「不受動心」を〔魂の〕情念的部分が死んだ状態であると言っている。彼はこう言う，「というのはその諸活動はすべてのものにして神の眼に対し盲目であり，それを隠すものだからである。だからその能力のいかなるものも作用させてはならない」[39]。何ということか。悪への憎しみ，神と隣人への愛が神の眼をどうして隠すのか。なぜならそれらも〔魂の〕情念的部分の働きであるからだ。魂のその能力によってわれわれは愛し，離れ，仲間ともなり，他所者ともなるからである。ところで美を愛する者はこの能力を変化させるが，死なせはしないし，それらのうちに動かないように閉じこめるのではなく，神と隣人への愛におけるその働きを明らかにするのである。つまり主の言葉によれば，「律法全体と預言者はこの二つの掟に基づいている」（マタイ 22：40）。もしこの掟が神の眼を隠し，それに即して生きる者を情念のままにさせるなら，他の徳の何が悪くないであろ

38）　マクシモス『神学と神の子の受肉の摂理について』1, 7（PG 90, 1085B），1, 49（1101A-）および『タラッシオスへの問い』63（PG 90, 673D）参照。

39）　本書 II-2-23 参照。

第 3 論攷　　　　　487

うか。ところでわれわれはそれらのそれぞれを，先のわれ
われの言葉を通して[40]，また今，われわれが提示したもの
（第12節）によって示し，われわれとわれわれの教父たち
に反対して，彼らがその書物の中で生み出し，示したかぎ
りのものを列挙し，反論したのである。またわれわれは聖
人たちへ向けられた傲慢無礼をともに蒙っていることを誇
りに思っている。なぜならまったくもってわれわれは聖人
たちとともに称賛を受けることであろうから。

16　すべての異端の結論

　さて次のことを知っておく必要がある，つまりもし人が
世の始めから今に至るまでの悪しき異端を悪魔の書いたも
のと名づけたいなら，つまりそれは章ごとに，彼のすり替
えによって，時によっては別様に生み出されたものへと分
けられているが，その「ラテン化したギリシア人」の書こ
そそれらすべての結論である。というのは彼は神の旧い契
約について中傷するが，新しい契約に頼まず，神の本性に
対し罪を犯すが，肉を介して神が住まわれるようになった
ことを無害のままにすることがなく，霊的な観想に対し無
礼な振る舞いをするが，徳の実行を非難しないですませる
ことなく，幸いな人びとの現世における生を攻撃するが，
来たるべき世の人びとを攻撃しないわけではない。しかし
言ってみれば，すべてにわたって，美しいもの，聖なるも
の，神的なもの，現在のものも過去のものも，われわれに
可能なものも，そうでないものも，われわれが望んでいる
ものや，ふさわしい者たちや律法の前と後の聖人たちに，
担保の部分としてまさしく与えられているものに戦いを挑
んだが，彼らのそれぞれは，ほとんど，異端に抗して戦列
を整えている。しかし今日彼は公にすべてに対し戦列を組

---

40)　本書 II-2-19, 22-24, III-3-12 参照。

み，あらゆるおぞましい異端〔の考え〕に満ちた書を公刊
し，すべての聖人とほとんどすべての彼らの意見をさまざ
まな仕方で非難したが，われわれが，聖人たちそれぞれの
わずかの言葉を提示し，それから，この悪しき書をもう一
度読むと，それらを書いた人たちすべてを異端者，不信仰
者，無神論者，多神論者で，罪深い者と彼が呼ぶことを避
けていないということを，すべての人に直ちに明らかにし
て示すことは容易なのである。もしわれわれを信用せず，
はっきりと真理を見たいという人があるなら，われわれの
ところに来て，学ぶがよい，つまりそのような書物は明ら
かに公開されているのだから。もし筋が通っていようが，
いまいが，聖人たちの非難者を甘受するのをよしとするな
ら，その人は，それが誰であれ，自らの裁きを負うであろ
う。

解　説

は じ め に

　わが国において，東方教会（東方正教会と東方諸教会）
は西方教会（ローマ・カトリック教会とプロテスタント諸
教会）と比べ認知度は非常に低い。教会というのだから，
東も西も同じだろうと乱暴に考える向きもあるだろう。ま
た教会の重要な教義に関しては，キリスト教と名がつく以
上，別の教えを標榜するはずはないと思われるかもしれな
い。もし教義が別のものであれば，それは異端であるから
だ。しかし人間にそれぞれ個性があるように，教会とてそ
れを現実的に動かしているのは人間であり，民族や風土の
異なりによって，たとえ教義的な事柄であっても，それを
理解し，それを説明するに際しては，それら教会間には微
妙な差異がある。事実三位一体論にかかわる「聖霊の発
出」に関しては東西教会で大きな論争があったのである。
またローマ・カトリック教会は主として西欧に根付いた教
会であり，人類史上新世界へ進出し，宗教改革を経験し，
そして西欧文明の担い手として存在していたことにより，
西方教会がキリスト教の主流であると理解されているかも
しれない。しかしキリスト教の発足当時を考えてみると，
なるほどローマは帝国の中心的位置を占めていたが，教義

の確定やその他の重要事項の協議に関して，東方世界は常にその主導的役割を担ってきたのであり，西方はかなりの期間それを受け取る立場であったことを思い起こす必要がある。

　さて本書は東ローマ帝国（通称ビザンティン帝国）後期にテサロニケの大主教であったグレゴリオス・パラマス（1296頃-1359年）の主著ともいうべき『聖なるヘシュカストたちのための弁護』（三部作）の全訳である。パラマスは若い時にアトス山で修行をし，晩年テサロニケの大主教を務め，没して後，ギリシア正教会の聖人に列聖された。しかしもしパラマスが修行に専念し，大主教として終わっていたならば，優れた修行者，そして司牧者として名をとどめたことではあろうが，歴史の舞台に登場して，さまざまな論争の嵐にもまれたり，政治的抗争の波風を受け，時の権力の推移に従って，憂き目を見たり，また返り咲いたりして人生の変転を味わい尽くすことはなかったかもしれない。しかし時代は彼を平穏な生活にとどめてはおかなかった。

　それはパラマスをはじめとする，アトス山の修道士たちが専念していた祈りに対する疑義が提出されたことによる。これは南イタリアからコンスタンティノポリスにやって来て，ビザンティンの宮廷で重用されたセミナラのバルラアム（1290頃-1350年）という学者がアトス山での祈りの有様を聞き取った際，ある修道士から祈りの沈潜の中で，アトス山の修道士たちは神を見ると聞いたことが原因だった。目に見えない神を見るという発言は，たんに無学な修道士の素朴な感動的発言という枠を越えて，バルラアムはそこにかつての異端，メッサリア派の残滓があると判断した。それで彼は教会当局にこうした祈りに励む者たちを異端の廉で告訴したのである。これに対しアトス山の修

　　　　　　　解　　説　　　　　　　491

道士たちの祈りはけっして異端的なものではないと抗弁し
たのが，われわれの主人公パラマスのグレゴリオスであっ
た。こうして両者の間で論争が始まり，しかもビザンティ
ン宮廷の勢力争いも抱え込み，複雑で，聖俗あわせた争い
に発展し，パラマス自身も情勢次第で異端として退けられ
たり，また復権したりした。しかし最終的に（政治的な要
素も作用して），パラマスの論がビザンティン教会では正
統とされ，逆にバルラアムは排斥され，ビザンティンを
去った。彼はイタリアに帰ってのち，ローマ教会の懐に入
り，やがて南イタリア，カラブリアのジェラーチェの司教
として没した。

　このパラマスとバルラアム（また始めパラマスの弟子で
あったが，後にバルラアムに傾倒したアキンデュノス）との
論争は，研究者により時期については相違が見られるが，
フュリゴスによれば三位一体論にかかわる，聖霊の父と子
からの発出（いわゆるフィリオクエ）問題とヘシュカスム
（祈りの方法やその意味，等）をめぐる問題に分かれるとさ
れる。そして本書は後者の問題を主として扱っている。

　論争の詳細やその間の様々な事情については他書を見て
頂くとして[1]，パラマスが弁護した「ヘシュカスム」とは，
祈りの実践体系ともいうべきもので，一種の霊的運動でも
ある。ヘシュカスムの源は遠くエジプトの砂漠で修行を始
めた隠者たちにまで遡るとこの祈りの実践者は言う。つま
りこの祈りはキリスト教の始まりとともにあったと彼らは
言い，それゆえこの祈りはキリスト教にとり，その根幹を
なすものであり，これを取り払えば屋台骨を取り払われる
かのようなものだと考えるのである。また修道士たちが沈
黙を守り，一心に祈りの中に深く入り込んで，雑念を払っ

────────────
　1)　J・メイエンドルフ『聖グレゴリオス・パラマス』岳野慶作
訳（中央出版社，1986 年）など参照。

て神にのみ心・注意を向けるので，静寂（ヘーシュキア）を重要視するところから，ヘシュカスムという名称がつくことになったとされる。そしてこの祈りは，ローマを中心とする西方教会の環境よりは，ビザンティン帝国を中心とする東方キリスト教世界において，重要な祈りとして認められ，実践されていたのである。そのような東方キリスト教にとり根本的な祈りに対して，西方イタリア出身のバルラアムが，自身不慣れな祈りとはいえ，ある種の無知から（とパラマスは判断した），それに反対し，あまつさえ異端呼ばわりをすることは，東方に根付いた伝統の中にあるパラマスにとっては看過しえないことであった。そこで彼はバルラアムの告訴に対し同胞の修道士たちの弁護を買って出たというわけである。

　このように本書はその両者の論争を中心軸としている。しかしそれは整合性のとれた理論書というわけではない。この書に関しては，パラマスは最初から体系的な論を展開して，一書を編むつもりはなかったと考えられる。バルラアムの告訴に対し，それを糺すことは喫緊の問題であった以上，彼は必要に迫られて，書簡をもって応じ，またその論争の進展に伴って論の整合性を高めていった（執筆期間は数年に亘っている）ふしがある。従ってこの書を読んで一貫したパラマスの理論体系を抽出しようとしても，なかなかうまくはいかない。読者自身がその意図するところを抽出する必要も出てこよう。もし理論的な点を主として知りたいならば，むしろ個別的なテーマに沿って書かれた論文的なものを参照する方がふさわしいだろう[2]。ただこの書は論争時の口吻をじかに味わえる体のものとは言える。

---

　　2)　たとえばパラマスの『百五十章』，『神の統一性と区別について』，『神のエネルゲイアとそれへの与りについて』，『神的な，神化の分有について』等を参照。

またパラマスは論争者である前に修行者であったし，晩年は司牧者であったので，霊的あるいは修養的な書き物を通して，パラマスの人物像を捉える必要はある。確かにパラマスと言えば，このヘシュカスム論争が問題とされ，司牧者パラマスは宙に浮いた観がある。それゆえこの面からのパラマス像とその方面の思想を明確にする必要はある[3]。今後その面での理解も進んでいくことが期待される。ただ本書はやはりどこまでもバルラアムを中心とするヘシュカスムへの反論への反論であって，その視点は忽せにはできない。しかもすでに述べたように，始めから統一的な計画をもって書かれたものではないし，時間的にも間が空いていることもあり，繰り返しと思われる箇所も多く，見解が纏められて述べられているというわけでもないので，以下，私はそういう錯綜した議論をできるだけ解きほぐしながら，そして論争という点から本書の解説をしていきたいと思う。

加えてこの書を読んでみればわかることだが，ギリシア哲学に対するパラマスの判断は厳しい。しかしそのギリシア哲学で使われた用語を駆使して神学を編んだ初期教父やその流れを汲む教父たちからの引用は大変多いうえに，それらを尊重して扱っている。これはビザンティン期の神学者としては当然だとしても，われわれ読者はここにギリシア以来の知の体系が宗教言語となって発現してくる現場を垣間見る機会をもつわけである。

従って今，この翻訳書を手にされる方は，われわれに看過されてきた東方教会の霊性や神学や哲学的思想の精髄や伝統ともいうべきもの，またそのような領域にかかわる西

---

3) これについては，最近袴田玲氏により「グレゴリオス・パラマスの身体観──東方キリスト教的人間観の研究」（東京大学大学院人文社会系研究科（宗教）博士学位申請論文，2015 年提出）が提出され，この中に司牧者としてのパラマスの姿が浮き彫りにされている。

494 解　説

方的理解と東方的理解の相克の場に出合うことになる。こうした意味で読者はこれまで閉ざされてきた世界の開陳に遭遇することになるだろう。

取り扱われる問題

第一部第一論攷の註（6）でメイエンドルフの分類に従って，本書の内容を紹介したが，今一度これを見てみると，パラマスが問題としていることは次のような項目にまとめられる。すなわち「修道士と学問」「ヘシュカストの霊性」「光の問題」「救いと認識の関わり」「祈り」「神化」「バルラアム駁論」等である。論争は西方の知的状況に親しんだバルラアムに由来する問題提起に始まったものであるから，まずはヨーロッパ東西の修道生活における知の把握の相違が浮き彫りにされていると言える。つまりキリスト教は，パウロなどの使徒や初期教父たちに源を仰ぐ信仰の遺産や宣教に際しての知的努力を基にして，制度化され，思想的・神学的基盤を整え，ヨーロッパ世界に浸透していった。すでに触れたように，キリスト教の出発点において，確かにローマには使徒の足跡は残されていて，そのかぎりでローマそのものはキリスト教にとり大変重要な場所ではあったが，キリスト教の思想的基盤は東方世界において築かれたものだと言ってもよいであろう。つまり西方世界はその時点では，キリスト教の後進地域であり，すでに確立していたと言ってもよい東方世界における数々の神学的営為の上に立って，西方世界のキリスト教は出発した。東方世界はキリスト教教義の成立の道筋を身をもって味わった，つまりそれぞれの問題の解決には血の汗を流すほどの苦闘を味わったから，一つ一つの問題はすでに済んだものとして片付けられるほど軽微なものではなかった。

というのはその解決のための論法はある意味で非常に微妙なところがあり，問題解決の経緯を無視して出発すれば，それまでの努力は水の泡になり，せっかく確立した解答は意味をもたず，バランスを崩し，たちまち元の混乱した状況に戻ってしまいかねないからである。従って教義の中のある点を少し変化させる（語句の付加や削除等）だけで，そこに表現された文言は本来意図された意味をもたず，あらぬ方向に向いてしまうことになる。このような問題取り扱いの機微を，西方はそれほど自覚的に意識に登らせなかったようである。こうしたこともあり，東西教会は徐々に齟齬を来していったと考えられる。

　先に上げたパラマスが取り上げた問題の背景にはこのような東西教会の教義成立に対する認識の違いがあり，それを意識してパラマスはバルラアムの論難に答えたのである。ただその際，これもすでに述べたように，本書においては一般に東西教会の齟齬として挙げられる，三位一体論での「フィリオクエ」の問題はそれほど表面化していない。もっぱらいわゆる祈りを通しての広義の「神認識」と「神化」に話は絞られ，あくまでヘシュカストの「祈り」へのバルラアムの反論に対する議論が主となっている。しかしパラマスには，当然三位一体論にかかわる論攷はあり，たとえばそれは『（聖霊の発出に関する）二つの論証』等において鮮明な形で見られるのでそちらを参照していただきたい。

　さて以下，先に上げた問題を，1　修道士と学問の関係，2　神化（神認識と霊性にかかわる領域）の問題に分けて，見ていこう。

1「修道士に学問は必要か」

　この問題はバルラアムが修道士にも世俗の学問，特にギリシアの学問が素養として必要であると言っているとビザ

ンティンの修道士が聞いて，それが妥当するのかどうかを
パラマスに尋ねた形で始まる。バルラアムは，学問的素地
を欠いたままで霊的に進んだ状態に達することはできない
と考えていたらしい。つまり神が世界を造るとき，当然そ
の被造物ないし被造的世界には神の思い，あるいは意図が
込められているわけであるから，神の創造したものについ
ての知識をもたないで，神を知るということは不合理だか
らである。被造物の根本的な姿を知ることは，即神を知る
ことであると，バルラアムはまさしく合理に貫かれた論を
立てたことになる。

　バルラアムやパラマスの時代，西欧ではすでにスコラ
学は隆盛を極め，徐々に新時代に向かっていた。という
のもトマス・アクィナスは夙に去り（1274年没），ドゥン
ス・スコトゥスはこの論攷が書かれたとされる1338年に
はすでに世になく（1308年没），ほぼウイリアム・オッカ
ム（1285頃-1347/49年）の生きた時代と重なる。信仰と
理性を調和的に捉えようとして，ある意味当時としては先
進的な論を展開したトマスとトマスに比べれば立場的には
アウグスティヌスに依拠しつつも，厳密な推論を展開する
ことによって，結果的に新しい時代への橋渡しをしたこと
になったスコトゥス，スコトゥスを批判しつつ独自の論理
学を基盤とした神学の新地平を拓いたオッカムといった西
欧思想界の重鎮たちの業績は西欧では周知のことであった
ろうが，大方のビザンティン人はそのような思潮を理性の
逸脱行為とまでは断じなくとも，けっして好意的な目では
見ていなかった。ビザンティン帝国においても，すでにプ
ラトン哲学に基づく理論を発展させようとした学者はいた
が，彼らはどちらかというと，表舞台からは遠ざけられて
きた。

　バルラアムがビザンティン帝国の首都に到着して，偽
ディオニュシオスを講じたとき，首都の聴衆のある者たち

には，西欧・イタリアの知性を歓迎する向きもあったし，ビザンティン帝国を悩ませていた対トルコへの強大な援助を施してくれる可能性をもつ西欧社会，特にローマ教会への窓口としてバルラアムは頼みの綱でもあった。しかしビザンティン人はかねてより西欧諸国に対し，決してよい感情をもっていなかった。それは特に第四回十字軍がコンスタンティノポリスを陥落させ（1204 年），あげくの果てにラテン帝国を樹立し，ビザンティン人は小アジアに亡命政権（例えばニカイヤ帝国）を立てるはめに陥った等々のことに由来する。この首都陥落に至った経緯は単純なものではないにしても，この敵対感情は特に修道士たちに強かった。だからパラマスたち修道士にとって，西からやってきた知識人はローマ教会と密接な関係があると容易に受け取られたのである。従ってパラマスは初めからバルラアムには警戒心を抱いていたようである。よって敏感にバルラアムの発言に反応したと言える。バルラアムとしてはスコラ学で示された人間精神の，この世界が内蔵する根拠をもとに神を探究することは自然なこと，当然な手法と考えられていたであろう。従ってそのような眼から見れば，ビザンティンの知的状況は，かつてのギリシアの英知をむざむざと死蔵し，かつなおざりにし，一方修道士の意識は熱心な祈りによって神を見るとまで言う低水準のものと映ったのだ。このような状況を脱するための方策はしっかりとした知的な装備しかないと言うのである。

　パラマスはバルラアムが提示する知的な理解，哲学的諸学問を無条件に退けるわけではない。しかしそれを必須のもので，優れたものと称揚もしていない。読みようによっては曖昧さが残る。学問の重要性を一方で認めながら，それは特に修道士の場合，必要不可欠なものだとは考えないからである。極論すれば，修道士の場合そのような知識をもっていなくとも修道生活になんの支障もない。修道士に

とり，キリストが唯一の師であり，福音書等に書かれた事柄が最重要事である。修道士にはひたすらキリストに従い生きることが鉄則だからである。こうしたパラマスの姿勢は，西欧的な眼から見れば，いかにも保守的で，人間の知的営みに対し閉ざされた態度だと解されかねない。人間の知の営みへの親和性は，人間が「知ること」を本性的に希求する存在である以上，避けては通れないものであるが，しかしこの人間の欲求は「知的に，推論的に知ること」へと傾斜し，やがては人間知の能力のみで究極の神へ至ろうとする知の傲慢に陥ることを彼が警戒しているからである。

　その危険性に気づかないバルラアムに対するパラマスの批判は熾烈を極める。読者はパラマスの相手への口吻が冷静に議論を進めているようには見えず，相手の弱点のみを突こうとする不公平と思える態度に大いに驚かされるに違いない。現代人の多くにとってはいただけない振る舞いと映ろう。ただビザンティン世界では，議論において，現代人が考えるような，言ってみれば紳士的な（？）応酬をするようなものではなかったらしい。われわれとしてはこうした議論の仕方がビザンティンの手法だということを念頭に置いておき，パラマスの口吻は，彼が真正のキリスト教的神認識を提示しようと，精魂を傾けた結果だと理解することが大切であろう。

2「人間神化」にまつわる問題

　東方の修道院霊性において「人間の神化」は非常に重要なテーマである。ただこの思想は突然現れたものではなく，遠くギリシア人たちや地中海世界の民族に広く分布していた，人間と神との親近性という考えや，人間を無限に超える神（あるいは神々）に可能なかぎり似るべく努力することが，心ある人間の取るべき道と考えられていたこと

に源を発する。加えてイスラエルの思想では，神が人間を
「神の像」として創造したという基本的な人間観があり，
キリスト教では神の子が受肉したというそれまでの諸思想
には見られない，ある意味大胆で常識を覆す思想が宗教の
核になった。これはイスラエル－ユダヤ教の思想的環境で
は考えることのできない思想である。そこで初期の教父た
ちは，「神の像」や「受肉」という基本的な思想の核をも
とにして，神は罪を犯した人間を，それにもかかわらず無
限の愛をもって，原初に人間に与えようとした恵みを回復
させ，いわば人間を小さな神々になそうと目論んでいたと
考えたのである。そしてその証拠は，神の子が人間になっ
たという「受肉」にあると考えたのである。有名なアタナ
シオス（296 頃 -373 年）の「神のロゴスが人間になったの
は，われわれが神となるためであった」という言葉は受肉
の重要さ，神の無限の愛を説明する過程で生まれた言葉で
ある。以来この言葉に敏感な教父たちのある者は，「人間
神化」を自身の信仰や思想の中核に据え，それをさらに深
化発展させた。研究者の多くは偽ディオニュシオスがビザ
ンティン世界に人間神化の思想の種を蒔き，それを後代の
証聖者マクシモスがキリスト教的に練り直し，深めたとし
ている。パラマスはこの両者の神化思想を受け継いでいる
のである。ただキリスト教史上この「神化」という言葉を
どちらかと言えばメタファー的に捉える方向と現実的なも
のと捉える方向があったことも研究者によって指摘されて
いる。パラマスはどちらかというとマクシモスの思想の延
長線上にあって，神化を現実的なものと捉える方向を進ん
でいる。

　ところがバルラアムは神化を象徴的に捉えようとしてお
り，その意味でパラマスの見解はバルラアムのそれに真っ
向から対立することになる。つまりバルラアムは神化を，
メタファーというよりも，あくまで象徴的な意味において

理解しようとし，象徴ではないと言うパラマスにどこまで
も異を唱えるのであった。パラマスとしては象徴として神
化を捉えるのであれば，神化を語ること自体は無意味なこ
とであると考えている。彼はそれを理解するどころか，反
論しさえするバルラアムに対し，厳しい非難の言葉を投げ
かけるのである。

　もちろんどの時代にあっても，キリスト教的環境におい
て「人間神化」という言葉は，何の予備知識もない者に
とって，いや特にことがらの中身を粗雑にしか解さない人
間にとっては，かなり危険な概念であり，特にギリシア系
で東方教会に属してはいるが，その出自からして西方的心
性に近いバルラアムのような人にとっては，この神化は事
実的な事柄というよりは，あくまで象徴的なものと受け取
ることがむしろ自然であった。パラマスとバルラアムの間
の精神的距離は大きいのである。

　次に「神化」に関し，いくつかのポイントとなることが
らを挙げておく[4]。

（a）「光」

　広く宗教において，神や絶対者は「光」として表象され
ることが多い。その点東方キリスト教も例外ではない。パ
ラマスの場合も，神化を「光」とかかわらせて問題の俎上
に載せる。それは特にバルラアムがこの光を象徴的なもの
と断定するからである。パラマスは聖霊が人を神化する源
と考えるが，たとえば神秘家が見神の際に見た光は神の本
性（ピュシス）ではないものの「神を担う魂」において，

　4）　以下「神化」については，拙稿「パラマスにおける神化思想
———東方的伝統と独創」，『テオーシス（人間の神化思想）———キリス
ト教霊性を形づくる東方・西方教会の伝統』（教友社，2018 年）所収
（第 6 章）の内容と重複するところがある。

解　説　　501

魂に住まう神によって生じるとする[5]。パラマスはこの光を「神性（テオテス），神化そのもの，神性の根源（テアルキア）」であると述べる。そのときパラマスは偽ディオニュシオスに拠って，「神性」とは「それによってわれわれが神化されるところの神化する賜物」であると説明している[6]。

　先に触れたように，バルラアムはこの「光」は「神性の象徴」であると断言した。それに対しパラマスは，マクシモス等に依拠して，それは「それ自身のヒュポスタシス（αὐθυπόστατον）ではなく，ヒュポスタシスのうちにある（ἐνυθπόστατον）」と言う[7]。もしこの光が「象徴」であるなら，それは何かの代用であって，けっしてそれ自身の「存在基盤」（ヒュポスタシス）をもたない。もしそれ自身のヒュポスタシスをもっているなら，それは自存しうる。そうなるとこの光がある意味別の神となろう。しかしパラマスはこの光が神と何らか強い関係をもつが，たんなる象徴ではなく，さりとて別の神ではないことを証明しようとして，「ヒュポスタシスのうちある（つまり神のヒュポスタシスのうちにある）」と言う聖人の用語を権威としてもってくるのである。つまりマクシモスによれば，この光は〔三位一体の神の〕「ヒュポスタシスのうちにあるのみならず，生まれざるものであり，造られざるものであり，また限定されず，時間を超える」[8]からである。

　さらにパラマスは，神化に伴う光はわれわれの目に見える物理的な光のようでありながら，実はそれを超えるとも言う。

---

5)　Cf., 本書 I-3-23.

6)　Ibid. 偽ディオニュシオス『書簡』2（PG 3, 1068-69A）。

7)　Cf., III-1-24.

8)　Cf., III-1-31.

502　　　　　　　解　説

(b)「エンヒュポスタトン」

　先程「それ自身のヒュポスタシス（αὐθυπόστατον）
で は な く，ヒ ュ ポ ス タ シ ス の う ち に あ る
（ἐνυθπόστατον）」と言ったが，これは重要な用語であ
るので，ここで少し考察を加えておきたい。

　「それ自身のヒュポスタシス」「ヒュポスタシスのう
ちにある」という用語はいずれも「ヒュポスタシス
（ὑπόστασις）」という言葉に基づく。ヒュポスタシスの
原義は「そのもとにある」ということである。しかしこの
語が「三位一体論」を説明する際に採用されたことによ
り，ギリシア思想にはない新しい考えが導入されたのであ
る。すなわち東方教会では神の位格はヒュポスタシスと呼
ばれたが，その言葉のもとの意味からして，ヒュポスタシ
スとしての父・子・聖霊はある意味独立し，自存している
のであって，けっして神の三つの側面というものではない
し，また役割的なものでもない。つまり三位格の，互いに
調和しながら，しかも自存しているというダイナミックな
在り方をこの言葉は表現しているのである。

　またこの三位一体論と並んで重要なものは「キリスト
論」であるが，これはキリストは人間でありながら，神で
もあるという説明するのに大変困難な問題であった。まっ
たく次元の違う二つのものが一つのものにおいて齟齬なく
共存するということを理性的に説明することは，この世の
次元においては至難の業であった。神人両性の向こうを張
るキリスト単性論が優勢を誇るなか，ビザンティオンのレ
オンティオス（500 頃 -43 年頃）[9]という神学者が提案した
のが，神人両性を齟齬なく説明しうる（と考えられた）「エ

────────────

　　9)　レオンティオスの著作については，Leontius of Byzantium,
Complete Works, edited and translated, with an Introduction, by Brian E.
Daley, sj (Oxford Early Christian Texts, Oxford, 2017) を参照。

ンヒュポスタトン」という概念だった。カルケドン派で反オリゲネス主義者と言われるレオンティオスの議論はやや複雑であるが、ここでは要点だけを示す。

キリスト教教義の説明に当時広く行き渡っていたギリシア哲学を適用させるとき、当然ギリシア哲学が負ってきた問題性をもキリスト教に持ちこむことになる。その際の問題は本質（ウーシア）と本性（ピュシス）、そしてヒュポスタシスの関係であった。キリスト教の初期にはまだそれらの区別は曖昧なままであったが、多くの議論を経て、それらの異同を明らかにすることが、とりわけキリスト論において重要なことと考えられるようになった。つまり神の本質・本性・ヒュポスタシスをどのように捉え、しかもキリストの神性と人性の矛盾なき結合をいかように説明しうるか、ということである。単性論的にならずに、キリストという受肉した神のロゴスに神性と人性という二つの本性はともに存しうるのかに対する一つの解答は、もし人間の本性が基体に担われるものであれば、ロゴスというヒュポスタシスは常に神の本性を担っているから、受肉に際し、人間の本性（人性）は付加されると考えられるが、しかしこれではヒュポスタシスと本性は分離したままである。

そこでビザンティオンのレオンティオスは「あるものの内での実在」という考えを提出し、そしてこれを一つのヒュポスタシスのうちにおける実在を問題にする場合に、「エンヒュポスタトン」と呼び、それによって神なるロゴスというヒュポスタシスの内に人性は実在すると説明した。

パラマスは彼の神化理論にこの「エンヒュポスタトン」を援用したのである。もっともこのやり方はすでにマクシモスが採用しており、それをパラマスが積極的に議論に投入したのである。つまり神化の際の神の光はバルラアムが言うような、なんらか神的なことを暗示するような神の象

504　　　　　　　　　解　　説

徴ではなく，あるヒュポスタシスのうちにある（この場合
は人間を神化するものとしての聖霊のヒュポスタシス）神的
な現実，その意味でこの光は神の本質ではないが，しかし
働き（エネルゲイア）であるとし，神の働きである以上，
それは神的であるとしたのである。パラマスとしてはここ
に彼の言う神のうちでの本質と働きの区別を証拠立てたい
のであるが，それが同時に人間神化の成り立つ基盤でもあ
ることを示したのだった。パラマスとしては人間の神化と
神の子の受肉には緊密な関係があると考えていたのであ
る。

　(c)「神の養子」

　パラマスは「神化」はたとえば神を真似たり，徳を積む
努力によって獲得されるようなものではないと言い，それ
には神からのある意味一方的な「恩恵・恵み」が必要なの
であって，この恵みによってのみ人は神と一致しうる。つ
まりこの一致によって，神は全体としてそれにふさわしい
者の全体に浸透し（περιχωρεῖ），当の者は全体として神
に浸透し，神を自らの代わりに全体として受け取り，神へ
の上昇の報酬として神と結びつき，聖霊の賜物と恵みに
よって，ヒュポスタシスのうちにある養子となる。「神化」
は神との「養子縁組」でもあると言われ[10]，それはまった
くの僥倖である[11]。パラマスがこのように言っているのは，
バルラアムが，もし神化というものがあるなら，それは徳
を積み，神認識を完全なものとすれば，神化を遂げると
言っていることに反論するためである。バルラアムの考え
では，神の恵みなしに人間が知的な努力や修行によって神
に似ることができるということであり，それならその人は

　　10)　Cf., III-1-31.
　　11)　Cf., III-1-27.

自然的な状態で神になったということになり，人間は別の神になっている。

　またバルラアムがアトス山の修道士から聞いた「神を見る」という発言は，「神を本質を超える本質に即して神を見るということではなく，神化させる賜物とその働き（エネルゲイア），養子とする恵み，始めのない神化，また露にヒュポスタシスのうちにある輝きに即して[12]」であるということを理解しなければならない。ここにおいて神化した者が「神を見る」ということは，通常の感覚的視覚による「見る」とは異なる次元のものであることが明らかにされる。

　従ってバルラアムの求めに応じて，アトス山の修道士から，「深い祈りの果てに修道士は神を見る」と言った修道士の真意は，「深い祈りの果てに神化を遂げた修道士は神を光として見る」ということであったと解される。

　(d)「身体・身体性の重要さ」

　だがここで注意すべき重要なことがある。つまり「人間の神化」という言葉を聞くと，まず第一に神化は何か精神的なものを指していると思われるかもしれない。身体あるいは身体性，そして肉体というものは，精神的な営みには劣ると古来より考えられているからである。しかしパラマスの見解は神化ということを精神に特化しているようには見えない。

　というのは神化した状況は，「たとえそれが彼らの本性に即してではないにしても，ヒュポスタシス的に一致した知性と身体においてのみ見られる[13]」と言っているからである。つまり身体は神化の範囲から除外されていない。す

---

12)　Cf., III-1-29.
13)　同上。

なわち神化は身体をも含んだもの，つまり人間全体が神化
されると言っているのに等しい。この発言には根拠があ
る。すなわち東方で尊ばれる山上でのキリストの変容（マ
タイ17：1-13，マルコ9：2-8，ルカ9：28-36）時に，キリ
ストの身体から眩い光が発せられた事跡がそれである。こ
のキリストの神性を示す変容とその光は深く身体と結びつ
いていると考えられている。神なるキリストは人間の姿で
いたが，その人間の姿から神的な光線が出た以上，人間も
またキリストに倣い，あやかる者であるなら，同じように
人間の身体もまた神化されるのである。

　しかも神化は抽象的なことではなく，ある個人が神化さ
れるというきわめて具体的なことであってみれば，確かに
神化も神の顕現を受け取る物質がそのもとになければ，成
就されえない。「そのような身体・物質が覆いを取り除か
れて，そうなるべく整った物質をとるとき，清められた理
性的本性は多様な悪しき覆いを被っていないので，そのと
きは霊的な光になる」[14]と言う。これは物質・身体の復権，
すなわち身体性の重要な役割を述べているのである。しか
も神の顕現を受け取るにふさわしい物質（身体）に担われ
た理性的本性は光，霊的な光になるとまで言う。つまりこ
の状態で神化された人は光輝くのであって，それはたんな
る比喩を越えた，現実的状態なのである[15]。

　またマクシモスも言うように，「霊は神化によって，身
体と知性のすべての自然的働きの停止をわれわれに恵み与

---

14)　III-1-34.

15)　たとえばラッセルは神化教説の歴史的展開分析の鍵とし
て，神化へのアプローチを時間経過的に，nominal, analogical, ethical,
realistic と分け，カッパドキア教父あっては，神化は比喩的なものだっ
たが，偽ディオニュシオスを通して神化は修道生活のゴールと見な
され，新神学者シメオンとパラマスに至って神化の realistic な側面が
強調されるようになったと言う。Cf., Norman Russell, *The Doctrine of
Deification in the Greek Patrsitic Tradition*, Oxford, 2000, 9-15.

えるが，それは神が魂と身体を通して現れるような仕方によってである」[16]。そして知性と感覚は同一の光を受け取るが，それぞれはそれぞれにふさわしい仕方で受け取り，しかも知性と感覚を超えた仕方で受け取るのだと言うのである。

従って神の光は特別の恵みによって，その資格ありと神に認められた者だけが，通常の人間的能力を超えた仕方で，しかし目とか，知性とか人間に備わった能力を使って，見，ないし感知し，思惟するということが起こり得るというのである。つまり人間の自然的本性はそのままに，しかし異次元的な経験を味わうのである。

そもそも神化とは人間が全体として神の恵みにより神となるものであり，部分的なことではない。またそれは存在的に神と一致すること，しかも両者が境なく融合することでもない。「神となる」という言葉はしばしば「神々となる」とも表現されるが，これはけっして多神教的表現ではなく，人間が真正の神を模範とする，いわば小さな神となるという意味でもあり，その小さな神は当然のことならが本源の神には及ばず，ただ恵みによって神となる資格を与えられたものにすぎない。

パラマス——バルラアム論争の意義

さてここで扱う両者の論争（ヘシュカスム論争）はすでに述べたように三位一体論と広義の神認識にかかわるものだが，それは東西キリスト教世界において，三位一体という神の内なる関わりと人間による神認識という神からすれ

16）　マクシモス『神学と神の子の受肉の摂理について』2・88（PG 90, 1168A）参照。

ば外への関わりの問題へのアプローチに相違があることに帰着する。もちろんバルラアムは南イタリアの生まれとはいえ、その地にはかつてトルコの力が及ぶのを避けて、ビザンティン帝国から逃れてきた人々の共同体があり、彼はそれに属していたと思われるから、純粋に西方の人ではないであろう。また彼はヘシュカスム論争に破れ、故地イタリアに戻った後、ローマ教会に転会したのであるから、初めから西方の人ではない。従って両者の論争は東方教会内の東と西の論争である。パラマスがバルラアムを西方的と断ずるにもかかわらず、バルラアムの立場は微妙である。しかしバルラアムはイタリアでの学習などを通し、次第に西方教会の思考に順応していったようであるから、彼の思考傾向は西欧的なものを十分にもっていると考えても間違いではないと思われる。

　そこで両者の論争を広い意味で東西キリスト教間の論争と拡大して捉えても、大きく的を外していないと思われる。この観点から両者の論争のもつ意味を考えてみたいのである。

　つまり東方キリスト教の環境では、教義について精緻を極める論争がなされたとはいえ、それは神にかかわる問題を知的に理解したいために行われたのではなかったということである。もちろんレオンティオスに見られたように、彼の論はある意味でアリストテレスの論理学に依拠したところがあったし、ダマスコスのヨアンネスもアリストテレス哲学に準拠したと言われる。しかしそれはアリストテレスの論理学をキリスト教の中に定着させ、神的現実をこの論理学を用いて説明・解明するのが目的ではなかった。あくまで人間の理知が及ぶ範囲でのみ知的な議論を尽くし、しかしその余は、これを信の判断に委ねたのである。この信の判断の根拠としては連綿と続く教父たちや教会の伝えてきた教えがある。もちろん信の判断は最終的拠り所とい

うよりは前提である。従って議論の範囲はこの前提を越えないところに限られる。たとえばヨアンネスの「神の存在論証」にしても，出発点において論証すべき神が存在することは自明の理であるかのように取り扱われているように読める。それは論証の体をなしているのだろうか。知の働きを優先・尊重する立場からはそういう疑問が起こる。もしそういう論証では知的に不十分であると考えれば，神の存在は信仰者にとって自明であるが，一旦はそれをかっこに入れて，自明でないがごとくに振舞いつつ，神の存在を新たに知的に論証しようとするのが西方のスコラ学的手法であろう。おそらくバルラアムはそちらの方法を是としたのである。西方的な立場は信をけっして捨てはしないが，知性の働きの力への憧憬は深い。これに対し，東方的な立場は，不信とまでは言わないが，知性の働きに制限を求め，どこかの時点で知性的働きを止めないかぎり神的現実に参入できないと考えている。神的現実は人間の小賢しい知を超越するからである。そういう態度があたかも神秘主義を標榜するかの印象を与えているが，これはたんなる神秘主義ではない。神的現実に向かう態度の問題である。だから神化もバルラアムの言うように，道徳的に身を整え，神の造った世界に関する知に精通し，それを自己のものにして，神を理解すれば現成するとは考えないのである。そうしたことは必要なことかもしれないが，それで神化を人が蒙るとは考えないのである。神化はあくまで神からの一方的な恵みであり，贈与なのだ。受ける方がとやかく言うものではなく，己の欲求如何にかかわらず与えられるものなのである。こうした態度が神認識をも決定する。われわれが知性を凝らせて神を認識するのではない。世界を見て，その偉業に驚嘆するとき，人は恵みによって神を心のうちに観じ，認識させられているのである。

　このような態度が実は三位一体論での聖霊の発出問題で

露になったのである。東方では三つの神の位格（ヒュポスタシス）は一として調和していながら，三者は独立的なものと捉えられていた。これに対し，西方ではそのような考えよりは，子を尊重する立場から，子の働きを父のそれと等しいまでに格上げさせたのである。東方は父のモナルキア（単一支配）を唱え，父は子を産み，また聖霊を発出させる。しかし後に西方では父と子から聖霊が発出する，さらには父と子の愛が聖霊を発出させるとまで言った。西方も当初は公会議決議を尊重して，父のモナルキアを保っていたわけだが，次第に西方人の心性から子に重点が移動したと考えられる。一旦決まった決議に付加や削除を認めないという公会議決議尊重の東方の立場からは西方は逸脱したと見られても，無理はなかった。その後の東西間の決裂劇はきわめて人間的な狭量の諍いであると訳者には映る。

パラマス研究の意義

　ではパラマスを今，研究することにはどんな意義があるのだろうか。

　普通，パラマス研究と言えば，ヘシュカスム論争を軸にして，当時の歴史的，政治的状況を交えながら，すでに触れた聖霊発出問題や神のウーシアとエネルゲイアの区別に基づく神認識とそれに交差する形での神化問題を上述のように扱うのである。そのかぎりこれはビザンティン史や神学史をそのうちに含む，精神史研究の一端であり，この方面の研究はいまだ十二分ではないにしても，かなりの程度詳細に成し遂げられたと言ってもいいだろう。もちろんパラマスのウーシア－エネルゲイア区別論などについて，これまで気がつかなかった側面や新しい観点，解釈発見の可能性は，これからの研究によってもあるかもしれない。だ

がそれであれば歴史研究としてパラマス研究は終焉する。ではどうすればいいのか。たんなる歴史的問題整理でいいのか。今，われわれはこの問いの前に立たされることになる。

　そこで先に述べた問題が意味を帯びてくる。先述のように，バルラアムとパラマスの論争は広義のビザンティン帝国の中における論争であったが，バルラアムの精神的素地がイタリアという精神風土に涵養されたものである以上，両者の論争はやはり西洋東西の知的態度（神認識を含む）の差異に基づく。一方は人間の知性の及ぶかぎり，あらゆる手段を用いて神秘なる神を知的に認識しようとする態度であり，他方は人間知性を使いはするものの，最終的な領域では神秘を神秘のままに受け入れるという態度をとることを要求する。前者の行き着いたところが現在のわれわれの世界である。どのような世界にも正負の側面がある。しかし今われわれが深刻な問題をかかえていることは誰も否定しまい。しかしその深刻な問題がもし知の驕慢によるとしたらどうであろうか。ただ問題が難しいのは，バルラアムなどに代表される知のパイオニヤたちは，そうすることが正しい道であると信じて知の開発を行ったからである。それが人間に幸福をもたらすと堅く信じていたからである。しかし当初の目論見とは逆の事態が生じたからといって，簡単に方向転換できないところにわれわれの悲劇があるように見える。すでにわれわれが生きている世界を別様にすることはほとんど不可能だ。パラマスは，バルラアム的に知的に割り切る方向性を進めていけば，今われわれが直面しているような世界が到来することに注意を喚起していたことになるのではないか。もちろん彼は予言者然として，将来を予言したというのではない。彼の視野は当時のキリスト教世界に限局されていたことだろう。しかし彼の警告は不思議と思えるほど，われわれの現状を指し示して

いる。

結　語

　総じてパラマスが言おうとしたことは次のようである。
　すなわち三位一体論の，特に聖霊の発出に関する問題で
は，神のうちの神秘を神秘として感得することを主張した
のであり，その際，父の単一支配のもとで三位格は調和し
つつ，それぞれが主体性をもっているとした。
　またパラマスの言う神のウーシアとエネルゲイアの区別
についても，ウーシアはいかなる被造物も認識できないと
いうのは東方の鉄則であり，それを守ることを前提とし
て，しかし神と人間の親密な関係（たとえば神の子の受肉）
を維持するためには，神と人間とが何らかの仕方で交流し
あうことも認めなければならず，それを神の働き（エネル
ゲイア）として措定したのである。それは人間に無限の関
心をもつ神の現実を表現するものだったのである。
　そして詳述した神化はこの神のエネルゲイアを基本とし
て，神の限界のない恵みにより，人間がその有限性を突
破・超出する可能性を言い表したものであると解される。
　こうしたパラマスの見解の根底にあるものは知の驕慢へ
の警戒である。パラマスは知を貶めるのではない，知の価
値を認めないのではない。パラマスとて当時に至るまでの
人類の知的探究の成果を無効にしたいわけではない。この
成果が人間の単独の努力によって成就したと考えることを
戒めるのである。われわれは自らの知性をもってすべてが
推し量られると嘯くべきではないのである。パラマスは
知性（ヌース）の性格を先人たる霊的師父の伝統に則って
よく承知している。師父たちはヌースを制御せよとたびた
び言う。ヌースは時に奔放である。ヌースは熱く燃えさか

解　説　　　513

る。だからヌースは己の境涯を超えて，霊の世界へ跳躍し
ようとし，また確かにその能力をもつのだ。しかしそれは
一方で監視を必要とするものである。人間の内なる霊の力
でヌースは監視されなければ，それはあちこち彷徨い，挙
句の果てに己の力を誇示し，すべてを成し遂げうると考え
るものである。従って人はこのヌースを，霊的世界に赴か
せるために研ぎ澄まさなければならないが，しかしそれは
自らの能力を誇るためではない。

　本書は確かに東方キリスト教圏内での神認識，あるいは
神へのアプローチの態度の違いを鮮明にしたものであっ
た。しかしすでに述べたように，これは東方キリスト教と
いう精神的環境だけの問題ではなく，広く西欧に適用可能
な問題意識であった。その意味でこれは西洋東西での知の
あり様を問題とするものであったが，しかしこの問題は現
在にも持ち越され，今やテクノロジー万能の時代というこ
の現代文明の行く末がいかなるものかを考えていくことと
も重なってくるのである。この問題が本源的に，いったい
どこに根をもつのかを，この論争の書を丹念に読み解くこ
とによって，われわれにヒントが与えられることを訳者は
期待している。

あ と が き

1984 年にギリシア教父，東方キリスト教神学そしてパ
ラマス研究に手を付けるためローマにあるイエズス会の管
轄する「東方教会研究学院 Pontificio Istituto Orientale」に
身を寄せることになったとき，そこにはパラマス研究を専
門にする研究者はいなかった。そこで東方キリスト教その
ものの研究を学校では主としてやることにし，パラマスに
ついてはその図書館にある膨大な資料から彼に関する論文
を片っ端からコピーし，他方で本書を読み込むことに専念
した。とは言っても日常的には，まだ幼かった子供たちの
現地校への送り迎え，子供たちの級友の親や兄弟を含めた
イタリア人との交際，また学校から出されるイタリア語の
宿題を〔私が？〕解くことに多くの時間を費やした。しか
しそのおかげで，たとえば算数の問題であっても，ただ計
算してすますのではなく，それを言語で叙述するというイ
タリア式教育の実際を肌で感じ取ることができたし，休暇
にはイタリア，スイス，フランス，ベルギー，ドイツ，ギ
リシアなどを旅して，欧州そのものを肌で感じるという，
遥かな日本では到底味わえない直接的な経験をすることが
できた。その意味で思想の根底には普通の人の生の種々相
が横たわっていることを実感することにもなった。このこ
とはパラマスが活躍したギリシアであっても同じことであ
る。思想の研究はただ机上のものだけであってはならない
と思う（また 2014 年にはパラマスの論敵，バルラアムがカ

あとがき　　　515

トリックに改宗して後，任ぜられたイタリア，カラブリア地方の町，ジェラーチェを訪れ，往時を忍んだ）。

　さてパラマスの書を読み始めてすぐ，いつかこれを翻訳して世に問いたいという思いが起こり，ノートや原稿用紙に訳文を徐々に書き記していった。かなりのところまで進めていたが，帰国後は勤務校の仕事が当然重なり，その上パラマス以外の教父や『フィロカリア』の翻訳に専念しなければならなくなり，いつしかパラマスの書そのものの翻訳は脇にどけておくことになった。ただしかし『フィロカリア』で私が担当した部分は主としてビザンティン後期に属する霊的師父たちの著作であったため，期せずしてパラマスの時代に近い師父の書いたものを読むことになり，結果的にビザンティン後期のギリシア文に長時間触れ，その文体に慣れることにもなった。以上の仕事にややめどがつき始めたころ，パラマスに関する論文の作成と同時に，再びパラマスの翻訳の続きに着手し，終わり次第，末娘が私の粗い原稿をワープロ入力してくれた。

　ただ今にして思えば，この翻訳にはいささか時間をかけ過ぎた気もする。パラマスの認知度を高めるために，もう少し早く世に問うべきではなかったかと。

　ところでパラマスの文章は時には延々と続くところもあり，簡略すぎるところもあり，当然のこととは言え，理解に苦しむところも一つや二つではない。可能なかぎりパラマスならばこう考えて主張するだろうという思いで訳していったが，自分にとって母国語でなく，しかも重厚な古典語で記された本書の理解に不十分なところは多々あろうと思う。誤りはすべて訳者の責任であるが，訳者の思いは偏にこのような不完全なものからでも，はしがきにも書いたキリスト教のもう一つの姿や，キリスト教の奥深さに思いを致していただきたいということである。そこへの橋渡し

あとがき

に本書がなれば，訳者としてそれ以上幸いなことはない。

　いつものことながら，知泉書館の小山光夫氏，高野文子氏には，甚大な感謝の意を表したい。何度も述べたように，認知度の低いパラマスの著作について，たとえそれがパラマスの主著であるにしても，日本という国の知的状況の中で十分に出版業が成り立つかどうかは，まったくもって未知数に属する。その危険を承知で敢えて出版する決断をされたことは，人文研究を志す若い人たちに是非読めるような形で本書を提供したいという小山氏の熱い思いがあってのことである。そのこと一つだけでも現今得難い出版人である小山氏に衷心からの御礼を申し上げる。

　　　2018 年 3 月 30 日　（ヨアンネス・クリマクスの祝日。ビ
　　　ザンティン暦）

　　　　　　　　　　　　　　　　　訳　者　識

参 考 文 献

欧文文献は本書を読む際に必要と思われるものに限って取り上げた。

テキストとその翻訳

Apophtegmata Patrum (Patrologia Graeca〔以下 PG〕65)（邦訳『砂漠の師父の言葉』谷隆一郎，岩倉さやか訳（知泉書館，2004 年））。

Leontius of Byzantium, *Complete Works*, edited and translated with an introduction, by Brian E. Daley, sj, Oxford, 2017.

ΦΙΛΟΚΑΡΙΑ ΤΩΝ ΙΕΡΩΝ ΝΗΠΤΙΚΩΝ συνερ ανισθεῖσα παρὰ τῶν ἁγίων καὶ θεοφόρων πατέρων, (5 vols., Athen, 1976-84（邦訳『フィロカリア』全 9 巻，新世社，2006-13 年）（パラマスについては特に邦訳の第 7 巻にその著作の一部が収録されている。）

『七十人訳ギリシア語聖書』Ⅰ－Ⅴ. 秦剛平訳（河出書房新社，2002-03 年）。

証聖者マクシモス『難問集』谷隆一郎訳（知泉書館，2015 年）。

『聖書―新共同訳』（日本聖書協会，1987 年）。

聖大バシレイオスの『聖霊論』山村敬訳（南窓社，1996 年）。

『中世思想原典集成』第 1－3 巻（平凡社，1992, 1994, 1995 年）。

辞典類

The Oxford Dictionary of Byzantium, ed. by Alexander P. Kazhdan, Oxford University Press, 1991, 3vols.

『キリスト教人名辞典』（日本基督教団出版局，1986 年）。

『岩波　哲学・思想事典』（岩波書店，1998 年）。

研究書，論文

Irénée Hausherr, *La méthode d'oraison hésychaste*, Rome, 1927.

───── Noms du Christ et voies d'oraison, *OCA* 157, Roma, 1960.

Meyendorff, Jean, Un mauvais théologien de l'unité au XIV siècle : Barlaam le Calabrais, in « *1054-1954. L' Église et les Églises II* », Chevetogne, 1955.

───── *St. Grégoire Palamas et mystique orthodoxe*, Éditions du Seuil, 1958（邦訳，メイエンドルフ『聖グレゴリオス・パラマス』岳野慶作訳（中央出版社，1986 年）).

───── *Introduction à l'étude de Grégoire Palamas*, Paris, 1959.

───── *Byzantine Theology, Historical Trends and Doctrinal Themes*, New York,1976（邦訳『ビザンティン神学──歴史的傾向と教理的主題』鈴木浩訳（新教出版社，2009 年）).

Russell, Norman, *The Doctrine of Deification in the Greek patristic Tradition*, Oxford, 2000.

Sinkewicz, Robert E. C. S. B., "A New interpretation for the first episode in the controversy between Barlaam Calabrian and Gregory Palamas", in *The Journal of Theological Studies*, No. 31, 1980.

───── "Christian Theology and the Renewal of Philosophical and Scientific Studies in the Early Fourteenth Century: The CAPITA 150 of Gregory Palamas", *Mediaeval Studies* 48 (1986).

Tomaš Špidlík, *La spiritualité de l'orient chrétien II, La Prière*, OCA 230, Roma, 1988.

Basil Tatakis, *Byzantine Philosophy*, translated, with Introduction, by Nicholas J. Moutafakis, Hackett Publishing Company, Inc. Indianapolis? Cambridge, 2003.

大森正樹『エネルゲイアと光の神学──グレゴリオス・パラマス研究』（創文社，2000 年）。

───── 「ビザンティンの哲学」，中川純男責任編集『哲学の歴史 3「神との対話」』（中央公論新社，2008 年）。

───── 『観想の文法と言語──東方キリスト教における神体

験の記述と語り』（知泉書館，2017 年）。

落合仁司『地中海の無限者——東西キリスト教の神－人間論』（勁草書房，1995 年）。

クリメント北原史門『正教会の祭と暦』（ユーラシア文庫　2）（群像社，2015 年）。

ゲオルグ・オストロゴルスキー『ビザンツ帝国史』和田廣訳（恒文社，2001 年）。

坂口ふみ『〈個〉の誕生——キリスト教教理をつくった人びと』（岩波書店，1996 年）。

ジョージ・A・マローニィ『東方キリスト教神学入門』大森正樹訳（新世社，1988 年）。

田島照久編著『テオーシス（人間の神化思想）——キリスト教霊性を形づくる東方・西方教会の伝統』（教友社，2018 年）。

谷隆一郎『アウグスティヌスと東方教父——キリスト教思想の源流に学ぶ』（九州大学出版会，2011 年）。

土橋茂樹編著『善美なる神への愛の諸相——『フィロカリア』論考集』（教友社，2016 年）。

東方教会無名の修道者『イエススのみ名の祈り——その歴史と実践』古谷功訳（あかし書房，1983 年）。

ルイ・ブイエ『キリスト教神秘思想史　1　教父と東方の霊性』大森正樹・長門路信行・中村弓子・宮本久雄・渡辺秀訳（平凡社，1996 年）。

宮本久雄『宗教言語の可能性』（勁草書房，1992 年）。

引用教父索引

以下，(PG 26) は『ミーニュ ギリシア教父全集』第26巻を，(PL 66) は『ミーニュ ラテン教父全集』第66巻を，1,42 (100B) はその「第1章42節」，そして (100B) はミーニュの該当箇所を示す。取り上げたものは本文と註に見られるもののうち主要なものに限った。

アタナシオス（アレクサンドリアの）
『アントニオスの生涯』(PG 26)
10 (860AB)　　　353

アンドレア（クレタの）
『変容についての講話 』7 (PG 97)
(933C)　　　89, 397
(949C)　　　406

イサーク（ニネヴェの）
『書簡』4 (Theotoki 版，p. 576)
　　　108
『講話』(Theotoki 版)
31 (p. 197)　　　233
32 (p. 206)　　　91, 114
72 (p. 415)　　　284, 314
72 (p. 463)　　　45
85 (p. 498)　　　83
85 (p. 503-504)　　　246

エヴァグリオス
『認識の提要』(Frankenberg 版)
(p. 277)　　　103
『八つの悪しき考えについて』
(PG 79)
18 (1221B)　　　90, 142
『祈りについて』(PG 79)
56 (1177D-1180A)　149
57 (1180A)　　　149
58 (1180A)　　　226, 242
62 (1180C)　　　156
87 (1185C)　　　202
113 (1192D)　　　86

149 (1200A)　　　143
『実践論』(PG 40)
1, 70 (1244A)　　　90, 93

エリア（エクディコス）
『知についての断章』(PG 127)
4 (1149)　　　142

オリゲネス
『ケルソス駁論』(PG 11)
1 (749AB)　　　112
『詩編註解選』(PG 12)
(1432C)　　　62

キュリロス（アレクサンドリアの）
『詩編註解』(PG 69)
(780A)　　　53

グレゴリオス（アグリジェントの）
『伝道書註解』(PG 98)
1, 18 (796CD)　　　53

グレゴリオス（ナジアンゾスの）
『ネメシオス宛』(PG 37)
(1554)　　　18
『書簡（クレドニオス宛）』(PG 37)
101 (181AB)　　　389
『講話』(PG 35-36)
4, 100 (636A)　　　202
4, 102 (636A)　　　203
6, 5 (728B)　　　203
6, 6 (728D-729A)　　　204

引用教父索引　521

16, 2 (936BC)　52
16, 2 (936C)　188
16, 2 (936D-937A)　224
20, 6 (1072C)　455
21, 2 (1084D)　94
21, 6 (1088B)　18, 182
21, 22 (1105C)　185
24, 11 (1181B)　229
28, 19 (PG 36, 52B)　313
28, 31 (72C)　435, 436, 449, 451
30, 18 (128A)　417, 445
30, 21 (132B)　419
38, 9 (320C)　464
38, 12 (324C)　293
40, 5 (364B)　140, 142
40, 6 (365A)　292, 390
40, 31 (401D-404A)　245
41, 14 (448C)　48
42, 16 (477AB)　455
42, 17 (477C)　457
43, 21 (524C)　181
44, 3 (609BC)　429
45, 3 (625C)　448
45, 3 (625C-628A)　482
45, 3 (628A)　482
45, 11 (637B)　276
45, 26 (657D)　179
45, 27 (661A)　453

　グレゴリオス（ニュッサの）
『魂と復活について』(PG 46)
(104C)　297, 304, 316, 390, 482
『人間の幸福について』(PG 44)
6 (1269B)　354, 356
『子供について』(PG 44)
(181)　181, 184
『人間創造論』(PG 44)
8 (145C)　257-58
12 (156CD)　60
15 (177B)　258

28 (232A)　41
30 (240D)　50
『モーセの生涯』(PG 44)
I, 58 (321A)　338
II,10-11 (329B)　169, 183, 210, 266, 333
162-163 (376D-377A)　331, 340
169 (380A)　337
『書簡』(PG 46)
11 (1041C)　50
『アブラビオス宛書簡』(PG 45)
(645AB)　445
『雅歌講話』(PG 44)
1 (780C)　112
4 (833CD)　107
7 (920BC)　107
『ステファノについて』(PG 46)
(716D-717A)　474
(717B)　299, 305, 472, 475

　グレゴリオス・パラマス
『アキンデュノス宛書簡』(PS I)
1, 1 (203-219)　377
1, 12　369
1, 14 (219)　378
3, 1 (297)　407
3, 5 (300)　422
『聖山覚書』(PG 150)
(1232AB)　472
『バルラアム宛書簡』1 (PS I, 225-39)　175
『バルラアム宛書簡』2 (PS I, 40-95)　72-73, 175

　大グレゴリウス
『対話』(PL 66)
(197B)　115

　シメオン・メタフラステース
（→マカリオス）
『福音書記者聖ヨハネの生涯』

（PG 116)
1 (685D)　　　122

偽新神学者シメオン
『聖なる祈りと注意の方法』
（Hausherr 版）
(p.164)　　　67, 69

ソクラテス
『教会史』（PG 67)
4, 23 (520B)　　　93

ディアドコス（フォティケー
の）
『百断章（霊的実践に関する百断
章）』（É. des Places 版）
15 (p. 92)　　　113
16 (p. 92-93)　　　19, 241
25 (p. 97)　　　233
40 (p. 108)　　　65, 88, 92, 279
47 (p. 159)　　　248
59 (p. 119)　　　62
69 (p. 129)　　　155
73 (p.132)　　　129
77 (p.135)　　　45
79 (p. 137)　　　63

偽ディオニュシオス（アレオ
パギテース）
『天上位階論』（PG 3)
3, 3 (165A)　　　413
4, 2 (180A)　　　235, 345
4, 2 (180B)　　　300, 302-303
4, 3 (180D-181A)　　　303
4, 4 (181B)　　　300
7, 2 (208BC)　　　89
7, 2 (208C)　　　397
8, 1 (237C)　　　345
8, 2 (240C)　　　301
8, 2 (241A)　　　303
13, 3 (300C)　　　344
15, 4 (333C)　　　479

15, 9 (337CD)　　　304
15, 9 (340A)　　　132
『教会位階論』（PG 3)
1, 3 (376A)　　　362
1, 4 (376B)　　　89, 419
2 (392A)　　　14, 51, 213, 266
2, 1 (392A)　　　364
2, 3 (397D-400A)　　　296
5, 2 (501C)　　　337
6, 3 (533D)　　　208
6, 3 (536B)　　　206
7, 2 (553CD)　　　296
『神名論』（PG 3)
1, 4 (592A)　　　313
1, 4 (592BC)　　　89, 135,
　146, 291, 306, 388, 404, 479
1, 4 (592C)　　　122-23,
　135, 329
1, 5 (593B)　　　86, 300
1, 5 (593BC)　　　121, 306,
　309
1, 5 (593C)　　　107
1, 7 (596C)　　　463
1, 8 (597A)　　　304, 343
2, 6 (644BC)　　　140
2, 7 (645A)　　　405, 447
2, 7 (645B)　　　387
2, 10 (648D)　　　485
2, 11 (649B)　　　117
3, 1 (680A)　　　310
3, 1 (680B)　　　200
4, 5 (700D)　　　86
4, 6 (701B)　　　84
4, 8 (704D)　　　69, 450,
　436, 452
4, 9 (704D)　　　65
4, 9 (705A)　　　65, 67,
　207
4, 9 (705AB)　　　65
4, 11 (708D)　　　113
4, 13 (712AB)　　　148, 151
4, 19 (717A)　　　31

引用教父索引 523

4, 23（725B）　　　38
4, 27（728CD）　　57
5, 2（816C）　　　405
5, 4（817D）　　　204
5, 5（820B）　　　458
5, 6（820D）　　　458
5, 7（821B）　　　458
5, 8（824A）　　　117
5, 8（824BC）　　 465
5, 8（824C）　　　459
7, 1（865C）　　　112
7, 2（868C）　　　43
7, 3（869C-872B）　356
7, 3（869D-872A）　358
7, 3（872A）　　　464
7, 3（872AB）　　 356
11, 6（953A）　　　454
11, 6（953D-956A）　449
11, 6（956A）　　117, 445,
　　457, 459. 460
11, 6（956AB）　　455
12, 2（969C）　　　417
13, 2（977C）　　　463
『神秘神学』（PG 3）
1, 1（997）　　　　151
1, 1（997A）　　　275, 313
1, 1（997AB）　　 338
1, 2（1001B）　　 446, 485
1, 3（1000C）　　230, 329,
　　335, 358
1, 3（1000CD）　　110
1, 3（1000C-1001A）　336
1, 3（1000D-1001A）　334
3（1033B）　　　　111
3（1033C）　　　　111
5（1048A）　　　　285
5（1048AB）　　　313
5（1048B）　　　　275
『書簡』（PG 3）
2（1068-1069A）　118, 384,
　　408, 413, 477, 484
5（1073A）　　110, 329, 331

7（1080A）　　　　39
7（1080B）　　　　38

テオドロス（ストゥディオス
の）
『講話』（PG 99）
12（アルセニオスについて）
（860B）　　　　　275

ニケフォロス（ヘシュカスト）
『心の監視について』（PG 147）
（945-966）　　　　75
（963B-964A）　　 254

偽ネイロス（→エヴァグリオ
ス）

バシレイオス（カイサリアの）
『エウノミオス駁論』（PG 29）
1, 8（528B）　　　443, 444
2, 18（609B）　　 473
2, 23（624A）　　 454
『聖霊論』（PG 32）
9, 23（109AB）　　422
16, 40（141AB）　 411
26, 61（180C）　　420
26（180CD）　　　422
『書簡』（PG 32）
2, 2（228A）　　　65, 105,
　　256
2, 4（229B）　　　202, 411
38, 4（329C）　　 455
189, 6-7（692-696）　442
223（824AB）　　 21
『講話』（PG 31）
12（397BC）　　　21, 181-
　　82
12（401A）　　　　65
『ヘクサエメロン』（PG 29）
1, 11（25BC）　　 260
2, 5（40C）　　　　428
2, 8（52B）　　　　428

『詩編講話』（PG 29）
　14（256BC）　51, 103, 186,
　　220, 266
　32（333B）　　455
　44（400CD）　123
　45（429A）　　20
　48（449C）　　305
『イザヤ書註解』（PG 30）
　序文（124B）　343
　序文（125B）　425
　7（452A）　　469
　13（565C）　　469

　　偽バシレイオス
『修道規則』（PG 31）
　2, 1（1340A）　95
『エウノミオス駁論』（PG 39）
　5（640AB）　　391
　（769B）　　　425, 452
　（772B）　　　386-7, 427
　（772D）　　　377, 385, 413, 420

　　バルラアム（カラブリアの）
『第 1 書簡（パラマス宛第 1 書
簡）』
　Fyrigos 版（194）Schirò 版
　（229）　　　　74
　Fyrigos 版（216）Schirò 版
　（240-41）　　369
　Fyrigos 版（238）Schirò 版
　（251）　　　　7
　Fyrigos 版（260-63）Schirò 版
　（262）　　　　7
　Fyrigos 版（262）Schirò 版
　（261）　　　　101
　Fyrigos 版（270-71）Schirò 版
　（266）　　　　167
『第 3 書簡（パラマス宛第 2 書
簡）』
　Fyrigos 版（302）Schirò 版
　（281）　　　　80
　Fyrigos 版（304）Schirò 版

　（282）　　　　167
　Fyrigos 版（316-18）Schirò 版
　（287-88）　　7
　Fyrigos 版（320）Schirò 版
　（290-91）　　6
　Fyrigos 版（334-36）Schirò 版
　（298）　　　　335
　Fyrigos 版（336）Schirò 版
　（298-99）　　10
『第 4 書簡（ヘシュカスト・イグ
ナティオス宛）』
　Fyrigos 版（370, 10-15）
　Schirò 版（315, 11-15）　55,
　　225
　Fyrigos 版（376）Schirò 版
　（318）　　　　73
『第 5 書簡（パラマス宛第 2 書
簡）』
　Fyrigos 版（386-82）Schirò 版
　（323-24）
　Fyrigos 版（386, 117-18）
　Schirò 版（323, 117-18）
　　55
　Fyrigos 版（386, 119-21）
　Schirò 版（323, 120-21）
　　56
　Fyrigos 版（386-88）Schirò 版
　（323-24）　　79
　Fyrigos 版（388）Schirò 版
　（324）　　　　164, 375

　　偽マカリオス
『講話』（PG 34）
　5（516）　　　85
　5, 10（516AC）　92
　5, 11（516C）　91
　12, 14（565B）　89
　15, 20（589B）　61, 144,
　　255

　　偽マカリオス（シメオン・メ
タフラステースがパラフレー

引用教父索引　　525

ズしたもの）
『忍耐について』（PG 34）
　4（868CD）　　　126, 397
　13（876BC）　　　153
　13（876D）　　　85, 153
『知性の上昇について』（PG 34）
　1（889C）　　　388
　2（892A）　　　92
　6（893C）　　　152
　13（901AB）　　　432
『愛について』（PG 34）
　9（919BC）　　　431
　24-26（928-929）　　　134
『知性の自由について』（PG 34）
　19（952C-953A）　　　156
　21（956）　　　99
　21（956A）　　　115, 126
　21（956D）　　　271
　22, 2（956D-957A）　　　94,
　　433
　23（957AB）　　　426
　24（957B）　　　146, 425
　25（957CD）　　　147
　26（960A）　　　147
　27（960C）　　　434

　　マクシモス（証聖者）
『タラッシオスへの問い』（PG
90）
　22, 5（324A）　　　409
　61〔スコリア　16〕（644D）
　　271, 285
　63（673D）　　　444
『難問集』（PG 91）
　（1076BC）　　　375
　（1076C）　　　410
　（1084B）　　　347
　（1088BC）　　　410
　（1088C）　　　484
　（1125D-1128B）　　　294
　（1140A）　　　416
　（1144BC）　　　423, 427, 448,

　478
　（1144C）　　　386, 416
　（1160ss）　　　293
　（1165BC）　　　293
　（1165D）　　　401
　（1168A）　　　309
　（1168C）　　　293
　（1200B）　　　312
　（1216C）　　　312
　（1237D-1240A）　　　410
　（1241AC）　　　312
　（1320B）　　　410
　（1376CD）　　　393
　（1413AB）　　　151
『愛についての諸章』（PG 90）
　1, 10（964A）　　　244
　2, 61（1004C）　　　244
　3, 25（1024C）　　　477
『神学と神の子の受肉の摂理に
ついて』（PG 90）
　1, 7（1085B）　　　444, 486
　1, 31（1093D）　　　151
　1, 31（1096A）　　　92
　1, 48（1100CD）　　　401, 455,
　　457, 477
　1, 48（1100D-1101A）　　　441
　1, 49（1101A）　　　312, 458
　1, 50（1101AB）　　　441
　1, 54（1104A）　　　312
　2, 4（1128A）　　　479
　2, 26（1136CD）　　　358
　2, 80（1161D）　　　143
　2, 82（1164A）　　　144, 346
　2, 83（1164B）　　　332
　2, 88（1168A）　　　296, 316,
　　507
『神学と摂理の考察への諸章』
　（PG 90）
　5, 85（1384D）　　　427, 478
『ミュスタゴギア（秘義教話）』
　（PG 91）
　5（681B）　　　480

引用教父索引

23（701C）　　　142
『神学的・論争的著作』（PG 91）
（12A）　　　212
（33C）　　　409
（96B）　　　475
（268D）　　　408
補遺（281BC）　　　444
『神名論のスコリア』（PG 4）
（344A）　　　149

マルコス（隠者）
『節制について』（PG 65）
24（1064B）　　　144, 346
『霊的な法について』（PG 65）
12（908A）　　　230
『業によって義化されると考え
る人々について』（PG 65）
26（933D）　　　153

ヨアンネス・クリマクス
『楽園の梯子』（PG 88）
1（640A）　　　154
4（696D）　　　154
6（796B）　　　229
7（804AB）　　　245
7（813B）　　　158
18（932B）　　　229
25（989A）　　　144
25（1000D-1001）　　　69
26（1017A）　　　18
26（1020A）　　　63
26（1033AB）　　　155
26（1033B）　　　154, 422
26（1033D-1036A）　　　155
26（1068D）　　　252
27（1097B）　　　66
27（1112C）　　　248, 254
28（1129A）　　　229
28（1132C）　　　245

28（1132D）　　　310
28（1137AC）　　　83
28（1140A）　　　310
28（1148A）　　　143
29（1148C）　　　154
29（1149A）　　　247

ヨアンネス・クリュソストモ
ス
『テオドロスの誤り』（PG 47）
1, 1 1（292）　　　124
『テトス講話』（PG 62）
6, 5（696）　　　385
『コリント人への第二の書簡講
話』（PG 61）
8, 3（457）　　　91
『イザヤ書註解』（PG 56）
1（13〜）　　　425
1（14）　　　469
『ヨハネ福音書講話』（PG 59）
4, 4（50）　　　23, 218
『マタイ福音書講話』（PG 57-58）
1, 4-5（18-19）　　　52
23, 5（314）　　　218

偽ヨアンネス・クリュソスト
モス
『ステファノ賛』（PG 59）
（701-702）　　　371

ヨアンネス（ダマスコスの）
『変容についての講話』（PG 95-1）
1, 7（557C）　　　404
1, 10（561D）　　　404
1, 12（564B）　　　400
1, 12（564C）　　　403, 479
1, 12-13（564C-565A）
　395
1, 15-16（596AB）　　　404

事項索引
（必要と思われる用語にはギリシア語を付した）

ア　行

愛（ἀγάπη）　19, 20, 23–24, 59, 68, 83, 96, 116, 126, 131, 151, 154, 156–57, 198, 213–14, 217–18, 221, 234, 241, 244, 246, 248–49, 252–53, 259, 293, 313, 323–24, 351, 362–64, 368, 397, 401, 425, 430–31, 477, 486

── （ἔρως）　97, 130–31, 148, 151, 154, 201, 243

愛徳（ἀγάπη）　243,

悪　17–18, 37, 43–44, 48, 57, 72, 95, 142, 171, 178, 186, 246, 253, 280, 293, 310, 330, 334, 346, 381, 430, 432, 434, 468, 480, 486

悪魔　23, 43, 47, 57, 64, 84–85, 97, 101, 131, 141, 201, 281, 366, 468, 487

──的　24, 43, 52, 80

悪霊　6, 34, 37–38, 40–42, 51, 79, 81, 83, 104, 125, 166, 177–79, 181, 187, 415, 430, 452–53, 467

──的　166, 177–79, 405, 468–69

アクロポリス　60–61

アタナシオス（アレクサンドリアの）　18, 82–83, 182, 323, 353

アダム　12, 48, 80, 99, 215, 281

アッシリア人　453

アテネ　181, 484

アテネ人　20, 181

アナテマ　250, 446, 471

アノモイオス派　115

アブラハム　268, 319, 321, 358, 473

アリストテレス　12, 171, 189, 192, 267, 269, 282, 298, 308

アルセニオス　275

在るもの（ὁ ὤν）　448

アレイオス　81, 82, 115, 440

アレイオス派　115

アレクサンドロス（アレクサンドリア主教）　82

憐れみ　82, 92, 249, 430

安息日　68, 212, 334

アンティオキアのテオフィロス　340

アントニオス　83, 219, 353

アンドレアス（クレタの）　89, 397, 405

言い表しえないもの（τὰ ἄρρητα）　110, 111, 114, 124, 353

イエス（・キリスト）　14, 23, 40, 60, 62, 82, 89, 97, 121, 124–25, 168, 212, 214, 248, 254, 288–89, 320, 322, 324, 354, 371, 397

位階　14, 89, 313, 345, 346, 362, 473

位格（ὑπόστασις）　139, 146, 386, 438, 454

位格的（ヒュポスタシス的）な　93–94, 285

異郷　5, 6, 10, 16, 26–27, 33,

43–44, 46–51, 103, 118,
168–74, 176, 182–83, 192–
93, 205, 216–17, 266, 321,
333, 415
———の教育（ἔξω παιδεία）
9, 14–15, 21, 24–25, 29,
47, 49, 102, 163–64, 166,
183, 194, 214, 221, 333
イザヤ　58, 120, 157
意志　23, 105, 131, 172–74,
199, 249, 280, 296, 404,
408, 433, 440, 459, 464,
465, 476–78, 486
イシドロス　165, 167, 368
医術　167, 175
イスラーム　268
イスラエル　20, 90, 250,
277, 347, 473
痛みを感じない（ἀναλγησία）
251
イタロス　18, 28
一致（ἕνωσις）　105, 107–8,
112–13, 118, 149, 152, 239,
241–42, 278, 298–99, 306–
7, 341–42, 356, 424
イデア　188, 190–92
命・生命　22, 24, 32, 41–
42, 51–52, 71, 75, 100,
102, 116, 127, 149, 152,
197, 252, 254, 294, 319–20,
323–25, 333, 338, 342, 369,
385–87, 405, 423, 427–28,
430, 441–42, 445, 447–49,
459–60, 462–63, 475, 485
祈り　12, 17, 19, 20, 22, 45,
53, 57, 59, 62, 66, 69, 72,
79, 82–83, 90, 93, 109–
111, 113–14, 116, 119–
20, 123, 125, 129, 131–32,
140, 143, 145–46, 148, 150,
154, 156, 166, 174, 199–
203, 205–7, 209, 212–22,

225–31, 233–34, 238–45,
248, 250, 252–55, 262, 278,
280–81, 310, 315, 327, 333,
341, 352–53, 380–82, 433,
471, 485
『祈りについて』　86, 143,
149, 156, 202, 226, 242, 243
違反（行為）（堕罪）　68, 99
隠喩、隠喩的に
（μεταφορικῶς）　86, 308
器　60, 72, 93, 197, 260
生まれざる　384, 416, 437
運動　7, 12, 17, 50, 65–66,
69, 104, 220, 236, 246, 260,
291, 321–22, 343, 348, 410,
425, 427, 451–52
栄光　53, 60, 62, 75, 84–
85, 88–89, 91–92, 97–99,
113, 121, 124, 126–29, 137,
139, 146–48, 151, 153, 157,
270, 283–86, 288–89, 291–
92, 298–302, 305, 313–16,
318, 324, 334–35, 341, 352,
361, 371, 383–84, 387–88,
392, 395–97, 400, 403–5,
412, 423, 428, 430–32, 434–
36, 442, 449, 451, 453, 457–
58, 469, 472, 474, 478, 484
エイコノグノステス
（εἰκονογνώστης）　44
エウノミオス　437
エジプト人　20, 171, 180–
82, 195–96, 206, 214, 278,
325, 333, 365
エゼキエル　247, 301, 304,
394
エネルゲイア（ἐνέργεια）
158, 191, 387, 405–8, 413,
416–22, 424, 439–40, 442–
46, 450, 456, 460, 462, 464,
475–79　→働き
エリア（預言者）　72, 224,

事 項 索 引　　　　529

293, 393, 429

円環運動　　65

円環的　　69, 449, 452

オイコノミア（摂理）、摂理的
191, 284–85, 291, 293, 438,
439–40, 444, 448, 455, 462,
465

王国　　22, 123, 335, 403, 405,
433, 465, 478

掟・命令（ἐντολή）　　12, 14,
17, 20, 25–26, 51, 109, 111,
131, 180, 186, 199, 203,
206, 209–14, 217, 219, 221,
248–53, 266, 283, 286–
88, 291, 303, 334, 341, 352,
360, 363–64, 366, 368,
382, 474, 486

奥義　　26, 75, 89, 98, 107,
111, 133, 276, 294, 295

――を授ける者（τελετής）
294, 295

オムファロプシュキア
（ὀμφαλοψυχία）　　165,
166

オムファロプシュコイ
（ὀμφαλόψυχοι）　　165,
283

御子　　63, 81, 320, 325, 355,
366, 372, 379, 392, 437,
454–55

カ　行

快，快感，快楽（ἡδονή）
47, 71, 131, 153, 225, 231,
247, 469

悔恨（κατάνυξις）　　19, 241,
245

改悛（κατάνυξις）　　228, 229

概念（νόημα）　　146, 326,
337, 340, 432

―― （ἔννοια）　　33, 40,

196, 272, 352

カイン　　44

顔（πρόσωπον）　　60, 85,
91–92, 94, 96, 98–99, 119,
124, 126, 130, 140, 148,
237, 289, 295, 306, 371,
388, 390, 397–98, 432, 473

『雅歌』　　106, 112, 132

輝き　　12, 84, 88, 89, 91–93,
95, 105, 107, 110, 113, 116–
17, 124–26, 130, 132, 134,
140–43, 145, 148, 167, 170,
234, 235, 275, 278, 290, 292,
295, 298, 305–6, 313, 329,
339–41, 352, 356, 385–88,
392, 401–3, 411, 413, 421,
427–28, 432–33, 435–36,
449–50, 452, 478, 483–84

可感的本性　　257

学芸　　208, 426, 457

学習　　146, 170, 181, 212–13,
326, 508

覚醒　　73, 75, 100, 122

覚知　　5, 9–11, 13, 19, 22, 30,
79–80, 85–87, 89–92, 94–
95, 97–99, 102–6, 110, 112,
114, 121, 125, 128, 141–46,
150, 153, 155, 158, 177, 314,
427, 474

学問　　5, 8, 13, 15, 18, 21, 29,
102, 150, 168–75, 181–82,
184–86, 190, 192, 195–96,
198, 207, 209–10, 212–17,
219, 221, 266, 281, 287, 289,
367

――的知識（μαθηματικὴ
ἐπιστήμη）　　13

過失（παράβασις）　　152
→違反

過剰　　33, 53, 87, 92, 97–98,
119, 130, 138–39, 151, 198,
204, 208, 220, 262, 285,

298, 305–7, 309, 312–13,
316–18, 327, 328, 330–32,
336, 339, 340–41, 354, 370,
387, 427, 433, 450–51, 455,
467, 485–86
——性　185, 287, 485
語られない　113
可知的（νοητός）　84–86,
89, 91, 98, 105–6, 110, 115,
124, 128–29, 131, 135, 149,
182, 214, 241, 265, 270–74,
282, 290, 297–98, 307, 315,
331, 341, 345, 348, 351,
356, 363–64, 366, 397, 406,
450
——なもの（τὰ νοητά）
31, 112, 114, 129, 149, 291,
294, 303, 318, 330–31, 341,
357
——光　86, 265, 274
活動（ἐνέργεια）　38, 65,
108, 150, 200, 226, 255,
317, 342, 365, 486
悲しみ（πένθος）　132, 229
→悲嘆
ガブリエル　76, 301
神以上のもの（ὑπέρθεα）
274, 477
神に似る　213, 214, 364, 504
神認識　30, 87, 104, 169,
183, 192, 248, 322–23, 325,
350–52, 355, 358, 360, 366,
369, 370
神の王国　123, 335, 404　→
王国
神の顕現（θεοφάνεια）　95,
120, 122, 139, 296, 297,
303, 306, 370, 421, 438
神の像　12, 14, 48
神の誕生　438
神の知恵　12, 14, 20, 24, 32–
33, 37–39, 41, 43, 45, 48,

172, 178, 186–88, 193–94,
284, 333, 335, 425
神の場所　90, 149, 334
神の光　31, 65, 88, 92, 95,
120, 122, 137–38, 141–42,
147, 154–55, 230, 286–87,
290, 308, 329–30, 335–36,
340, 382, 388, 431, 435, 481
『神の光と照明について』
330
『神の光と聖なる幸福』　290
神の秘義　19, 107
神の闇（γνόφος）　329, 330,
331, 332, 337, 338, 339, 347
神の霊に導かれて生きている人
（πνευματικός）　100
神を超えるもの（ὑπέρθεος）
117, 312, 340, 409, 417　→
神以上のもの
語りえないもの（ἀφθέγτος）
111, 194
カリスマ　20, 76, 123, 154,
197, 234, 238, 239, 273, 420
カルデア人　20, 171, 180–82,
206
ガレノス　168
感覚　19, 25, 41, 45, 59, 61,
63–64, 78–79, 85, 92, 94–
97, 108–9, 112–15, 118–19,
121, 125, 127, 129–30, 132–
33, 136–38, 140–42, 145,
147, 149, 151, 155, 158, 181,
184, 198, 207, 225–27, 230,
233–34, 240–44, 252, 255,
258, 269–70, 272, 274, 276,
290, 294–97, 303, 307, 309,
315–17, 327, 329–32, 336,
339, 343, 345, 357–59, 361,
366–67, 379, 401, 403, 405–
6, 419, 423–24, 429–30,
434, 438, 450–51, 463, 480
——器官　109, 135, 421

事項索引   531

感情（πάθημα） 222, 236,
　497
完全性 6, 80, 157, 174, 209,
　211, 215, 217, 404, 464
完全な者 5, 13, 155, 242,
　311, 359
観想（θεωρία） 12, 20–
　21, 26, 62, 75, 79, 87, 89,
　102, 104–6, 108, 110–
　11, 113, 115–16, 118, 129,
　131, 141–42, 145–46, 149,
　166, 198, 241–42, 279, 284,
　287, 290, 293, 295–97, 309,
　311, 314–15, 319–20, 322,
　324, 328–30, 332, 334, 336,
　341–42, 346, 348, 353, 356,
　363, 369–70, 383, 388, 397,
　439, 440, 451, 474, 484, 487
──（θέα） 289, 296, 305,
　311
──（θεοπτία） 303
──者（θεατής） 116,
　424, 434
──する力 95
──的 279, 280
観念（ἔννοια） 278
記憶 202, 233, 240, 248,
　252–54, 260, 411
幾何学 20, 181, 182, 184,
　189
器官 41, 44, 45, 60–62, 143,
　255, 257–59
祈願（δεέησις） 19, 69, 412
希望 8, 45, 157, 164, 204,
　215, 233, 293, 317, 390, 432
旧法 32, 78, 90
キュリロス 52, 301, 302,
　444
教育・諭し

　（παιδεία, παίδευσις） 19
教会 13–15, 18, 28, 47, 50,

57, 75, 81, 117, 166, 174,
179, 192, 209, 214, 223–
24, 232, 269, 273, 281, 288,
302, 313, 355, 376–77, 379,
381, 383–84, 396, 401, 419,
424, 436–37, 439, 447, 478
『教会位階論』 51, 213, 362
虚栄 22–23, 73, 76, 171
清さ 12–13, 90, 109–10,
113–14, 116, 136, 144–45,
158, 172, 185, 209–10, 266,
318, 335, 346, 412, 422,
429, 431, 453, 483–84
ギリシア人 9–10, 27, 30,
33, 39, 43, 155, 168, 171,
185, 190–91, 193, 203, 206,
214–15, 221, 325, 335, 354,
365, 414, 480, 487, 498
キリスト教 5, 15, 26, 30,
98, 205, 272, 277, 319
キリスト教徒 13–14, 134,
147, 204–5, 208, 319, 354,
360, 476
気力（θυμός） 59
金口ヨアンネス（ヨアンネス・
　クリュソストモス） 23,
91, 93, 218, 292, 385, 391,
425, 444
苦痛 53, 68, 217, 225, 227–
30, 236, 241, 245, 251
経験 6, 25, 34, 49, 68, 76,
78, 83–84, 90, 96, 100, 105,
116, 125, 129, 131–34, 141,
148, 153, 156, 158, 165,
197, 198, 222–23, 225, 227,
232, 236–37, 244, 263, 275,
283, 308, 321, 326, 341,
355, 383, 398, 418, 433,
452, 469, 470, 483
啓示 6, 48, 86, 93, 98, 103–
4, 115, 128, 140, 164, 195–
96, 198, 199, 204, 209, 213,

216–17, 219, 267, 279,
281–82, 300, 310–11, 328,
340, 356, 363, 425
結婚　47, 207, 355
ゲヘンナ　52, 430
ケルビム　301, 345, 371
原因　6, 31–32, 36, 38–39,
101, 108, 117, 119, 128–
29, 140, 173, 182, 215, 233,
269, 304, 323, 333, 335,
343, 348–49, 351, 381, 387,
419, 442, 449, 454–55,
464–65
幻影 (φάσμα)　38, 231, 275,
291, 393–96, 398–99
元型　15, 49, 169, 174
顕現　99, 125, 135, 144, 206,
219, 278, 286–87, 295, 302,
304, 340, 367–68, 370, 388,
392, 397, 409, 410, 421　→
神の顕現
現実活動 (ἐντελέχεια)　409
見神 (ἐποψία)　122, 364
500
──(θέα)　108, 172, 295,
298, 332, 337, 340–41, 396,
469
──(θέαμα)　88, 90,
134, 143, 151, 263, 277,
298, 338, 346, 353
──(θεοπτία)　144, 262,
301, 331, 354　→神を見る
──(ὅραμα)　153
──(ὅρασις)　109–10,
128, 146, 279, 303, 307,
311, 315–17, 325–28, 331,
340, 342–45, 348, 433, 450,
468–69, 472, 474, 480
──(ὄψις)　155
現存　84, 155, 219, 245, 268,
300, 336, 419, 421, 462
言論　18, 207–9, 221

行為 (πρᾶξις)　25, 43, 68,
73, 102, 116, 166, 176, 218,
224, 232, 235, 308, 319,
376, 409, 426, 496
光栄　88, 117, 202, 266
厚情　233
光線　74, 112, 115, 120, 122,
135, 137, 138, 139, 142,
144, 172, 264, 292, 305,
391, 400, 413, 422, 435,
446, 481, 506
強奪 (ἁρπαγή)　90, 237,
238, 239, 312
皇帝パライオロゴス　222
呼吸　56, 67–79, 201, 254,
314
心 (臓) 〔心臓〕　62, 258–59
心 (καρδία)　5, 8, 10, 16,
17, 19, 21, 35–36, 40, 45–
46, 50, 53, 56–64, 69– 70,
72–73, 79, 83–84, 90–91,
93, 96, 98, 104–5, 108–9,
120, 125, 127, 129–31, 136,
139–40, 142–44, 147–48,
156–58, 164, 174, 176, 183,
185, 193, 197–98, 201–2,
204, 220, 228–29, 230–31,
233, 241, 243, 250, 254–55,
257–59, 274, 278, 280, 289,
292, 310–12, 314–20, 322,
340–41, 346–47, 349, 352–
53, 356, 363, 369, 380, 392,
396, 404, 418, 428, 429,
432–34, 471
言葉・文芸 (λόγος)　202,
203, 204
ことわり (λόγοι)　7, 40,
143, 220, 264
この世の命だけに生きている人
(ψυχικός)　100
固有の存在をもたないもの
(ἀνυπόστατον)　292

コリント人　　23, 29, 91, 273
根拠　　25, 78, 123, 285, 299,
　　336, 365, 366, 368, 466,
　　470, 479
根源を超えるもの
　　(ὑπεράρχιος)　　117,
　　384, 461
根底 (神性の) (ὑποστατής)
　　117

サ　行

再生の洗い　　69
再臨　　123, 147
サウロ　　48
ザカリアス (教皇)　　115
サバオト　　157
砂漠　　14, 75, 119, 130, 224,
　　276, 491, 519
サファイア　　90
サベリオス　　437
サムエル　　29, 188, 202, 226
サルディスのメリトーン
　　288
三位一体　　89, 114, 117, 435,
　　438, 445, 489, 491
死　　44, 48, 58–59, 71, 82,
　　152, 175, 182, 250, 252,
　　254, 256, 381, 432, 473
視 (ὄψις)　　87
視・見神 (ὄρασις)　　317–18,
　　325–27, 329, 332, 345, 364
慈愛 (χρηστότης)　　152
思惟 (φρόνημα)　　58
　　──(ἐπίνοια)　　34, 125,
　　336
　　──(νόημα)　　149
思惟的・霊的 (νοερός)　　31,
　　41, 46, 63, 74, 84–86, 88,
　　94–98, 104, 107–9, 112–
　　13, 118, 121, 123, 133–
　　34, 138, 140, 142, 152–55,

166, 174, 225, 227–28, 230,
234, 238, 240–42, 243–
45, 258, 262, 296, 300, 306,
312, 311, 314–17, 319, 325,
327–29, 339, 342, 345–46,
360, 363, 369–70, 405, 408,
424, 428, 434, 450, 457, 460
思惟的・霊的感覚 (αἴσθησις
　　νοερά)　　63–64, 85, 95–
　　96, 118, 129, 147, 151, 313
　　→霊的感覚
思惟的直観 (νοεροῦ θεάμα)
　　64
思惟的な祈り (νοερά
　　προσευχή)　　166, 228,
　　230, 234, 240–42, 244, 262
思惟的なもの　　133, 134, 450
思惟的能力　　113, 315
思惟の本性　　95, 137, 258
視覚　　65, 69, 85, 138, 226–
　　27, 402, 481, 505
思考 (διάνοια)　　67, 82, 94,
　　105, 113, 193, 198, 256,
　　318, 378, 433
　　──(διανόημα)　　202
　　──(ἔννοια)　　146, 308,
　　319–20
　　──(ἐπίνοια)　　49
　　──(νόημα)　　156, 433
　　──(φρόνημα)　　57, 59,
　　64, 237
　　──(τὸ φρονεῖν)　　206
思考作用 (λογισμός)　　106,
　　255
思考力 (λογισμός)　　61–62,
　　256
自然　　7, 17, 40, 4–48, 52,
　　75, 88, 106, 114, 137, 148–
　　49, 177, 284, 310, 312, 322,
　　357, 361, 365, 378, 409–10,
　　413–15, 426, 469, 484
自然学　　16, 189, 282

事項索引

自然的　24, 42, 44, 46–48,
　66, 100, 104, 133, 137, 149,
　167, 176–77, 194–95, 199,
　244, 296, 305, 316, 320,
　333–34, 361, 386, 394–95,
　400–2, 407, 409, 410–11,
　413–14, 416, 423, 431, 435,
　439, 442, 448, 452, 475–76,
　481
――エネルゲイア　439
――認識　44, 100, 316
――能力　316, 319, 409
――理性　100
自然哲学　12, 469
自然本性　24, 47, 176, 195,
　197, 316, 394, 404, 406,
　451, 476, 484
――的　38, 42, 137, 197,
　321, 406, 451, 476
肢体　59, 61, 70, 104, 106,
　143, 214, 251, 255, 410, 413
実質 (ὑπόστασις)　317,
　318, 344
――(οὐσία, ウーシア)
　337
実体のない (ἀνυπόστατον)
　293
質料　28, 41, 95, 137, 140,
　188
使徒　6, 8, 10, 16, 24, 26, 30,
　54, 56, 58, 63, 71, 78, 91–
　92, 98, 101, 118–19, 122,
　124, 135–36, 138–39, 148–
　49, 157, 166, 168–72, 174,
　176, 180, 187, 193–94, 196,
　199, 203–4, 209, 217, 234–
　35, 237, 239, 249–51, 275,
　288–89, 305, 313–14, 317,
　320, 326, 334, 353, 388,
　390, 392, 396, 404–5, 411,
　419, 425–26, 429, 451, 467,
　470, 473

『使徒言行録』　169, 302, 400
思念 (λογισμός)　142–45,
　156, 195, 197, 198, 209,
　231, 259, 426
――(νόημα)　282
――(φρόνημα)　42
シメオン・メタフラステース
　93, 98, 122, 153, 271, 387,
　388, 397, 427, 431
捨象・除去　→除去
十字架　15, 23, 152, 212, 253,
　354, 382, 393, 473
従順　24, 72, 93, 189, 320
修道士　5, 8, 47, 67, 150,
　163–65, 176, 204, 206–
　08, 211, 222, 224, 263, 273,
　382, 490–92, 494–98, 505
シュネシオス　252
情愛 (エロース)　151
浄化　34, 86, 90, 113, 213,
　214, 217, 360, 453
象徴　74, 78, 87, 89–91, 99,
　121–22, 127–28, 136, 169,
　174, 275, 291–95, 338, 340,
　382, 389–95, 398, 400–03,
　407, 412, 423
――的　78, 87, 90, 99,
　121–22, 127–28, 207, 271,
　293–94, 313–14, 330, 338,
　359
情念 (πάθος, πάθη)　5–6,
　23, 34, 70, 80, 83, 86, 92–
　93, 95, 113, 143, 145, 148,
　153, 211–12, 227–28, 236–
　37, 246–48, 250–51, 253,
　272, 276–78, 280–81, 321,
　333, 364–65, 393, 423, 468,
　487
――的部分　12, 59, 73,
　113, 225, 236, 245, 247–54,
　486
――の働き (τὸ παθητικόν)

250

照明・光明（φωτισμός）
19, 78, 121, 139, 141, 144,
146, 158, 246, 272, 282,
291, 300, 307, 311, 330,
412, 427, 430, 432–33, 453

除去（ἀφαίρεσις） 108–
11, 274, 297, 306, 309, 310,
329, 350–51, 357, 361, 430,
446, 485

諸存在 15, 25, 174–75, 182,
185, 190, 206, 213–14, 220,
242, 247–48, 264, 267, 281,
285, 287, 357–58, 362, 364,
445, 459, 464, 479

触覚 225–29, 241, 402

素面（νῆψις） 59, 105, 143

信 107, 179, 184, 186, 224,
237, 284, 354, 360, 388, 393

神化（θέωσις） 88–89, 103,
107–8, 117–18, 130, 132,
137, 157, 245, 271, 288,
296, 298, 316, 320, 375,
384, 386–87, 398, 409–
19, 421, 445, 453, 459, 477,
483–84, 485

――そのもの（αὐτοθέωσις）
117

神学，神学する 104–05,
144, 204, 274, 282, 293,
297–99, 303–4, 309–10,
326–29, 331–32, 335–36,
338, 346, 354, 359, 391,
393, 485

神学者グレゴリオス 48,
97, 142, 181, 228, 245, 276,
292, 313, 390, 395, 436,
451, 455

神現（θεοφάνσια） 86

信仰 24, 31, 34, 39, 54, 99,
111, 128–29, 134, 147, 198,
208, 264, 293, 317–22, 326,

333–34, 352, 375, 383, 406,
409, 415, 439, 474, 485

新神学者シメオン 18, 67,
69, 74, 75, 403

神性（θεότης） 88, 117–18,
122, 124–25, 138–39, 152,
236, 285, 291–92, 301, 337,
345, 378, 384, 386, 389–94,
396–98, 400, 402–05, 407–
9, 413, 415, 417, 419, 421,
437, 445–46, 448–49, 452–
53, 458, 477, 485

――の根源（θεαρχία）
117, 337, 345, 378, 384,
408, 413, 415, 419, 449

身体 16, 26, 42, 44, 50, 55–
62, 64, 66–71, 82, 85, 88,
94, 96, 98, 105, 113–16,
120–22, 126–27, 129–33,
135–39, 146–52, 171–72,
175, 196, 201, 225, 227–
28, 230–34, 236–40, 242–
47, 249–51, 253, 256, 258–
60, 275, 277, 292, 295–96,
305, 316, 323, 327, 343,
367, 388–89, 393, 396–
98, 400, 410, 413, 415, 419,
426, 458–59, 471, 474, 479,
483–84

身体的（σωματικός） 57–
59, 61, 64, 66, 74, 83, 88,
133, 136–38, 149, 226–27,
229, 231–32, 236–37, 251,
258, 327, 344, 347, 419,
424, 471

――思考 57, 59, 64, 237

神智（θεογνωσία） 48, 177,
206, 210

神的なこと 29, 46, 74, 82,
110, 118, 128, 134, 136,
180, 184, 198, 236–37, 251,
271, 292, 297, 300, 333,

事項索引

344, 349, 351, 357-58, 363,
383, 392, 395, 401, 403,
453, 455, 480

神秘　7, 17, 87, 98, 111, 147,
284, 301, 303, 334, 338,
349, 355, 359, 468, 470

『神秘神学』　335, 338

神秘的　35, 88, 95, 98-99,
105-06, 108, 111, 113,
120-21, 125, 134, 146, 151,
173-74, 201, 206, 239, 241,
263, 277, 279, 281, 288,
290, 303, 334-36, 338, 353,
382, 386, 412, 433

──観想　241

新約　119, 123

真理　8, 9, 11-12, 15, 27-28,
32-34, 43, 50, 54-55, 64,
73-75, 80-81, 92-93, 99-
100, 102-103, 105, 122,
125, 129, 141-42, 153-54,
156, 159, 167-71, 174-75,
185-86, 197, 202, 205, 211,
214-17, 219-20, 223, 232,
237, 255, 257, 260-61, 265,
267-69, 314, 319-21, 324,
326, 328, 337, 342, 353,
355, 362-64, 366-67, 376,
378, 384, 394, 397, 407,
409, 418, 428, 430, 432,
467, 469, 471, 473, 488

推論（λογισμός）　100, 109,
125, 362

──（διαλογισμός）　19

──（διάνοια）　149

──（συλλογισμός）　7,
100-2, 109, 140, 145, 186,
196

『救いの認識について』
266

ステタトス（ニケタス）　17,
74, 125

ステファノ　127-28, 130,
237, 275, 298-99, 353,
371-72, 434, 471-72, 474

ストア学派　12, 13, 102

聖イサーク（イサーク）　83,
90, 108, 114, 233, 260

聖歌作者コスマス　127

正義　92, 97, 203, 319, 422,
425

正教会　223, 489

正教徒　435, 466

静寂　56, 62, 66, 78, 100,
151, 164, 225, 300

精神（νοῦς）　22, 28, 186

聖人　54-55, 75-76, 78,
83, 87, 91, 95, 97, 109-
10, 113, 115, 117, 122-
25, 135, 146, 152, 154-55,
157-58, 180, 183-85, 188,
204, 206, 210-11, 235, 246,
254, 257, 262, 264-66, 275,
279, 282-83, 288, 291, 305,
313-14, 329, 335, 337-38,
340, 344, 353, 355-58, 362,
375, 377-78, 383-84, 386-
90, 392, 397-98, 404, 406-
8, 410-12, 415-16, 419-
20, 428, 433, 442, 446, 448,
451, 456-59, 467-73, 475,
477, 479, 481, 484-85, 487,
488

聖性　6, 101, 209, 220, 223,
425, 440-41

聖なるもの　103, 188, 237,
244, 247, 314, 329, 336,
345-46, 428, 487

聖霊　24-25, 56, 60, 62, 75,
78, 88, 99, 100-1, 105-
6, 109, 118, 121, 123, 126,
128-29, 133-34, 155, 171,
177-78, 197, 200, 217,
233-34, 238-39, 246, 268,

事項索引　　　　　537

292, 298–99, 302, 305, 310,
334, 343, 349, 355, 379,
385, 387, 392, 410, 412,
420, 422, 424–26, 437,
450–51, 454–55, 469–70,
472, 474, 479
――降臨　78, 424
ゼカリア　301, 346, 394
接触（ἐπαφή）　10, 243, 258,
279, 450, 463
ゼノン　51
セバステのエウスタティオス
21
セラフィム　345, 371
善, 善きもの　9–10, 13, 17,
19, 24, 31, 38, 43–44, 58,
83, 85, 100–1, 103, 110,
123, 125, 131–34, 136, 138,
145, 147, 153, 156–57, 164,
170, 172, 182, 200–1, 208,
226, 232–33, 238–39, 246–
47, 249, 252, 281, 293, 306,
310, 315, 318, 330, 335,
344, 369, 405, 408, 417,
434, 449, 462–63
善性　97, 151, 306, 384, 409,
441–42, 444–45, 484, 485
先見・摂理（πρόνοια）　293,
393
先見・配慮（προμήθεια）
369
先見的力　405
前定義（προορισμός）　440,
459, 464–65
洗礼　245
像（εἰκών）　7, 10–12, 14,
24, 44, 48, 69, 74, 92, 95,
104, 111, 146–47, 170, 245,
272, 277–78, 323, 325, 347,
364, 388
創造　91, 215–17, 221, 301,
333, 439, 444, 461, 465

創造的知性　10, 11
想像　51, 62, 79, 104, 109,
129, 141, 206, 223, 231,
251, 291, 313–14, 342–45,
347, 463, 468
想念（λογισμός）　16, 142,
228, 321
贈与（δόσις）　110, 509
それ自体における神化
（αὐτοθέωσις）　445
それ自身のヒュポスタシス
（αὐθυπόστατος）　272–
74, 337, 386, 399, 407, 463
それ自身のヒュポスタシスがな
い（ἀνυπόστατον）　395,
398–99
ソロモン　20, 28, 37, 63,
112, 123, 155, 173, 178,
216, 411, 426
存在者, 存在するもの（ὤν,
ὄντα）　6, 15, 38, 40, 42,
96, 101, 107, 109, 110–11,
115–16, 124–25, 143–45,
166, 171–73, 204, 243–44,
269, 285–87, 294–95, 306–
7, 309–10, 315, 321–22,
338, 348, 350–52, 357, 359,
360, 362–66, 370, 386, 389,
406, 412, 424, 440–42, 445,
448, 455, 459, 461, 463,
465, 480
存在性　436, 440, 460–61,
463, 477

タ　行

大教皇グレゴリウス　115
滞在　173, 219, 278, 364,
368, 425
太祖　14, 322, 353
ダイモーン　35–37, 188
絶えざる祈り　17, 150, 201–

2

堕罪　68

助け手（弁護者）　200

奪魂状態（ἔκστασις）　108,
110, 114–15, 239–40, 242,
297, 309–10, 319, 342, 344,
346–47, 405

ダビデ　57, 70, 76, 140, 148,
228, 233, 249, 347, 429

タボル山　78, 89, 121–22,
125, 135–36, 138–39, 146–
47, 289–90, 353, 392, 395–
97, 400, 404, 416, 478

魂　5–7, 10–12, 14, 16–20
その他、多数。

　——の眼　18, 85, 95, 133–
34, 139, 147, 284

賜物　6, 24, 28, 43, 46–48,
100, 110, 117–19, 123,
135–36, 138, 145, 152, 154,
156, 166, 171, 175–77, 181,
194–202, 209, 230, 234–
35, 238–39, 246, 297–98,
383, 384–87, 408–10, 412–
17, 421, 423, 454, 459, 477,
485

単一原理（μοναρχικώτατος）
435

単一の形　207

単純さ　35, 64, 118, 151,
205, 320, 442, 479, 484

担保　219, 233, 281, 295,
318, 352, 370, 383, 487

知恵（σοφία）　5–6, 9–12,
14, 16–17, 19–24, 26, 30,
32–43, 45–49, 52–53,
100–2, 110, 112, 118, 123,
143, 155, 168–73, 175–80,
183, 186–95, 197, 203, 205,
211, 216, 219, 221, 234,
242, 247, 258, 260, 266,
269, 280, 284, 285, 302,

333, 335, 337, 350, 354,
366, 383, 399, 401, 411,
417, 420–21, 425–26, 447,
455–56, 460, 463

　——自体（αὐτοσοφία）
190, 191, 192

知解（νόησις）　106, 111–
12, 295, 309, 317, 327, 427

知識（γνῶσις）　11, 17, 21,
53, 64, 107, 118, 154, 234,
265, 425

　——（ἐπίγνωσις）　21, 63

　——（ἐπιστήμη）　10, 12–
13, 15, 89, 101–2, 177, 187,
237, 362, 364, 366

　——（εἴδησις）　78, 94,
125, 145, 184–85, 198, 327,
402, 418

　——（μάθημα）　49–50

知者　10, 16, 33–36, 38–
39, 42, 46–47, 49, 51, 103,
145, 170–71, 178, 180–81,
184, 193–94, 200, 216, 221,
224–25, 239, 241, 243–44,
253, 292, 335, 354–56, 392,
395, 397, 403, 415, 426,
455, 460

知性（νοῦς）　7, 10, 19, 22,
30, 38–39, 42–43, 45, 49,
53, 55–57, 59–72, 74, 76,
79, 83, 85–86, 88–97, 99–
100, 102, 105, 107–9, 111–
15, 118, 121, 124–26, 129–
31, 133, 135, 137–40, 142–
44, 146–47, 149–52, 156,
158, 174, 189, 194, 198,
200–1, 207, 211, 223, 231–
33, 236, 241–44, 246, 248,
251–56, 258–60, 267, 269,
271–72, 274, 277–78, 282,
295–98, 300, 305–7, 309–
11, 315–19, 323, 326–34,

事項索引　　539

336, 339, 341–46, 356–
59, 361, 366–67, 388, 392,
397, 403–6, 412, 419, 422–
25, 427, 429, 432–34, 442,
449, 451–53, 460–61, 463,
468–69, 471, 474, 478, 480,
482–83
――作用（νόησις）　112,
158, 174, 207, 267, 307,
309, 315–18, 326–27, 342–
45, 361, 392, 404–6, 424,
451, 453, 463, 468–69
――体（νόες）　121
――の円環運動　65
――の直線運動　65
超自然的　45, 75, 86, 88,
105, 108, 111, 115–52,
194–95, 199, 239, 277,
294–95, 298, 313, 320,
333–34, 340, 342, 356–
57, 361, 413–15, 442, 470,
474–75, 480
超本質性　417, 443
超本質的　97, 206, 294, 308,
327, 337–38, 384, 419, 421,
428, 441–43, 446–47, 450,
456, 460–65, 480, 485
超無識（ὑπεραγνώστος）
340
造られざるもの　337, 370,
378, 385, 406, 416, 441,
443, 445, 447–48, 457, 459,
475–78
造られざる光（ἀκτίστον φῶς）
352, 383, 479
造られたもの　34, 126, 192,
248, 268, 354, 378–79, 382,
385, 393, 404–6, 416, 421,
428, 439–40, 443, 445–48,
453–56, 475–78, 484
罪　11–12, 44, 49, 58–59, 63,
68–69, 126, 132, 136, 154,

171, 188, 228, 245, 342,
364, 382, 426, 430, 487
ディアドコス（フォティケーの）
82, 92, 155, 233
ディオニュシオス（アレオパ
ギテース）　14, 30, 38–
39, 51, 57, 65, 84–85, 89,
108, 110–13, 117, 121–
22, 131, 135, 146, 149, 177,
200, 213, 230, 235, 241–42,
265–67, 291–92, 294, 296–
97, 299–301, 303–4, 306,
309–10, 314, 327–31, 334–
35, 343–45, 353, 356–58,
361–63, 384, 388, 395, 397,
404–5, 408, 413, 424, 436,
446, 448–49, 452, 454–55,
457–60, 463, 465, 477, 479,
484, 485
ティモテオス（司祭）　241–
43, 424
テオレープトス　75, 224
哲学　14, 19, 33–34, 36–37,
42, 45, 48–49, 74, 86, 100,
145, 167–73, 175, 177–78,
183–84, 187, 189–94, 206,
210, 221–22, 321–22, 354,
360, 362, 367
――者　12, 13, 16, 25, そ
の他，多数。
――的諸学問　168–69,
171, 174–75, 184, 190, 210,
212, 367
――的認識　322
手付金　98, 121, 125, 132,
138–40, 146
デミウルゴス　188
天使　27, 31, 86, 94, 97, 109,
111, 113, 120–21, 126, 130,
132, 135–37, 140–42, 152,
154, 212, 222, 235, 237,
267, 269, 272–73, 275–77,

事項索引

299–304, 306, 309, 312,
313–14, 325, 340, 344–
46, 348, 361, 371, 390, 415,
419, 428–30, 435–36, 449,
451–53, 472–74
『天上位階論』　344
『天上の合唱隊』　345
天文学　20, 37, 136, 179,
182, 184, 189, 267, 282
徳　12–13, 24, 59, 64, 81, 88,
98, 105, 136, 141–42, 145–
46, 156, 180–82, 193, 195,
212, 223, 246–48, 279–
81, 283, 294, 326, 364, 393,
410–11, 417, 421, 426, 433,
440–41, 445, 468, 478,
486–87

ナ　行

涙　129, 132, 157, 229–30,
241, 245, 433
ニカイア　81
肉 (σάρξ)　11, 18, 36, 42, 47,
58–59, 61, 70, 78, 97, 100,
118, 127–28, 133, 136–37,
143, 147–48, 157, 232–33,
236, 244, 250, 253, 257, 271,
291, 300, 302, 323, 331, 337,
396, 401, 427, 429, 432–33,
435, 438, 470, 487
――体　71–72, 291, 294,
389, 396, 432
――的　46–47, 59, 189,
221, 257, 259
憎しみ　71, 249, 364, 486
ニケ　81
ニケフォロス　75, 222–24,
254–57, 454
似姿, 似像 (ὁμοίωσις)　7,
14, 69, 364
二性　206

ニュッサのグレゴリオス
53, 63, 107, 169, 180, 183–
84, 257, 259–60, 266, 316,
338, 340, 354, 356, 442,
471–72, 474
人間愛 (φιλανθρωπία)　74,
111, 302
人間性　99, 271, 400
『人間の完全性と知恵の獲得に
ついて』　211
認識 (γνῶσις)　6, 9–10,
12, 18–19, 22–26, 30, 33,
44, 60, 68, 71, 84, 100, 109,
141, 149, 163, 166, 171–78,
185, 187, 190–91, 206–7,
209, 212–14, 216–20, 241,
247–48, 265–67, 273, 278–
79, 281–82, 284–90, 300,
303, 306–10, 313–14, 316,
321–23, 327–28, 331–32,
335–36, 341, 344–46, 350–
54, 356–60, 362–67, 320–
21, 393, 397, 410, 414–15,
423, 427–28, 433, 435, 439,
451–53, 468, 470, 479, 485
『認識について』　307, 371
認識のイデア　190–91
認識能力　6, 288, 305, 356,
357
二神論者　406–7, 466
忍耐　68, 248, 430
ネイロス (アンキュラの)
76, 82, 88, 90, 92–93, 142,
149, 153, 155, 202, 226

ハ　行

把握できないもの
(ἀκατάληπτος)　340
―― (ἀκαταληψία)　335
―― (ἀπερινόητος)　103,
340, 341

事項索引　　　　541

パウロ　11, 16, 22, 26–27, 32–34, 37–39, 41, 45, 47–49, 59, 70, 84, 90, 98, 100–1, 106, 114, 143, 168, 178, 186–87, 191, 193, 197, 199, 219, 221, 230, 234, 238, 250, 270, 273, 276, 295, 297, 302, 312–13, 320, 339, 351, 355, 359, 372, 386, 420, 423, 425, 427, 429, 433–34, 440, 450, 477

励まし・慰め（παράκλησις）132

把持（λῆψις）　41, 67, 107, 109–11, 114, 147, 239, 258, 342, 465

バシレイオス　20, 50, 64–65, 83, 92, 102, 127, 147, 181–82, 186, 195–96, 202, 220, 256, 260, 266, 292, 343, 379, 385–87, 391, 395, 404, 411, 418, 420, 425, 427–29, 442–44, 451, 454, 468, 473

働き（ἐνέργεια）　35, 43, 64, 68, 87, 99–1, 104, 107–9, 111, 120, 129, 133, 137, 145, 148–50, 153, 158, 199, 230–31, 233–34, 236–38, 241–43, 245–47, 249–54, 256, 259, 271, 294, 296, 298, 300, 305, 311, 313–17, 319, 325, 327–28, 331–32, 336, 339, 341, 349, 354, 379, 385, 387, 406, 410, 414, 416, 419, 421, 424, 429–30, 433, 442, 445, 453, 468–70, 476–77, 486
　→エネルゲイア

発語（ῥῆμα）　31, 319–20
腹に魂をもつ者　73
ハラネー（バベル）　185
バラム　277

バルナバ　26
バルラアム　163, 375, 393, 417, 431, 434, 467
範型（範型という仕方）　87, 110, 290, 459, 461, 463–65
火　46, 52, 83, 94–95, 97, 116, 119–20, 125, 131, 170, 224, 240, 269, 322, 394, 402, 421, 427–30
美　12, 17, 30–31, 33, 48, 53, 88–89, 105, 107, 140, 188, 252, 291, 314, 339, 364, 378, 396, 403–4, 430, 432, 435, 449, 478, 482, 486
ヒエラルキア　190, 337, 362–63
光（φῶς）　8, 16, 28–29, 31, 33, 59–60, 62, 65, 74, 79–80, 83–89, 91–98, 104–8, 111–19, 121–30, 134–42, 144–48, 151–52, 154–55, 158, 165–66, 168–70, 183, 198, 210, 224, 230, 234, 257, 262, 264–65, 269–77, 279–80, 282–84, 286–92, 294–300, 304–6, 308–9, 311–12, 314, 316, 325, 329–36, 338–41, 344, 348, 352–53, 355–56, 358–59, 366–67, 369–70, 382–84, 386–407, 411–13, 416, 419, 421–35, 446–47, 450–53, 469, 474–79, 481–84
『光について』　334
光の天使　27, 141
秘義（ἀπόρρητα）　99, 201
―（μυστήρια）　19, 23, 45, 90, 108, 110, 129, 157, 288, 301
―伝授　37, 79, 89, 111, 146, 148, 219, 263, 269, 300, 302, 304, 314, 344, 348, 472

542　事項索引

非質料的　140, 244, 270-72, 297, 369, 397, 403, 406, 429

被造物　32-33, 35, 38-40, 43, 45-46, 108, 138, 151-52, 179, 186, 215-17, 220, 282, 284, 286, 305-6, 311-12, 314, 320, 322-25, 328, 334, 338, 341, 351-56, 358, 370, 406, 416, 436, 438, 450-51, 463-64, 466, 478

非存在 (μὴ ὤν)　28, 118, 185, 292, 312-13, 320, 352, 395, 399, 416, 439, 442, 444, 485

悲嘆 (πένθος)　158, 245, 247

否定 (ἀπόφασις)　87, 108-9, 111, 113, 115, 128, 144, 298, 323, 332, 334-36, 340-41, 349-51, 446, 453, 485

――神学 (ἡ κατ᾽ ἀπόφασιν θεολογία)　298, 309, 326, 328-29, 331, 334-36, 338, 354, 393

秘匿 (κρυφότης)　305, 340, 384, 391-92, 402, 405, 447, 455, 460, 484

独り子　103-4, 128, 269, 367, 474

非被造的　406　→造られざる〔もの〕

非有 (μὴ ὄν)　306, 320

ピュタゴラス　102, 464

ヒッパルコス　269

比喩的な手法 (ἀλληγορία)　392

ヒュポスタシス (ὑπόστασις)　139, 206, 270-71, 275, 292, 380, 385, 387, 399, 407-8, 427, 438, 454-55, 463

ヒュポスタシス　（実質）344

――そのもの　337

――的　93-94, 419, 427, 432-33, 438, 454, 455

――のうちなる光　270, 282

――のうちにあるもの (ἐνυπόστατον・エンヒュポスタトン)　386-87, 398-99, 406-7, 415-16

――のうちにある, ヒュポスタシスのうちなる, ヒュポスタシスにおいて　270-75, 277, 282, 291, 309, 383-84, 387, 391, 410, 412-13

非理性的　21, 39-41, 61, 123-24, 149, 225-26

ファリザイ人　72

フィレモン　82

福音書　72, 88, 123, 200, 205, 229, 263-64, 270, 289, 366-67

不死　85, 98-99, 136, 145, 152, 268, 294, 388, 430, 441, 444, 477, 485

不識　112

不受動心 (ἀπάθεια), 不受動神的 (ἀπαθές)　5, 6, 86, 113, 116, 135, 154, 206, 209, 211, 214, 247-51, 254, 297, 310, 341, 352, 486

不信仰　99, 152, 322, 406, 473, 475

復活　85, 137, 146-47, 212, 268, 306, 316, 320, 324, 352, 388, 430

物質　66, 136, 150, 236, 352, 421

――的　58, 66, 139, 198, 226, 231, 258, 275, 303, 337

プトレマイオス　189, 267-68, 282

プネウマトマコイ　437

事項索引　　　543

不滅　　136, 233, 294, 478
プラトン　　27, 35, 51, 188,
　　192, 267, 269, 282, 464, 496
プラヘルニタイ　　375
プロティノス　　172
文芸　　50, 175, 202–5
分析（ἀνάλυσις）　　100–2,
　　140, 186, 197, 275
分別（διαίρεσις）　　100–2,
　　140, 150, 186, 197
分有　　32, 53, 89, 97, 110,
　　129–30, 137, 140, 226, 235,
　　277, 462–63, 465
ヘーシュキア　　16, 19, 56, 62,
　　68, 73, 76, 78, 100, 150–51,
　　164, 165, 215, 222–23, 237,
　　254, 275, 281, 283, 297, 314,
　　333, 349, 353
臍　　69, 73, 79, 165, 179, 283
　　——に魂をもつ者
　　（ὀμφαλοψυχία）　　73,
　　179, 283
ペトロ　　48, 121, 126, 201,
　　212, 288–89, 293, 302, 313,
　　321, 424, 434
ベネディクトゥス　　115
蛇　　29, 44–46, 80, 150, 182,
　　205, 218, 251–52, 281
ヘプタポレス　　36
ヘリコーン　　36
弁証法的推論　　101
変容（μεταμόρφωσις）　　71,
　　78, 86, 99, 123, 133, 135,
　　139–40, 146–47, 187, 232,
　　236, 268, 275, 291–92, 294,
　　299, 320, 329, 346–47, 388,
　　395, 396
忘我　　130, 242
　　——状態・強奪（ἁρπαγή）
　　312　→強奪
放射（ἐπιβολή）　　121, 130
ホメーロス　　36

ホモイウーシオス　　115
ホモウーシオス　　115
本質（οὐσία）　　10, 21, 64,
　　66, 81, 83, 86–87, 94, 111,
　　115, 117–18, 150, 152, 166,
　　198, 229, 241, 255–58, 269,
　　271–72, 274–77, 279–82,
　　297, 306–8, 312–15, 318,
　　323, 327, 330, 335, 352,
　　384–85, 387, 398, 405–7,
　　413–16, 419, 421, 434–50,
　　455–56, 458–64, 466, 472,
　　474–76, 478, 480–81
　　——的存在（οὐσιώδεις
　　ὑάρξεις）　　344
　　——のまわりのもの　　437
　　——賦与それ自体
　　（αὐτοουσίωσις）　　460
　　——を超える仕方でで
　　111, 115, 335, 406
本性，自然本性（φύσις）
　　17, 24, 31, 35, 38, 40, 42, 47,
　　51, 84, 87, 95, 105, 112, 114–
　　17, 126, 128, 137, 139–40,
　　145, 149, 170, 176, 192, 195,
　　197, 207, 257–58, 276, 284–
　　86, 292, 295, 298–99, 304,
　　313–16, 321, 325–26, 328,
　　334–35, 333, 340, 352, 356,
　　359, 365–66, 379, 390–91,
　　393–94, 397–99, 400–1,
　　403–6, 408–10, 414–16,
　　419, 421, 428, 431, 436, 438–
　　40, 442–46, 448, 451, 459,
　　471–72, 474–77, 484, 487

マ　行

マカリオス　　61–62, 85, 89,
　　91–94, 98, 115, 126, 133,
　　143, 146, 152, 156, 255, 257,
　　259, 271, 292, 383, 387, 397,

544 事項索引

430–31, 433

マクシモス　25, 92, 103, 113,
137, 142–44, 149, 212, 243–
44, 271, 292–94, 296, 312,
315–16, 383–84, 386, 392–
93, 401, 408, 410, 412, 416,
423, 427, 440, 443–44, 453,
455, 457, 475, 477, 479, 484

幕屋　157, 337

交わり　53, 71, 88, 121, 133,
145, 148, 231–32, 248, 253,
281, 301, 345

マノア　87

マルコ　121

見えないもの（ἀόρατος）
103–6, 114, 118, 120, 127,
138, 140–41, 277, 294, 331,
337

ミカエル 8 世　223

御言葉　88–89, 122, 259,
303, 320, 367, 397, 440, 478
→ロゴス（御言葉）

無感覚（ἀλγησία）229–30,
243

夢幻状態　122

無言（ἀλογία）111

無識（ἄγνοια）114, 307,
321–22, 327, 332, 341, 463

無知（ἄγνοια, ἀγνωσία）
5–7, 10, 12–14, 16, 22–23,
29, 32, 78, 84–86, 97–98,
102, 110, 125, 142, 145–46,
189, 206, 209, 210–12, 214,
220, 224, 263, 272, 277–79,
287, 307–8, 330, 348–49,
360, 362, 369, 371, 382

恵み（χάρις）8–9, 24, 29,
33, 42, 46–47, 55, 59–62,
76, 83–85, 90, 92, 98–99,
101, 106, 108, 113, 118–19,
121–22, 129–30, 132–33,
135, 137, 139, 143–44, 146–

47, 152–58, 170, 194–98,
201, 228, 230–31, 235–36,
238, 245, 249, 255, 259, 268,
271, 275, 277–78, 280, 282–
84, 296, 298, 302–3, 312,
316, 320–21, 324, 328–29,
332, 339, 342, 357, 361,
378–79, 382–83, 385, 393,
398, 409–14, 416–18, 420,
423, 428, 431–32, 448, 451–
53, 472–74, 477, 479, 481,
483–84

メッサリア派　57, 108, 164,
375, 381, 384, 406, 409,
434, 435, 470, 472, 490

『メッサリア派の徒駁論』
381

メルキセデク　477

モーセ　27–29, 32, 69, 85,
91–92, 98, 122, 126, 130,
143, 183, 218, 240, 275,
293, 303, 331, 333, 336–40,
342–43, 347, 359, 388, 393,
397, 403, 412, 420, 429,
443, 448, 473

『黙示録』140, 389

基・位格（ὑπόστασις）454

ヤ　行

ヤコブ　48, 212, 289, 293,
473

闇（γνόφος）110, 141, 151,
330, 332, 334, 337–39, 347,
359

ユークリッド　189, 267

愉悦（τρυφή）17

ユダヤ　83, 247, 276

ユダヤ人　78, 193

愉楽（ἡδονή）129, 132,
148, 151, 231–32, 236, 270

ユリアノス　202, 204, 208

事項索引　　　545

ヨアンネス・クリマクス
　66–67, 154
ヨアンネス・クリュソストモス
　93, 51, 91, 122, 371, 430
養子縁組　411, 412, 415
『要約』　387
ヨエル　385
預言者　6, 14, 28, 35, 63, 78,
　91, 101, 120, 122, 166, 168–
　69, 171–72, 174, 196, 202,
　209, 217–18, 224, 237, 247,
　281–82, 289, 299, 302–5,
　322–23, 334, 342–43, 346,
　348–49, 353, 385, 394, 412,
　423, 425–26, 451, 453, 467–
　69, 474, 478, 486
ヨセフ（アリマタヤの）　393
予知　420, 438–40, 443–44,
　458–59, 464–66
欲求（ἐπιθυμία）　59, 71,
　253, 254, 362
　——（能力）（ἐπιθυμητικός）
　71, 247–48, 251
　——愛（エロース）　201
　→愛（エロース）
　——的部分　248
ヨハネ（福音書記者）　18,
　48, 96, 122, 140, 199, 289,
　293, 389
ヨハネ（洗礼者）　14, 219
ヨブ　201, 216, 267, 359
悦び（ἡδονή）　18, 130

ラ　行

来臨　219, 268
ラテン人　74, 222, 379, 381,
　385
理性（λόγος）　11, 35, 101,
　149, 174, 182–83, 193, 205,
　237, 460, 463, 469
　——（διάνοια）　11, 40,

59–61, 79, 84, 91, 100, 109,
　134, 144–45, 150, 181, 194,
　198, 223, 228, 237, 242,
　255, 279, 320, 344, 346,
　405, 441
　——（λογισμός）　62,
　100, 136, 156, 228, 423
　——（νοῦς）　59, 69
理性的（λογικός）　9, 21,
　39–41, 59, 61, 83–86, 94,
　96, 103–4, 123–24, 134–
　36, 139, 146, 149, 156, 158,
　174, 177, 201, 223, 225–28,
　247, 252, 257, 267, 288, 312,
　343, 359–60, 397, 408, 414–
　15, 421, 424, 428, 430, 451,
　460, 502, 506
　——魂　85, 86, 135, 146,
　288, 343, 414, 424
　——能力　94, 104, 430
　——働き（διάνοια）　134
　——部分　59, 61, 228,
　247, 252, 360
律法　14, 22, 29–30, 32–33,
　49–50, 72, 119, 176, 194,
　323, 358–59, 429, 473, 486–
　87
　——学士　72
理法（λόγοι）　10, 461
リミニ主教会議　81
漁師　16, 29, 48, 51–52, 177
リヨン公会議　223
臨在　123, 219, 278, 288
霊，聖霊（πνεῦμα），霊的
　（πνευματικός）　20,
　24–26, 33, 35, 37, 45, 50,
　56, 58, 60, 62–72, 75, 83,
　86, 88, 93, 98–101, 103,
　105–7, 109, 113–14, 116,
　118–21, 123, 126, 128–37,
　143–47, 149, 153, 155–56,
　158, 169–71, 173–74, 176–

77, 184, 189, 192, 194–95,
197–202, 211, 217, 222–
23, 231–34, 236–39, 244–
46, 248, 251, 253–55, 260,
269, 271, 275–78, 283–84,
288, 292, 294, 296–99, 302,
305, 310–14, 316, 318, 324,
328–30, 334, 343–44, 346–
47, 349, 353, 355–57, 359–
61, 363–64, 378–79, 381–
88, 392, 397, 403, 410–14,
417–18, 420–29, 432–33,
437, 450–51, 453–55, 469–
70, 472–75, 479–80, 483,
487　→聖霊

霊（νοεραί）　79
霊的
　——感覚（αἴσθησις
　πνευματική）　63, 113
　→思惟的・霊的感覚
　——観想　363
　——な人　101, 103, 107,
　137–38, 146, 236, 254, 359
　——なもの　24, 48, 65, 72,
　85, 107, 116, 119, 137, 149,

158, 189, 197, 231–32, 236,
244, 316, 429, 468
労苦　53, 176, 202, 218
ロゴス（λόγος, 言葉, 御言葉）
　16, 25, 236, 301, 337, 396–
97, 479
『論争の書』
論理（λόγος）　109, 138,
149, 361
　——（λογισμός）　107,
197, 361
　——学　17, 189

ワ　行

業　9, 33–35, 59, 69, 73, 78,
83, 99, 102–3, 110, 121, 132,
142, 157–58, 187, 198, 202,
206, 214, 216, 218, 236, 246,
270, 284, 317, 319, 328, 333,
362–64, 371, 388, 410, 416–
18, 420, 439, 440–41, 443–
44, 446, 459–60, 464, 469,
477

聖書箇所

（本文中『サムエル記』『列王記』に関しては、「マソラ本」の章節を、そして本箇所においては、例えば『サムエル記（1 列王記）』というふうに（ ）内に七十人訳の書名を付記し、『詩編』に関しては七十人訳の節、（ ）内にマソラ本の節を記した）

旧約聖書		
『創世記』	275	38:28 454
		38-41 216
1:3 464	『民数記』	42:5 358
2:3 443	11:17 420	
2:15 17	12:8 412-413	『詩編』
4:7 44	16:22 217	4:7 94, 432
6:3 232	22:25, 27 277	5:7 163
6:4 71		7:10 70
6:18 321	『申命記』	12 (13):3 93, 432
7:11 321	6:5 20, 253	13 (14):1 204
10:10 185	15:9 69-70	14 (15):2 220
11:1-9 185		18 (19):9 199
17:5 321	『士師記』	23 (24):1-2 177
18:27 428, 451	13:17-18 87	23 (24):7, 9 302
19:26 254		23 (24):10 302
22:1-18 321	『1 サムエル記（1 列王記）』	25 (26):2 429
22:16 473		27 (28):7 233
	2:9 202	32 (33):6 454
『出エジプト記』	12:21 188	32 (33):9 464
3:2 429	17:36 29	32 (33):15 347
3:5 323		35:9 (36:10) 298, 311, 474
3:14-15 40	『1 列王記（3 列王記）』	
4:6 333		39 (40):9 73
5:17 20	18:42-45 72	42 (43):3 93, 432
7:3 193	19:12-13 119	44 (45):14 62
12:11 333		45 (46):10 251
14:14-15 240	『2 列王記（4 列王記）』	46 (47):9 237
16:14~ 276		50 (51):19 228
20:25-26 207	2:11 120, 304, 429	62 (63):2 58
24:2 90		62 (63):6 131
24:10 334	6:17 304	77 (78): 25 120
24:18 339, 342		81 (82):1 41
25:40 347	『ヨブ記』	83 (84):2 58, 233
33:11 473	38:4, 6, 16, 18 267	89 (90):17 140
34:34-35 130,		102 (103):1 76

聖書箇所

102 (103):4　　7
103 (104):2
102 (103):18　249
103 (104):4　　429
109 (110):1　　372
113:11 (115:3)
　　　　　　　464
115:1 (116:10)
　　　　　　　148
118 (119):18
　　　　　429, 432
118 (119):103
　　　　　131, 233
118 (119):131
　　　　　　　314
138 (139):12-13
　　　　　　　71
140 (141):4　　188

『箴言』
1:2　　20
1:7　　11, 19, 219,
　　　245
2:5　　63
9:10　　245
12:13　249
13:9　　411
27:21　63

『伝道の書 (コヘ
レトの言葉)』
1:18　　53
8:17　　216
10:4　　70
11:5　　216
12:13　173

『雅歌』
1:15　　106
4:11　　132
5:2　　202

『知恵の書』
1:4　　171, 426
1:5　　37, 171,
　　　178, 426
1:7　　421
7:22　123

『シラ書』
45:7　126
51:11　126

『イザヤ書』
6:2　　371
6:5　　158
10:12~　453
16:11　58, 74, 120
26:18　58
40:31　305
53:7　49
55:9　28
58:8　430
63:9　325, 473
65:17　324
66:8　169
66:22　324

『エレミア書』
10:11　28
16:13　464
20:8-9　120

『バルク書』
3:38　139

『エゼキエル書』
1:15-21　304
9:2　　394
10:9-19　304
10:18　301
22:26　247

『ダニエル書』
7:9　　304
8:16　303
9:23　254
10:11, 19　254

『ヨエル書』
2:28　385

『ヨナ書』
1:9　　268

『ハバクク書』
2:15　101

『ゼカリア書』
5:1-2　394
6:1-7　304
12:1　347

『マラキ書』
3:20　96

新約聖書

『マタイ』
3:16-17　355
5:4　　132
5:8　　96, 104,
　　　127, 158,
　　　349, 353
5:13　224
5:14　224, 423
5:48　13
7:3-5　429
7:6　　110
7:7　　238
7:12　218
7:18　41
7:24-27　216
10:16　205, 218
10:20　420, 426

聖書箇所　　　　　549

11:11	15
11:25	355
11:27	320
12:33	382
13:31-32	157
13:43	136, 352, 411, 422
13:52	164
15:11	61
15:14	152, 263
15:19	61
16:3	22
16:24	16
16:28	123, 335
17:1-8	78
17:2	289
17:6	392
17:21	229
18:6	326
18:10	306
19:21	15, 16
21:44	325
22:30	137, 306
22:36-38	250
22:37	20
22:40	486
22:44	372
23:8	324
23:25	72
24:30	131
24:45-51	219
25:1-	218
25:41	97

『マルコ』

1:24	366, 452
1:34	452
3:17	48
8:24	264
8:34	16
8:35	116
9:1	123, 335

9:2-8	78, 121
9:29	229
9:42	326
12:25	137
12:30	20, 253
12:36	372
13:26	131
16:7	212

『ルカ』

1:11	301
1:35	421
2:9-10	300
2:13	314
4:41	452
4:41-42	429
6:41-42	429
6:44	382
7:28	15
8:32-33	201
9:23	16
9:27	123, 335
9:28-36	78
9:32	289
10:16	55
10:21	355
10:27	20
11:13	120, 200
11:26	69
11:39	72
12:42-48	219
12:47	367
12:47-48	23
17:2	326
17:21	63
18:1	200
18:7	120, 200
18:13	72
20:36	109, 137, 306, 352
20:42-43	372
21:15	169, 205,

	426
21:27	131
22:31-32	201
22:44	131
24:32	429

『ヨハネ』

1:1~	15
1:5	269, 423
1:8	15
1:9	16, 29, 31
1:12	414
1:13	414
1:16	421
1:18	103, 269, 304, 474
1:29	49
3:6	232, 414
3:8	232
4:24	202
5:39	32, 218
5:44	270
5:46	33, 218
6:45	324
8:44	366
8:58	15
10:5	50
10:9	321
12:26	371
12:40	193
14:16	355
14:21	96, 104, 286, 367
14:21-23	219
14:23	104, 219, 286, 349, 364, 367
14:26	205
16:13	324, 355, 473
17:5	285
17:21	353, 485

17:22	88	1:22	21, 42, 335		193–94	
17:22-23	285	1:25	33, 34	1:30	16, 40, 168,	
17:24	88, 285	1:28	34, 193		425	
18:37	15	2:5	164	2:1	23	
20:29	320	2:13	22, 176	2:2	23, 354	
		2:14	322	2:4	23, 42	
『使徒言行録』		3:31	32	2:6	13, 21, 40,	
1:4	400	5:5	204		42, 49	
1:13	240	5:6	473	2:7	15, 24, 39,	
1:14	206	7:14	58		440	
2:1-4	78 240	7:18	58	2:8	40	
2:3-4	429	7:23	59, 69	2:9	45, 106,	
2:15	424	7:24	58, 152		136, 315,	
2:17	385	8:2	59		317, 328	
2:34-35	372	8:11	71	2:9-10	198	
3:15	320	8:35-39	351	2:11	106	
4:4	169	9:2-3	250	2:12	101, 105,	
5:39	100	10:1	250		324	
6:15	237, 275	10:9	320, 322	2:12-14	198	
7:53	302	11:34	10	2:13	42, 118–9	
7:55	371	12:1	222	2:13-16	100	
7:55-56	299, 353,	12:2	173	2:14	33, 100,	
	434, 474	13:8	191		149	
8:17	239	14:1	326	2:14-15	65	
9:3	433	14:4	157	2:15	101	
9:4	392	16:27	12	2:15-16	100	
9:8	429			2:16	28, 106,	
13:9	48	『1 コリント』			186, 324	
16:17	26	1:17	23	2:17	186	
17:21	20	1:18	49	2:20	100	
19:6	420	1:20	16, 29–30,	3:12	295	
26:14	392		42, 47, 100,	3:19	33, 367	
26:24-25	319		191, 193,	6:17	107, 353	
			221, 248	6:19	56	
『ローマ』		1:20-21	192	8:1	11, 23, 227	
1:4	324	1:21	16, 24, 33,	9:24	132	
1:5	320		38–39, 187	10:21	38, 178	
1:17	319	1:24	24, 337	11:1	372	
1:20	359	1:25	35	11:16	232	
1:21	34, 40, 100,	1:26	11, 42, 47	11:31	70	
	191	1:27	16, 193	12:2	230	
1:21-22	192	1:28	42, 191,	12:8	238	

聖書箇所

12:9	238	12:2	89, 114, 219, 238, 312, 427, 433	2:8	42
12:10	238			2:9	139, 419, 421
12:31	234	12:2-3	313, 339	2:18	11, 78, 416, 470
13:7	68	12:2-4	295	3:5	251
13:12	96, 140, 360, 390	12:4	276, 328	3:9	24
13:13	234				

『2コリント』

『ガラテア』

『エフェソ』

『フィリピ』

『コロサイ』

『1テサロニケ』

『1テモテ』

『2テモテ』

『テトス』

『ヘブライ』

12:9	238
12:10	238
12:31	234
13:7	68
13:12	96, 140, 360, 390
13:13	234
14:5	234
14:13	238
14:18	234
14:20	13
14:23	273
14:26	238
15:20	419
15:23	419
15:28	135, 305, 390
15:41	234
15:44	137

『2コリント』

1:12	11, 46, 118, 173, 221
1:22	64, 98, 234
3:3	143
3:11	98
3:13-16	152
3:16	95, 99
3:17	99, 425
3:18	92, 99, 148, 388
4:6	60, 84, 91, 93, 392, 432
4:7	60
4:13	148
5:5	64, 98, 234
6:7	204
6:16	57
11:14	27, 141
11:15	27
11:29	203, 250

『ガラテア』

2:19	323
2:20	423, 427
3:19	302-3
4:6	63
5:24	253
6:2	180

『エフェソ』

1:14	64, 98, 234
1:20-21	351
1:21	302
3:15	288
3:10	302
4:13	148
4:14	319
4:22	24
5:5	270
5:8	325
5:32	355
6:12	223
6:18	199

『フィリピ』

2:7	301
2:8	152
2:11	97
3:13	157
3:14-15	13
3:19	270

『コロサイ』

1:12	314, 411
1:28	13

『1テサロニケ』

1:2	250
2:13	250
4:17	291, 294, 404
5:17	250

『1テモテ』

3:7	47
3:16	323
6:16	391
6:20	64

『2テモテ』

1:6	238
2:15	81, 223, 384

『テトス』

3:5	69
3:6	379, 413

『ヘブライ』

1:3	126
1:13	372
2:2	302-3
2:4	450
2:17	337
3:6	55
5:14	434
6:13	473
7:3	477
8:1	397
11:1	317-18

聖書箇所

11:3	319
11:6	319
11:17-18	319
11:39-40	317
13:9	9

『ヤコブ』

1:5	22
1:17	28, 235
1:25	249
3:13-17	187
3:15	24, 43
3:15-17	187
3:17	24

『1ペトロ』

1:12	302, 371
2:9	269
2:23	180

3:15	8

『2ペトロ』

1:6	122, 289
1:16-18	126
1:18	122, 289
1:19	16, 289, 434
2:4	84
2:17	84
3:5-7	322
3:13	324

『1ヨハネ』

1:2	325
1:5	96, 325
1:6	430
3:2	298, 325
4:8	368

4:16	368
4:19	248
5:1-2	248
5:4	320

『ユダ』

6	84
6-13	84
13	84

『黙示録』

2:17	199
2:23	70
21:1	324
21:5	301
21:23-24	389
21:24	430
22:5	389

大森 正樹（おおもり・まさき）

1945 年，兵庫県生まれ。1970 年，京都大学医学部卒業。
1979 年，京都大学大学院文学研究科博士課程単位取得満
期退学。南山短期大学教授を経て，現在，南山大学名誉
教授。博士（文学）。
〔著訳書〕『観想の文法と言語―東方キリスト教における
神体験の記述と語り』（知泉書館，2017 年），『東方憧憬』
（新世社，2000 年），『エネルゲイアと光の神学―グレゴ
リオス・パラマス研究』（創文社，2000 年），ニュッサ
のグレゴリオス（共訳，新世社，1991 年），マリア・ジ
ョヴァンナ・ムジ『美と信仰―イコンによる観想』（新
世社，1994 年），『中世思想原典集成』3（後期ギリシア
教父・ビザンティン思想）（監修〔上智大学中世思想研
究所とともに〕，平凡社，1994 年）トマス・アクィナス
『神學大全』第 17 分冊（共訳，創文社，1997 年），『フ
ィロカリア』第 7 巻（新世社，2009 年）『フィロカリア』
第 8 巻（共訳，新世社，2012 年），『フィロカリア』第 9 巻
（共訳，新世社，2013 年）など。

〔東方教会の精髄　人間の神化論攷〕　　ISBN978-4-86285-275-5

2018 年 5 月 15 日　第 1 刷印刷
2018 年 5 月 20 日　第 1 刷発行

訳　者　大　森　正　樹
発行者　小　山　光　夫
製　版　ジ　ャ　ッ　ト

発行所　〒 113-0033 東京都文京区本郷 1-13-2　　株式会社 知泉書館
　　　　電話 03 (3814) 6161 振替 00120-6-117170
　　　　http://www.chisen.co.jp

Printed in Japan　　　　　　　　　　　印刷・製本／藤原印刷

観想の文法と言語 東方キリスト教における神体験の記述と語り
大森正樹著 A5/542p/7000 円

証聖者マクシモス『難問集』 東方教父の伝統の精華
谷隆一郎訳 A5/566p/8500 円

人間と宇宙的神化 証聖者マクシモスにおける自然・本性のダイナミズムをめぐって
谷隆一郎著 A5/376p/6500 円

砂漠の師父の言葉 ミーニュ・ギリシア教父全集より
谷隆一郎・岩倉さやか訳 四六/440p/4500 円

キリスト者の生のかたち 東方教父の古典に学ぶ
谷隆一郎編著 四六/408p/3000 円

聖書解釈者オリゲネスとアレクサンドリア文献学 衛論争を中心として
出村みや子著 菊/302p＋口絵12p/5500 円

東西修道霊性の歴史 愛に捉えられた人々
桑原直己著 A5/320p/4600 円

存在の季節 ハヤトロギア（ヘブライ的存在論）の誕生
宮本久雄著 A5/316p/4600 円

出会いの他者性 プロメテウスの火（暴力）から愛智の炎へ
宮本久雄著 A5/360p/6000 円

ビザンツ世界論 ビザンツの千年
H.-G. ベック／戸田聡訳 A5/626p/9000 円

C.N. コックレン／金子晴勇訳 ［知泉学術叢書1］
キリスト教と古典文化 926p/7200 円
アウグストゥスからアウグスティヌスに至る思想と活動の研究

【以下、続刊】
W. イェーガー／曽田長人訳
パイデイア（上） ギリシアにおける人間形成
トマス・アクィナス／山口隆介訳
神 学 提 要
J.-P. トレル／保井亮人訳
聖トマス・アクィナス 人と作品